U0840303

世界非战争
军事行动年鉴
（2012）

军事科学院非战争军事行动研究中心　编著

军事科学出版社

图书在版编目(CIP)数据

世界非战争军事行动年鉴. 2012/军事科学院非战争军事行动研究中心编著. —北京:军事科学出版社,2012. 12
ISBN 978-7-80237-574-1

Ⅰ. ①世… Ⅱ. ①军… Ⅲ. ①军事行动—世界—2012—年鉴 Ⅳ. ①E16-54

中国版本图书馆 CIP 数据核字(2012)第 016274 号

书　　名: 世界非战争军事行动年鉴(2012)
作　　者: 军事科学院非战争军事行动研究中心
责任编辑: 邢　扬
封面设计: 倪春昊
出版发行: 军事科学出版社(北京市海淀区青龙桥　100091)
标准书号: ISBN 978-7-80237-574-1
经 销 者: 全国新华书店
印 刷 者: 北京天时彩色印刷有限公司
开　　本: 700 毫米×1000 毫米　1/16
印　　张: 27
字　　数: 357 千字
版　　次: 2012 年 12 月北京第 1 版
印　　次: 2012 年 12 月第 1 次印刷
印　　数: 1~1000 册
定　　价: 54.00 元(平装)
销售热线: (010)62882626　66768547(兼传)
网　　址: http://www.jskxcbs.com
电子邮箱: jskxcbs@163.com

主　　编： 郑守华
副 主 编： 张增亮　耿志强　贾荣宝　蒋佩君
编写人员（以姓氏笔画排序）：

于汉华　于淑杰　车军辉　王云宪　王克勤
王志军　王建华　王　滢　付明华　皮晓捷
安　琳　关永豪　江新凤　刘　钊　刘　琳
刘智超　任晓鹏　杜　磊　花　吉　李发新
李　伟　李　明　李　晶　李　瞰　吴　波
吴晓峰　肖石忠　肖　军　张占亮　张志昌
张丽霞　张学良　张耀文　陈胜武　郑守华
郑　良　武亚娟　杨名宇　杨　行　杨　进
杨　玲　宫玉聪　侯晓蒙　娄国才　耿志强
黄家福　贾荣宝　董　勇　蒋佩君　景元清
嵇绍国　窦国庆　窦晓斐　蔡锦钊　潘清卿

序

非战争军事行动，既是一种古老的军事实践活动，又是一个年轻的时代命题。展开漫长的军事历史画卷，武装力量的非战争运用总是伴随着惨烈的战争厮杀，出现在人类社会的历史舞台上。《汉书·武帝纪》中记载，在元光三年五月，"河水决濮阳，泛郡十六。发卒十万救决河"①。古罗马帝国时期，统治者就注重发挥军队的社会维稳功能，除担负对外作战任务外，还履行社会治安、预防和惩治犯罪、保障城市安全等现代意义上的警察职能。我军自建军以来，就承担着打赢战争和服务人民的双重职责，从未间断过战争以外的军事行动，对配合战争、巩固政权、稳定社会和维护世界和平等发挥了重要作用。

冷战结束后，国际形势发生了重大变化，两强争霸的局面被打破，多极化格局正在形成，和平与发展成为时代主题。与此同时，受全球政治、经济、文化、民族、宗教和自然环境等多种因素的影响，人类社会正面临着民族分裂主义、宗教极端主义、恐怖主义、海盗团伙，以及自然灾害、公共卫生事件等非传统安全威胁的严峻挑战，运用武装力量应对非传统安全威胁、遂行非战争军事行动任务，成为各国政府和战略家的重要选项。

新世纪新阶段，胡锦涛同志站在国家发展和军队建设的战略高度，对我军提出了"三个提供、一个发挥"的使命任务，并指出：非战争军事行动已日益成为国家军事力量运用的重要方式。我军遂行非

① ［汉］班固撰：《汉书》（卷一～卷二五上），第105页，吉林人民出版社1995年版。

战争军事行动任务的大量实践证明，非战争军事行动是和平时期维护社会稳定，保障国家安全的重要措施，是服务人民，实现军队时代价值的重要形式，是在新的国际环境下，缓和局势、化解危机、遏制战争、维护世界和平的有效手段，也是锤炼部队快速反应、检验核心军事能力，充分展示军事实力和良好形象的重要平台，更是磨砺核心军事能力锋刃的磨刀石。

为加强非战争军事行动理论研究，军事科学院于2011年年底成立了非战争军事行动研究中心，专门从事非传统安全威胁和非战争军事行动基础理论以及应用理论的研究，为国家、军委、总部提供决策咨询，为部队提供理论服务。《世界非战争军事行动年鉴(2012)》是中心成立以来的一个重要理论成果，也是我军第一部反映非战争军事行动情况的年鉴，课题组为此进行了大量艰苦细致而又具有开创性的工作。在框架结构上，选择了反恐怖、反暴乱、抢险救灾、维护权益、安保警戒、国际维和、国际救援和联合军演的行动类型，并将反海盗从维护权益中拿出来单独列章，符合国际国内形势的实际、符合武装力量的实践活动、符合理论研究的需要；将理论成果和武器装备运用分别集中介绍，也利于综合反映非战争军事行动的共性理论成果，可以避免一些非战争军事行动在武器装备运用方面出现的交叉重复问题。在各行动章的内容上，有概念、有综述、有主要行动及分析、有历史回顾等，既尽可能地满足年鉴要素和格式的要求，又充分反映军事行动的特殊性，还照顾到首发年鉴以及非战争军事行动新兴理论的特点。因此，总的来看，年鉴的内容比较全面，重点比较突出，信息量较大，基本上反映了2011年国际国内武装力量实施非战争军事行动的情况，是一部集情况介绍、综合分析、事例研究、历史综述、成果介绍于一体的权威性工具书。可以说，这一成果填补了国家和军队在这一领域的空白，是武装力量和社会各界了解世界各国武装力量实施非战争军事行动的重要窗口，也是宣传我军遂行非战争军事行动任务的重要渠道，还可为军地开展其理论研究提供参考和帮助。这一成果凝聚了军内外有关研究机构、院校和部队等多个单位、多位专家学者的集体智慧和汗水，也是对研究中心实施“小核心、大外围”和“内合外联、协力攻关”工作模式的一次成功实践。

当然，首次编写非战争军事行动年鉴，这还是一个探索和尝试，在以后的年鉴编写中还需要不断完善和创新，真正使其成为深受广大读者喜爱的品牌之作。

军事科学院作战理论和条令研究部部长

二〇一二年九月

目录

第一章

反恐怖行动

反恐怖行动,是指为防范和制止恐怖活动而进行的防卫、打击和救护救援等行动。目的是消灭恐怖分子,维护国家统一和社会稳定,保护人民生命和财产安全。恐怖活动,是以制造社会恐慌、危害公共安全或者胁迫国家机关、国际组织为目的,采取暴力、破坏、恐吓等手段,造成或者意图造成人员伤亡、重大财产损失、公共设施损坏、社会秩序混乱等严重社会危害的行为。长期以来,世界范围内的恐怖与反恐怖斗争十分激烈,武装力量在国家和国际反恐怖行动中发挥着重要作用。

第一节 恐怖活动综述

2011 年,全球共发生恐怖事件 10283 起,死亡人数达 12533 人。[①] 2011 年,是"9·11"事件 10 周年,以"基地"组织为代表的国际和地区恐怖主义势力,不断变换活动方式方法,特别是借助西亚北非乱局不断坐大,恐怖活动与社会暴乱融为一体。同时,欧美极右和个体恐怖威胁日益突出,恐怖分子攻击手段也愈发多样化。

一、南亚地区恐怖势力借拉登之死发起新一轮恐怖袭击活动

拉登被击毙的消息披露之初,恐怖分子纷纷走上台前,为其歌颂

① 数据来源:Country Reports on Terrorism 2011, National Counterterrorism Center: Annex of Statistical Information。

服丧，多达 18 个恐怖组织发出唁电。巴基斯坦塔利班成为“复仇先锋”。拉登死后，巴基斯坦塔利班率先发布视频，声称“将为拉登雪恨”，并迅速制造系列大案：5 月 13 日用“人弹”袭击巴西北边防军训练中心，造成 80 多人死亡、150 多人受伤；20 日炸毁北约油罐车队和美领事馆车辆；23 日夜袭卡拉奇海军基地，使巴遭受类似 2008 年印度“孟买案”的恐怖袭击；6 月 25 日突袭南瓦济里斯坦警察局。2011 年，巴基斯坦塔利班熬过美巴围剿的困难期，实力逐步恢复。2010 年巴基斯坦遭受巨大洪灾，巴军抽调大量兵力参与救灾和重建，未应美国要求出兵围剿北瓦济里斯坦，巴基斯坦塔利班得以喘息。同时，巴基斯坦塔利班与巴境内的“虔诚军”、“穆罕默德军”、“简戈维军”和“圣贤军”等极端组织勾连密切，使得巴基斯坦塔利班在巴全境内具备强大的实力。

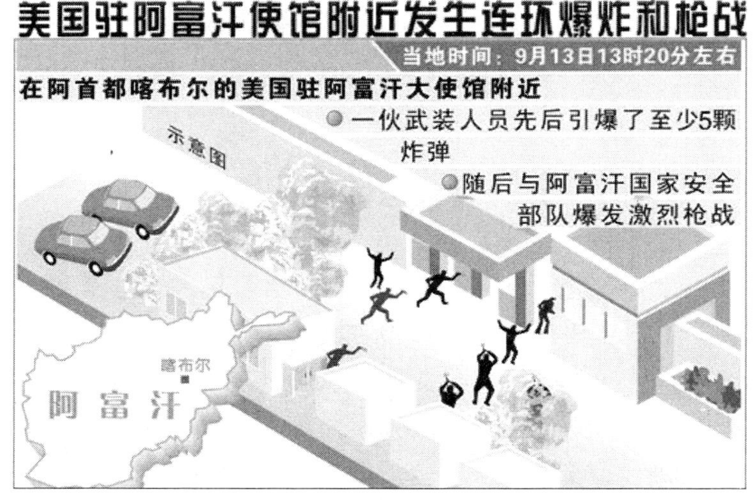

美国驻阿富汗使馆附近发生恐怖袭击示意图

与此同时，“哈卡尼网络”袭美由地下转向公开，成为美在巴、阿地区的又一重大威胁。2011 年 9 月 13 日，阿富汗首都喀布尔遭特大连环恐怖袭击，使馆区、驻阿国际安全援助部队总部等地先后遭袭。事后证明，“哈卡尼网络”为幕后真凶。“哈卡尼网络”由贾勒鲁丁·哈卡尼于20世纪70年代所建，在阿内战和抗击苏军的“圣战”中不断壮大，其间获得美巴多国情报部门支持，1995年倒戈加入奥马尔的塔利班阵营，成为塔利班下属独立武装。“9·11”后，该组织逃到巴基斯坦西北部地区，贾勒鲁丁因年老体弱，传位于其子塞拉贾丁·哈卡尼。小哈卡尼行事激进残暴，发誓赶美出阿，在阿建立伊斯兰共和国。该组织成员约1.5万，为阿国内仅次奥马尔塔利班的重要武装。美国西点军校发布报告称，该组织近两年来表现出强大的恐怖实力，常年支持“基地”组织的全球“圣战”理念，2001年起明确反美反西方，常打着阿富汗塔利班旗号与多股恐怖实力联手袭美，行踪诡异、手段残忍，难以防范，成为美解决阿富汗问题和南亚安全的重要威胁。

二、“基地”组织等恐怖势力利用当地混乱形势乘机坐大

2011年，始于突尼斯的“阿拉伯之春”迅速席卷到包括埃及、利比亚、也门在内的广大西亚北非地区。西亚北非恐怖土壤肥沃，以“基地”组织半岛分支和北非分支“伊斯兰马格里布基地组织”为代表的恐怖势力乘机大肆发展，逐渐成为南亚之后又一恐怖新乱源。

一是“基地”组织半岛分支在也门封都建国，也门南部沦为新的恐怖活动策源地。“半岛分支”由原“基地”组织也门分支和沙特分支合并而成，过去两年因先后制造了“胡德堡枪击”、“圣诞炸机”和“邮包炸弹”等恐怖活动而名声大噪，成为“基地”组织实力最为强大的分支，被美认为是其国家安全的重大威胁。2011年也门局势动荡以来，“半岛分支”于5月底攻占阿比扬省省会津吉巴尔，并宣称定都。后不断向夏卜瓦省等地扩张，11月夺取库特镇，并控制也门南部大部分地区，图谋向也门北部渗透，曾多次在多个地区与也门军队激战。据法新社等媒体报道，“半岛分支”已在控制区域实行伊斯兰教法，也门乱局持续发酵，该组织有可能继续壮大。原因在于：

一方面，也门动乱严重削弱美国和也门政府的反恐力量。美国在也门的反恐怖行动严重依赖萨利赫政权，该国的反恐怖精英部队

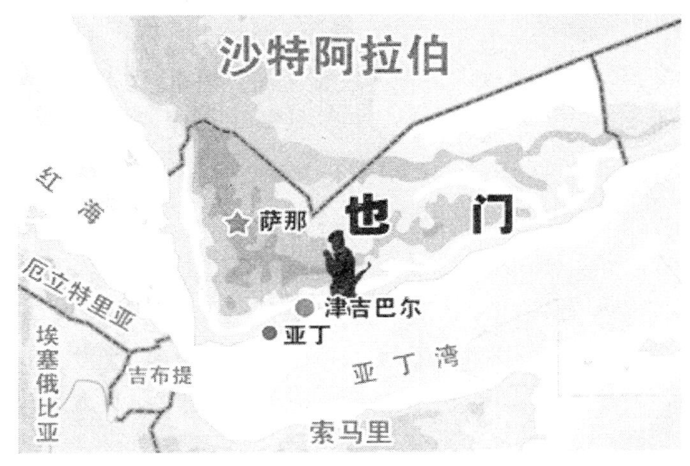

"基地"组织也门分支分布图

也掌握在萨利赫亲戚手中,动乱已冲击美国在该地区的反恐部署和地区反恐机制。另一方面,也门内乱加速"半岛分支"与部落势力联合。部落支持是"半岛分支"的生存基础,也门局势混乱,各方争权夺利,部落不会轻易放弃对"半岛分支"的庇护。这其中既有部族性格使然,也有经济因素影响。也门南部地理偏僻,民众思想保守,看重部落荣誉和尊严。他们的风格和传统道德观与阿巴部落类似,视尽责保护同宗客人为义务。"半岛分支"也常通过与部族联姻和施以当地民众小恩小惠赢取支持。也门石油资源开发几近枯竭,萨利赫政府对各部族的财政支持大为减少,部落支持"半岛分支"即可直接获利,也可借机向当局提高要价捞取实惠。此外,美近年在也门南部搞"定点清除"误杀甚多,民怨四起,部落民众与恐怖分子走近也有一定社会基础。为应对美国在也门新实行的特种反恐作战,部落也开始与"半岛分支"联手。

二是"基地"北非分支"伊斯兰马格里布基地组织"乘乱发展,在"基地"网络中的地位不断提升。2011 年 1 月 13 日起,该组织头目阿卜杜勒·德鲁克等人相继发布视频煽动突尼斯、利比亚和埃及等国青年投身"圣战",并在相关网站和圣战论坛传播炸药制造方法和恐怖战术的视频,派遣成员潜入以上国家,筹集资金、招募人员,扩大疆域。在利比亚内战期间,卡扎菲开放军火库,致使该国大量武器流落民间,“伊斯兰马格里布基地组织”乘机偷盗大量装备。乍得总统代比曾经表示,“伊斯兰马格里布基地组织”趁乱偷走利政府军火和地空导弹,成为地区安全隐患。2011 年 8 月 26 日,该组织袭击了阿尔及利亚最大军事学院提帕萨省舍尔沙勒三军综合军事学院,并广泛采用自杀式袭击方式,战术手段更趋于灵活。此外,拉登被击毙后,盘踞南亚的恐怖分子纷纷逃往西亚北非国家避难。西亚北非动乱后出现新一轮伊斯兰化浪潮,极端思潮潜滋暗长,为极端恐怖分子回流提供契机。扎瓦希里上台后已多次发声,要求各大分支袭击“近敌”,特别要“伊斯兰马格里布基地组织”加紧扩张。

该组织对法国、西班牙等欧洲国家早有渗透,从目前情况看,其有可能成为整合地区恐怖资源的领头羊。近年来,实现了从阿尔及利亚到毛里塔尼亚、马里、尼日尔和尼日利亚等国的扩张,逐渐打造出以上述地区为据点进行人员招募、资金筹集、武器走私,以及实施恐怖活动的新地带。与此同时,该组织还与尼日利亚“博科圣地”和西撒哈拉地区恐怖组织“波利萨里奥阵线”加深勾连,势力扩展至西撒哈拉地区。

图为扎瓦希里

三是“基地”组织非洲之角分支索马里“青年党”外溢势头凶猛,危及近邻安全。2011 年来,索马里乱象丛生,由于粮食危机和“青年党”拒绝国际粮食援助,该组织属地的下朱巴州、基多州、拜州、巴科勒州和下谢贝利州等地居民纷纷逃至首都摩加迪沙求生,“青年党”财力吃紧,与当地部族矛盾开始增多,一些恐怖分子也开始逃离,内部出现分裂倾向。2011 年 8 月以来,受到非盟维和部队、索马里联邦过渡政府和肯尼亚军队的联合打击,“青年党”损失惨重,撤出摩加迪沙,失去大片控制区域。2011 年 10 月,美国出兵中非,对“青年党”形成威慑,并用“无人机”炸死该组织多名高层头目。在此形势下,“青年党”产生在国内和近邻搞恐怖袭击的强烈愿望,期望借此提升士气,渡过难关。10 月 18 日,该组织趁肯尼亚政府官员与索官员磋商联合打击事宜时,在索外交部官邸附近实施自杀式汽车炸弹袭击,造成至少 15 人死亡。10 月 24 日,该组织用手榴弹袭击肯尼亚首都内罗毕一家舞厅,至少使 14 名肯尼亚人受伤。11 月 3 日,“青年党”发表视频称:“由于肯尼亚部队非法进入索马里南部地区,决定建立抵抗体系,并派武装人员到肯尼亚境内发动无限期的战争。”此外,“青年党”积极开展“自救”措施,通过在海外募资、在统治辖区强行收税、大搞军火走私和劫持等犯罪活动扩充财源;同时,向缺粮地区发放食物、水和医药笼络民心,修补与部族间的关系,恐怖实力并未从根本上受到削弱,短期内仍具相当战斗力。

索马里反政府武装“青年党”一部

四是尼日利亚“博科圣地”迅速坐大,东、西、北非恐怖组织逐渐勾连成网。“博科圣地”是尼日利亚近年来迅速崛起的恐怖组织。2011 年 8 月 26 日,该组织对联合国驻尼日利亚首都阿布贾的机构大楼进行自杀式恐怖袭击,造成至少 10 人死亡,多人受伤。11 月 5 日,该组织又在尼日利亚东北部约贝州首府达马图鲁搞连环爆炸,造成 100 多人死亡。

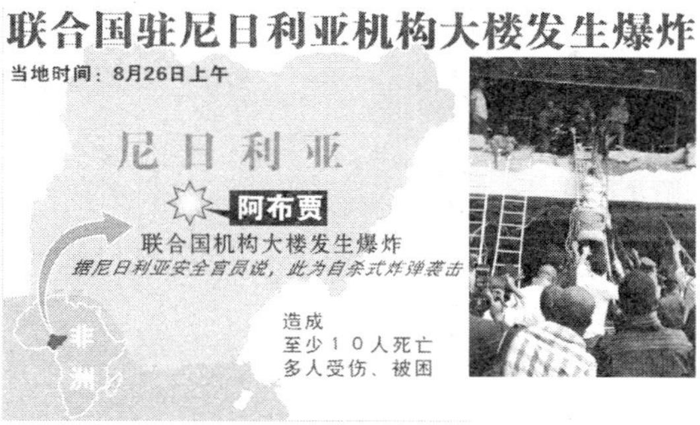

2011 年 8 月 26 日尼日利亚首都阿布贾的联合国大楼发生自杀式恐怖袭击

“博科圣地”意为“西方教育是罪恶的”，有尼日利亚的“塔利班”之称，由穆罕默德·尤素福 2002 年建立于尼北约贝州，反对西方的教育和影响，试图以武力推翻尼日利亚政府，并在尼实行伊斯兰教法。该组织成立后一直进行小范围、零星的恐怖活动，暗自扩充实力。直到 2009 年 7 月遭政府围剿，其头目尤素福被杀，该组织与政府的对抗才逐渐公开和升级，并开始与“基地”组织挂钩，与索马里“青年党”和“伊斯兰马格里布基地组织”勾连密切，出现国际化趋势，使得非洲恐怖活动威胁更为严峻。2011 年 2 月，尼日利亚安全官员表示，“伊斯兰马格里布基地组织”走私大量 AK－47 步枪、火箭发射器、手榴弹和爆炸装置经喀麦隆和乍得进入尼日利亚。2011 年 5 月“伊斯兰马格里布基地组织”制造的绑架英、意人质案，事后证明是与“博科圣地”合伙为之。美非洲司令部司令卡特·汉姆 2011 年 8 月初表示，“博科圣地”与“青年党”和“伊斯兰马格里布基地组织”三股势力在东、西、北非地区有联网之势，对地区安全构成严重威胁。

三、欧美极右势力和个体恐怖分子成为新的恐怖活动源

近年来，经济全球化和欧洲一体化引发的经济、社会问题，为极右势力提供了生存和发展的肥沃土壤，欧洲极右活动不断，其恐怖倾向给欧洲反恐带来复杂因素。“9·11”后，欧洲各国反恐怖精力主

要用于对付“基地”组织等国际恐怖主义威胁，忽视了其他潜在的恐怖威胁，特别是国内极端思想的危害。2008 年全球金融危机后，欧洲经济受到严重冲击，社会矛盾日益突出，加上种族、宗教和政治等矛盾相互作用，极右思想和极右势力整体抬头。在经济衰退的大背景下，随着失业率的上升，部分青年失业人口变得更加激进，极端主义情绪得到进一步助长，左翼、无政府主义和右翼恐怖分子借势加紧活动。在一些欧盟成员国，左翼和右翼分子围绕经济衰退大做文章，强化了意识形态的宣传力度。2011 年 10 月 28 日下午 4 时左右，一名枪手使用卡拉什尼科夫自动步枪向美国驻波黑使馆方向射击，造成使馆外的一名警察受伤。据塞尔维亚和波黑媒体报道，枪手名叫梅夫里德·亚沙雷维奇，是宗教激进主义瓦哈比教派的信奉者。波黑主席团主席巴基尔·伊泽特贝戈维奇当天发表声明，强烈谴责这一针对美国使馆的“恐怖袭击事件”。2011 年 11 月，德国警方破获新纳粹分子制造的连环谋杀案，德内政部长弗里德希首次使用“极右恐怖主义”这一概念，认为这是纳粹覆亡后德国受到来自极端分子最为严重的威胁。

枪手梅夫里德·亚沙雷维奇

此外，反社会类型的个体极端暴力活动正成为现代社会最突出、最严重、最难防范的犯罪形式。一般而言，个体恐怖分子分为三类，一是受激进伊斯兰宗教极端思想影响，实施个体恐怖活动；二是与恐怖组织保持一定联系，受恐怖分子蛊惑，自我培训或实施恐怖活动；三是与恐怖分子保持密切联系甚至加入恐怖组织，接受恐怖组织培训或支持，有预谋地实施恐怖袭击。第一、二类成员大多为个人或小团体，与外界联系不多。第三类大多能独立发展自己的恐怖团伙，受恐怖组织资金、训练等方面支持,威胁巨大。因大多个体恐怖分子不隶属任何组织,不受外来指挥,不求外来资助,不与外界联系,作案的自发性和随意性强,监控难度大。近年来美欧反恐、经济、移民等多重矛盾交织,社会分裂和对立趋于严重,恐怖和暴力文化泛滥也为个体极端分子提供了滋生的温床。从各国来看,个体极端暴力案件正不断上升,美欧国家近来发生或破获的许多恐怖大案均属此类。美国反恐专家霍夫曼曾称,随着"基地"等国际恐怖组织实力受损,再次对美发动类似"9·11"的恐怖袭击已不太现实,而由个体恐怖分子发动的小型、分散、各异的恐怖袭击将成为美又一重大威胁。目前在美欧国家,一方面穆斯林的激进化问题愈演愈烈;另一方面白人反伊斯兰的情绪也在上升,穆斯林和基督徒的关系日趋恶化,对伊斯兰文化入侵的恐惧,导致挪威人布雷维克2011年7月22日制造了导致77人死亡的挪威爆炸枪击案。该案是西方近年来明显增多的个体极端案件中的一个突出案例,如何防范此类个体恐怖威胁,已成为国际反恐面临的新挑战。

挪威爆炸和枪击事件嫌疑人
安德斯·贝林·布雷维克

挪威首都奥斯陆爆炸案事发现场

于特岛枪击案抢救现场

四、恐怖活动与社会暴乱联系更为紧密

一些国际或地区恐怖势力利用当地社会动乱浑水摸鱼，乘机制造恐怖活动，是2011年恐怖活动的一个重要特点。当一个国家或地区发生骚乱时，社会秩序遭到破坏，动荡的局势为国际或地区恐怖势力实施恐怖袭击提供了条件。同时，暴乱中的恐怖袭击更容易产生恐慌效应，严重影响社会稳定，削弱社会安全感，从而引发更大的社会动荡。恐怖活动在社会暴乱中不断升级，社会暴乱借助恐怖活动愈演愈烈。

2011年，在一些地区发生的暴乱活动中，很多都活跃着“基地”组织等恐怖势力的影子，恐怖分子往往择机作案，以期达成政治目的。如，在利比亚骚乱期间，“基地”组织于2011年2月24日发表声明，宣布支持利比亚的示威活动。同日“伊斯兰马格里布基地组织”发表声明，表示“尽一切可能提供帮助”，支持示威活动。在也门，“基地”组织半岛分支借当地社会动乱，特别是政府反恐部队用于打击反对势力和拱卫京师之际，不断发动恐怖袭击，扩大地盘。5月28日，宣称该组织已占领也门南部阿比扬省省会津吉巴尔市，并宣布该市为“基地”组织在也门南部建立的“伊斯兰酋长国”的首都。6月29日，“基地”组织阿拉伯半岛分支与也门军队为争夺津吉巴尔的控制权展开激战,26 名士兵丧生,50 名平民遭绑架;7 月 7 日,又有 10 余名士兵和平民在阿比扬省遇难。除了袭击政府目标和平民外,“基地”组织半岛分支还大肆袭击亲政府的部落势力,2011 年 8 月 22 日,9 名部落长老遭自杀式袭击身亡。在叙利亚,该国一直处于动乱状态,12 月 24 日发生两起自杀式袭击事件,至少 44 人丧生,这是反巴沙尔起义 9 个月来首度爆发自杀式汽车炸弹袭击事件,使本就动荡不堪的局势再度朝着失控发展。叙利亚政府指责“基地”组织制造了 12 月 24 日的爆炸事件。有分析认为,叙利亚政府和反对派内斗不休,“基地”组织又大力渗透,不断制造大规模恐怖袭击事件,使得叙局势更加复杂。

五、传统的炸弹袭击和武力袭击成为主要袭击方式

美国反恐战争 10 年,共有 6300 余名美军阵亡,其中大多数(71%)命丧伊拉克,而最普遍的死因(占 47%)就是遭受路边炸弹和地雷袭击。在阿富汗,39% 的美军士兵也死于炸弹和地雷袭击。

巴基斯坦两起自杀式袭击事件

据新华社对 2011 年恐怖袭击事件的统计,有 9 成以上的恐怖袭击是由炸弹爆炸实施的。各式各样的路边炸弹、汽车炸弹、人体炸弹是恐怖分子发动恐怖袭击的最常用方式。2011 年以来,巴、阿地区的人体炸弹还呈现出年轻化和女性化的特征,巴基斯坦塔利班和“哈卡尼网络”组织成员均有大量的幼儿人弹和女性人弹。

同时，武力袭击正在成为恐怖活动的重要方式，并对社会安全构成极大威胁。2011 年 5 月 21 日，20 余名巴基斯坦塔利班成员携带 AK－47 步枪、火箭炮和手榴弹乘 3 辆黑色汽车抵达卡拉奇的迈赫兰海军航空基地，首先集中火力向该基地的后方发动袭击，接着发射火箭弹袭击一机棚，棚内多处设备被毁，包括 2 架美制 P－3C 反潜侦察机爆炸起火。

巴基斯坦卡拉奇 P－3C 被袭飞机残骸

袭击完成之后，恐怖分子化整为零，冲入基地见人就射，又分别躲藏于 3 处房间，绑架屋内官兵和工作人员，与巴军方展开激战，造成多人死伤。当时这些恐怖分子备有 3 天的食物与弹药，计划与巴基斯坦军队“决一死战”。2011 年 9 月 13 日，阿富汗首都喀布尔遭恐怖分子连环袭击，至少 5 处目标先后遇袭：第 1 组 5 名恐怖分子持轻重武器，占领喀布尔市中心区一座在建的多层大楼，对使馆区发射火箭弹；第 2 组恐怖分子占领市中心阿卜杜勒·哈克广场，与警方激战到深夜；第 3 组恐怖分子在美驻阿使馆和北约驻阿安全援助部队总部以南约 300 米处，先后发射 5 枚火箭弹，其中两枚落入使馆区，一枚落在一私营电视台大楼，另一枚落在一辆运送学生的小货车附近，致小货车着火，随后与阿富汗国家安全部队爆发激烈枪战；第 4 组的 2 名“人弹”在喀布尔市区两警察局分别引爆炸弹；第 5 组 1 名“人弹”企图在机场引爆炸弹被捕，警方缴获重 7 公斤的爆炸装置。从这两起典型事例可见，巴阿地区恐怖分子经过多年战乱“洗礼”，实战经验丰富，战斗技能成熟，其武力袭击战术对巴阿地区安全和民众心理都造成了巨大的恐慌。巴阿地区的恐怖分子将武装袭击、机动射击、引爆炸弹、定点清除、分散行动和同时作案的策略互相结合，突破了以往单一的传统恐怖袭击样式，其军事化进攻手段令人难以防范。

六、交通运输线和输油设施成为恐怖袭击的重要目标

交通运输线是反恐部队补给的生命线，通常防护能力较弱，易遭袭击。阿富汗和巴基斯坦的塔利班看准这一点，在阿富汗和巴基斯坦境内多次袭击北约部队的补给车辆。阿富汗是个内陆国家，驻阿北约部队给养的75%，包括40%的燃料都是从巴基斯坦南部的卡拉奇港口向北运往阿富汗的。为报复美国和北约的空袭，恐怖分子常用"廉价"的自杀性恐怖袭击手段和"打了就跑"的战术，对北约补给站和运输军车发动持续不断的攻击。2011 年 8 月 1 日，武装分子黎明前在油气资源丰富的奎达市东南部 180 千米发动袭击，焚毁 29 辆北约运油车，并造成至少 2 名警察受伤。巴基斯坦警方表示，当时这些运油车停靠在公路边一个旅馆外面，大约 30 名持枪的恐怖分子袭击了运油车。12 月 8 日，奎达附近的一个北约补给车辆停靠点再遭火箭弹袭击，造成 20 多辆油罐车着火，损失惨重。

北约油罐车在巴基斯坦被烧毁

在交通运输方面，航空设施也是恐怖分子袭击的重点目标，10 年来威胁不减。如，2005 年，恐怖分子就曾试图用几种液体混合而

成的炸药炸毁从伦敦飞往美国的飞机。2009 年底，尼日利亚籍恐怖分子穆塔拉布也曾试图以针剂注射粉末引爆的方法炸毁美国飞机，采用的攻击手法和设定的攻击目标变得更加灵活多变。2010 年，恐怖分子又在也门飞往美国的货机上安放“包裹炸弹”。2011 年以来，航空恐怖威胁又出现新特点，其一，袭击航空相关设施。2011 年 3 月，1 名穆斯林在德国法兰克福机场枪击载有美军士兵的大巴，致 2 名美军士兵死亡。其二，袭击客机以外的其他目标。因各国登机安检较严，恐怖分子开始朝机场停车场、候机厅和机场出口等目标下手。2011 年 1 月，俄罗斯莫斯科多莫杰多沃机场出口被“人弹”实施爆炸袭击，致 35 人死亡。

同时，2011 年还发生了多起针对油气设施的恐怖袭击事件。2 月，埃及北部阿里什市向以色列的输油管道遭袭，事发前该国恐怖组织“伊斯兰圣战组织”即呼吁埃及青年搞“圣战”。12 月 27 日，叙利亚连接霍姆斯东部气田和中部哈马省发电站的天然气管道遭恐怖袭击并发生爆炸，爆炸引发的大火持续燃烧了 3 个小时。这是自 3 月叙动乱以来，叙境内发生的第 4 起油气管道爆炸事件。也门、阿尔及利亚等国油气设施也常遭本国恐怖分子袭击。

第二节　反恐怖行动综述

2011 年，美军击毙“基地”组织头目拉登并从伊拉克撤军，成为国际社会反恐转折之年。各国政府进一步加强反恐合作，调整反恐战略，制定新的反恐措施，构建和完善反恐法律，不断提升反恐能力。

一、美英俄等国家有针对性地调整反恐战略

2011 年 6 月 30 日，奥巴马政府出台了新的《国家反恐战略报告》，该报告在总结以往反恐政策和行动的基础上，系统阐述了拉登被击毙后美国反恐战略的调整。首先，报告判断美国反恐形势向好。美认为，在“9·11”事件 10 周年来临之际，美军经周密组织成功击

毙拉登,"是美反恐进程中最重要的战略里程碑",标志着"基地"组织领导层遭受严重打击,该组织正陷于失败境地,影响力将逐渐下降。其次,收缩反恐战线,将本土反恐作为反恐重点。美国在对反恐形势作出乐观判断的同时也承认,击毙拉登并非美反恐进程的终结,美国面临的直接威胁和重要威胁仍是"基地"组织及其分支和追随者,但美不会像过去那样全面撒网,而是将反恐重点转向针对美国本土的恐怖袭击。再次,在延续综合施策的同时,更加突出以美式价值观引领反恐,谋求将反恐与意识形态渗透更加紧密地结合起来。美对恐怖威胁的关注重点由实体组织和具体行动转向极端暴力理念,即由防范恶性恐怖袭击转向防范极端理念扩散,更为重视在意识形态领域与恐怖组织进行较量。8 月 3 日,美国公布了《防范国内暴力极端主义新战略》,新战略重点防范"基地"组织、极右组织和本土个体在域内的暴力极端主义威胁。12 月 8 日,美国又公布《反恐战略执行计划》,该计划是前两者的后续配套措施,旨在加强美本土反恐体系,收缩反恐战线,专注本土安全。

2011 年 6 月 7 日,英国颁布《新反恐战略》,对以前政府的预防性反恐政策进行调整,将重点关注在城市社区层面打击极端主义组织与行为,同时防止政府反恐资金落入极端主义机构之手。

俄罗斯也早在 2009 年 5 月 12 日总统批准的《2020 年前俄联邦国家安全战略》中,将防范恐怖主义威胁提升到国家安全战略的高度。该战略明确:"恐怖主义是俄国家安全面临威胁的主要根源之一。恐怖组织、集团和个人的恐怖活动的目的,在于使用暴力颠覆俄联邦宪法制度的基础,破坏国家权力机关的正常运转(包括针对国务活动家、政治活动家和社会活动家的暴力行动),摧毁军事和工业设施以及保障社会日常生活的企事业单位,恐吓居民,包括通过使用核武器或危险的放射性、化学和生物物质进行恐吓。"

二、强化情报侦察和特种打击行动

由于恐怖势力分散化和地区化,近年来美军调整反恐战术,加强中央情报局（以下简称中情局）的情报侦察，并与特种部队的定点“斩首行动”紧密结合，反恐行动收到明显效果。一是强化情报侦察功能和行动。2011 年，奥巴马任命前驻阿美军司令彼得雷乌斯接掌中情局，不仅加强对情报机构的领导，而且改善中情局与军方的关系。同时，不断加强中情局的情报侦察和军事打击能力，使其日益军事化。过去，情报部门的主要任务是获取情报，如今已开始逐步转向直接参与作战行动。现在，美国中情局已经拥有至少 30 架“捕食者”和“死神”无人机，并有自己的特种部队。近年来，中情局靠自己的力量，消灭了数百名恐怖分子，其中包括数十名恐怖组织头目。二

特种部队利用舟艇来执行作战任务

是特种部队突然袭击。2011 年 5 月 1 日，美军在准确掌握拉登住处等情报的前提下，动用最精良的武器、最精锐的部队和最尖端的技术，数十名“海豹”突击队员乘坐隐形直升机，利用其噪音低、防红外探测和躲避雷达探测等优势，成功地穿越阿巴边境，直接飞临拉登住所上空，以闪电般的行动一举击毙“基地”组织头目拉登。三是利用无人机实施“定点清除”行动。奥巴马上任后，进一步加大了使用无人机实施反恐的力度，他同意使用无人机发动袭击的次数 4 倍于小布什，消灭了 1800 名恐怖分子，包括在战区和其他地方活动的恐怖分子。在无人机打击下，藏匿在阿富汗、巴基斯坦、也门和索马里等地区的“基地”组织骨干分子，包括“基地”组织原二号头目拉赫曼，

“伊斯兰圣战运动”头目卡什米里，“基地”东非头目法祖尔及“半岛分支”有“网络拉登”之称的奥拉基等相继被消灭。为继续加强无人机打击力度，美已相继在吉布提、也门、巴基斯坦建立无人机基地。

三、突出夜间袭击行动

依靠强大的夜视装备和先进的直升机，美军在阿富汗的夜袭战术几乎屡试不爽。驻阿美军认为，夜袭战术是抓捕或击毙反美武装头目最安全、最有效的方式。美军特种部队经常在夜间穿梭于崇山峻岭与村落房舍之间，寻找暗藏的反美武装人员。据美军提供的统计数据，85%的夜间突袭未发一枪便告结束，超过50%的行动最终抓捕或击毙目标。在2010年9月~2011年9月，北约军队在阿富汗共进行了约2900次夜袭。美军将夜战优势与特种作战结合起来，形成了美式游击战法。这种战法能最大限度地实现袭击的突然性，能够让美军进行点对点的快速力量投送，快速脱离接触，做到“到了就打，打了就走”。经过多年的努力，美军的夜战体系已非常完备，美军军服上有供夜间红外线辨识的单兵铭牌及兵种徽章，车辆也使用红外线辨识牌，便于夜间指挥和协同行动。不过美军的夜袭战术也不断增加了阿富汗平民的伤亡，激起了阿富汗人强烈的反美情绪，同时，该战术也逐渐被反美武装所熟悉，反美武装开始用当年对付苏军的办法对美军突袭进行反击。

第三节 主要反恐怖行动和恐怖事件

2011年，主要有以下反恐怖行动和恐怖活动事件：

一、美军“海豹”第6小队击毙拉登行动

当地时间2011年5月1日晚至2日凌晨，美军“海豹”第6小队在巴基斯坦阿伯塔巴德地区，对拉登住所实施了代号为“杰罗尼莫”的突袭行动，经40分钟战斗，成功击毙了“基地”组织头目拉登等5

人,并缴获电脑和大量文件资料。行动中,突击队一架 MH－60“铺路鹰”直升机在行动中坠毁,参战队员无一伤亡。美国总统奥巴马称此次击毙拉登行动是“美与‘基地’组织斗争中迄今取得的最重要成就”。

(一)行动背景和行动准备

“9·11”事件发生后,美国政府和军方锁定恐怖袭击系以拉登为首的“基地”组织所为。从 2001 年 10 月 7 日开始,以美国为首的多国部队对“基地”组织大本营所在国阿富汗实施了代号为“持久自由行动”的军事打击,经近 10 个月的作战行动,摧毁了“基地”组织在阿境内的主要据点,推翻了庇护“基地”组织的塔利班政权,但未能实现抓捕“基地”组织头目拉登和塔利班武装领导人奥马尔的战争目的。阿富汗战争主要战事结束后,美国一直将击毙或抓获拉登作为反恐斗争的首要任务。

“9·11”世贸中心被恐怖分子袭击

近 10 年来,美中情局等情报机构动员一切力量,通过多种手段,全面展开了对拉登的情报搜集行动,特别是将突破口放在掌握和跟踪拉登的信使身上。美情报部门在审讯关押在关塔那摩监狱囚犯的过程中,掌握了一名深受拉登信任的信使的初步情况,此人很可能与拉登住在一起,并担负保护拉登的责任;2007 年,情报部门具体地掌握了该信使的基本情况;2009 年,又进一步了解到他在巴基斯坦的大致活动范围。2010 年 8 月，中情局通过监控这名信使的通信卫星电话，判断拉登可能藏身于巴基斯坦开伯尔—普什图省阿伯塔巴德地区。随后，雇用了多名当地线人，并运用大量先进侦察监视设备，对该地区进行严密监视。2011 年 2 月，中情局最终判断：拉登极可能藏身于巴基斯坦首都伊斯兰堡以北约 60 千米的一处院落内，并认为其情报的准确率为 50% ~80%。该院落建于 2005 年，占地面积超出该地区其他居民院落的数倍，中心是一座三层小楼，四周高墙林立并铺设了铁丝网，入口处建有 2 座岗楼，但没有安装互联网和电话。

自 2010 年 8 月起，美国总统奥巴马先后就消灭拉登行动召开了 5 次国家安全委员会会议，先后制定了数十个行动方案。2011 年 4 月 28 日，奥巴马又召集其高级情报、军事和外交团队，紧急研讨使用精确制导炸弹从空中进行打击、派遣军队从地面进入，以及进一步搜集更多情报等待行动等方案。第二天上午，奥巴马作出最后决定：使用特种部队乘坐直升机实施袭击，并任命中情局局长利昂·帕内塔为行动最高指挥官，在美本土统一指挥控制和协调特种部队与其他国家安全部门的行动。

本·拉登在阿伯塔巴德的藏身之处

美军“海豹”第 6 小队担负了此次突袭行动任务，这支力量是美军特种部队的精锐，被列为美“黑色”特种部队，专门执行核心区域攻坚等极为机密的行动任务。为确保行动万无一失，“海豹”第 6 小队进行了充分的战前准备，专门搭建了与拉登住所相似的模拟建筑，并进行反复演练。第6小队配备了先进的特种作战装备，包括：采用隐形设计、能够在夜间超低空飞行、实施全天候渗透和撤离的MH－60“铺路鹰”中型直升机，以及同样能够执行渗透、撤离和支援特种任务的MH－47E“支努干”运输直升机；配有激光瞄准器和高科技附件的M4A3突击步枪、MP5冲锋枪和多种型号的手枪等。

（二）行动经过

2011年5月1日夜，“海豹”第6小队根据奥巴马“尽一切可能生擒拉登，如果遭遇抵抗，可以当场击毙”的命令，展开了此次突袭行动。

1. 空中机动，隐蔽突然地进入目标区域

5月1日夜，以“海豹”第6小队为主的40名特战队员搭载2架“铺路鹰”多用途攻击直升机和2架“支努干”运输直升机，从阿富汗库纳尔省美军某基地起飞，于2日凌晨飞抵位于阿伯塔巴德的拉登住所上空。机动过程中，隐身直升机成功地避开了巴基斯坦雷达的监视；其他直升机采用了消音处理措施，减少了飞行噪音，达成了行动的突然性。一架“铺路鹰”直升机在接近目标区域上空下降时，因技术故障坠落，但无人员伤亡，后被美军自行摧毁。

2. 快速机降，迅速突入和控制建筑物

直升机飞抵目标上空后，第6小队的24名队员从“支努干”运输直升机快速机降，并迅速突入拉登住宅，但立即遭到楼内拉登护卫的抵抗。突击队员以灵活的战术动作，迅速抢占有利位置，并与对方展开激烈交战，双方持续交火约40分钟，当场击毙2名恐怖分子，并占领和控制了院落各建筑物的出入口。

3. 严密搜索，果断击毙拉登

“海豹”第6小队在控制各建筑物后，迅速展开对整个院落的搜索，并将主要力量集中在主楼。根据事先的侦察判断，第6小队队员直奔拉登可能藏身的三楼大房间，突入房间后命令所有人员立即投降。当一名队员发现拉登有掏枪迹象时，为阻止其反抗，先敌开火，子弹准确命中拉登头部，拉登当场毙命。

随后，第6小队队员使用单兵手持“安全数据采集器”（SEEK）扫描拉登尸体的虹膜、指纹和面容等生物信息，与数据库信息进行比对，初步确认此人就是拉登，并得到了其妻子的证实。在缴获了拉登住所内的电脑、文件等物品和资料后，第6小队队员将拉登尸体运上直升机返回基地。2日，美军又进一步通过DNA分析拉登尸体，在确认无误后将其移至“卡尔·文森”号航空母舰，按照伊斯兰习俗在北阿拉伯海进行了海葬。

行动中坠毁的美军“铺路鹰”直升机

（三）战例评析

美军“海豹”第6小队突袭“基地”组织头目拉登的住所，是一次非常成功的“斩首”行动。其中，精确的情报保障、高效的行动指挥和隐蔽“闪电”般的行动，是此次行动成功的重要经验。

1. 综合运用多种先进的侦察手段，为精确定位拉登和保障突袭行动提供了重要支撑

阿富汗战争期间，时任美国防部长拉姆斯菲尔德曾指出：“在打击恐怖主义组织的斗争中，决定因素是可靠的情报而不是军事力量。”战争结束后，美国军事专家深有体会地说，准确的情报比“灵

巧”炸弹更重要。这些言论表明了情报侦察在反恐怖斗争中起着至关重要的作用。

早在2010年8月,美情报部门就初步掌握了拉登藏身于阿伯塔巴德地区的情报,但是并未急于采取行动。为了更加精确地定位拉登,美中情局和国防部运用航天航空侦察手段和多种先进的侦察技术手段,对巴基斯坦阿伯塔巴德地区进行了全面详细的侦察。一是运用侦察卫星,严密监控其可疑住所。通过对卫星侦察照片的分析对比,美掌握了这处可疑住所的建造时间和维修改造情况,并了解了该住所的内部建筑结构,这些情况为情报人员分析判断拉登行踪,并为突击力量建造模拟建筑物进行演练提供了重要参考。二是通过无人机侦察和人脸识别技术,确认住所内的人员。美情报机构锁定目标后,即运用无人机对这一地区进行全天候侦察,逐步掌握了住所内的人员数量、活动规律等,并在2010年9月通过人脸识别技术,确认在住所院子内锻炼身体者系拉登本人。三是运用激光监听技术,进一步核实人员详细信息。美情报部门通过发射激光,采集拉登住所窗户玻璃的震动频率,监听室内声音,并通过谈话内容分析,确认建筑物内人员的大致身份、分布和活动等情况,掌握拉登可能在主楼的二层或三层居住。尽管拉登采取了不使用网络和通信工具、不外扔生活垃圾等反侦察措施,但美通过运用多种先进的侦察手段,还是精确地将其锁定。

2. 战略指挥官直接指挥控制特种战斗行动,确保了此次行动的高效指挥

阿富汗战争的经验教训使美军深刻认识到,战略指挥官必须加强对重大战术行动的指挥控制,才能在战机稍纵即逝的战场上,简化指挥层次和指挥程序,提高指挥效能,确保行动的高效实施。因此,近些年,美战略高层直接指挥重大特种作战行动,成为一大特点。此次击毙拉登后,美国总统奥巴马对外宣称,2009年他就职后不久即命令中情局局长把击毙或生擒拉登作为美国反恐斗争的优先重点;之后又数次与国家安全班子讨论消灭拉登的方案。行动前,又任命

中情局局长利昂·帕内塔为此次行动的最高指挥官。行动中,美国总统奥巴马、国务卿希拉里、国防部长盖茨等政府和军方高层官员聚集在白宫作战指挥室,通过"海豹"突击队员携带的单兵视频采集系统,实时掌握行动进展,指挥控制突袭行动,从而确保此次行动的顺利实施。

奥巴马与其他官员一起在白宫作战室实时观看击毙行动过程

3. 使用隐形直升机实施夜间突袭,达成了行动的突然性

此次行动,美军"海豹"第6小队使用了改装后的隐形"铺路鹰"直升机,该机采用隐形设计,其尾旋翼为五叶式静音尾桨,迅速、低噪、隐蔽突入巴领空,没有被巴军雷达发现,在目标上空悬停时,其消音效果没有惊动拉登,达成了行动的突然性。同时,使用了与地形和直升机性能相匹配的夜战战术,低空飞行至阿伯塔巴德地区目标上空,在周边居民基本没有察觉的情况下迅速机降,突入拉登住所,达到了出其不意、攻其不备的目的。

二、俄罗斯多莫杰多沃机场恐怖爆炸事件

当地时间2011年1月24日下午16时32分,俄罗斯多莫杰多沃机场发生自杀式爆炸袭击事件,爆炸造成至少35人死亡,180人受伤,其中86人入院接受救治。

调查人员塔季扬娜·莫罗佐娃透露,爆炸发生在行李提取厅,旅客通常在这里与前来接机的亲友见面。警方表示,恐怖分子走过等

俄罗斯警察封锁了爆炸现场

候大厅,混在十分拥挤的接机人群中。爆炸威力相当于5~10千克TNT炸药产生的能量。目击者基连科夫说,死伤者中,不少是聚集在到达大厅外等待载客的出租车司机。机场监控录像显示,有3名可疑男子事发前从机场一个没有电子安检设备的入口进入了大厅。警方怀疑正是这3名嫌疑人实施了恐怖袭击。

在分析此次爆炸事件时,英国布拉德福德大学的专家保尔·罗杰斯向路透社表示,恐怖分子很可能与车臣武装组织有关联。英国广播公司援引俄罗斯问题专家的话指出,此次爆炸的设计操作非常“专业”。在俄罗斯,有制作这类爆炸装置的“实际经验”的组织不多。据俄罗斯有关部门初步调查,爆炸物被装置在行李领取处的一个行李箱中,为金属性破坏性装置。事件发生后,莫斯科警方提高了机场和地铁安全警戒级别,随后,俄罗斯总统梅德韦杰夫下令在该国主要交通枢纽部署特种安全部队,以防止类似恐怖袭击的发生。

多莫杰多沃机场位于莫斯科南部80千米处,是莫斯科地区最老也是最大的机场,主要服务国内航班和国际包机航班。1964年正式投入使用,1992年成为国际机场,2010年的客流量达到2200万人。多莫杰多沃机场的国内运量集中在高加索、乌拉尔、中亚、西伯利亚与远东、俄罗斯中部等地区,以及独联体国家。有航空专家表示,该机场的安全系统一直存在隐患,早在2004年,两名自杀式炸弹袭击者通过多莫杰多沃机场工作人员买到机票,分别登上两架飞机,最终导致两架航班上的90人全部遇难。

多莫杰多沃机场恐怖爆炸案，暴露出机场安检系统和管理工作存在严重漏洞，机场根本没有配备对所有旅客和行李进行检查和监控的手段。此次爆炸案发生后，作为补救措施，梅德韦杰夫下令要求俄各部门要配合全俄公共交通系统定期进行反恐演练，然而这种“头痛医头，脚痛医脚”的做法以及被动反应式的反恐举措，很难保证从根本上杜绝恐怖事件的再度发生。

三、白俄罗斯明斯克“十月”地铁站爆炸事件

当地时间 2011 年 4 月 11 日 17 时 54 分，白俄罗斯首都明斯克“十月”地铁站发生爆炸事件。该地铁站位于明斯克市中心，距总统府仅几十米，爆炸发生时正值下班高峰，地铁内大约有 300 人。一辆地铁列车进站停靠时，放置在地铁站长凳下面的爆炸物发生爆炸，地面被炸出一个直径 80 厘米的大坑，造成 15 人死亡，约 200 人受伤。

明斯克“十月”地铁站爆炸现场

“十月”地铁站发生爆炸后，明斯克两条地铁线一度停运。白俄罗斯相关部门在事件发生后当即成立联合调查小组对事件展开调查。白俄罗斯总检察院当晚宣布，当天发生在“十月”地铁站的爆炸为恐怖事件。白俄罗斯副总检察长施韦德说，根据对事故现场已找到的数百件物证分析，在明斯克“十月”地铁站站台爆炸的是无线电遥控的自制爆炸装置，里面填充了钢珠、钉子等增加杀伤力的金属物，其爆炸威力相当于 5 ~7 千克 TNT 当量。

据披露，明斯克各地铁站内基本没有配备安检设备，只有手持金

属探测器的安保人员偶尔检查来往乘客。白俄罗斯内务部长库烈绍夫在4月12日上午的新闻发布会上表示，将尽快安装安检设备，提升安保措施。白俄罗斯国家安全委员会主席扎伊采夫当天说，这起事件可能和2010年12月举行的总统选举有关，一些青年激进分子不满当局驱散并逮捕选举当晚示威活动的参与者，犯罪分子的目的可能是制造恐慌、引起社会混乱。

白俄罗斯警方通过调看明斯克各主要地铁站摄像头拍摄的画面和分析大量的音视频资料，从中发现了线索，合成了两名嫌疑人画像。到4月12日，白俄罗斯有关部门已逮捕了数名与明斯克地铁爆炸案有关的嫌疑人。4月13日白俄罗斯总统卢卡申科声称，明斯克地铁爆炸案已告破，两名被捕人员承认他们制造了明斯克地铁爆炸案，以及几年前分别发生在明斯克和维捷布斯克的两起爆炸案。经审问，警方已经了解明斯克地铁恐怖袭击实施的过程。卢卡申科要求警方加强戒备，在全国范围内检查公民非法持有武器和爆炸物的情况。

11月30日，白俄罗斯最高法院对实施爆炸活动的科诺瓦洛夫和科瓦廖夫进行了宣判。根据白俄罗斯刑法，科诺瓦洛夫犯下了恐怖主义罪行，而科瓦廖夫犯下了协助恐怖主义罪行，鉴于两人已对社会构成极端危险，判处2人死刑。

四、美军“支努干”直升机被阿富汗塔利班火箭弹击落事件

2011年8月6日，美在阿富汗执行任务的“支努干”直升机被火箭弹击中尾旋翼，导致直升机垂直落向地面，并燃起大火，造成38名军事人员死亡。该坠机是美军在持续了10年的阿富汗战争中，所遭遇的伤亡最惨重的一起事件，塔利班声称制造了这次袭击行动。飞机坠落在瓦尔达克省的登吉山谷，位于喀布尔西南96千米。机上人员全部遇难。遇难者中包括美国海军17名“海豹”队员、5名为“海豹”提供支持的海军特种兵、3名空军特种兵、5名机组成员、7名阿富汗突击队员和1名阿富汗翻译。该机战斗人员的任务是增援正在这一地区执行抓捕任务的陆军游骑兵部队。

美国特种部队和“支努干”双螺旋直升机

据美国《空军时报》网站2011年10月13日报道，美国军方调查人员断定，在阿富汗坠毁的“支努干”直升机系被火箭弹击落。美军中央司令部发布的官方调查报告说：“此前未被发现的一群疑似塔利班战斗人员，在位于直升机以南220米处的一座两层的砖结构建筑物顶部，连续、快速地发射了多枚火箭弹。第一枚没有命中，但第二枚击中了直升机尾旋翼组的叶片，并发生了爆炸。”报告说，直升机当时高度大约46米，旋翼被击中后，直升机剧烈旋转，随后坠毁在一处干涸的河床上，并被大火吞没，大火引发了燃料和弹药的多次爆炸。美军调查人员声称，参与这次行动的军人并不存在任何过失。

之后，美军对这伙塔利班分子进行多次搜捕和打击。驻阿富汗美军最高指挥官约翰·艾伦表示，驻阿富汗联军于2011年8月8日空袭消灭了上周击落美军直升机并造成38人丧生的塔利班武装分子。艾伦称，美军特种部队在搜捕的过程中从当地居民那里获得多个情报线索，确认了这批塔利班分子的身份，并通过跟踪锁定他们的位置，最后出动了F－16S战斗机，通过空袭将他们消灭。然而，阿富汗塔利班组织发言人穆贾希德随之否认。

五、挪威恐怖袭击事件

当地时间2011年7月22号下午3点半，位于挪威奥斯陆市中心的挪威政府办公大楼门前突然发生爆炸，爆炸所产生的巨大冲击波严重破坏了这座17层高的大楼和附近的多座建筑，现场一片狼藉,随处可以看见破碎的玻璃和金属。爆炸至少造成 7 人死亡。挪威首相斯托尔滕贝格的办公室就位于遇袭的这座政府大楼里,但因当天斯托尔滕贝格在家办公而逃过一劫。巨大的爆炸冲击波还震碎了挪威中央政府大楼附近 100 米范围内咖啡馆、商店的玻璃橱窗,街道路面每隔几米就有一堆碎玻璃。救护车呼啸着来回运送重伤人员,公共汽车被动员来运送轻伤者到医院接受治疗。爆炸发生后,挪威警方迅速疏散在政府大楼内办公的人群,并在奥斯陆全城加强戒备。

然而,就当人们以为事态平息的时候,距奥斯陆西北 40 多千米的一座名叫于特的小岛又传来了枪声,一名伪装成警察的 30 多岁男子,突然冲入岛上的一座青年夏令营,向正在那里参加挪威工党青年营年度活动的人群开枪。英国《每日邮报》7 月 23 日报道称,案犯嫌疑人金发,用挪威语向在那里参加夏令营的青年喊话,让他们“过来”,然后向他们开枪。听到枪声后,青少年们匆忙跳入大海或躲到树后逃命。还有人听到枪手说:“这只是开始。”一位挪威记者在“推特”网站上写道:“一架‘海王’直升机已带着药品到达了岛上,但一直无法着陆,因为枪击仍在继续。”另据目击者称,现场当时大约有 700 多人,大多数是 14 岁 ~18 岁的青少年,枪击发生后他看见了 25 ~30 具尸体,还有很多尸体漂浮在海上。

警方随即逮捕了该嫌犯,挪威司法大臣克努特 · 斯托贝格特 22 日说,嫌犯名叫安德斯 · 贝林 · 布雷维克,现年 32 岁,挪威人,警方 22 日晚对其在奥斯陆的寓所进行了搜查。据报道,布雷维克承认,他在于特岛上的袭击目标是挪威前首相布鲁恩特兰德,因为当天她也要参加工党的青年营活动,但是当布雷维克赶到于特岛时,这位前首相的活动已经结束。于是他向其他人下手。布雷维克在其网上公布的“宣言”中写道,他从一家波兰供应商处订购了部分化学品。波兰安全部门 25 日表示,这些产品随处都可以买到,而且并不违法。波兰安全局代理主管鲍威尔 · 拜耳莱克表示,布雷维克用来制造炸药的化学品是网上购买的,其中包括一种合成肥料。他表示布雷维克也在欧洲其他地方购买了炸弹所需的化学品。布雷维克还曾在网上透露为了制造爆炸和枪击案,已经花费了28万英镑。

布雷维克在其公布的“宣言”中还称:西欧有15~80名像他一样的“骑士”。这些人单独行动,“完全不为敌人所知”,发动袭击可以“出其不意”。布雷维克的暗杀目标包括英国王储查尔斯和前首相戈登·布朗、德国总理安格拉·默克尔、法国总统尼古拉·萨科齐、欧洲联盟委员会主席若泽·曼努埃尔·巴罗佐。“宣言”不少篇幅还谈论袭击策略和方法,包括“声东击西”等战术。

挪威血案引发了挪威乃至欧洲对其社会管理的反思:

一是武器及爆炸物管制。据悉,嫌犯布雷维克名下登记了2支枪,他还订购了2吨用于制造炸药的化肥。欧洲一些媒体分析认为,应加强枪支管理和对炸药相关物品销售的监督。芬兰在过去5年内发生了3起枪击案,共造成24人死亡,促使其开始反思枪支管理法。瑞典媒体日前指出,斯堪的纳维亚国家的枪支持有率相当高,芬兰为每百人持有45支,瑞典为32支,挪威则为31支。瑞典英文报纸《本地人》25日发表题为《瑞典枪支法会阻止挪威杀手》的文章指出,瑞典的枪支管制法不会允许布雷维克这样的人拥有自动武器。根据瑞典法律,只有出于特殊原因才能颁发自动武器执照。在布雷维克填写的自动武器执照申请表中,申请理由一栏填写的是猎鹿。瑞典国家警察总局法务部门负责人拉尔斯·托那曼说:“这在瑞典是根本行不通的。”挪威袭击事件发生后,瑞典议会呼吁制定更加严格的法律,加强枪支管理。自由党、社会民主党和左翼政党都要求重新审视有关枪支的立法。因为化肥中包含的硝酸铵是制造炸药的成分之一,瑞典政府已提议有关部门审查化肥的销售。瑞典司法大臣贝亚特丽斯对媒体表示,有关部门应该收紧对化肥销售的管理,发生在挪威的事件清楚地表明,采取这些措施有多么的重要。欧盟委员会已向成员国政府提出一系列建议,其中包括限制销售可用于制造爆炸物的化学材料。波兰方面25日证实,布雷维克事先通过互联网从波兰合法购买到一些化学材料,其爆炸装置中就用到了这些材料。其实，欧盟委员会在2010年年底曾建议，对目前在大型超市销售的一些化学品加以限制。

二是互联网监管。布雷维克在案发前的几年中，一直利用互联网散布极右和反伊斯兰教言论，并为类似组织出谋划策，但没有引起任何有关方面的注意。有专家认为，应加强互联网上对极端组织的监控，因为不少极端势力放弃了“街头暴力”形式，转而采用更为隐秘的互联网传播方式进行联络和宣传。据德国媒体报道，德国联邦刑事局建议，在互联网上设立一个报警中心，让网民可以直接举报网络上关于极端主义的内容。该局局长杰森表示，任何人在互联网上发现了右翼极端主义的内容，或者枪击杀人案的线索，都应将网页内容举报给网上报警中心。目前，德国方面已将这一计划转交欧盟委员会，以便今后能在欧盟各国实行。

三是危机应对。挪威警方在此次事件中的表现引发外界批评。据悉，挪威警方的快速反应小组，先后因直升机和快艇支援不力而延误了救援时机。据法新社报道，枪击案发生时，至少有两位父亲在接到孩子从于特岛打来的求救电话后报警，但警方作出的回应分别是：“让孩子自己打电话”、“袭击发生在奥斯陆”。还有媒体质疑，凶犯轻而易举就进入政府大楼放置炸药，这种对公民“过度的信任”是否会给其他人造成潜在威胁。分析认为，长期以来，“挪威是个非常安全的国家”的固有意识占据人们的想法，使得该国安全部门在危机预警和应对方面准备松懈，为犯罪分子从事不法活动提供了空间。

四是移民管理。布雷维克曾表示，希望他的袭击能向挪威政府发出强烈信号，阻止“对北欧文化的破坏和穆斯林的大量涌入”。近几十年来，北欧国家的移民人数呈上升趋势，目前瑞典和挪威的外国人比例均超过10%，丹麦约为8%，其中大部分为穆斯林。移民的增加，在一定程度上会引发本地社会的不同意见，这就需要政府从中加以协调，建立完善的外来移民管理体制，为移民创造合适的融入环境，不能只是为了“选票”而加深民众之间的裂痕。斯托尔滕贝格曾表示，邪恶可以杀死一个人，但不可能击败整个国家。也许正如枪击案幸存者、23 岁的贝克达尔在接受媒体采访时所称，他并没有想过让凶犯得到报应，也没有想过为了反恐要限制公民的权利。而是和许多挪威年轻人一样，希望过去几天来挪威释放的善意能够有助于维护挪威核心的价值观，那就是民主、公正和开放。如何既保障公民的个人权利，又维护社会的集体安全，西方社会管理的两难境地由此凸显。

六、其他主要恐怖事件

据美国国家反恐中心统计，2011 年全世界共发生 7749 起恐怖活动，造成 9562 人死亡，20261 人受伤[①]。其中，伤亡 30 人以上的恐怖活动有：1 月 1 日凌晨，埃及亚历山大圣徒教堂附近发生炸弹爆炸事件，导致 21 人死亡、79 人受伤，教堂附近一座清真寺和 15 辆汽车受损。

1 月 7 日中午，阿富汗坎大哈省斯平布尔达克地区发生自杀式爆炸袭击，导致包括袭击者在内的 18 人死亡、21 人受伤。

1 月 11 日，阿富汗首都喀布尔发生自杀式炸弹袭击，导致 30 多人死伤。当天，库纳尔省还发生了遥控式路边炸弹袭击，导致 2 人死亡、2 人受伤。

1 月 18 日上午 10 时 15 分左右，伊拉克提克里特市发生自杀式爆炸袭击，造成 50 人死亡、150 多人受伤。

1 月 19 日早上，伊拉克中部城市巴古拜政府机构保卫总部发生自杀式爆炸袭击，造成至少 5 人死亡、76 人受伤。死者中包括 3 名警察，伤者中有 15 人伤势严重。

1 月 20 日下午 3 时，伊拉克南部卡尔巴拉城发生自杀式爆炸袭击，造成 45 名朝圣者死亡、110 人受伤。

1 月 23 日，伊拉克首都巴格达发生 5 起汽车炸弹袭击，造成至少 6 人死亡、30 人受伤。

---

① 数据来源：美国国家反恐怖中心，http://wits.nctc.gov/FederalDiscoverWITS/index.do? N=0。

1 月 24 日，伊拉克中部卡尔巴拉发生 3 起汽车炸弹袭击，造成至少 31 人死亡、70 人受伤。

1 月 24 日，俄罗斯首都莫斯科多莫杰多沃机场发生爆炸，造成至少 35 人死亡、180 多人受伤。

1 月 27 日，伊拉克首都巴格达西北部舒拉区发生自杀式炸爆袭击，造成 48 人死亡、121 人受伤。

2 月 9 日上午 10 时 20 分左右，伊拉克北部石油重镇基尔库克发生 3 起连环汽车炸弹袭击，造成 7 人死亡、68 人受伤。

2 月 10 日清早，巴基斯坦西北部城市发生自杀式炸爆袭击，造成 20 名士兵死亡、20 人受伤。

2 月 10 日下午，伊拉克北部萨拉赫丁省发生自杀式炸爆袭击，造成至少 6 人死亡、40 人受伤。

2 月 12 日，伊拉克北部重镇萨迈拉发生针对什叶派穆斯林朝圣者的自杀式爆炸袭击，导致至少 28 人死亡、22 人受伤。

2 月 16 日夜间，坦桑尼亚首都达累斯萨拉姆一个军事基地的弹药库发生连环爆炸，至少造成 20 人死亡、145 人受伤。

2 月 17 日，伊拉克东部迪亚拉省发生针对军警的自杀式汽车炸弹袭击，导致 8 人死亡、30 人受伤。

2 月 19 日，阿富汗东部楠格哈尔省贾拉拉巴德市喀布尔银行发生袭击事件，造成至少 9 人死亡、70 人受伤。

2 月 21 日中午，阿富汗北部昆都士省发生针对政府建筑的自杀式爆炸袭击，导致至少 28 人死亡、36 人受伤。

3 月 9 日，巴基斯坦西北部城市白沙瓦的一处葬礼现场遭自杀式爆炸袭击，造成 34 人死亡、45 人受伤。

3 月 14 日，阿富汗北部昆都士省国民军新兵训练中心附近发生自杀式炸弹袭击，造成 35 人死亡、33 人受伤。

3 月 24 日早晨，巴基斯坦西北部亨古地区一个警察局遭自杀式汽车炸弹袭击，导致至少 5 人死亡、25 人受伤。

3 月 27 日晚，阿富汗东部帕克提卡省发生 1 起自杀式汽车炸弹袭击事件,造成至少10人死亡、50多人受伤。

3月28日,也门南部阿比扬省贾尔地区的军火工厂发生爆炸,造成150人死亡、80人受伤。

4月3日下午,巴基斯坦中部德拉加齐汗地区一宗教场所发生3次爆炸,造成至少40人死亡、100多人受伤。

4月11日下午5点56分,白俄罗斯明斯克中心地铁站之一的"十月"站发生爆炸,导致15人死亡、200多人受伤,其中22人伤势严重。

4月26日,巴基斯坦南部城市卡拉奇发生2起炸弹爆炸事件,造成4人死亡、56人受伤。

4月28日,伊拉克东部省份迪亚拉一清真寺遭自杀式炸弹袭击,造成至少12人死亡、40人受伤。

5月3日晚,伊拉克首都巴格达发生1起汽车炸弹袭击,造成至少9人死亡、30人受伤。

5月5日上午,伊拉克南部城市希拉发生自杀式汽车炸弹袭击,造成96人伤亡。

5月7日,阿富汗南部坎大哈省发生多起袭击事件,造成8人死亡、29人受伤。

5月13日早晨,巴基斯坦西北部贾尔瑟达地区一边防军训练中心附近发生2起自杀式炸弹袭击,造成70多人死亡、80多人受伤。

5月18日傍晚时分,阿富汗东部楠格哈尔省发生连环自杀式袭击事件,造成13人死亡、20人受伤。

5月19日上午,伊拉克北部城市基尔库克发生2起爆炸事件,造成至少25人死亡、70人受伤。

5月19日,阿富汗东部帕克蒂亚省一处建筑工人营地遭塔利班武装人员袭击,造成43人死亡、24人受伤。

5月21日中午,阿富汗首都喀布尔国防部下属一家医院遭自杀式袭击,造成至少30人伤亡。

5月24日上午,阿富汗南部坎大哈省发生1起路边炸弹爆炸事件,造成至少10人死亡、30多人受伤。

5月26日,巴基斯坦西北部靠近阿富汗边境的亨古地区发生1起自杀式爆炸袭击,造成至少25人死亡、50多人受伤。

5月30日上午11时50分左右,阿富汗西部城市赫拉特发生一系列爆炸袭击事件,造成至少38人死伤。

6月21日上午,伊拉克卡迪西亚省首府迪瓦尼耶发生2起爆炸袭击事件,造成至少25人死亡、30余人受伤。

6月23日,伊拉克首都巴格达西南城区发生4起爆炸事件,造成至少23人死亡、117人受伤。

6月25日中午,阿富汗东南部卢格尔省发生1起自杀式汽车炸弹袭击事件,造成至少15人死亡、45人受伤。

6月27日傍晚,尼日利亚北部博尔诺州首府迈杜古里的一家啤酒屋遭到一群伊斯兰极端组织"博科圣地"成员的袭击,造成至少30人死亡。

6月30日,阿富汗西南部尼姆鲁兹省北部公路上一辆客车行驶时遭遇地雷袭击,造成20名乘客死亡,司机受伤。塔利班埋置的地雷导致了这起惨案。

7月5日,伊拉克首都巴格达附近连续发生2起爆炸事件,造成至少35人死亡、28人受伤。

7月5日,巴基斯坦卡拉奇不同地区发生多起暴力事件,造成15人死亡、29人受伤。

7月10日深夜,印度东北部阿萨姆邦发生列车遭炸弹袭击事件,造成至少100人受伤,其中20人伤势严重。

7月13日晚间,印度最大城市孟买发生连环爆炸,造成至少17人死亡、81人受伤。

7月22日下午3时20分,挪威首都奥斯陆市中心及郊外一座小岛发生爆炸和枪击事件,造成至少77人死亡。

7月28日下午,阿富汗中部乌鲁兹甘省首府提林库特发生多起爆炸和枪战事件,造成25人死亡、35人受伤。

8 月 14 日凌晨 4 时左右，阿尔及利亚东北部提济乌祖市发生 1 起针对警察局的自杀式炸弹袭击事件，造成 29 人受伤，其中包括 8 名警察。

8 月 15 日上午，伊拉克瓦西特省库特市发生 2 起爆炸事件，造成至少 30 人死亡、50 多人受伤。

8 月 19 日，巴基斯坦西北部靠近阿富汗边境的部落地区遭到自杀式炸弹袭击，造成至少 50 人死亡、70 人受伤。

8 月 25 日晚，伊拉克南部巴士拉省阿布海西卜市发生 1 起汽车炸弹爆炸事件，致使 4 人死亡、35 人受伤。

8 月 25 日晚，墨西哥北部新莱昂州州“皇家赌场”遭到袭击并起火，造成 53 人死亡。

8 月 26 日晚，阿尔及利亚提帕萨省的阿尔及利亚舍尔沙勒三军综合军事学院入口附近发生 2 起自杀式炸弹袭击，造成至少 15 人死亡、35 人受伤。

8 月 27 日中午，阿富汗赫尔曼德省首府拉什卡尔加发生 2 起自杀式汽车炸弹袭击，造成 40 余人死伤。

8 月 28 日，伊拉克首都巴格达市内一座清真寺遭自杀式爆炸袭击，造成至少 28 人死亡、40 人受伤。

8 月 31 日晚，伊拉克首都巴格达西南部吉哈德区发生自杀式爆炸袭击，造成 3 人死亡、20 人受伤。

9 月 7 日上午，巴基斯坦西南部城市奎达发生连环爆炸袭击，造成至少 25 人死亡、50 多人受伤。

9 月 10 日下午 5 时 30 分左右，阿富汗中部瓦尔达克省的军事基地遭到汽车炸弹袭击，造成 2 死亡、97 人受伤。

9 月 13 日中午，阿富汗首都喀布尔发生连环爆炸和枪战，造成至少 16 人死亡、25 人受伤。

9 月 14 日，伊拉克西部安巴尔省哈巴尼亚军事基地发生 2 起炸弹袭击事件，造成至少 20 人死亡、61 人受伤。当天，伊拉克中部巴比伦省首府希拉市附近发生 1 起汽车炸弹袭击，导致至少 5 人死亡、

41 人受伤。

9 月 15 日下午，巴基斯坦西北部发生自杀式炸弹袭击，造成至少 31 人死亡、60 多人受伤。

9 月 18 日晚，布隆迪首都噶图巴区遭到一伙武装分子袭击，造成至少 30 人死亡。

9 月 20 日，巴基斯坦西南部俾路支省遭到 4 名不明身份枪手袭击，造成至少 29 人死亡、30 人受伤。

9 月 25 日，伊拉克南部什叶派圣城卡尔巴拉接连发生 4 起爆炸事件，造成 9 人死亡、90 人受伤。

9 月 29 日，伊拉克基尔库克省基尔库克市发生 1 起自杀式汽车炸弹袭击事件，造成至少 2 人死亡、42 人受伤。

9 月 30 日，伊拉克南部城市希拉发生 1 起汽车炸弹袭击事件，造成至少 10 人死亡、40 多人受伤。

10 月 4 日，索马里首都摩加迪沙发生 1 起自杀式汽车炸弹袭击事件，导致至少 65 人死亡。

10 月 10 日，伊拉克首都巴格达西部当晚接连发生 2 起路边炸弹爆炸事件，导致 13 人死亡、22 人受伤。

10 月 12 日，伊拉克首都巴格达市遭遇多起自杀式炸弹袭击，至少 3 所警察局遇袭，伤亡上百人。

10 月 13 日，伊拉克首都巴格达市发生 2 起路边炸弹爆炸袭击事件，造成 60 余人伤亡。

10 月 24 日晚，利比亚北部城市苏尔特发生油罐爆炸事件，造成至少 100 人死亡。

10 月 25 日晚，阿富汗东部帕尔万省发生油罐车爆炸，造成至少 3 人死亡、40 多人受伤。

11 月 2 日，伊拉克南部港口城市巴士拉发生 3 起连环摩托车爆炸案，导致 3 人死亡、30 人受伤。

11 月 4 日，尼日利亚东北部约贝州首府达马图鲁发生多起炸弹袭击和枪击事件，造成至少 100 人死亡。

11 月 12 日，伊朗伊斯兰革命卫队军火库发生爆炸事件，造成 36 人死亡。

11 月 24 日，伊拉克南部港口城市巴士拉连续发生 3 起爆炸，造成 19 人死亡、67 人受伤。

11 月 26 日，伊拉克首都巴格达市区和巴格达附近的阿布格里卜地区相继发生多起爆炸事件，造成至少 11 人死亡、33 人受伤。

12 月 2 日，阿富汗首都喀布尔以南一处北约基地附近发生自杀式炸弹爆炸，造成 70 人受伤。

12 月 6 日，阿富汗首都喀布尔市中心发生自杀式爆炸袭击事件，造成 55 人死亡、134 人受伤。当天，阿北部城市马扎里沙里夫和南部城市坎大哈也发生袭击事件。

12 月 13 日，比利时列日市遭到枪击和手榴弹袭击，造成 4 人死亡、75 人受伤。

12 月 22 日，伊拉克首都巴格达发生多起爆炸，造成至少 57 人死亡、170 多人受伤。当天，巴格达还发生 10 起路边炸弹袭击和火箭弹袭击事件。

12 月 23 日，叙利亚首都大马士革发生 2 起针对叙安全机构的爆炸事件，造成至少 30 人死亡、100 多人受伤。

12 月 26 日，伊拉克内政部办公区附近遭遇自杀式汽车炸弹袭击，造成 6 人死亡、39 人受伤。

第四节　反恐怖战略和法规建设

2011 年，为适应反恐斗争的需要，美、中、英等国家相继出台或修改反恐法律法规和反恐政策。

一、美国

（一）出台新版《国家反恐战略报告》

该战略于 2011 年 6 月出台，既是对“9·11”以来美反恐作战的全面总结,也是针对近期全球恐怖形势变化所作的最新调整。

一是强调反恐不再决定美国整体安全战略。奥巴马政府上台之初便放弃了布什政府奉行的“反恐高于一切”、“以反恐画线”政策,改变以反恐为核心的国家安全战略。新版的国家反恐战略进一步强化了上述政策,认为“反恐仅仅是美国国家安全战略的一部分,制定反恐战略的目的是为了确保国家安全利益,并不起到定义外交政策的作用”。这一变化表明,在美国的安全评估中,恐怖主义对其总体威胁呈下降趋势。

二是首次将本土列为反恐最重要“战场”,战略重点由“域外打恐”转向优先“境内防恐”。新战略称,美国反恐战略的最终目标仍是击败“基地”组织,但美国本土是这一反恐努力的最重要“战场”。这是美国首次在其官方战略性文件中将本土恐怖主义列为首要威胁,美国反恐战略“向内”转向。自 2009 年以来,美国本土发生多起恐怖袭击未遂事件,如纽约地铁袭击案、圣诞炸机事件、“邮包炸弹”袭击案等。上述事件逐渐使美国认识到,即便在海外打赢反恐战,也难以确保本土安全。正是基于这一认识,美国在继续对阿富汗、巴基斯坦、也门等地恐怖组织保持高压打击的同时,更加注重筑牢国内反恐防线。为此,新战略强调通过情报等手段,严防国际恐怖势力袭击美国本土的图谋,同时防范本土内生性的个体恐怖威胁。新战略认为,“基地”等恐怖组织近年来加大利用网络等手段,向美国国内民众散布极端思想、发展伊斯兰裔的美国公民甚至是土生土长的白人加入其阵营,这一威胁尤其突出。

三是将“基地”分支组织列为新的重点打击对象。最近两年“基地”分支组织多次图谋在美国制造恐怖袭击案件,虽均未成功,但显然已对美国本土安全构成巨大威胁。2011 年年初,美国就已宣布“基地”也门分支首领奥拉基是对美国威胁最大的恐怖分子。近期在也门分支宣布“建国”、北非分支趁乱发展的情况下,新反恐战略将主要打击目标对准了“基地”分支组织。这与此前的反恐“泛化”形成了鲜明对比,显示美国的反恐目标呈现进一步收缩之势。这种收缩既是基于对恐怖威胁的理性评估，也反映了美国在打击恐怖主义问题上更趋务实。

四是在反恐手段上强调运用“巧实力”。根据新战略，美国未来将不会采用大规模战争的方式进行反恐，转而采取精确定位打击的方式，依靠无人机攻击、特种部队作战等手段，实施“手术刀式”打击。反恐手段上的这种变化，是美国对其反恐作战经验总结的结果。大规模战争的方式耗资巨大，不仅容易导致重大人员伤亡，引发负面舆论，其效果也难尽如人意。而近期击毙本·拉登行动的成功，充分展示了军情部门相互配合、特种作战定点打击的良好效果。这一方式将成为未来美国反恐作战的范本。

（二）《防范国内暴力极端主义新战略》

2011 年 8 月 3 日，美国白宫公布《防范国内暴力极端主义新战略》。该战略是 6 月底美公布新版国家反恐战略的后续配套措施，表明美反恐重点转向“域内防恐”。新战略重点防范三方面的暴力极端主义威胁：防范“基地”组织及其分支煽动蛊惑美本土居民从事恐怖活动；防范极右组织在美本土搞恐怖活动；防范本土个体恐怖威胁。值得注意的是，该战略开始着重强调社区在防范暴力极端主义中发挥中心作用。一是弱化伊斯兰极端主义论调，报告指出，“9·11”以来，美面临的暴力极端主义威胁不断抬头，极端分子的宗教信仰、族群、社会经济地位差异性大，包括新纳粹分子、反犹太分子、种族主义至上者、伊斯兰极端分子等。2009 年以来美因暴力极端主义丧生的 20 余人中，14 人死于“基地”煽动的伊斯兰极端主义，其余则死于白人至上主义等。二是强调应对极端主义是政府和社区的“集体责任”。报告指出，保护美社区免遭“基地”仇恨宣传的煽动不只是政府的工作，社区、尤其是“基地”组织重点煽动和招募的穆斯林社区应充当“先锋”角色，而政府主要扮演推动者、召集人和信息提供者角色。联邦和各州执法人员在应对极端主义中起重要作用，但通过加强与各地社区民众、民间机构的联动，可更有效反击暴力激进化。美政府为此提出了三项具体措施：其一，强化政府与社区的“接触与支持”，双方建立互信、可敬的伙伴关系；其二，反击暴力极端宣传；其三，提高执法人员执法能力。

（三）《反恐战略执行计划》

在公布新版《国家反恐战略报告》和《防范国内暴力极端主义新战略》后，白宫于 2011 年 12 月 8 日公布《反恐战略执行计划》，该计划是前两者的后续配套措施，旨在加强美本土反恐体系，收缩反恐战线专注本土安全。《反恐战略执行计划》是在新版《国家反恐战略报告》和《防范国内暴力极端主义新战略》基础上进一步落实以本土反恐为重点的具体行动纲领，重点防范受“基地”组织网络蛊惑的暴力极端和恐怖分子，以及受极右思想蛊惑的暴力极端分子，以应对美本土日益严峻的恐怖威胁。美为此确立了以联邦政府领导、各部门配合、地方政府和社区共同参与的行动原则，努力防止美国本土居民走向极端，并提出国内反恐的三项具体措施。一是加强国内反恐共识，提升联邦政府对那些易受极端分子蛊惑或攻击的地方社区支持。二是强化各级政府和法律部门应对暴力极端主义的能力。为了加强对极端主义的了解，尤其是强化网络反恐，提升应对暴力极端主义和“独狼”现象的能力，并为此多与研究机构、智库和国外相关部门交流，了解网络和极端主义最新发展动态，逐步形成最佳应对策略。三是反击暴力极端主义宣传，宣扬美式价值观。包括提升公众对暴力极端主义的认识，建立及时发布暴力极端主义信息的网站，培养反暴力极端主义的专业人才等。

二、中国

2011 年 10 月 29 日，全国人大常委会通过了《关于加强反恐怖工作有关问题的决定（草案）》，指出：

为了加强反恐怖工作，保障国家安全和人民生命、财产安全，维护社会秩序，特就反恐怖工作有关问题作如下决定：

1. 国家反对一切形式的恐怖主义，坚决依法取缔恐怖活动组织，严密防范、严厉惩治恐怖活动。

2. 恐怖活动是指以制造社会恐慌、危害公共安全或者胁迫国家机关、国际组织为目的，采取暴力、破坏、恐吓等手段，造成或者意图造成人员伤亡、重大财产损失、公共设施损坏、社会秩序混乱等严重社会危害的行为，以及煽动、资助或者以其他方式协助实施上述活动的行为。恐怖活动组织是指为实施恐怖活动而组成的犯罪集团。恐怖活动人员是指组织、策划、实施恐怖活动的人和恐怖活动组织的成员。

3. 国家反恐怖工作领导机构统一领导和指挥全国反恐怖工作。公安机关、国家安全机关和人民检察院、人民法院、司法行政机关以及其他有关国家机关，应当各司其职、密切配合，依法做好反恐怖工作。中国人民解放军、中国人民武装警察部队和民兵组织依照法律、行政法规、军事法规以及国务院、中央军事委员会的命令，防范和打击恐怖活动。

4. 恐怖活动组织及恐怖活动人员名单，由国家反恐怖工作领导机构根据本决定第二条的规定认定、调整。恐怖活动组织及恐怖活动人员名单，由国务院公安部门公布。

5. 国务院公安部门公布恐怖活动组织及恐怖活动人员名单时，应当同时决定对涉及有关恐怖活动组织及恐怖活动人员的资金或者其他资产予以冻结。金融机构和特定非金融机构对于涉及国务院公安部门公布的恐怖活动组织及恐怖活动人员的资金或者其他资产，应当立即予以冻结，并按照规定及时向国务院公安部门、国家安全部门和国务院反洗钱行政主管部门报告。

6. 中华人民共和国根据缔结或者参加的国际条约，或者按照平等互惠原则，开展反恐怖国际合作。

7. 认定恐怖活动组织及恐怖活动人员名单的具体办法，由国务院制定；冻结涉及恐怖活动资产的具体办法，由国务院反洗钱行政主管部门会同国务院公安部门、国家安全部门制定。

《关于加强反恐怖工作有关问题的决定(草案)》的出台，是中国对恐怖主义进行界定的第一部法律文件，也是推动反恐立法的第一步。这对于进一步推动依法反恐，打击“三股势力”，对外提供国际反恐合作法律基础，具有重要的现实指导意义。

三、英国

2011 年 6 月 7 日，英国颁布《新反恐战略》。英国内政大臣特雷莎·梅宣布了新反恐战略，对前政府的预防性反恐政策进行调整，称将重点关注在城市社区层面打击极端主义组织与行为，同时防止政府反恐资金落入极端主义机构之手。特别表示，目前沿用的反恐战略是前工党政府制定的，存在严重漏洞。据英国广播公司报道，英国政府每年 6300 万英镑反恐预算的部分资金，最终却落入极端组织手中。新战略将重新关注监控互联网使用，对于那些暴力与非法网站，政府将开列屏蔽名单。该战略将 3600 万英镑反恐预算，用于开列出的优先关注城市与地区。

新战略将英国大学列为重要的防范对象。英国政府公布的一份报告指出，英格兰 40 所大学已经成为滋生恐怖分子的温床，而大学对于这种情况“太自满”，不愿意识到潜在的危险性。政府因此呼吁大学做得更多，并且表示政府会削减给任何赞成极端思想的伊斯兰团体的拨款。英国媒体的报道还说，政府公布的报告已经发现英格兰 40 所大学校园内存在激进化或者招募恐怖分子的“特别危险”。这份名为“预防”的报告最初是在 2007 年伦敦连环爆炸案后公布的，旨在阻止英国国内恐怖分子团体的发展，近日公布的是最新版本。报告中指出：“英国发生的与‘基地’组织有关的恐怖事件中被定罪的人中有超过 30% 都曾经上过大学或者在高等教育学院上学，另有 15% 参加过职业或者继续教育培训。”报告认为，大学没有对国家安全作出足够的回应，有危险的大学中不到半数与警方合作。特雷莎·梅因此要求大学做更多努力面对这一威胁。她还希望采取更多行动把宣传仇恨的传教士遣送出境。报告还称，恐怖分子参加过的大学甚至包括英格兰一些很有声望的大学。2009 年圣诞节当天企图炸毁飞往底特律的航班的恐怖分子穆塔拉布曾经在伦敦大学学院学习机械工程。2010年年末在瑞典斯德哥尔摩引爆自杀炸弹的瓦哈卜曾经在鲁顿大学学习。2名企图在2006年炸毁跨大西洋航班的恐怖分子阿里和萨瓦尔曾经在伦敦城市大学和布鲁奈尔大学学习。英国政府在一些有特别风险的大学中安排专职警官帮助应对激进化的问题。报告尤其提到一个名为“学生伊斯兰社团联盟”的机构让人担忧。报告说:“有许多例子显示学生还是‘学生伊斯兰社团联盟’附属社团成员的时候,就已经参与恐怖活动或者相关活动。”报告甚至警告,一些强硬的伊斯兰团体尤其把目标指向有大量穆斯林学生的大学,以便扩散他们的仇恨宣传,学生们在大学期间,通过伊斯兰社团参与到恐怖活动或者相关活动中。英国政府还对学生签证可能被恐怖分子利用表示担忧。2009年复活节期间抓获的11名巴基斯坦籍恐怖分子嫌疑人中10人有学生签证。他们企图炸毁曼彻斯特的一个大型购物中心。特雷莎·梅下定决心打击学生签证被钻空子的情况,因此派出一个特别小组里的安全官员对所有申请学生签证的人的背景进行检查,看他们是否与极端主义或者激进主义有关。

英国政府计划不再给任何赞成极端思想的伊斯兰团体拨款。英国政府对极端分子的定义是“不赞成人权,不赞成在法律、民主和全面参与社会面前人人平等”的人,包括“提倡或者含蓄地容忍英国士兵被杀害”的人。特雷莎·梅说:“我们正在寻求一套我们认为英国具有的价值观,那些反对这些价值观的人就是政府不会资助或者合作的人。”报告还点名了英国25个最有伊斯兰极端主义风险的地区,包括伦敦的一些地区、伯明翰、利兹、贝德福德和曼城。英国还计划限制从公共建筑,尤其是学校和公共图书馆,进入极端分子网站。

第五节　历史回顾

恐怖活动是人类社会的一大公害,长期以来对社会安全和人身安全构成极大威胁。据有关资料统计:1990年~1996年,共发生恐怖活动27087起,造成51797人死亡,5800多人受伤;1997年,发生

304 起，比 1996 年上升 8 倍之多，死亡达 221 人，伤 693 人；1998 年，发生 273 起，死 741 人，伤 5952 人；1999 年～2000 年，共发生 392 起，死 656 人，伤 1500 多人；2001 年发生了震惊世界的“9·11”恐怖袭击，全世界范围内的恐怖活动进入高发期，当年发生 1732 起，伤亡 10974 人；2002 年，发生 198 起，死亡 731 人，伤 2016 人；2003 年，发生 380 多起，死 1804 人，伤 5354 人；2004 年，发生 336 起，死 2421 人，伤 6774 人；2005 年，发生 826 起，死亡 2120 人，伤 4609 人。

美国 2010 年恐怖主义情况报告将 2006 年～2010 年世界各类恐怖活动情况作了如下统计：

年份	恐怖事件次数	死亡人数	受伤人数	绑架人数
2006	14371	20487	38413	15795
2007	14414	22719	44095	4981
2008	11662	15708	33885	4670
2009	10969	15310	32651	10750
2010	11604	13186	30665	6050

数据来源：Country Reports on Terrorism 2010，National Counterterrorism Center：Annex of Statistical Information

新世纪以来，在恐怖组织猖狂制造恐怖活动的同时，国际社会和各国政府都以各种措施和手段积极打击恐怖主义，恐怖与反恐怖斗争表现得异常激烈。以下仅介绍一些国家打击主要恐怖活动的简要情况。

美国，2001 年 9 月 11 日 8 时 45 分，从波士顿飞往洛杉矶的第 11 次航班遭恐怖分子劫持，随后撞上纽约世贸中心双塔的北楼。9 时 03 分，美联合航空公司的 175 次航班又撞向南楼。9 时 43 分，从华盛顿起飞的美航 77 次航班改变飞往洛杉矶的航线，掉头撞向美国五角大楼。此前遭撞击的世贸双塔分别在 10 时 05 分和 10 时 28 分倒塌，受双塔冲击，世贸中心楼群之一的七号楼也倒塌；五角大楼西侧部分建筑也于 10 时 10 分倒塌。此次恐怖袭击共造成 2973 人遇难。恐怖活动发生后，美国政府很快将恐怖袭击对象锁定为“基地”

组织,迅速在国内及边境地区展开大规模的搜剿和封控行动。之后,美国以抓捕“基地”组织头目拉登为由,于10月7日对“基地”组织的庇护国阿富汗发起第一场国际反恐怖战争,加拿大、德国、澳大利亚、法国、土耳其、荷兰、意大利、西班牙、捷克、波兰、日本、韩国、约旦等国家派出武装力量参加打击行动。以美军为首的多国部队仅用了两个月的时间即推翻了阿富汗塔利班政权,摧毁了“基地”组织在阿富汗的大本营。但塔利班和“基地”组织残余势力并未彻底清除,主体战争结束后,恐怖活动此起彼伏,以美军为首的多国部队在阿富汗持续进行了10年的反恐怖行动。

俄罗斯,2000～2001年,俄军在车臣战场上取得了反恐行动的决定性胜利,先后消灭了占据格罗兹尼和南部山区的车臣非法武装,并由大规模的军事行动转变为个别出击、搜剿非法武装头目“特别行动”,击毙了车臣非法武装最强悍和凶残的头目阿尔比·巴拉耶夫。2002年7月,俄军开始从车臣撤军,第二次车臣战争主要战事基本结束。但残余的车臣非法武装分子化整为零,渗透到俄罗斯主要城市和地区,不断实施恐怖活动。2002年10月23日,车臣恐怖分子在莫斯科轴承厂文化宫剧院劫持800多名人质。26日凌晨,俄特种部队通过使用特殊气体,使剧院内的部分恐怖分子中毒丧失行动能力。预先埋伏在地下通道、大厅墙外和后台的特种部队迅速破壁而入,突然袭击,击毙恐怖分子41人,700多名人质被救,但也造成118名人质丧生。2004年9月1日,恐怖分子在俄罗斯南部北奥塞梯共和国别斯兰市第一中学,劫持了当天参加开学典礼的1100多名师生和家长。9月3日,劫持现场恐怖分子慌乱中引爆了炸药,人质乘机逃跑,现场失控,俄特种部队果断发起攻击,消灭恐怖分子32人,但也造成338名人质死亡。2009年3月25日,车臣总统卡德罗夫正式宣布,持续10年的车臣反恐战争结束。

西班牙,2004年3月11日,当天正是“9·11”事件后的911天,首都马德里4个火车站连续爆炸,其中2枚炸弹在市中心阿托查火车站的列车上爆炸;几乎同时,另2个车站也发生爆炸,共造成196

人死亡,1500 多人受伤。事件发生后,西班牙警方立即封控现场,并迅速调集警力展开搜捕,加强重要地区和目标的警戒巡逻。经过警方的缜密调查,确认马德里“3·11”恐怖事件的幕后真凶是与“基地”组织有关联的摩洛哥恐怖组织。

2004 年西班牙阿托查火车站爆炸案现场

英国,2005 年 7 月 7 日,伦敦的公共交通系统发生连环爆炸案,3 处地铁和 1 处公共汽车遭受自杀式恐怖袭击,造成 56 人死亡、700 多人受伤。21 日,在伦敦的 3 处地铁和 1 处公共汽车上再次发生爆炸。此次爆炸活动正值八国峰会在英国举行,也是英国刚刚获得 2012 年申办奥运举办权之际。事件发生后,英国政府快速作出反应,紧急召开内阁会议,部署处置行动。警方迅速封锁爆炸现场,临时关闭地铁系统,停止公交汽车运营,并暂时切断市区通信信号,防

2005 年伦敦地铁爆炸案现场

止恐怖分子勾连和使用通信手段遥控引爆爆炸物。同时,反恐特种部队迅速抵达政府各要害地点,加强重要目标警戒巡逻;远郊快速反应部队做好应对可能再次发生恐怖袭击的准备。另外,警方还通过国际合作、动员民众提供线索和采取高技术手段等措施,很快理清了案情,查明了3名恐怖分子的身份,并将参与制造连环爆炸事件的多名恐怖分子缉捕归案。

巴基斯坦,2008年9月20日,伊斯兰堡万豪酒店发生恐怖袭击。2名自杀式袭击者驾驶一辆装满炸药的卡车驶向万豪酒店,行驶至酒店入口处的两个金属路障前,保安人员上前盘查时,恐怖分子

万豪酒店爆炸案现场

随即引爆卡车上的炸药。当时酒店的4个餐厅正在营业,结束了斋戒的数百名穆斯林正在餐厅进餐,共造成53人死亡,266人受伤。捷克驻巴大使贾雷克、2名美国陆战队士兵、1名越南妇女也在爆炸中丧生。巴随即宣布全国进入高度警戒状态,巴司法部长称该事件为巴基斯坦的“9·11”。巴警方对事件进行了仔细调查,查出其爆炸案的主谋为卡里—扎法尔,并在旁遮普省逮捕他手下的一些成员。

印度,2008年11月26日,孟买多处发生劫持人质和武力袭击等连环恐怖事件,整个袭击活动长达59个小时,约10名恐怖分子攻击了2家酒店、1座火车站、1家医院和1处犹太中心,造成包括18名外国人在内的195人死亡。孟买恐怖袭击案手段之恶劣、伤亡之

惨重令全世界为之震惊,国际舆论称之为印度的“9·11”。袭击事件发生后,孟买的马哈拉什特拉邦政府立即对市内的主要道路实施设卡戒严;通信管理部门根据反恐应急部门的要求,立即中断了事发

印度孟买连环恐怖袭击示意图

地的民用无线通信网络,防止恐怖分子之间通信联络和利用遥控手段实施爆炸袭击;事发2小时后,印度政府明确判定孟买发生了连环恐怖袭击,联盟内阁总理曼莫汉·辛格立即主持召开紧急会议,商讨应对恐怖袭击的对策,会上成立了以辛格总理为首的应急委员会,宣布孟买进入紧急状态,调集200名印度国家安全卫队、陆军伞兵突击队、海军突击队和空军突击队等专业反恐力量赶赴袭击现场,同时派遣内政部长帕蒂尔前往孟买统一指挥协调反恐怖袭击行动。经过近60个小时的突击行动,在付出了沉重的代价后,基本肃清了恐怖袭击分子。

第二章

反暴乱行动

反暴乱行动，是指慑止、平息严重暴力犯罪和武装暴乱、武装叛乱犯罪活动的行动。目的是维护国家统一和社会稳定，保护人民生命和财产安全。主要包括：慑止和平息打砸抢烧杀炸等严重犯罪活动、慑止和平息武装暴乱、慑止和平息武装叛乱等。暴乱，是指使用暴力或武力手段，以危害国家安全为目的，聚众破坏公共财产和社会秩序，造成人民生命财产损失、社会混乱甚至国家分裂的犯罪活动。可分为严重暴力犯罪、武装暴乱、武装叛乱等种类。严重暴力犯罪，是指非法聚众并使用暴力手段，对无辜人员、财产实施打砸抢烧杀炸等严重犯罪活动。武装暴乱，是指运用武装手段，与国家和政府进行对抗的行为。武装叛乱，是指采取武装对抗的形式，以投靠或意图投靠境外组织或境外敌对势力，实施反叛国家和政府的行为。武装力量作为国家政权的基石，通常担负着对内反暴乱的使命任务，并成为各国政府处置暴乱活动的决定性手段，在维护国家统一和社会稳定的斗争中发挥着极为重要的作用。

第一节　暴乱原因综述

自 2010 年年底之后，一场突如其来的社会暴乱几乎席卷整个西亚北非地区，甚至烧到英国、美国等西方国家。突尼斯、埃及、利比亚等国政权相继更迭，也门、叙利亚、巴林等国政局不稳。这些暴乱活动虽行动目的不同，背景因素复杂，但仍可以归纳出几个具有共性的原因。

一、分配不公，贫富悬殊

从突尼斯到埃及，再到也门、苏丹、约旦、阿尔及利亚等资源相对匮乏的国家，经济的发展在很大程度上依赖旅游业、外来投资和国际援助。受2008年全球金融危机影响，这些本来就经济非常落后的国家雪上加霜，贫富差距进一步拉大，更使生活在贫困线以下的穷人苦不堪言。如埃及，富裕阶层占总人口的20%，而占有社会财富达55%，他们或从政，或经商；中产阶层占总人口的20%，而占有社会财富达27%；其他占总人口60%的收入低下和贫困阶层，仅拥有社会财富的18%。社会财富分配的严重失衡，引起了绝大多数公民的强烈不满，最终使他们走上街头引发社会动乱。

二、失业不断攀升，年轻人无事生非

全球经济和金融危机的冲击，加剧了阿拉伯国家的经济困难，导致物价上涨，失业率居高不下，民生问题点燃了长年积累的民众愤懑的干柴，形成燎原之火。突尼斯、埃及等一些中东国家，失业率一般都在30%～40%，据有关资料介绍，摩洛哥受过中等以上教育者的失业率高达45.3%，阿尔及利亚为54.2%。在中东国家中，突尼斯和埃及教育程度较高，许多人都能享受大学教育。但是，毕业即失业，自焚而不治身亡的突尼斯小贩就属于这种情况。

三、官员贪腐严重，社会强烈不满

发生暴乱的多数国家，政府官员贪污腐败现象十分严重。以埃及为例，贪污受贿，收受回扣司空见惯。埃及的公务员中下等收入者，月工资一般不超过人民币1500元，但这些人却有能力盖得起楼房。所以有人说，在埃及大官大贪，小官小贪。但凡掌握一点权力的，都有机会可贪。由上而下的贪腐引起社会强烈不满，成为中东乱局的主要原因。

四、体制僵化，严重影响经济发展和社会进步

中东国家领导人，大多连续几十年个人长期独裁专断，造成国内政治体制僵化，国家领导人威望渐失，社会要求民主、变革呼声日趋高涨。83岁的穆巴拉克在位近30年，也门总统萨利赫也已掌权33年，突尼斯总统本·阿里干了23年，利比亚的卡扎菲更是1969年上台，“老人政治”造成体制僵化。另外，“世袭制”也在阿拉伯世界普遍存在，不要说王权国家，就是共和制国家的总统也总是想把自己的宝座传给自己的后代，阿拉伯老百姓对此颇有微词。

五、互联网监管不力，网络媒体成为暴乱的“助推器”

新兴网络的普及，给抗议民众的串联提供了便利，也为一些别有用心的媒体发布不实消息，甚至制造谎言，挑动民众情绪，火上浇油提供了可能。在中东部分国家局势动荡中，以“微博”、“脸谱”等为代表的新一代互联网技术成为民众串联、舆论动员、西方煽动的主要工具。突、埃两国虽对互联网和手机短信有一定的监控管制，但对新媒体的威力认识不足，监管不力，没有达到官方预期效果。“微博”、“脸谱”等社交网络工具对反政府浪潮的掀起，以及组织和推进所呈现的突出作用前所未见。

六、外部势力干预，对局势恶化起到推波助澜作用

中东政局动荡，除本国内部的政治、经济原因外，外国势力也发挥了重要作用，特别是美国一直在中东推行“大中东计划”，搞“民主改造伊斯兰世界”运动，向阿拉伯国家推行美国的“民主”、“自由”价值观，公然干涉阿拉伯—伊斯兰国家的内政。而有些阿拉伯当权者不仅不能维护民族利益，反而对美国的中东政策予以配合，使得阿拉伯民众有着强烈的失落感和屈辱感，直接导致部分国家局势剧变。奥巴马上台后，发誓要改善美国与伊斯兰世界的关系，表面上公开承诺在其任内不对伊斯兰国家宣战，背地里依然推行其民主改造伊斯

兰国家计划，借助美国的非政府组织、商业公司和国家民主基金会，向中东地区的“人权”、“民主”人士提供活动资金和技术支持，煽动西方背景的微博网站加大对暴乱活动的宣传，甚至发布虚假消息，为暴乱活动推波助澜。

第二节　反暴乱行动综述

2011 年，由突尼斯蔓延开来的大规模暴乱活动波及了大部分西亚北非国家；同时，英、美等西方国家也发生了规模不等的暴乱活动。为稳定社会秩序，各国政府和武装力量实施了反暴乱行动，并表现出以下行动特点。

一、武力震慑、政治对话和经济安抚相结合，多手慑止和平息暴乱活动

此次席卷西亚北非大部分国家的大规模暴乱活动影响面广，传播速度快，诱发原因复杂，民众诉求多样，并引发了一些国家的政权更迭。因此，各国政府都非常重视，许多国家在实施反暴乱行动中，充分考虑到了反对党派的利益、底层民众的诉求以及世界舆论的影响等因素，将武力威慑、政治对话和经济安抚相结合，多种手段并用，较好地慑止和平息了暴乱活动。如海湾岛国巴林的反暴乱行动，当巴林国王预先了解到本国部分民众将于 2011 年 2 月 14 日走上街头，进行示威活动，请求更多的政治自由及大幅改革时，赶紧以新宪法颁布 10 周年为由，发放全国民众每户 3000 元美金的“感谢金”，政府更突然宣布将稳定粮食价格，并帮助贫穷家庭，还释放某些在去年总统大选时因闹事遭捕的什叶派分子。2 月 14 日当部分顽固的什叶派示威者在麦纳麦等地连续举行示威游行，并涌入首都麦纳麦市中心的珍珠广场，展开“埃及式”的抗争运动后，巴林政府迅速动用军警力量，强行将占据麦纳麦珍珠广场的反政府示威者驱逐，阻止了事态的进一步蔓延升级。巴林国王哈马德·本·伊萨·阿勒哈利

法也于2月18日发表书面讲话，授权王储萨勒曼全权负责开启全国对话，召集各派解决眼下巴林面临的危机，萨勒曼随后同包括主要什叶派穆斯林团体在内的反对派进行了初步谈判。巴林政府的一连串颇显诚意的政治举措，赢得了大部分民众称赞。2月20日，大批亲政府民众也举行大规模集会，声援王室和政府。巴林政府遂趁热打铁，2月22日，国王哈马德发布政令，释放一批在押政治囚徒，对反对派提出的要求再次作出让步。这时，什叶派反对派主要领导人阿卜杜勒·贾利勒也不得不承认，这是“有益的一步”和“积极的姿态”。在实施经济改革与政治谈判的同时，巴林政府也没有放松武力上的准备，在巴林军队撤离巴林街道，部分反政府示威者卷土重来的情况下，巴林政府当机立断，立即向海湾国家合作委员会寻求支持，从沙特借来1000名救兵，与本国武装力量一起，迅速平息了暴乱活动。

与巴林类似，叙利亚也是综合采用多种手段控制暴乱活动。自从国内发生大规模暴乱后，叙利亚政府迅速调集武装力量打击反政府武装，控制全国局面。同时，总统巴沙尔·阿萨德表示，同意在国内进行政治和经济改革，进行全面的民族对话，并于2011年8月4日颁布允许多党制政体的政党法，作为推动政治改革、回应反对派和反政府示威者核心诉求的一项举措。10月15日，巴沙尔·阿萨德颁布第33号法令，决定成立叙利亚宪法草案制定全国委员会，并规定该委员会4个月内完成宪法草案的制定工作。12月12日，叙利亚在全国范围内举行了新一届的地方议会选举。作为国家政治改革的一部分，这是叙利亚阿拉伯复兴社会党执政近半个世纪以来，首次允许反对派参加的议会选举。在实施政治体制改革的同时，巴沙尔·阿萨德还对暴乱分子采取了宽容的态度，他于2011年5月31日颁布大赦令，释放了5月31日前所有加入穆斯林兄弟会的在押人员和所有被关押的政治党派的政治犯，并于11月15日，释放了1180名因参与反政府游行示威活动而被捕的在押人员，其中包括一些重要的反对派人士。这一系列的措施使得国内的形势出现了缓和，混乱的局面得到控制。

二、充分发挥军事手段的作用，快速有效地平息暴乱活动

使用武装力量平息暴乱是各国政府的通常做法，其优点是反应迅速，能快速控制局势，制止事态蔓延升级。这次席卷西亚北非的大规模暴乱活动，具有爆发突然、规模大、蔓延升级快、矛盾冲突激烈、暴力对抗强度大、事态发展迅猛、危害后果严重等特点。因此，一些国家政府在平息暴乱的行动中，果断地使用了军事力量，充分发挥军事手段的作用，快速有效地平息了暴乱活动。如 2011 年 2 月 14 日，已经一年多没有走上街头的伊朗反对派率数千人走上德黑兰主要街道，进行游行示威，叛乱团体“伊朗人民圣战组织”趁乱闹事，打死一无辜平民。伊朗当局立即调动安全部队对示威人群发射催泪瓦斯进行驱逐，迅速平息了暴乱活动，控制住了局面，没有造成事态的蔓延升级。2 月 15 日，伊拉克多个城市爆发大规模示威游行，抗议贪腐和失业，并造成多人在示威中死伤。17 日，伊拉克总理马利基声明，“绝不会容忍暴乱”，并立即调动武装力量对发生暴乱的城市实施宵禁，迅速控制了事态，平息了暴乱活动。12 月 16 日，哈萨克斯坦西部石油重镇扎瑙津爆发骚乱，骚乱人群与警察发生冲突，导致 11 人死亡。哈国总统纳扎尔巴耶夫快速决断，于 17 日签署总统令，调动武装部队，在扎瑙津实行紧急状态，为期 20 天，规定，该市于晚上 11 时至早 7 时，实施宵禁和其他限制措施。

三、过度使用武装力量，加剧了社会动乱

使用武装力量平息暴乱活动，是一把双刃剑，用好了可以迅速控制局势，恢复社会秩序；但如果一味地强调军事打击，过度地使用武装力量，则无异于火上浇油，反而会刺激民众情绪，激发更大规模的暴乱活动。突尼斯、埃及、利比亚等国反暴乱行动失败的主要原因就在于过度使用武力。

突尼斯爆发大规模抗议游行活动后，抗议活动迅速蔓延到多个

城市，酿成了重大人员伤亡。素有铁腕强人之称的本·阿里总统采取强硬的态度，要求内政部立即平息街头运动，并派出了大量警力对示威民众进行镇压。警方与示威者在首都突尼斯市爆发了激烈冲突，造成78人死亡，94人受伤。突尼斯官方宣布全国进入紧急状态，抗议活动不但没有压制下去，反而愈演愈烈，最后，导致本·阿里总统逃往沙特阿拉伯避难，28天的反暴乱行动宣告失败。

埃及于2011年1月25日爆发大规模游行示威活动后，内政部1月26日强调，禁止进一步示威，“不允许挑衅举动、抗议集会、游行或示威活动”。“对任何（违反禁令的）人将采取法律措施，移交司法当局。”28日，当局中断了首都开罗的互联网服务和手机通信，反恐部队占据开罗各个重要区域，其中包括市中心的解放广场。29日，穆巴拉克下令，从即日起在开罗、亚历山大和苏伊士3个城市实施宵禁，并要求军方与警方一同维持宵禁期间的秩序，先后逮捕了数百名示威游行者。但暴乱活动仍在继续，并不断扩大，最后，穆巴拉克迫于压力不得不将权力移交军方。

利比亚则是过度使用武装力量的典型代表。在利比亚多个城市出现了抗议活动后，利比亚总统卡扎菲便调动安全部队实施镇压，安全部队和军事人员在直升机和军用飞机的支持下包围了的黎波里的部分地区，并对示威人员随意扫射。在以武力镇压班加西地区的过程中，利比亚使用雇佣兵和军队向示威者发射了迫击炮弹并用机枪进行扫射，仅一天时间，便造成300人死亡、逾1000人受伤。利比亚政府军的野蛮行径，激起了民众的奋起反抗，全国的抵抗运动风起云涌，一浪高过一浪，最后随着首都的黎波里被反对派占领，也宣告了卡扎菲政权在利比亚统治的终结。

第三节　主要暴乱与反暴乱行动

2011年，在西亚北非和一些西方国家主要发生了以下暴（骚）乱和反暴乱活动。

一、突尼斯暴乱与反暴乱行动

(一)事件起因

2010年12月17日,在突尼斯(以下简称突)南部某地,大学毕业生布瓦吉吉,失业后以卖菜为生,因菜被城管人员没收,又遭到警方的殴打和羞辱,愤怒之下实施了自焚。此事激起突国内压抑已久的民怨。

(二)事件发展

2010年12月29日,突国各地的示威游行已持续了近半月,总统本·阿里开始感觉到事态严重,遂在内外压力下进行小小的内阁改组,并表示政府将加强创造工作机会。

2011年1月10日,为平息民怨,本·阿里发表电视讲话,宣布2年内将创造30万个工作机会。

1月13日,本·阿里再度发表电视谈话,期望能平息街头运动,但民众运动反而更加剧烈。

突尼斯民众在首都街头进行抗议示威游行

1月14日,首都突尼斯市发生大规模抗议活动,示威者包围了内政部大楼,要求总统本·阿里立即下台。下午,示威者与警方在首都突尼斯市爆发激烈冲突,突尼斯官方宣布全国进入紧急状态。紧接着,本·阿里宣布解散政府,由总理加努希代理总统职。晚间,本·阿里携家人突然离境，于次日飞抵沙特。加努希总理随即发表声明，宣布接管总统职权，并呼吁所有突尼斯人携手渡过难关，尽快恢复安全和稳定。但事与愿违，本·阿里离国消息传出，全国多处地区迅即发生大规模社会骚乱。

1 月 15 日，突尼斯宪法委员会认为加努希总理继任总统违宪，应由众议长代行总统职权，并最迟在 60 天之内举行大选。于是众议长福阿德·迈巴扎即日宣誓就任代总统，他委托加努希尽快组建未来的民族团结政府。

1 月 16 日，军警在首都与武装分子交火，当局拘捕了效忠前总统本·阿里的总统安全局长及其助手，指控他们在前两日制造混乱，危害国家安全。局势暂时稳定。

1 月 17 日，总理加努希下午宣布突尼斯民族团结政府正式成立。新政府将集中精力对突尼斯的政治、经济和社会进行全面改革。在新政府中，加努希本人继续任总理，国防、外交、内政和财政等重要职位均由原来部长担任。一些反对党领导人也进入了民族团结政府。本·阿里在沙特中风昏迷，在沙特吉达一家医院接受治疗，“情况很严重”。

1 月 20 日，突尼斯民众继续示威游行，抗议前政府部长在新政府中任职，并要求解散前执政党“民主宪政联盟”，成立由各党派参加的“民族拯救委员会”，在这种压力和呼声中，来自本·阿里时期执政党“民主宪政联盟”的 6 位政府部长于本日宣布辞职。在他们之前，已有 4 位反对党部长在组阁的第二天宣布辞职。这使得此届民族团结政府面临夭折的危险。

据突尼斯官方宣布，突临时总统福阿德·迈巴扎宣布新政府将实行新闻自由，与过去世代决裂，实施特赦，并将组成“政治改革”、“事件调查”和“反腐败”3 个专门委员会。新政府已决定释放 1800 名囚犯，其中包括伊斯兰“复兴运动”人员。同时已有 33 名本·阿里及其夫人家族成员被捕。

自 1 月 14 日以来，大量突尼斯难民相继通过海路偷渡到意大利。短短5天就有超过5000名突尼斯难民涌向意大利最南端的兰佩杜萨岛。

1月21日,在本·阿里住所搜出大量现金和珠宝。

1月25日,大批民众在街头示威,要求清除民族团结政府中的前政府官员。

1月26日,突尼斯司法部以搜刮国家财富及非法转移资金罪名对本·阿里发出国际通缉令。

1月27日,加努希总理宣布内阁改组,原政府只有包括总理在内的10名成员留任。

此次暴(骚)乱活动共造成78人死亡,94人受伤。

(三)事件原因分析

突尼斯暴(骚)乱,以一个失业青年自焚为导火索引发了国家权力的裂变,导致执政长达23年的总统阿里政权顷刻瓦解,其主要原因包括以下几个方面。

一是政治原因。这场看似由一起偶发社会事件引起的政治风波背后,实际上隐藏着突国内独裁腐败、政治体制僵化的深层次原因。在突尼斯,名义上允许反对党存在,但实际上长期执政的是阿里领导的宪政民主联盟。阿里的执政哲学是,用相对较好的生活来换取民众对缺乏新闻自由和政治民主的沉默。2009年大选前,他威胁说如果有反对者质疑选举的公平性,就将其投入监狱。阿里排除异己,任人唯亲,大搞裙带关系,将权力集中在少数他信任的政治家族手中,大肆逮捕和流放政治对手,一直排斥潜在的接班人出现。他还因严格管控新闻报道被冠以"媒体捕食者"的外号。美国外交官评价突尼斯是"警察国家",政治已失去民心。阿里家族控制着国家经济的方方面面,被称做"黑手党",总资产达35亿英镑。长期的独裁专制和极度腐败引发民众怒火,尽管阿里表示不再竞选连任,将全力推动改革,但最终未能阻止事态发展。

二是经济原因。从外部看,全球金融危机造成的后遗症持续发酵,严重冲击着突尼斯国内及周边的经济环境。从内部剖析,突尼斯国内经济长年存在的顽疾在久治难愈后,终于从量变发展为质变。2008 年全球金融危机爆发后,突尼斯传统的制造业和加工业仍依靠廉价劳动力作为竞争优势,未及时进行技术革新,在内需不旺的同时又面临国际市场需求大幅减少的窘境,海外投资也相应萎缩,贸易逆差逐步攀升,经常项目赤字在 2010 年占到突国民生产总值的 4.1%。2010 年,欧元区主权债务危机又令突尼斯经济形势雪上加霜,与欧元挂钩的突尼斯货币第纳尔对美元大幅贬值约 10%,支柱产业旅游业也受重创,近两年持续小幅衰退。经济低迷进一步导致突国内就业环境恶化,政府无力缓解高素质人才失业问题。一些经济学家指出,突国内失业率的实际数字远高于官方公布的 14%,年轻人失业率更是高达 52%,失业大军中有近 3 成是大学生,正是这些失业青年成为这次暴(骚)乱的主力。另外,2010 年突国内物价高涨加剧了民众的不满情绪,前 10 个月价格指数增幅超过 4.5%,高于 2009 年的 3.4%。邻国阿尔及利亚因食品涨价引发的骚乱也对突尼斯的社会不稳定有推波助澜的作用。经济形势的不断恶化激化了社会矛盾,以阿里家族为首的核心政治集团贪污腐败使得民众愈加不满。他的离职标志着突尼斯一个时代的结束,同时也造成这个国家暂时的政治真空。

三是网络原因。“维基解密”对这场“茉莉花革命”起到了催化剂的作用。该网站公开大批美国机密外交电文,其中包括描述突尼斯总统家族腐败的电文。电文泄露不到 1 个月,民间便开始发起示威。民众对总统家族腐败早有耳闻,不过这些曝光的电文让人们了解到高层腐败的细节。对于这次政权更迭,网络也发挥了重要作用,突尼斯 200 万民众通过脸谱、推特等社交网站发布信息,相互串联。从某种意义上讲,这是一场由网络推动的“革命”。

二、埃及暴乱与反暴乱行动

(一)事件起因

突尼斯“茉莉花革命”产生的“多米诺”效应在阿拉伯世界迅速

蔓延，反政府浪潮、自杀、抗议等事件频发，特别是埃及民众深受阿里下台的鼓舞，大批民众在全国多个城市举行抗议示威活动，要求总统穆巴拉克下台，一些地区的抗议活动甚至演变成了血腥冲突。2011 年 2 月 2 日，埃及爆发有史以来最大规模的示威活动，逾百万人参加了游行，持续的抗议和冲突造成数千人伤亡，使局势到了难以掌握的地步。

总统穆巴拉克针对抗议活动发表演讲

（二）事件发展

2011 年 1 月 25 日，埃及大批民众在全国多个城市举行抗议示威活动，要求总统穆巴拉克下台，一些地区的抗议活动甚至演变成了血腥冲突。上万抗议者与警察发生冲突，造成人员伤亡。

1 月 26 日凌晨，大批人群在首都开罗市中心的解放广场示威游行。警方随即使用催泪弹和高压水枪，力图驱散示威人群。当天，开罗等地大约 200 名示威者遭逮捕。内政部指认反对派组织“穆斯林兄弟会”制造骚乱。内政部 26 日强调，禁止进一步示威，“不允许挑衅举动、抗议集会、游行或示威活动”。“对任何（违反禁令的）人将采取法律措施，移交司法当局”。

开罗市中心的游行示威民众与警察对峙

1 月 27 日，苏伊士、亚历山大、尼罗河三角洲地区的曼苏拉和坦塔、伊斯梅利亚等城市超过 20 万民众上街，要求总统穆巴拉克下台，警方拘捕数百名示威者。

1 月 28 日，当天凌晨起，首都开罗的互联网服务和手机通信中断，军队占据了开罗各个重要区域。

1 月 29 日，穆巴拉克下令，从即日起在开罗、亚历山大和苏伊士 3 个城市实施宵禁，时间从晚 6 时至次日早 7 时，并要求军队与警察一同维持宵禁期间的秩序。

1 月 30 日，穆巴拉克任命前民航部长艾哈迈德·沙菲克为新政府总理，并将负责组建新政府，同时任命埃及情报局长苏莱曼为副总统。这是穆巴拉克 30 年来首次任命副总统。

1 月 31 日，穆巴拉克敦促新任总理沙菲克组建能满足民众要求的新政府，同时宣布再次延长在开罗、亚历山大和苏伊士实行的宵禁。

2 月 1 日，埃及副总统苏莱曼发表讲话说，穆巴拉克已委任他与所有反对派立即进行对话。苏莱曼表示，政府将在未来几天内提出施政的具体政策和时间表。

2 月 2 日，埃及总统穆巴拉克发表电视讲话，称他不寻求竞选下届总统，并将在本届任期剩余的几个月里保证政权的平稳过渡。埃及互联网系统在中断 8 天之后恢复。

2 月 3 日，埃及总统穆巴拉克的支持者出现在开罗等地街头，与反对派抗议者发生肢体对抗，局部地区冲突严重。军方发言人否认军队在当天活动中造成 5 人死亡，多人受伤。

2 月 4 日，埃及的抗议活动仍然在继续。在开罗市中心的解放广场，聚集着成千上万的集会者，很多抗议者在广场搭起帐篷，吃住都在广场。

2 月 5 日，埃及执政党民族民主党执行委员会当天集体辞职，成员包括总书记谢里夫和穆巴拉克之子贾迈勒。

2 月 6 日，埃及最大的反对派组织穆斯林兄弟会派代表参加了政府与反对派举行的对话。穆斯林兄弟会发表声明表示：“为了更好地了解当局是否认真处理人民的要求，决定加入对话。”大开罗地区、亚历山大省和苏伊士省的宵禁时间缩短为 11 个小时。

2月7日，数千人仍然聚集在塔利尔广场，拒绝让步。为安抚群众愤怒的情绪，埃及政府批准增加公共部门职工工资和养老金15%。埃及副总统苏莱曼与反对派代表举行对话，双方同意建立一个专门委员会，研究宪法和立法改革等事项。开罗局势开始好转，多家银行停业数天后恢复营业。

埃及民众聚集在塔利尔广场

2月8日，开罗聚集了自抗议以来最多的示威者。穆巴拉克决定成立“宪法委员会”，负责处理宪法修改的相关事宜，为总统选举作准备。但聚集在解放广场的示威者表示对政府让步举措不满。

2月9日，埃及发生大规模示威活动已进入了第16天。人民生活渐趋正常，但开罗解放广场上仍有示威者打算进行长期对峙。

2月10日，穆巴拉克在电视上发表讲话，表示将部分权力移交给副总统苏莱曼，他本人不会辞去总统职务。同时，抗议活动仍未平息。

2月11日，埃及副总统苏莱曼宣布，穆巴拉克已经辞去总统职务，并将权力移交给军方。

2月12日，埃及武装部队最高委员会声明说，支持穆巴拉克关于政权和平过渡的计划，并保证穆巴拉克在电视讲话中提到的各项承诺得到执行。

2月13日，埃及武装部队最高委员会宣布暂时中止现行宪法并解散议会，并将在6个月后举行总统和议会选举。

2月14日，埃及武装部队最高委员会称，将实现从军管政权到民选政府的和平过渡。

2月15日，埃及武装部队最高委员会发布命令，正式成立宪法修改委员会，并要求该委员会在10日内完成修宪工作。穆斯林兄弟会表示，一旦埃及建立民主制，兄弟会将会成立一个政治政党。

穆巴拉克下台以后，激发了中东、北非地区多个阿拉伯国家的抗议活动，如巴林，也门、利比亚等，被称为“埃及效应”。

（三）事件原因分析

执政长达30年之久的埃及穆巴拉克政府，在民众18天的示威抗议声中垮塌。原因是多方面的，既有政治上的腐败，又有经济上的落后；既有外来文化的侵蚀，又有网络的催化作用，还有处置上的失误等。埃及的问题也是整个阿拉伯世界的缩影。

一是经济脆弱。石油天然气、旅游、侨汇和苏伊士运河是埃及四大外汇收入来源，在这次国际金融危机中，埃及经济受到危机阴影的笼罩，出口受到严重限制，国外投资大幅减少，直接影响了埃及经济形势。2008年6月埃及城市通货膨胀率升至20.2%，达到近20年来的最高水平。

二是政治腐败。穆巴拉克执政30年，长期以来任人唯亲，官员的贪污和腐败严重，如埃及电视台新闻部主任穆罕默德·武基勒、农业发展银行行长尤素服·阿卜杜·拉赫曼、前吉萨省省长马希尔·金迪、吉萨省执政党民族民主党书记塔克·苏维西等。据专家估测称，穆巴拉克家族身价可能达到435亿英镑，他的两个儿子在美国和英国的黄金地段都购有豪华房产。官员贪污腐败成风严重干扰了埃及的经济秩序及有序发展。埃及总统80多岁，长期独揽政权，在近期的政权交替中传出要父传子的信息，引起老百姓恐慌。

三是贫富悬殊。此次埃及事件，深层次上有多方面的社会震荡源。青年失业，人民生活水平不高，普通民众没有享受经济发展的成果，两极分化严重。埃及有8000万人口，其中有将近一半都是生活在贫困线以下。社会财富越来越集中在少数富人手里。毫无疑问，如果经济发展的结果是大部分人无法摆脱贫困,那这种经济发展不但无助于社会安定,反而必定会诱发政局动荡。

四是高失业率。尤其是青年的高失业率,引发民众不满。埃及的失业率居高不下。2009 年第一季度的失业率已达 9.4%,失业人口为 234.6 万。高失业率的原因大致有二:一是政府控制人口增长乏力,人口增长过快;二是受到金融危机冲击,经济发展不景气,就业机会减少。在失业大军中,90% 是 29 岁以下的青年,这其中受过高等教育的学生所占比例又很高。大量的高学历的青年失业人口对于社会安定无疑形成巨大的挑战。事实上,在这次埃及政局动荡中,年轻人发挥了主导作用。他们大多数人不属于任何帮派。一位评论家说,埃及总统是被年轻人主导的大规模抗议赶下台的。

三、巴林暴乱与反暴乱行动

(一) 事件起因

正当埃及反总统声浪如火如荼之时,海湾岛国巴林也“蠢蠢欲动”。2011 年 2 月 7 日,巴政府反对派通过网络号召,14 日发动万人上街抗议示威,请求更多的政治自由及大幅改革。

巴国王掌握此情况后,迅速以新宪法颁布 10 周年为由,给全国民众每户发放 3000 美元的“感谢金”,同时宣布稳定粮食价格,帮助贫穷家庭,并释放一些在总统大选时因闹事遭捕的什叶派分子,希望通过这些措施阻止对宪政不满的群众上街。但是金钱未能阻止巴林民众追求民主自由及社会改革的决心,数千名群众涌入首都麦纳麦市中心的珍珠广场,展开“埃及式”的抗争运动。

(二) 事件发展

2011 年 2 月 14 日起,什叶派示威者在麦纳麦等地连续举行示威游行,示威团体向政府提出包括释放什叶派政治囚徒、修改宪法和公平对待什叶派等多项要求。大批示威者占据珍珠广场环岛中心地带,举行抗议活动。

2 月 17 日,黎明之前,巴林军警动用武力,强行对占据麦纳麦珍珠广场的反政府示威者实施驱逐。清场过程中，军警使用了武器，导致5人丧生，200余人受伤。巴林军队随后占领环岛。

巴林的游行示威民众在抢救清场过程中受伤的伤员

2月18日，强制清场后第二天，麦纳麦数千名民众走出家门，参加在清场中身亡示威者的葬礼。参加葬礼的民众情绪激动，与巴林安全部队和警察再次发生冲突，至少造成60人受伤。同日，海湾国家合作委员会、美国国务卿希拉里、巴林全国伊斯兰协会表态反对对示威者使用暴力。巴林国王哈马德·本·伊萨·阿勒哈利法发表书面讲话，授权王储萨勒曼全权负责开启全国对话，召集各派解决巴林面临的危机。当晚，军警再次控制珍珠广场。麦纳麦街头暂时恢复平静。

参加葬礼的民众与警察发生冲突

2月19日，巴林王储萨勒曼下令所有军队撤离麦纳麦。军队撤离后，示威者再次涌向珍珠广场，防暴警察发射催泪弹进行阻止，但由于示威者越聚越多，警方最终屈服。深受鼓舞的抗议者在广场上挥舞旗帜、高喊口号庆祝阶段性胜利。他们还搭建起帐篷和临时医疗站等，准备进行长期抗争。巴林王室决定开始与反对派进行对话。萨勒曼同包括主要什叶派穆斯林团体在内的反对派进行了初步谈判。

2 月 20 日和 21 日，大批亲政府民众也举行大规模集会，声援王室和政府。反对派则要求国王解散政府，并罢免该国长期任职的总理，在此基础上才能进行对话。来自主要反对派政党维法克运动呼吁组建过渡联合政府并进行宪法改革，废除哈利法家族设立的政策及任命所有重要政治职位的权力。

2 月 22 日，国王哈马德发布政令，释放一批在押政治犯，对反对派提出的要求再次作出让步。

2 月 23 日之后，示威者继续在珍珠广场示威抗议。

3 月 14 日，巴林国王哈马德，向海湾国家合作委员会寻求支持。第二天，装备 150 辆军车的 1000 名沙特阿拉伯部队进入巴林，平息了骚乱活动。

（三）事件原因分析

巴林是波斯湾中一个岛国，人口 56.8 万人，号称“圣经伊甸园的所在地”，由于原油储备几乎枯竭，经济来源主要靠娱乐和观光为主。巴林是君主立宪制王国，国家元首由哈利法家族世袭，掌握政治、经济和军事大权。本届政府于 1975 年组成，后虽多次调整，但首相从未更换。

此次巴林暴（骚）乱，除政治、经济原因外，宗教派别之间的矛盾、外国政治力量的插手等因素也不容忽视。巴林在地理位置上，恰好位于伊斯兰逊尼派大国沙特与什叶派大国伊朗之间。巴林统治者属逊尼派，可民众中 70% 是什叶派。伊朗与沙特在中东已明争暗斗了数十年。历史上，巴林和伊朗有着密切关系，示威者中有不少是什叶派伊朗裔移民。所以有观察家认为：如果巴林局势继续混乱，逊尼派的王室可能会借用沙特的军队控制局势。同时，巴林作为美国第

5 舰队的驻扎地，该国局势亦备受美国关注。美国担心，如果什叶派民众得了上风，可能会与东部的伊朗有所联合。所以，沙特出兵帮助巴林政府平息暴乱可能得到美国的默许。

四、也门暴乱与反暴乱行动

（一）事件起因

尽管也门执政 32 年的亲美总统萨利赫已承诺 2013 年任满后下台，但民众仍不满意。2011 年 1 月以来，也门首都萨那发生大规模反政府示威游行。2 月 15 日，也门各大城市相继爆发示威游行。5 月 23 日，反对派“哈希德”部落武装对首都萨那的政府目标发动袭击，并与政府军发生激烈冲突，冲突造成数百人伤亡。此次部落武装与政府军之间的持续流血冲突是也门面临的最严重安全威胁。也门局势急剧恶化，大批市民已逃离萨那，也门濒临内战边缘。

（二）事件发展

2011 年 2 月 17 日，抗议者在去往市中心广场时与萨利赫的支持者发生冲突，引发流血冲突，至少 1 人死亡，25 人受伤。

2 月 19 日，数千名示威者继续在全国各地游行示威。政府的支持者与反对者在多个地区发生武力交火。造成多人丧生、数十人受伤。总统萨利赫当天发表讲话称，反政府活动是外国一手策划的阴谋。

2 月 21 日，总统萨利赫在记者会上说，除非通过选举方式，否则他不会下台。并称大规模反政府示威活动是非法的挑衅行为。但同时也提议与反对派对话，下令军队不要向示威者开火。但关于对话的提议遭到反对派的坚决拒绝。

2 月 22 日，反政府民众继续在首都萨那示威游行，示威人群在萨那大学门口与安全部队发生冲突，安全部队向示威者开枪射击，造成 2 人死亡，10 人受伤。当天，警察还在南部的亚丁击毙了 1 名示威者。

2 月 24 日，内政部下令所属力量加强首都萨那的安全措施，防

也门民众在首都萨那进行示威游行

范"基地"组织分子趁局势动荡之际潜入市内。当日,反对党和执政党均宣布将于25日在萨那组织数万人游行。

3月24日,也门议会投票批准实施为期30天的紧急状态法。

9月18日,也门首都萨那爆发大规模流血冲突,造成26人死亡,近600人受伤。

10月15日,有报道称,也门军队在首都萨那开枪击毙12名游行示威民众。当天晚上,已叛变的也门将军阿里·穆赫辛·爱哈迈尔称:共和国卫队和安全力量7000人倒向反对派一方,并由他指挥。

11月25日,也门总统萨利赫签署交权协议,由副总统哈迪继任。

(三)事件原因分析

也门位于阿拉伯半岛西南端,人口2300万。也门发生暴(骚)乱活动的主要原因有三点。一是经济落后。也门是世界最不发达国家之一,人民生活贫困、长期失业问题严重。二是萨利赫已执政32年,比穆巴拉克还长,他所领导的政府贪腐严重。三是也门是"基地"组织在阿拉伯半岛的老巢,其"半岛分支"利用也门动乱局势,煽动一些部族与政府对抗,也是暴乱不断升级的重要因素。

五、利比亚暴乱与反暴乱行动

(一)事件起因

2011年2月16日,利比亚警方抓捕了一位批评政府的律师,此事件在利比亚的第二大城市、位于东北海岸的班加西引发了大规模的反政府示威抗议活动。

（二）事件发展

2月17日，利比亚爆发了“愤怒日”大规模示威抗议，成千上万抗议者在班加西等地的街头示威，要求政府下台，并与警察发生冲突，造成多人伤亡。

利比亚“愤怒日”大规模示威游行

2月18日，利比亚多个城市出现抗议活动，要求政府下台，抗议活动随后波及首都的黎波里。

2月19日，政府军武力镇压，班加西形势急剧恶化，大批示威者与军方发生冲突，利比亚使用雇佣兵和军队向示威者发射了迫击炮弹并用机枪进行扫射。造成300人死亡、逾1000人受伤。

2月20日，抗议人群聚集在利比亚首都的黎波里绿色广场。政府出动安全部队进行镇压，上百人在暴（骚）乱中死亡。当日晚间，利比亚最大的部族之一Warfala部族宣布支持抗议者。

2月21日，利比亚总统卡扎菲的儿子赛义夫在官方电视台发表讲话，警告利比亚有发生内战的危险，可能会有成千上万的伤亡。赛义夫在讲话中谴责西方媒体利用游行煽动利比亚内乱。赛义夫承诺在利比亚进行大规模的政治改革。当天，安全部队和军事人员在空中力量支援下，包围了的黎波里的部分地区。这些军事人员随意扫射，直升机也向示威者开火。

2月22日，利比亚官方宣布，冲突已经造成300人死亡，包括189名平民和111名士兵。当天，利比亚驻外大使纷纷请辞，并切断与利比亚政府的关系；强烈谴责利比亚政府野蛮的、屠杀无辜人民的罪行，表示卡扎菲已经失去所有的正当性。也就在这一天，卡扎菲发表首次电视讲话，称他仍然控制着首都的黎波里，自己绝不会下台，宁愿当“烈士”。

卡扎菲发表电视讲话

2月23日，在利比亚东部，示威者与政府军交战4天后，夺取了贝达机场，致使东部基本脱离了利比亚政府的控制。联合国安理会于同日召开反对卡扎菲政权的闭门会议，会后15个成员国发表声明，一致谴责利比亚武力镇压反政府示威。

2月24日，卡扎菲在利比亚首都的黎波里继续实行强硬措施。同时，东部脱离利比亚的地区已开始建立临时政府。同日晚上，卡扎菲再次发表演说，指责以拉登为首的“基地”组织是现在利比亚危机的幕后策划者，其目的是想在利比亚建立伊斯兰王国。当天，各国加紧从利比亚撤侨。

2月25日，部落领袖们开始反对卡扎菲，一些士兵已经哗变、加入了反对势力，还有报道说一些利比亚的高级官员由于对安全部队杀戮民众感到愤怒，已经向政府辞职。

2月25日，欧盟外交官表示，将对利比亚采取武器禁运及旅游禁令，同时冻结所有利比亚的财产。联合国发出警告，称利比亚国内食物供应链濒临瓦解，数千平民可能遭到屠杀。当日，继续有利比亚高级官员辞去职务，卡扎菲政府也公布新政：每户利比亚家庭将获得400美元，部分公务员将提薪150%。

2月26日，联合国安理会一致通过决议制裁利比亚，包括冻结卡扎菲家族财产，对其本人及其亲属实行全球旅游禁令。

2月27日，利比亚反对派控制了首都的黎波里附近的扎维耶地区，形成了对卡扎菲政权的包围。

3月1日，联合国大会召开全体会议通过了由博茨瓦纳、加蓬、约旦等国提出的有关暂时取消利比亚在人权理事会成员资格的决议草案。

3月7日，由卡扎菲的儿子哈米斯率领的精锐部队哈米斯旅，使用迫击炮、重机枪、坦克和防空武器，对扎维耶地区发起攻击。

3月9日，哈米斯旅击溃反对派，进驻扎维耶。

3月10日，法国正式承认利比亚反对派成立的全国委员会为代表利比亚民众利益的合法政府，并计划同这个新成立的机构互换大使。

3月12日，阿拉伯联盟在开罗举行会议，与会各方投票结果支持联合国在利比亚设立禁飞区。

3月14日，政府军凭借武力优势，击退反对派武装力量，收复东部产油重镇布瑞加，并继续向反对派武装力量的大本营班加西前进。

3月15日，利比亚政府军持续推进，收复距班加西仅100多公里的艾季达比耶市，并完成对班加西外围的战略控制。

3月17日，在阿拉伯国家、美国、英国和法国等国的推动下，联合国安理会以10票赞成，5票弃权的结果通过第1973号决议，在利比亚设立禁飞区。

3月18日，利比亚宣布接受联合国安理会有关在利比亚设立禁飞区的决议，立即停火并停止所有军事行动。但随即又使用武力进攻反对派。

3月19日，法国率先空袭利比亚，美国海军于深夜通过其部署在地中海上多艘军舰，向利比亚北部防空系统实施导弹攻击，英国皇家空军派出多架战机参与空袭行动。

至此，利比亚由国内暴乱引发了外国军事介入的全面战争，不久卡扎菲政府被推翻。

（三）事件原因分析

利比亚发生暴乱是诸多因素综合作用的结果，有着深刻的经济、社会根源及国际背景。

一是失业率高居不下，引发民众不满。据世界货币基金组织（IMF）的统计报告，2010 年利比亚的石油产业占其出口额的 95%，是其国内生产总值的 1/4。作为非洲石油储量最大的国家，利比亚的人均 GDP 达到了将近 1.5 万美元，在世界各国的排名中并不低，但由于缺乏能够提供大量就业机会的生产制造业和服务业，利比亚的失业率达到 30%。虽然利比亚的主权财富基金据说达到了 600 亿～700 亿美元的规模，但在利比亚首都的街头上垃圾成堆，即使是宾馆也显得破败不堪。2010 年，利比亚宣布将在未来 3 年投资 1300 亿美元用于基础设施建设，但群众的不满已经日益显露，社会矛盾越发尖锐。此外，长期以来，利比亚的石油开采、炼化等主要行业，以及政府部门等工作机会，一直控制在以卡扎菲家族为首的部族手中，政府贪污腐败问题十分严重。作为一个原油产量占全球份额 2% 的国家，利比亚所创造的石油财富并没有惠及其 600 万人口，普通百姓的生活并不富裕。经济上的困顿成为民众不满的根源，进而引发了利比亚的暴乱。

二是部族联合反卡扎菲，削弱其统治基础。利比亚社会由众多的部族组成，每个部族领袖在“辖区”内都拥有很大的影响力，由于利比亚较为特殊的历史文化传统和现实社会结构，卡扎菲执政以来，部族是利比亚仅存的社会组织结构，其他各类社会组织，包括工会等都被取缔。利比亚部族人员对部族的忠诚远远超过了对国家的忠诚，这无形中削弱了卡扎菲的统治基础。而且这样的社会形态增加了卡扎菲协调各部族利益的难度。由于卡扎菲与利比亚境内不同部族之间的亲疏程度不同，导致部族的利益分配长期处于不平衡的状态，当利比亚面临严重的政治危机时，许多曾经被卡扎菲压迫或排挤的部落借此联合起来，反对其独裁统治。同时，与其他的石油富裕国相比，利比亚各阶层之间的收入差距相对较大，贫富悬殊逐渐成为明显的社会问题，这也为利比亚的局势动荡埋下种子。

三是西方国家推波助澜，加剧局势动荡。作为世界的反美斗士，卡扎菲是以美国为首的西方国家的眼中钉。利比亚石油储量丰富，又临近地中海，从地缘环境及能源角度来看，具有十分重要的战略地位，因此控制利比亚对于扩展西方国家在地中海沿岸及非洲地区的影响力而言意义重大。同时，出于国内选举的需要和扩大政治影响力的目的，美法英三国也在一定程度上支持利比亚国内的反卡扎菲力量，使得利比亚的暴乱局势持续动荡升级。

六、其他阿拉伯国家暴（骚）乱与反暴（骚）乱行动

（一）伊朗

2011 年 2 月 14 日，已经 1 年多没有走上街头的伊朗反对派率数千人走上德黑兰主要街道，遭安全部队发射催泪瓦斯驱逐。伊朗媒体报道，叛乱团体“伊朗人民圣战组织”趁乱闹事，有一无辜平民被打死。

（二）伊拉克

2011 年 2 月 15 日，伊拉克各地爆发示威，抗议贪腐和失业。在西部的法鲁贾，约 1000 名示威者聚集在市长办公室附近，要求改善服务和加强肃贪。在北部的基尔库克，约 100 人在地方议会大楼附近示威。在南部石油中心巴士拉也有约 200 人示威。伊拉克的数千名库尔德人 2 月 17 日在多个城市举行示威活动，要求改善生活，惩治腐败。伊拉克官员称，有 2 人在示威中丧生。伊拉克总理马利基 2 月 17 日警告，“绝不会容忍暴乱”，他还宣布几个城市实施宵禁。

（三）约旦

2011 年 1 月 14 日起，约旦国内连续发生抗议示威，要求首相萨

米尔·里法伊辞职,解决物价上涨和严重失业问题。约旦国王阿卜杜拉二世2月1日接受里法伊的辞呈,指派马鲁夫·巴希特出任新首相并组建内阁。约旦反对派支持者2月18日在首都安曼举行示威游行,途中与支持政府的游行队伍发生冲突。警方迅速干预并控制了局势。约旦大臣塔希尔·奥德万2月18日发表讲话说,约旦政府在过去1个多月里一直在“致力于进行全面和及时的政治改革,特别是关于公民自由的法律”。近年来,约旦物价持续上涨,失业率不断攀升。有关数据显示,约旦约25%的人口生活水平处在贫困线以下,失业率达14%。

(四)叙利亚

自阿里、穆巴拉克、卡扎菲政权垮台之后,叙利亚巴沙尔政权亦出现严重危机,多地发生游行示威和抗议活动。

2011年1月31日,总统巴沙尔·阿萨德同意在国内进行政治和经济改革,并全力预防在大马士革街头发生反政府行动。他还暗示为避免重蹈埃及和突尼斯覆辙,应该提早在“问题地区”建立据点并向北部边境增派兵力,并下令“如有违集会禁令,必要情况下可开枪击溃”。

3月20日,德拉市居民焚毁了执政党阿拉伯复兴社会党委员会、司法以及警察机构所属建筑。叙利亚总统堂兄、巨商拉米马柳夫开办的电讯公司的两处办公楼也被洗劫。

3月29日,以奥特里总理为首的叙利亚内阁向总统巴沙尔递交辞呈。

4月8日,叙利亚南部德拉市、大马士革农村省、北部拉塔基亚市和霍姆斯市等地爆发大规模抗议游行示威活动,造成至少20死亡。

4月22日,叙利亚多地举行了名为“伟大星期五”的游行示威抗议活动。叙武装部队发言人当天发表声明说,武装分子与安全人员发生交火,造成10人死亡,39人受伤。

5月9日,欧盟冻结13名叙利亚政府官员的财产并禁止其前往欧盟成员国。

5 月 13 日，叙利亚新闻部长马哈茂德在大马士革宣布，为恢复各省的安全与稳定，部队已开始从热点地区撤离，叙利亚将进行全面民族和解。

5 月 23 日，欧盟发表声明，首次宣布对巴沙尔进行制裁，禁止其入境并冻结其海外资产。

5 月 31 日，巴沙尔颁布大赦令，释放此前加入穆斯林兄弟会的所有在押人员和在押政治犯。

8 月 3 日，叙军坦克进入哈马市中心，并控制阿西广场。此前几周，哈马民众在该广场举行大规模游行抗议活动，人数最多时达 50 万人。

8 月 4 日，巴沙尔颁布允许多党制政体的政党法，作为推动政治改革、回应反对派和反政府示威者核心诉求的一项举措。

8 月 18 日，美国总统奥巴马发表声明，要求叙利亚总统巴沙尔下台，并宣布对巴沙尔政权实施严厉制裁，包括冻结资产、禁止美国在叙利亚投资等。欧盟外交政策高级代表阿什顿也代表欧盟发表声明，称巴沙尔的执政已完全失去合法性，必须下台。

10 月 4 日，联合国安理会就法国、英国等提交的叙利亚问题决议草案进行表决。俄罗斯、中国反对，印度、南非、巴西、黎巴嫩弃权，法国、英国、德国、葡萄牙、美国等赞成，决议草案未能获得通过。

10 月 15 日，叙利亚总统巴沙尔颁布第 33 号法令，决定成立叙利亚宪法草案制定全国委员会，并规定该委员会 4 个月内完成宪法草案的制定工作。

10 月 31 日，叙利亚全国暴乱逐步升级，叙安全部队在巴布阿姆和霍姆斯两地用装甲车炮击民居。

11 月 12 日，阿拉伯国家联盟（阿盟）决定，自 16 日起中止叙利亚代表团参加阿盟及其相关机构的活动，直至叙利亚政府全面执行阿盟就化解该国当前危机的倡议。

11 月 15 日，叙利亚政府释放了 1180 名因参与反政府游行示威活动而被捕的在押人员。

11 月 22 日,叙利亚一名 15 岁少年伊萨因拒绝参加支持巴沙尔政府的游行,在学校同学面前被政府民兵开枪击中胸部死亡,约 2 万人出席了伊萨的葬礼,并高呼他为“烈士”。伊萨是叙利亚爆发反政府示威潮以来第 282 名被害儿童。

11 月 24 日,阿拉伯国家外长齐聚开罗,商讨对叙利亚实施制裁。这些制裁措施包括:限制叙利亚官员出国旅行,冻结阿拉伯国家与叙利亚政府相关的银行转账或资金,终止叙利亚境内的阿拉伯项目。

11 月 26 日,阿拉伯国家联盟(阿盟)经济与社会委员会在开罗召开会议,提出冻结叙政府在阿拉伯国家的资金、停止同叙利亚政府间贸易等制裁建议。

11 月 28 日,刚结束利比亚作战任务的美国“乔治·布什”号航母驶入叙利亚邻近海域,对叙实施军事威慑。周边的以色列、约旦和土耳其 3 国军队宣布进入战备状态。

12 月 4 日,美军一艘核潜艇从红海通过苏伊士运河,驶向叙利亚附近海域。

12 月 12 日,叙利亚在全国范围内举行新一届地方议会选举。作为国家政治改革的一部分,叙利亚阿拉伯复兴社会党首次允许反对派参加议会选举。

12 月 23 日,叙利亚首都大马士革发生 2 起针对叙利亚安全机构的爆炸袭击事件,造成至少 40 人丧生,150 多人受伤。

第四节 历史回顾

武装力量参加反暴乱行动的历史悠久,特别是第二次世界大战之后,各国武装力量都参与了不少反暴乱行动。

美国,美军曾多次参加平息暴(骚)乱行动。1968 年 4 月,马丁·路德·金被刺杀后,美国 110 多个城市爆发骚乱。时任美国总统约翰逊向首都华盛顿调遣了1万多名美军参与平息骚乱行动。1992年4月底,美国洛杉矶发生种族大骚乱,数千名骚乱分子针对韩裔和其他亚裔开办的商店大肆抢劫,焚烧了1100座建筑,纵火3600起,联邦政府派出陆军和海军陆战队参与平息骚乱行动。2005年卡特里娜飓风袭击新奥尔良,许多灾民哄抢和盗窃食品、饮用水,甚至演变成入室抢劫,并引发了其他暴力事件,最后,路易斯安那州州长凯瑟琳·布兰特要求美军派遣4万名军人前往新奥尔良市平息暴乱,并恢复社会秩序。

2005年美国警察在新奥尔良市平息暴乱

印度,印军多次参与国家反暴乱行动。1992年12月6日,数千名印度教教徒捣毁了位于北方邦阿约迪亚的巴布里清真寺,从而导致一场全国性的印度教与伊斯兰教之间的暴力冲突,造成1100多人死亡,4000多人受伤。事件爆发当晚,印度总统夏尔马立即宣布解散印度人民党执政的北方邦政府和议会,并实行总统治理。随后,政府下令逮捕了26名印度教极端分子,拘捕了印度人民党领导人乔希和阿德瓦尼。同时,政府迅速调派军队进驻阿约迪亚,驱散聚集在清真寺周围的大批印度教徒,及时平息了暴乱。2002年2月27日,一列火车驶出北方邦的戈特拉火车站不久,被2000多名手持武器的穆斯林暴徒强行拦截,并焚烧火车,造成58人丧生,43人被严重烧伤。28日,印度教教徒向穆斯林发起猛烈报复,在古吉拉特邦商业中心艾哈迈达巴德,数百名暴徒焚烧宾馆、加油站、汽车、饭店和商店,造成50多人死亡。同时,一些印度教教徒向穆斯林住宅区发起袭击,3月1日凌晨,27名穆斯林被活活烧死。暴乱发生后,印度总理瓦杰帕伊立即召开内阁安全委员会议,决定在全国敏感地区采取严格的防范措施,并迅速调遣数千名士兵紧急赶往古吉拉特邦热点地区维持秩序。在军警的通力合作下暴乱被平息。2007年1月5日~6日,阿萨姆邦反政府组织发动暴乱活动,导致55人死亡、约30人受伤。7日又有至少7人惨遭反政府武装分子杀害。当天,印度政府宣布实施宵禁,并派出军队在阿萨姆邦的一些地区警戒巡逻,防止反政府分离组织继续制造流血事件。2008年5月24日~25日期间,印度拉贾斯坦邦发生暴力示威,数千名示威者封锁了从斋浦尔到泰姬陵所在地阿格拉的交通要道,锡根德拉镇的1个警察署与2辆公交车被纵火烧毁,37人在暴乱中丧生,1名警察遭到枪击受伤。暴乱发生后,当局立即出动数千名军人和警察,驱散暴乱人群,迅速控制了局势。

印度军队在阿萨姆邦地区平息暴乱

巴基斯坦,巴国内多次发生暴乱活动,军队在平息历次暴乱中发挥了重要作用。2007年4月6日,巴基斯坦西北部库拉姆部落地区首府巴勒吉纳尔的什叶派穆斯林和逊尼派穆斯林发生武装冲突,造成至少40人死亡、70多人受伤。冲突发生后,当地政府宣布实施宵禁,并要求军方帮助平息暴乱,巴政府立即调动军队,在武装直升机的支援下，迅速控制了局势，平息了武装冲突。2010 年 8 月 2 日，巴基斯坦统一民族党政客拉扎·海德尔被枪杀，海德尔遇刺的消息引发了卡拉奇及周边地区的大规模暴力事件，不明身份的武装分子趁骚乱向人群开枪，造成 100 多人死亡。8 日上午，卡拉奇所在的信德省政府要求准军事部队士兵代替警察上街执行任务，士兵们必要时可以采取武力来阻止恐怖分子的行动。准军事人员已经帮助骚乱地区的数百人疏散到安全地带，警方已经逮捕了 100 多名嫌疑人，他们大部分都携带有武器，准军事部队已经在街头巡逻并控制了局势，平息了暴乱。

巴基斯坦军队在巴勒吉纳尔实施戒严

中国，国内外各种敌对势力多次煽动和组织暴乱活动，妄图推翻中国共产党的领导，企图分裂中华人民共和国。中国人民解放军、武警部队、民兵和预备役部队在党和政府的领导下，积极参加反暴乱行动，为维护祖国统一、稳定社会秩序、保卫人民生命财产安全作出了巨大贡献。

1959 年 3 月，西藏地方政府中的上层反动集团，唆使叛乱分子打伤西藏军区副司令员桑颇·才旺仁增，杀害西藏自治区筹备委员会委员、爱国人士堪穷·索郎降措。叛乱首领人物在达赖喇嘛的夏宫罗布林卡开会，宣称“同中央决裂，为争取西藏独立而干到底”。他们组织叛乱武装在药王山、罗布林卡、布达拉宫及市郊各要点构筑工事，包围中央人民政府驻西藏代表机构和西藏军区机关，20 日凌晨向中央人民政府驻拉萨代表机构和当地驻军发起攻击，开始了以拉萨为中心的大规模武装叛乱。鉴于西藏地方政府中上层反动集团的分裂行径和叛乱活动已发展到十分严重的地步，中共中央、中央人民政府为维护国家统一和民族团结，作出“彻底平息叛乱，充分发动群众，实行民主改革”的决定。根据军委命令，西藏军区迅速投入平叛作战。20 日上午，首先对拉萨叛乱武装发起反击，攻占了药王山和叛乱指挥部所在地罗布林卡，消灭了叛乱武装主力，继而对市内其余叛乱武装达成包围。在平叛部队强大的军事压力和政治攻势下，大昭寺内的叛乱武装于 22 日 9 时缴械投降。至此，在拉萨的叛乱被平息。4 月，平叛部队兵分五路奔袭和清剿盘踞在山南地区的叛乱武装，迅速控制了整个山南地区，摧毁了叛乱武装的基地。此后，解放军相继平息了纳木湖、麦地卡、昌都等地的武装叛乱，并肃清了边沿地区的零散叛乱武装。至 1961 年底，除少数叛乱分子逃往国外，整个西藏地区的武装叛乱被彻底平息。

1989 年 4 月中旬到 6 月上旬，极少数人利用学潮，掀起了一场有计划、有组织、有预谋的政治动乱，进而在首都北京发展成了反革命暴乱。为确保北京社会秩序稳定、公民生命财产安全、中央国家机关和北京市政府正常执行公务，在北京市警力严重不足的情况下，根据《中华人民共和国宪法》第 89 条第 16 项授予的权力，中共中央、国务院断然决定于 5 月 20 日上午 10 时起在首都部分地区实行戒严。之后，担负戒严任务的部队，采取不同的行动方式方法，陆续进入城内实施戒严行动，控制了事态，并在军队、武警、公安和人民群众的协同努力下，最终平息了暴乱，恢复了首都正常的社会秩序。

1990 年 4 月 5 日，新疆维吾尔自治区阿克陶县巴仁乡发生武装暴乱，200 多名恐怖分子借清真寺做“乃麻子”之机，裹胁不明真相的群众，使用武力围攻乡政府。暴乱发生后，党中央、国务院和中央军委高度重视，迅速调动部分驻疆军队、武警、公安和民兵等力量，以 6 天时间，共击毙暴乱分子 16 人，抓获 197 人，彻底平息了武装暴乱。

1997 年 2 月 5 日，200 余名暴徒在伊宁市公安局等地区实施打砸抢烧等暴乱活动，打死汉族群众 7 人、打伤 198 人，砸毁、烧毁机动车40辆。根据党中央指示，在新疆维吾尔自治区党委、政府和伊犁哈萨克自治州联指的统一指挥下，驻新疆部分武装力量、公安等密切协同，采取政治瓦解与武力打击相结合等手段，经过5天行动，击毙多名暴徒，抓获“真主党”头目3人，彻底平息了暴乱，恢复了伊宁市的社会秩序。

2008年3月10日，在达赖集团策动下，西藏拉萨市发生了僧侣静坐示威事件，3月14日发展为打砸抢烧严重暴力犯罪活动，并迅速蔓延至西藏山南、四川甘孜、青海果洛和甘肃甘南等地区，发生打砸抢烧110余起，造成16人死亡。根据党中央、中央军委命令，出动武装力量打击犯罪活动，展开保卫重要目标，收缴枪支弹药等行动，在较短的时间内恢复了社会秩序。

2009年7月5日晚，新疆维吾尔自治区乌鲁木齐市内多处发生打砸抢烧严重暴力犯罪，造成156人死亡，1080人受伤，给人民生命财产造成重大损失。事件发生后，驻新疆部分武装力量根据命令，紧急出动，在主要地区展开打击行动，一举粉碎境内外敌对势力制造民族分裂的企图。

第三章

抢险救灾行动

抢险救灾,是指对自然灾害和重大事故等造成的灾害实施的紧急排险和施救行动,是人们抗拒灾害、减少损失、抢救人民生命财产的抗争活动。主要包括:抗洪抢险、抗震救灾、灭火救援,以及重大疫情救援、冰雪灾害救援、台风灾害救援、海上搜救、空难救援和核、化、生事故等灾害的抢险救灾行动。在新的历史时期,随着社会经济的快速发展,人类活动对自然界的影响和破坏不断增大,各种自然灾害和重大事故发生的频率大大增加,灾害的种类日益增多,新的灾害和复合性灾害不断出现,世界范围内大规模的自然灾害频发,地球进入了自然灾害的多发期,并对人类生存和财产安全构成了前所未有的严重威胁。应对自然灾害和重大事故,已成为世界各国共同面临的重大课题。长期以来,武装力量以快速的反应能力、强大的组织动员能力、专业化的救援能力,积极参加本国的抢险救灾行动,对保护人民生命财产,减少灾害损失,促进国家经济建设发挥了重要作用。

第一节　自然灾害综述

据联合国减灾署报告,2011 年全球发生重大自然灾害 302 起,2.06 亿人受灾,近 3 万人丧生,经济损失达 3660 亿美元。自然灾害的活动规律呈现出以下特点。

一、世界范围的自然灾害频发而广泛

全球 302 起自然灾害,在亚洲、南北美洲、大洋洲等地区均有发

生。其中,亚洲地区发生的自然灾害占45%以上。自然灾害最为频繁的国家有菲律宾(33起)、中国(21起)、美国(19起),日本(7起)。

二、风、水、旱灾较常年偏重

虽然地震灾害仍然接连发生,但重大自然灾害种类均与风和水有关。在全球2.06亿受灾人口中,一半受到洪涝灾害影响,另有6000万人遭遇旱灾,3400万人受风暴影响。日本、新西兰、西班牙等国发生强烈地震,其中日本地震的重大损失主要是海啸造成。美国、菲律宾等国遭受严重风灾,朝鲜、巴基斯坦、东南亚多国和中南美国家发生了巨大洪水灾害。损失最为严重的自然灾害包括澳大利亚洪水灾害、巴西洪水泥石流灾害、新西兰基督城地震、日本大地震、美国超级龙卷风、巴基斯坦南部洪水、泰国特大洪水灾害等。

日本“3·11”大地震引发海啸

三、人员伤亡数量较大

虽然全球因灾死亡的人数较2010年大幅下降,但各类自然灾害与人为灾难仍然造成了严重的人员伤亡。2010年,由于海地地震的发生,全球因灾死亡约29.6万余人。2011年,全球自然灾害共造成29782人死亡或失踪,其中亚洲地区死亡失踪和受灾人数均占到了全球总数的85%以上。

四、经济损失惨重

因全球重大自然灾害频发，特别是日本、美国、新西兰等发达国家受灾严重，自然灾害造成的经济损失再创历史新高。据联合国国际减灾战略（ISDR）2012 年 1 月 18 日公布的统计显示，2011 年全球自然灾害造成总计 3660 亿美元（约合 2.3 万亿元人民币）的经济损失，是自 1980 年有统计以来的最高纪录（此前的最大损失额为 2005 年的 2430 亿美元）。而根据联合国秘书长减灾项目特别代表玛格丽塔·瓦尔斯特伦 2012 年 3 月 5 日公布的数字，全球灾害损失约为 3800 亿美元（约合 2.4 万亿元人民币）。2011 年，全球损失最重、影响最大的自然灾害是 3 月 11 日发生的日本大地震，死亡人数和经济损失均为本年度全球之最。3 月 11 日，日本东北部海域发生里氏 9.0 级地震并引发巨大海啸，共造成约 1.6 万人死亡，不考虑福岛核电站事故造成的后果，共造成高达 2100 亿美元（约合 1.3 万亿元人民币）的经济损失。亚洲地区灾害经济损失总额也因此占到全球约 75%。此外，泰国洪灾损失超过 400 亿美元（约合 2524 亿元人民币），新西兰地震损失达 250 亿美元（约合 1577 亿元人民币），分列第二、第三位。

日本宫城县名取市，大量房屋被海啸淹没，部分地区还发生火灾

五、中国自然灾情较常年偏轻，但局部地区受灾严重

中国相继发生了南方低温雨雪冰冻灾害、云南盈江5.8级地震、长江中下游地区春夏连旱、南方暴雨洪涝灾害、沿海地区台风灾害、华西秋雨灾害、西藏亚东地震灾害等重特大自然灾害，给经济社会发展和人民生命财产安全带来较大影响。其中，四川、陕西、湖南、云南、贵州、湖北等省灾情较重。各类自然灾害共造成全国4.3亿人次受灾，1126人死亡（含失踪112人），939.4万人次紧急转移安置；农作物受灾面积3247.1万公顷，其中绝收289.2万公顷；房屋倒塌93.5万间，损坏331.1万间；直接经济损失3096.4亿元（不含港澳台地区数据）。2011年，中国自然灾害总体呈现以下特点。一是灾害多发频发，南方损失较重。全国9成以上县（市、区）不同程度受灾。南方部分省份由于受低温雨雪冰冻灾害、阶段性干旱、洪涝灾害影响，重复受灾、连续受灾，损失较为严重。二是水灾旱灾并重，旱涝交织影响。旱灾和洪涝灾害造成的直接经济损失分别占自然灾害总损失的30%和40%。长江中下游部分地区出现旱涝急转，华西、黄淮等地遭受严重秋汛灾害。三是台风损失偏轻，地震外强内弱。2011年先后有7个台风登陆中国大陆地区，因台风导致的死亡（含失踪）人口、倒损房屋数量均较常年减少8成以上。地震活动外围强内陆弱，小震大灾事件时有发生。大陆地区共发生17次5级以上地震。四是灾贫效应叠加，城市灾害突出。2011年，全国因灾造成的死亡（含失踪）人口、紧急转移安置人口、倒塌房屋数量超过80%分布于“老、少、边、穷”地区。自然灾害对城市的影响再次凸显。汛期全国130余个县级以上城市进水受淹，城市安全运行受到较大影响。

第二节　抢险救灾行动综述

2011年，面对自然灾害和重大事故的严峻考验，世界各国都

把武装力量作为抢险救灾行动的重要组成部分，充分发挥军队在人力、装备和技术等方面的特殊优势，力争将灾害损失减少到最低程度。这一年武装力量实施抢险救灾行动，主要表现出反应快速、掌握灾情及时、组织指挥严密、救灾预案完善、救援装备先进等特点。

一、快速反应，高效施救

2011 年，在遭遇重大自然灾害时，不少国家都在第一时间迅速调集本国的武装力量参加抢险救灾，并在救灾中发挥其骨干力量作用。由于军队具有快速反应和高度机动能力，这对于争分夺秒、争取黄金救援期的抢险救灾行动是至关重要的。从 2011 年几次大规模救援行动看，各受灾国都把向灾区迅速投送救援力量作为受灾初期的重中之重，纷纷强调"时间就是生命，到达就是成功"，各种救援力量采取多方式、多空间向灾区大强度和高速度机动。在中国云南盈江县发生地震后 22 分钟，盈江县武警中队 20 名官兵就携带地震救援装备和器材在第一时间到达现场，成为第一批到达的抢险救灾部队。随后武警德宏、保山支队 400 余名官兵和保山医院 30 名医护人员也火速奔赴灾区，迅速展开救援工作，争取了救援时间。在日本大地震中，震后仅 40 分钟，陆、海、空 8000 余名自卫队员、300 多架飞机、40 艘舰艇就已集结完毕，从不同基地赶赴灾区，搜救和安置受灾人员。地震发生后 2 小时，防卫省即派遣所有停泊在横须贺基地内的海上自卫队舰船出发前往宫城县附近海域。4 小时内，自卫队不但完成了陆、海、空 3 路救灾力量的出动和部署，而且在后勤方面，实现了陆上实施抢救受伤人员，海上实施加油和补给，空中后送急重伤员，快速建立了陆、海、空立体保障体系。在新西兰地震救援中，军方在较短时间内派出 10 艘舰船、50 余架飞机和 7 架直升机参加了救援任务，及时为灾区运送了急需食品、水和药品等。土耳其在抗震救灾中，军方迅速派出 26 架军用飞机以及大批车辆，向灾区运送了 6300 顶帐篷以及大量食品、药品等物资。印度在发生里氏 6.8 级地震后，多起泥石流、大雾和暴雨阻断了通往灾区的陆上通道。印度工兵部队100多人迅速出击，炸毁山石，清理废墟，架桥修路，打通前往震中曼甘镇的一条主要公路，在较短时间内恢复了交通，确保后续救援人员迅速抵达灾区。

2011年9月18日，印度北部锡金邦发生里氏6.8级强烈地震，图为军队实施救援现场

二、及时掌握灾情，提高救援效率

从2011年几次重大抢险救灾行动看，各国政府和军队都将及时掌握灾情信息作为实施救援行动的关键组成部分，并贯穿于整个抢险救灾全过程，这对提高应急救援指挥效率、增强抢险救灾行动针对性和实效性起到了重要作用。综合运用军事和民间机构的情报信息获取、传输渠道，构建军民一体的灾情侦测系统，是2011年各国有效应对灾情的普遍做法。在日本地震后，日本政府和军队十分重视从陆海空乃至太空等多维空间实时掌控信息。自卫队连续出动飞机执行灾区观测和灾情统计等任务，并派人携带定位导航、卫星接力、核辐射监测等装备实施一线勘察。震后11分钟，海上自卫队第3航空队的UH－1直升机立即起飞考察灾情。在灾后的1个多小时内，陆、海、空自卫队共派出23架飞机飞往受灾地区，侦察和调查受灾情况。UH－1直升机配备了先进的图像传送装置，不分昼夜地侦察海上和地面情况，然后将信息迅速传到首相官邸、防卫省和新闻报道单

位，以便国家高层和防卫省及时准确地掌握各地受灾的具体情况，指挥自卫队的救灾行动。同时，作为军方情报的有益补充，日本还动员灾区普通民众利用自身条件收集包括灾区政府周围受灾情况（人身、设施、火灾、建筑物、地基等）、派出机构周围受灾情况，来自监视录像的信息（火灾、房屋倒塌等全面的受灾信息）、公共广播电视信息（气象信息，包括有无海啸、受灾全面信息）等，从而形成覆盖灾区各个层次的情报信息收集网络。在中国云南盈江 2011 年 3 月 10 日发生地震后，盈江县武警中队在震后 22 分钟就赶到救援现场，向上级报告受灾情况，随后武警德宏、保山支队也火速奔赴灾区，分别向指挥中心上报情况，使指挥部及时了解了灾情，合理统一部署救援力量，截至 3 月 13 日，参加救援的解放军、武警部队官兵和民兵预备役人员全面展开，将救灾行动从街道延伸到小区，从重点村寨延伸到震区各个自然村。

三、建立权威指挥机构，实施集中统一指挥

建立统一高效的抢险救灾指挥机构是确保抢险救灾行动圆满完成的重要基础，因此在灾难发生后，各受灾国都不约而同地把成立权威救援指挥机构作为各项行动的首要步骤加以突出。在 2011 年的几次重大抢险救灾中，各受灾国或是由国家成立包括各种职能部门在内的临时指挥机构，或是以灾区当地政府为主体建立前沿指挥机构，或是直接由军队成立救灾指挥部，统一负责抢险救灾各项行动，对参与救援的各种力量实施集中领导。以“3・11”日本大地震为例，地震当天，日本防卫省就设立了“灾害对策本部”，由防卫大臣北泽俊美亲自挂帅，对所有救灾部队实施统一指挥，并召开“灾害对策会议”，详细分析灾害情况，迅速确定抗灾对策，立即派出自卫队赶往灾区，调集后勤物资运往受灾地区。由于救援兵力多，救灾面积广，为增强陆上、海上、航空自卫队行动的一体化，顺利展开救援和运输工作，提高救灾行动及其后勤保障效率，震后第三天，北泽俊美又指示东北军区司令成立名为“联合任务部队”的指挥机构，将原本独

立行动的陆、海、空自卫队指挥权统一交由陆上自卫队东北军区司令负责。为救灾专门成立“联合任务部队”并实施统一指挥，这是日本成立联合参谋部以来，陆、海、空自卫队救灾行动中首次实施联合指挥、联合行动。权威指挥机构建立后，其重点工作就是统一协调各种救灾保障力量，统一组织救灾行动，统一组织调拨物资，统一组织运输行动。日本防卫省自震后以陆、海、空自卫队各基地为集散地，通过直升机、运输机及运输舰船，将各地方政府和企业提供的救灾物资，统一运往灾区。同时，日军还通过加强与美军的指挥协同，将陆、海、空、警、预备役、医疗、卫生等力量和国际救援力量整合在一起。特别是舰船、飞机与陆上力量协同一致，整体联动检测核泄漏，效果比较明显。泰国在抗击洪灾中，由救灾指挥中心统一指挥、协调灾区的军队、警察、民事机构共同承担抢险救灾任务。这些指挥机构的迅速成立和有效运作，最大限度地协调了各种救灾资源，合理调配了救灾力量，及时迅速地调动军队参与抢险救灾行动，为抢险救灾工作的圆满完成奠定了坚实的基础。

四、应急预案完善，专业救援力量强大

由于自然灾害发生的时间和地点及危害程度难以预测，使得抢险救灾行动时效性强、要求高、影响大，要求在平时就要依据以往灾害发生的规律和特点，提前筹划抢险救灾行动，科学制定完善营救救援预案，加强建设多功能专业救灾力量，才能在灾害险情突发时，处变不惊，快速反应，高效运转。2011 年几次重大灾害救援实践证明，抢险救灾行动应急预案是执行抢险救灾任务的行动指南，预案是否完善可行，直接关系抢险救灾能否顺利展开及完成任务。在美国应对“艾琳”飓风袭击中，美军按照统一的计划和部署，将整个救援行动分为应急反应、紧急救援和灾后重建 3 个阶段，并制定了多项预案，确保了救援行动精确、适时和有效。日本自卫队的地震灾害伤亡及医疗救护预案，考虑到 20 多种具体情况，并据此制定详细的针对性预案。在“3・11”大地震以及随后的核泄漏救援中，对受伤人员

救助、救护所设置、灾民外运、核辐射急救处置等基本上是依据各种行动预案严密实施的。中国云南盈江县发生5.8级地震后，国家减灾委和民政部紧急启动国家四级救灾应急响应，省、地、县也分别迅速启动总体预案及各类应急专项方案，确保了抗震救灾工作的快速高效和有序展开。从世界各国抢险救灾队伍建设看，发达国家一般都预先建有专业化程度较高且功能齐全的应急救援力量，在重大灾害中能够较好地快速投入救灾行动。如，日本为应对“3·11”这场前所未有的复合型灾难，先后动员10万名自卫队员、6500名预备役军人和1128支紧急消防援助队投入抢险救灾，灾后两天内搜救出1.5万名幸存者，并将55万名群众疏散到2100个避难所，显示出了日本救援力量的组织高效。而发展中国家受自身条件限制，大都使用专业技术水平较低的警察、普通军人甚至当地民众实施救援，影响抢险救灾的效果和效率。

五、使用先进救援装备，提高科技救灾水平

先进的抢险救灾装备是提高应对大规模灾害及特殊灾害能力的基石。在2011年抢险救灾行动中，美、日等国部队以其良好的快速反应能力、整体协调能力、综合保障能力等方面优势，在救援行动中发挥着不可替代的重要作用，而这些作用的发挥，很大程度上依赖于高科技救援装备的广泛使用。一是灾情侦察装备。美、日军队在救灾中经常使用太空侦察卫星、装备空中侦察平台的侦察机、电子侦察机和气象侦察机等对灾情进行评估和预报。如美军专门装备有WC－130系列专业军事气象飞机收集风暴数据，分析飓风的运行轨迹及可能袭击的地区，尽早准备减少损失。日本自卫队也使用OH－6型侦察直升机、搭载图像传输人员的UH－1型多用途直升机、地面摩托车侦察队、指挥通信车展开空地联合灾情搜集工作。二是运输装备。直升机在复杂地形进行人员和装备物资投送方面发挥着极其重要的作用，美国拥有的9800多架直升机。是其能够高效应对灾害的重要物质基础。另外美军拥有的固定翼运输机，如C－17、C－

130，拥有装备海水净化装置的军舰和运输舰，均能大规模运送救灾人员、救灾装备和补给物资。日本海上自卫队装备的“大隅”型运输舰具有较强的运输救援能力，比老式运输舰运力增加近3倍，在灾害救援活动中发挥着“海上基地”的作用，可供2架大型直升机同时离着舰，舰上搭载的2艘气垫船可运送1000名难民或装载大型物资。三是医疗卫生和后勤补给装备。发生大规模自然灾害时，维持生存的生活设施遭到破坏，具备紧急医疗、供水、供膳、通信、土木建设等功能的救援装备可在恶劣环境下发挥重要的作用。日本自卫队就专门列装了这类装备器材供抢险救灾使用。如自卫队后勤团卫生队装备了野战手术系统，该系统由手术车、手术准备车、灭菌车、卫生补给车构成，医护人员7名，可进行胸、腹、头部等初期外科手术，每日能为10～15人进行手术。自卫队野战净水系统采用反渗透膜技术，每分钟可净化360升饮用水。这些装备都为保证抢险救灾行动的连续性和持久性发挥了重要作用。

日本“3·11”大地震中自卫队开赴救灾现场

第三节　主要抢险救灾行动

2011年，面对各种灾情和事故，各国武装力量都积极参加抢险救灾行动，并发挥了重要作用。

一、日本自卫队"3·11"大地震救灾行动

2011年3月11日，日本发生大地震后，日本自卫队快速出动，实施了历史上规模最大的抗震救灾行动。

（一）行动背景

3月11日14时46分（东京时间，下同），日本东北地区太平洋海域发生里氏9.0级特大地震（日本称"东日本大震灾"，以下称"3·11"大地震）。地震引发巨大海啸，日本东北地区岩手、宫城、福岛等数县遭受海水大范围淹没，东京电力公司福岛核电站的核反应堆遭到破坏，造成放射性物质泄漏。核事故与地震、海啸等自然灾害叠加，成为日本历史上前所未有的巨大灾难。据日本防卫省统计，地震共造成15846人死亡，6011人受伤，3317人失踪，1045441栋建筑被毁，财产损失达到16.9万亿日元（约合2100亿美元）。

日本东北部地区发生9.0级强烈地震，并引发海啸

地震发生后，日本防卫省与自卫队迅速展开救灾行动，并成立了地震救灾和核救灾两支联合任务部队。救灾行动分为两个阶段，第一阶段，自3月11日18时日本防卫大臣北泽俊美根据菅直人首相指示发布《大规模震灾灾害派遣命令》开始，至8月31日北泽俊美宣布大规模救灾行动结束，大规模救灾行动历时174天。第二阶段，集中力量开展核救灾行动，至12月26日，防卫省召开灾害对策本部会议，下达撤回核救灾部队的命令，自卫队所有"3·11"大地震救灾派遣活动宣告结束。此次救灾行动，自卫队共派出1066万人次。其中在前期174天的大规模救灾行动共派出1058万人次；后期核救灾行动，派出东北方面队8万人次。自卫队最多时出动人员约10.7万人，并首次动员了预备役部队，出动飞机约540架、舰

艇约60余艘。在此次救灾行动中，自卫队的联合行动能力、训练水平、技术装备等均得到了集中检验，既积累了经验，同时也暴露出了若干问题。

（二）主要行动

1. 大规模救灾行动

地震发生后，防卫省迅速作出反应，并于当日14时50分迅速设置“灾害对策本部”，由防卫大臣北泽俊美任本部长，并派出飞机赴灾区搜集受灾情报；18时，北泽根据菅直人首相的指示，发布《大规模震灾灾害派遣命令》；19时30分，针对福岛核电站事故发布《核灾害派遣命令》。11日深夜，北泽表示将以日本陆上自卫队东北方面队为主力，投入陆海空自卫队约8000人救灾；12日清晨7时30分，将救灾派遣规模提升至约2万人、190架飞机、25艘舰艇；12日20时，根据首相指示，再次将派遣规模上调至5万人；13日下午15时，根据首相指示，进一步将派遣规模扩大至10万人。自卫队救灾派遣规模最多时达到10.7万人，舰艇60艘，飞机540架，成为战后日本自卫队最大规模的派遣行动。

陆上自卫队士兵在地震灾区实施援救行动

由于投入兵力巨大且任务繁多，日本自卫队于14日编成救灾联合任务部队（JTF：Joint Task Force），下辖陆上救灾部队、海上救灾部队和航空救灾部队3支救灾部队。联合任务部队司令由陆上自卫队东北方面队司令君冢荣治中将担任，下辖的3支部队指挥官分别由君冢荣治中将（兼任）、海上自卫队横须贺地方队司令高屿博视、航空自卫队航空总队司令片冈晴彦担任。其指挥体制与近年日本自卫队“年度综合防灾演习”基本一致。联合任务部队司令部设在驻仙台市的东北方面队司令部，其下设“参谋协调室”，由约100人分别编成“海上与航空组”、“联合参谋部联络官”、“军种参谋部联络官”等，负责情报搜集、联络协调、指挥控制等各项业务。随着美军及各国救援队陆续进入灾区，翻译保障及机动手段等协调任务进一步加重，日本防卫省联合参谋部开始就协调业务提供支援。

日本自卫队救灾现场

17日下午，为应对福岛第一核电站的严重事态，日本自卫队新编成另一支联合任务部队——“核救灾派遣部队”，由陆上自卫队中央快反集团司令宫岛俊信担任司令，中央快反集团所辖的专业部队“中央特种武器防护队”以及第1直升机团担任主力，第12化学防护小队、第1特种武器防护队、航空自卫队第6航空团、中部航空警戒管制团、第1高炮群、第4高炮群、高炮教导队、海上自卫队下总基地等部队进行协助，主要遂行核电站反应堆注水冷却任务。

除上述两支联合任务部队外，陆海空自卫队其他部队的救灾行动情况如下：一是陆上自卫队，其他部队处于一级紧急勤务态势，东北方面队（以下简称方面队）处于三级紧急勤务态势，即发生震度在

2011 年 3 月 12 日，日本自卫队在千叶县市的一处炼油厂展开灭火行动

里氏 6 度以上地震时，部队在 1 小时内完成全体出动准备。方面队司令部与各师司令部立即开展指挥行动，方面队辖区内的部队进入全体紧急集合状态。方面队司令部向各县厅、各师司令部向县厅与县警本部派出联络官，进行信息收集与意见传递。最低级别的连级部队向各市、町、村派出联络员。二是海上自卫队。地震发生后不到 10 分钟，大凑航空基地的 UH－60J 直升机即升空飞赴灾区进行情报搜集。青森县八户市受灾，八户驻地部队展开自主派遣。大凑司令部负责青森县以北区域，并向青森县厅派出联络官，横须贺司令部负责青森以南东北太平洋区域。3 月 14 日，已有约 40 艘舰艇在从日立海域至八户海域的辽阔海域上展开队形，并开展搜索救灾行动。在初期救灾行动之后，出动了大量陆基直升机和舰载直升机，给灾民提供生活支援，运送灾民近 6000 人。同时，舰艇与直升机的组合成为海上支援基地完成物资运输任务的重要保障力量。三是航空自卫队。充分发挥空中运输能力和基地后援能力，建立空中补给运输线，为基地提供补给支援。震灾中，北部航空方面队司令部所在的三泽基地没有受到太大影响，仍可维持前方指挥功能。三泽基地的救灾直升机于地震当日夜间即展开救灾行动，秋田、百里、入间基地也全力展开救灾行动。除了运送灾民、救灾物资之外，还承担了运送来自各国的救灾医疗队的任务。位于受灾地中心的航空自卫队松岛基地遭到严重破坏，基地被海水淹没，停机坪上的 18 架 F－2 战斗机和 10 架 U－125A 搜救机、T－4 教练机和 UH－60J 救护直升机被海水

浸泡或冲走,直接经济损失近3000亿日元。3月16日,松岛基地恢复功能,与仙台机场、三泽基地一道成为救灾物资的集散地。7月1日,防卫大臣北泽俊美发布命令,宣布救灾联合司令部撤销,由各地方部队继续对灾民进行生活援助。8月31日,防卫省发布自卫队行动命令,宣布“3·11”日本大地震救灾行动结束。

日本自卫队救灾现场

在此次大规模救灾行动中,派往灾区的自卫队包括陆上自卫队7万余人,海上自卫队1.4万余人,航空自卫队2.2万余人,应急预备役2210人,一般预备役496人。共救助19286人,收容遇难者遗体9505具,运送遗体1004具;运送物资13906吨,运送医疗队20240人,运送患者175人;为避难居民提供200处供水点,计3.3万吨淡水,100处食物供应处,计5005484餐食物;提供139.6万立升燃料;提供35处洗澡场所,为1092526人次提供了洗澡支援;为23370人提供医疗援助,修复道路322千米。

2. 核救灾行动

受地震及海啸的影响,位于福岛的东京电力公司福岛第一核电站核反应堆的冷却功能被破坏,日本政府迅速发布核紧急事态公告。3月17日,防卫省与自卫队受政府核灾害对策本部的命令,下达核灾害派遣命令,成立第二支联合任务部队——“核灾害派遣部队”,由陆上自卫队中央快反集团司令宫岛俊信担任司令,指挥中央特种武器防护队等部队展开核救灾行动。这支部队直至12月26日撤回,基本完成核救灾任务。在此次核救灾行动中,在福岛县的叶町设置了现场协调所,相关机构与东京电力公司进行协调。

在此次行动中,自卫队主要对乏燃料棒进行了注水冷却,对人员、车辆沾染的放射性物质进行洗消,对空气中的放射物质的数量及核反应堆的温度变化进行测量。3月13日和14日,航空自卫队对

福岛第一核电站事故

福岛第二核电站进行了注水作业。3 月 17 日，陆上自卫队的第 1 直升机团的 2 架 CH－47 从空中对福岛第一核电站的 3 号机组进行了空中注水作业，分 4 次注入了约 30 吨海水。同时从 17 日到 18 日使用消防车连续对 3 号机组进行注水作业，20 日和 21 日对 4 号机组进行注水作业，总计动用了 44 台消防车，从地面注入了约 340 吨的海水。此外，海上自卫队的多用途支援舰"燧"号和"浅草"号自母港横须贺出发，开赴福岛第一核电站附近，运载由美军提供的淡水。陆上自卫队的化学部队在核电站周边设置了 8 个洗消场所，对核电站周边的居民及从事救灾行动的自卫队员和消防队员、飞机和车辆进行了洗消作业，同时对放射性物质进行了测量。

日本自卫队为福岛第一核电站冷却

由于担心核电站周边居民受到放射性物质伤害，日本菅直人首相先后下达避难指示，将以福岛第一核电站为中心半径30公里区域划为警戒区域，并下令自卫队对该范围内的居民提供各种援助。此外，部队在核电站30千米范围以内共收容到62具遗体。由于专业知识和训练经验不足，自卫队员在处理核事故中显得力不从心，甚至在进行注水作业时发生了因爆炸而致使数名自卫队员受伤的事故。而且除了测量数据、对现场人员、车辆进行洗消之外，自卫队队员发挥的作用非常有限。大量工作都是由东京电力公司的职员完成，从而受到了国民对自卫队核事故处理能力的广泛质疑。

（三）主要经验

日本自卫队此次救灾行动的成功，既反映了长期的救灾能力建设成果，又体现了事件发生后部队的快速反应能力。主要包括以下经验：

1. 平时注重抢险救灾法规、机制和力量建设

一是法律体制较完善。日本是一个重视法律建设的国家。自卫队自成立以来，就成为国内救灾的一支重要力量。日本多次立法赋予自卫队参加救灾和保护国民的权利和义务，并不断修订相关法律，逐渐建立起较为完善的法律体系，如《灾难救援法》、《灾害对策基本法》、《关于防止海洋污染以及海上灾难的法律》、《大规模地震对策特别措施法》、《核灾害对策特别措施法》、《关于自卫队救灾派遣的训令》、《关于自卫队地震救灾的训令》等法律法规。截至目前，日本共制定了约53部防灾救灾法。另外，还有其他有关防灾救灾的各种法规政令及地方政府颁布的法令法规。

二是把抢险救灾作为自卫队的基本职责。日本在法律上赋予自卫队大规模救灾的基本职责。1995年底制定的《防卫计划大纲》，首次把“应对大规模自然灾害”提升为自卫队仅次于“保卫日本”的基本任务，并指出：“当发生因大规模自然灾害和恐怖活动造成特殊灾难及其他需保护生命财产等各种非常事态时，如有关机关请求自卫队采取抢险救灾行动，自卫队应在有关机关的协助下，适时、妥善地

实施抢险救灾等必要的行动，为安定民生作出贡献。”2004 年底制定的《防卫计划大纲》，把“应对大规模灾害和特殊灾害等”列为自卫队“有效应对新型威胁及多种事态”首要基本职能中的一项。并指出：“针对大规模灾害、特殊灾害等需保护人的生命和财产的各种事态，保持拥有在国内任何地区均可实施救灾的部队及专业能力的体制。”2010 年年底制定的《防卫计划大纲》，把“应对大规模灾害和特殊灾害等”作为自卫队“有效威慑与应对”首要基本职能之一。同时指出：“对于大规模和特殊灾害等，须与地方公共团体等携手合作，确保可在国内任何地区实施抢险救灾。”依据种种法规，自 20 世纪 60 年代以来，自卫队共参与了 37000 余次抢险救灾活动，且平时重视救灾演练，从中积累了丰富的救灾经验。

三是救灾机制比较完善。自卫队抢险救灾的指挥体制、派遣程序和主要任务等，均有着明确、详细的规范。在指挥体制上，日本吸取了阪神大地震时因政府部门之间职权不明而造成混乱的教训，建立了从中央到地方的“三级”领导体制，即中央防灾会议—都、道、府、县防灾会议—市、町、村防灾会议，自卫队按相应级别参加防灾会议。自卫队设有两个救灾指挥机构：一是防卫省运用企划局事态应对课“国民保护及灾害对策室”，二是联合参谋部运用部运用 2 课“灾害派遣队”。当发生大规模灾害时，防卫省在中央指挥所成立紧急救灾指挥机构“灾害对策本部”，由防卫大臣担任本部长，统一指挥调动陆海空自卫队开展救灾行动。在军地共同救灾行动中，地方行政长官为总指挥，驻地自卫队部队指挥官为副总指挥，共同协调指挥救灾行动。在派遣程序上，则以相关都、道、府、县请求派遣为主，自卫队自主派遣和就近派遣为辅。当发生重大自然灾害时，通常由都、道、府、县知事及其他政令规定者向防卫大臣或其指挥者提出救灾请求，防卫大臣根据请求视情派出自卫队部队实施救灾。当事态特别紧急时，自卫队也根据《防卫省防灾业务计划》中的规定，在地方尚未提出请求前实施“自主派遣”或“就近派遣”。救灾命令通常按内阁大臣、防卫大臣、联合参谋长、救灾部队指挥官、救灾部队的程序下达。情况紧急时,受灾地区政府也可直接向驻地自卫队提出请求,团级以上驻地部队指挥官有权直接下令所属部队救灾,而后再逐级向上补报。关于救灾部队的主要任务,《灾害对策基本法》第36条和37条、《大规模地震对策特别措施法》第6条,以及《防卫省防灾业务计划》、《关于自卫队救灾派遣的训令》等法规进行了具体而详尽的规定,可谓“有法可依、权责明确”。救灾部队的主要任务包括灾害情报搜集、避难引导、灾民搜索救助、消防、道路清障、医疗救护、人员及物资紧急运输、食物饮水提供及安全防护等。

2. 反应迅速,决策过程快

地震发生后,防卫省迅速作出反应,地震发生4分钟后,防卫省就成立了由防卫大臣北泽俊美任本部长的灾害对策本部。6分钟后,东北方面队立即出动飞机前往发出救灾请求的岩手县救灾。在当晚18时和19时,就分别发布了《大规模震灾灾害派遣命令》和《核灾害派遣命令》。与1995年阪神大地震发生4小时后才出动救灾部队相比,反应和决策速度大大加快。当时的救灾派遣机制规定,都、道、府、县知事须向防卫厅长官提出救灾申请后才能派遣部队救灾。吸取阪神大地震教训后,日本修订了《灾害对策基本法》、《大规模地震灾害对策特别措施法》、《原子能灾害对策特别措施法》、《防卫厅防灾业务计划》、《关于军队救灾派遣的训令》、《关于军队地震救灾派遣的训令》等一系列法律法规,明确了自卫队“自主派遣”的前提。当发生灾害等紧急情况时,只要接到地方自治体领导发出的救灾请求,自卫队的师旅级部队首长即可下令出动兵力救灾,无须等待上级部门的批准,事后只需向防卫省报告备案即可。此举使得自卫队行动权限大大提高,也因此缩短了反应时间,简化了救灾派遣程序,为自卫队的救灾行动奠定了良好基础。此外,自卫队地方协作本部设立了“国民保护、灾害派遣联络协调官”制度,自卫队向100多个地方行政防灾部门派驻联络员,大大加强了自卫队与地方自治体之间的联络与协调,为迅速采取救灾行动创造了条件。另外,在此次救灾行动中,防卫省内局、联合参谋部与各军种参谋部形成一个有机整体，内局提出政策性意见，联合参谋部提出军事方面的专业性意见，共同协作辅佐防卫大臣决策，使得决策效率大大提高。

3. 加强情报共享机制和通信统一管理，提高行动效率

在整个救灾行动中，救灾对策本部频繁召开会议，迅速交流和共享情报，并商讨决策。同时在防卫省第1省议室设置情况室，作为情报传递和共享中心及协调军地各种行动部署的中心，通过内局要员与中央指挥所之间进行协调，并通过情况室向省内相关机构报告。此外，自卫队与相关省厅及自治体也实现了情报共享，尽管也存在部分信息交流不畅的问题。为了保持通信顺畅和提高情报交流效率，在联合任务部队司令部下设联合通信调整所，对救灾活动的通信进行了统一管理和指挥。

4. 队伍训练有素，战斗力强

自卫队在此次救灾行动中表现了高度的战备水平。一是初期反应迅速。灾害发生后，邻近灾区的陆上自卫队各部队迅速进入待命态势，海上自卫队派遣约20艘舰艇赶赴三陆近海，自卫队相继出动UH－1、P－3C、F－15等各型飞机25架侦察灾情；至地震当晚18时许，即已在灾民救灾与收容方面取得成果。二是海上自卫队发挥重要作用。海上自卫队共出动15艘主力驱逐舰，出动率近50%，运输、补给、扫雷等其他支援舰艇出动率高达70%～80%。特别是第2护卫队群（驻佐世保）所属第2和第6护卫队的8艘驱逐舰全建制出动。这一情况表明，海上自卫队自2008年3月护卫舰队改编之后，部队运用效率大大提高，战斗力也有所加强。三是设施修复迅速。救灾行动开始后，自卫队在驻日美军支援下，迅速抢修灾区作为运输枢纽的机场和港口设施。14日傍晚，位于宫城县的航空自卫队松岛基地副跑道恢复，可供运输机起降；仙台机场至16日恢复至可供C－130型运输直升机起降，20日恢复至可供C－17型运输直升机起降。四是部队训练有素。由于日本自卫队近年防灾救灾训练演习较为充分，救灾行动中，各自卫队部队的全方位和立体式紧急搜救、运

输管控、物资补给、通信联络等各项业务得以有条不紊地顺利展开，基本避免了不必要的连带损失。特别是在空中管制方面，自15日起各型救灾飞机即保持500余架起降的规模，加之日常防空警戒，空中管制任务相当繁重，但并未出现重大事故。此外，自卫队还在救灾的同时，保持了正常的周边海空域警戒监视态势。航空自卫队战斗机在完成初期侦察任务后，迅速转入防空值班态势，如17日和21日，针对俄空军2批3架作战飞机（含1架Su－27型战斗机），实施2次紧急战斗起飞。

5. 建立一元化救灾物资运输管理机制

在救灾物资的运输管理方面，日本原计划先由农林水产省等政府部门负责集中物资，再依托自卫队及其他力量输送。但防灾大臣分身乏术，难以确保救灾物资管理业务顺利进行。鉴此，首相指示防卫省对救灾物资的集中和运输实施一元化管理，以充分发挥其“组织能力、情报能力和机动手段”，保证救灾物资的高效运输和发放。自卫队于15日接手这一任务后，建立了新的运作体制：来自全国各地的救灾物资由都、道、府、县集中后，先运往本地区一处指定的自卫队基地或驻地，再使用自卫队的车辆、舰艇、飞机等运输手段运至陆上自卫队仙台驻地、航空自卫队松岛基地以及民航山形机场等几个转运枢纽，同时由救灾联合任务部队与当地灾区的对策本部协调相关事宜，了解掌握其物资需求，然后实施对口输送。在灾区进行救灾物资领取时，自卫队也提供了运输车辆、人力等方面的大力支援。这种统一管理的方式能使各种救灾物资都能顺利到达灾区，为军民合作开了良好的先例。

陆上自卫队的两架直升机取水向福岛核电站三号机组注水

6. 首次征召预备役投入救灾行动

为充实救灾行动力量，防卫大臣北泽俊美于3月16日向全国发出征召陆上自卫队一般预备役和应急预备役的命令，4 月 15 日发出征召海上自卫队及航空自卫队一般预备役的命令。此次征召预备役部队，是预备役制度设立以来的首次实战动员。截至 2011 年 6 月底，共有 2700 多名预备役人员参加救灾行动，其中应急预备役有 2210 人，一般预备役 496 人。他们主要参与了为灾民提供食物饮水和洗澡等生活支援、灾区道路清障、物资运输、失踪人员搜索、为美军等国外救灾力量担任翻译等工作。虽然没有承担最为艰苦的工作，但也体现出了良好的训练素质，对预备役部队是一次难得的实战检验。

7. 陆海空部队首次组建联合任务部队

2006 年，日本成立联合参谋部，取消参谋长联席会议。从而改变了以往“防卫厅长官—军种参谋长—军种司令—军种部队”的指挥关系，由联合参谋长统一执行防卫大臣的命令，对联合任务部队或军种部队实施指挥，军种参谋长退出指挥链，其指挥关系变为：防卫大臣→联合参谋长→联合任务部队或军种部队指挥官（一般由各军区司令、联合舰队司令、航空总队司令或其他指定人员担任）。但由于军种文化差异及利益分配等原因，组建由指挥官统一指挥的真正意义上的联合任务部队迟迟未能实现。“3・11”日本大地震催生了日本自卫队首支联合任务部队。在救灾行动中，日本自卫队组建了“救灾联合任务部队”和“核救灾派遣部队”两支临时联合任务部队，分别由陆上自卫队东北军区司令和中央快反集团司令担任指挥官，首次实践了由军区司令统一指挥和协调三军联合任务部队的联合作战体制。3 月 14 日，救灾联合任务部队组建，下辖陆上救灾部队（由东北军区司令兼指挥）、海上救灾部队（由横须贺地方队司令指挥）和航空救灾部队（由航空总队司令指挥）。3 月 17 日下午，核救灾联合任务部队组建，下辖中央快速反应集团和部分海空救灾部队，主要负责核电站反应堆注水冷却任务。在联合救灾行动中，联合任务部队司令对由不同军种部队组成的救灾部队实施统一指挥和协调，各救灾部队相互配合，共同行动，较好地完成了救灾任务。通过这种实战行动,自卫队的联合作战和指挥能力得到了提升。

日本自卫队队员身穿防护服将载满淡水的美军驳船驶往福岛第一核电站

8. 及时发布信息,提升自卫队形象

灾害发生后,首相官邸、防卫省等主要救灾负责部门实时向外界发布救灾情况最新进展,官房长官、防卫大臣等频频召开发布会,首相官邸、防卫省主页也实时更新消息,通过文字、图片、视频等向国民传递自卫队抢险救灾的场面,在使国民了解灾区现场情况的同时,提升了自卫队的形象。很多日本年轻人甚至表示,将以奋勇救灾的自卫队员为榜样,入伍成为一名自卫队员。虽然在核事故处理中自卫队临阵抗命有损其形象,但总体来说,自卫队在此次救灾行动中在舆论宣传方面措施得当,效果显著,提升了自卫队在国民及世人心目中的形象。

(四)主要教训

"3·11"抗震救灾行动,一方面锻炼了部队,积累了不少经验,另一方面也暴露出一些问题。主要体现在以下几个方面。

1. 军地救灾协调机制仍待加强

尽管日本强调军政、军地协调,但此次救灾行动中仍暴露出协调不足的问题。首先,表现为政府与防卫当局关系不和谐。据日本自卫队官员透露,首相官邸在短期内多次更改救灾派遣命令,频繁上调派遣规模,不仅犯下朝令夕改的大忌,暴露出政府官员"不了解军队运用"的弱点,而且由于事先未与防卫省及自卫队方面周密协商,事实上给自卫队造成了混乱，同时也影响了日美联合行动的顺畅进行。据称，自卫队本已根据以往的灾害派遣经验制定了行动方案，但首相命令的频繁变更导致“兵力增派计划表”始终未能制成，防卫省方面被迫临时调整计划。防卫大臣北泽俊美3月13日上午宣布“1～2日内”增派至10万人，防卫省于当天夜间调整为“以1周为目标”；原定使用美军舰艇输送日本救灾部队的计划，也被迫延期数日。其次，表现为军地关系协调不足。3月14日的福岛核电站反应堆爆炸，造成陆上自卫队4名作业人员受伤，其中1人受沾染。日本自卫队对东京电力、原子能安全保安院等方面事先作出的安全保证没有兑现表示极为愤怒，以致出现救灾部队紧急撤离、担负注水任务的直升机“临阵抗命”等招致非议的举措，暴露出自卫队“自保为先”的弊端，同时也凸显出军地相关机构在救灾行动中的协调不足。

2011年3月13日，在日本北部的陆前高田市，救灾人员寻找死难者的遗体

2. 海上运输能力不足

海上自卫队在此次救灾中发挥了重要作用，但同时也暴露出历来被防卫当局高层所忽视的一个问题，即远程大规模投运人员物资的能力不足。

地震后，陆上自卫队参谋长火箱芳文下令向东北地区派出救灾部队。由于道路受损，贯穿青函隧道的 JR 津轻海峡线不通，机场也无法使用，在命令群马的第 12 旅前进的同时，决定动员北海道的部队，下令旭川的第 2 师、千岁的第 7 师、札幌的第 11 旅做好行动准备。然而陆上自卫队参谋部运输室室长源弘纪称，“运输手段只能靠船”。而海上自卫队 3 艘大型运输舰中，“下北”号正在维修中，“大隅”号赴印尼海域参加东南亚各国救灾训练，“国东”号正在从广岛的吴基地赶赴三陆海域受灾现场的途中。无奈之下，陆上自卫队参谋部运输室于 11 日夜间向新日本海运输公司和远程运输公司等 5 家民间企业提出借船请求，但能够借到的只有 1 艘船。12 日，在防卫省强烈请求下，各运输公司将所属船舶调入北海道苫小牧港，将乘客和货物卸下，再搭载自卫队员和车辆赶赴灾区，第一批出发时已是地震 30 小时后。此后的 2 周内，陆上自卫队先后使用了 40 艘次民用船舶运输增援部队。

地震发生后灾区燃料严重不足，最大的燃料补给地关东制油所受灾严重。防卫省决定使用民间船舶从北海道运输燃料。但是由于《危险物品船舶运输贮存规则》（国土交通省制定）禁止人员与燃料混载，防卫省于 14 日向首相官邸的紧急事态对策本部提出特别申请。15 日对策本部答复可以进行运载。但是，陆上自卫队参谋部运输室向 5 家公司提出申请后，同意运载燃料的只有 1 家公司，并且只同意运载轻油而不运载汽油。最终由于运力不足，14 日满载燃料的油罐车在苫小牧港待机直到 18 日才出港；汽油运输则一直到了 20 日海上自卫队的小型运输舰到达后才开始。

此次救灾行动所暴露出的运输能力不足问题，体现了海上自卫队在装备建设发展上的一个误区，即重视战斗舰艇，轻视支援舰艇，特别是具备远程投送能力的大型运输舰的建设。据海上自卫队干部称：“海上自卫队此前轻视运输舰。在同样预算条件下驱、护舰优先。”观念上的落后，造成了运输能力尤其是大型运输能力不足成为海上自卫队的一块短板。在目前一时难以解决这个问题的情况下，充分利用民用船舶将成为日本自卫队提高部队机动能力的一种方式。在2011年11月自卫队举行的“协同转地演习”中，首次使用民用大型渡轮将90式坦克等重型装甲车辆从北海道运抵九州。

3. 缺乏即时情报搜集能力

自卫队虽然不断地加强对日本周边海空域的警戒监视，但其应对突发事件时的即时情报搜集能力尚显不足。3月14日，福岛第一核电站发生第二次爆炸，自卫队为了掌握核反应堆的状况及温度变化，自茨城的百里基地调来航空自卫队侦察航空队的RF－4E侦察机。该机由F－4战斗机改装而来，虽然飞行速度快，降低了驾驶员受辐射的危险，但其机载侦察器材生产于20世纪80年代，需要按照“拍摄—降落—传送图像”的程序操作，情报延时近半天，无法满足实时传送图像的需求。在现场自卫队员面临核辐射危险的境况下，这一缺陷无疑是致命的。在自卫队依靠自身能力难以保障情报需求的情况下，正在日本实施“友人作战”的美军联合支援部队司令部下令，由美军关岛的安德森空军基地派出2架“全球鹰”无人侦察机，飞赴福岛第一核电站上空拍摄照片、测量温度，将搜集的情报经过卫星和美国国内的基地向防卫省实时提供，弥补了自卫队实时情报能力不足的缺陷。这也体现了日本在情报搜集和传输方面仍然需要依靠美国。为此，日本大力发展侦察卫星，于2011年9月和12月分别发射了“光学4号”和“雷达3号”2颗侦察卫星，使能用的在轨侦察卫星达到4颗，提升了自主情报搜集能力。

4. 核事故处理能力严重不足

核事故处理能力是自卫队又一短板。在福岛第一核电站核事故处理中，日本自卫队充分暴露出专业防护能力不足的弱点。虽然其拥有具有核防护能力的74式坦克，但在现场的中央特殊武器防护队仅对核电站周围放射性物质的数量进行测量，对现场救灾人员的衣服和通行车辆进行洗消，核电站内部作业主要由东京电力公司的职员和民间志愿者完成。海上和航空自卫队甚至对核事故毫无应对能力。例如海上自卫队干部直言，海上自卫队不具备对水中放射性物质进行测量和监控的能力。这一情形不仅受到国民的广泛质疑,甚至美军也严厉批评自卫队:“为什么什么都不做?核事故处理不能交给民间企业!”由于对自卫队核事故处理能力缺乏信心,3 月 15 日,美军发布命令,允许驻日美军家属开始自主向海外避难,17 日第一批撤离人员从东京横田驻日美军基地飞向美国西海岸。这给本就紧张的驻日美军与当地居民关系又增添了不和氛围。

5. 防卫当局借机发泄对政府的不满情绪

自卫队在此次救灾行动中整体表现良好,向国民和世人展示了其先进的装备、专业的救灾水平、训练有素的行动能力,但实际上仍有部分国民和媒体质疑自卫队在收容灾民并提供生活援助方面的表现,认为其完全有能力可以做得更好。理由在于自卫队平时经常组织救灾训练演习,并储备有大量的燃料、帐篷、生活用具等物资,拥有大型自动化的野外供餐、给水装置,具有强大的后勤补给和收容能力。例如 2010 年下半年至本次地震前夕,陆上自卫队北部方面队先后组织了地震救灾指挥所演习,并派部队参加了国家组织的 8.2 级地震引发 10 米以上海啸情况下的救灾训练,东部方面队组织了为多达 11 万人的救灾部队提供后勤补给的训练。但在这次救灾活动中,上述能力并未完全展现出来。在由于灾区燃油紧张致使车辆出动率不足的情况下,自卫队迟迟不肯动用其储备的大批燃料,一直到政府承诺尽快给自卫队补充油料的前提下,才同意把战备汽油拿出来给灾区使用。此外,防卫大臣还说服首相为自卫队追加救灾经费,3 次共为自卫队加拨了 3502 亿日元的救灾经费,同时还趁机把因公死伤的抚恤金标准提升了约 50%。这也在一定程度上反映了防卫当局内部,特别是陆上自卫队对政府缩减人员和预算的政策存在不满。近年来,日本接连压缩国防预算,编制人数占三军之首的陆上自卫队受到冲击最大,从过去的 18 万人降到目前的 14.5 万人。同时防卫预算也逐年缩减,使得各部队过去持续的一些科研与装备采购计划不得不中止或缩小规模。自卫队在此次救灾行动中拖沓的表现,也可谓是防卫当局借机发泄对政府的不满情绪,并借机彰显自己的重要性，为以后争取更多的国防预算增加筹码。

二、中国武装力量秦皇岛“4·12”森林大火扑救行动

（一）行动背景

2011年4月12日11时40分，河北省秦皇岛市抚宁县大石窟村地域突发森林大火，并迅速蔓延，过火面积达1.6万余亩。根据党中央、国务院、中央军委和胡主席决策指示，军队和武警先后出动1万余官兵、车辆223台、直升机7架、携带各类扑火装备器材6000余件（台），紧急赶赴灾区，在军地联合指挥部统一领导下，连续奋战7昼夜，取得了扑火斗争的全面胜利。

河北秦皇岛“4·12”森林大火起火点

（二）主要行动

1. 先期扑火救援阶段

火灾发生后，河北省秦皇岛军分区迅速启动应急机制，以军分区值班室为依托开设基本指挥所，不间断与秦皇岛市政府、抚宁县政府及相关职能部门沟通，及时掌握了解情况，迅速上报并通报有关驻地部队。军分区主要领导在赶赴现场的同时，指示青龙、抚宁县人武部查明火情，并组织民兵数百人配合地方专业扑火分队、驻秦皇岛武警支队、消防支队展开先期扑火救援。12日夜间，因风力加大，火势迅速向青龙县响山原始森林蔓延，形势十分严峻。20时40分，秦皇岛

军分区根据市政府请求，上报请示出动总参直属队、北京军区驻冀部队1500余人分批次连夜赶赴火场，从南北两线组织扑火救援。

救灾部队赶赴森林火场

2. 全面展开扑火救援阶段

4月13日8时，以河北省省长为总指挥、军地相关领导为副总指挥的军地联合扑火指挥部在抚宁县榆关镇成立，军队系统也迅速成立了指挥组。13日18时，陆续到达集结地域的任务部队，投入到大石窟、方家河、响山和庞各庄4个责任区域展开扑火行动。14日18时，火情基本得到控制，原13个着火区域减少为4个。15日上午，又出现山火死灰复燃、空中飘火，人与火反复拉锯作战的危急局

某部士兵在扑灭明火

面。指挥部及时调整兵力部署，命令任务部队坚持“分区布控救援，死守北部山区”的原则，采用扑灭火、除暗火、打隔离带的方法展开扑火救援行动。

3. 确保重点目标安全扑火救援阶段

4 月 16 日 7 时，风向突然变化，山火借风越过防火带，迅速向温泉堡方向蔓延。军地联合指挥部迅速果断定下决心，将原来 4 个责任区调整为南部、北部和温泉堡 3 个重点责任区。温泉堡重点责任区指挥小组按照“死守重点目标、整体控制全局、巩固扑救成果、确保决战决胜”的方针，采取重点用兵、层层布防、空地结合、立体施救的方法，投入兵力 6000 余人，从东、西、南、北和西南 5 个方向展开扑救行动。在迎火方向开辟了 4 条防火隔离带，在温泉堡周围开辟了 30 米宽的环形防火圈，并调集 40 台消防车进驻核心区域。17 日，根据有利气象条件，采取人工降雨、直升机洒水、地面扑明火、打暗火等方法，进一步控制了火势。

救援直升机在洒水

4. 巩固成果后续扑火救援阶段

4 月 18 日，指挥部根据火场比较平稳的态势，重新划分为南北两个责任区，调整兵力部署，采取“扑余火、打明火、除暗火、水浇过火区”等方法，组织部队分区、分片、分段进行网格式清理，彻底消除隐患。19 日 14 时，根据上级命令，各任务部队开始分批撤回，部分留守武警官兵、民兵预备役人员和地方力量接管各区域，继续严密监守，防止死灰复燃。

（三）主要经验和做法

1. 坚决以党中央、国务院、中央军委和胡主席重要指示精神统领思想，为完成扑火救援任务提供坚强领导和强大动力

河北秦皇岛“4・12”森林大火发生在响山原始森林地带，北连长城、祖山等秦皇岛市著名风景旅游区，南临榆关镇、温泉堡等居民聚居地，对重要目标和人民生命财产安全构成严重威胁，受到党和国家领导人的高度重视。2011 年 4 月 17 日，胡锦涛总书记、温家宝总理相继作出“确保重要目标安全、确保救灾官兵和人民群众生命安全”的重要批示。联合指挥部迅速把胡总书记和温总理的重要批示精神，传达到全体指战员和每名党员干部群众，要求广大参战军民自觉站在维护国家和人民利益的高度，对重要目标严防死守。指挥部迅速调整部署，在某重要目标周边 3 千米范围内，部署力量层层封堵、严密布控，在其周围开辟 4 条 30 余千米隔离带，与大火进行了 5 个回合的反复斗争，坚决将大火控制在隔离带之外。事实再次证明，在国家和人民利益受到严重威胁的紧要关头，只要有党中央、中央军委和胡主席的科学决策、正确指挥，人民军队就一定能够战胜各种艰难险阻。

2. 迅速启动军地联合协调指挥机制，对扑火行动实施高效顺畅的指挥

这次扑火行动，涉及军队和武警 5 个军级单位、20 余个师旅级单位、10 多个兵种专业，以及地方林业、公安、通信、气象等 20 多个部门，军地指挥协调任务非常繁重。为此，一是迅速成立军地联合、省市联动的扑火指挥机构。接到火灾报告后，省委省政府第一时间启动军地联合应急响应机制，省政府、省军区和武警河北总队主要领导赶赴灾区，抵近开设了由省长任总指挥、其他领导同志任副总指挥的河北省军地联合扑火指挥部。扑火前线指挥部，由省军区司令员、武警河北总队总队长和秦皇岛市党政领导任指挥长，同时成立了由

省军区司令员任组长、各任务部队最高领导任副组长的军队行动协调指挥组。二是建立军警民结合、一体联动的一线指挥部。为加强一线指挥,前线指挥部按照"地方党委政府负责同志统一领导、军队实施指挥控制、人民群众支前保障"的原则,分别建立了以当地县委书记、县长任指挥长,各任务部队指挥员和人武部部长任副指挥长的责任区指挥部。同时,各一线指挥部还分别建立了由地方领导任组长的装备、通信、后勤、交通保障组,使互不相识、互不隶属的各级各类力量形成军地一体、合成高效、保障有力的战斗集体。三是建立集中统一、顺畅高效的协调指挥机制。针对参战力量多元、隶属关系复杂、指挥通信手段多样等实际情况,指挥部及时把军队指挥系统、武警内卫部队指挥系统、森林武警指挥系统、公安指挥系统、地方林业指挥系统、火情侦察报知系统、气象保障系统整合起来,建立统一的指挥决策、火情报知、通信保障和后装保障体系,由省长和省军区司令员统一调遣力量、统一部署任务、统一协调行动,坚持共同研究决策、一个渠道下达命令,确保指挥决策快、指令下达快、部队行动快。

军地联合扑火指挥部研究部署扑火任务

3. 合理编组军警民救灾力量,科学组织扑火救灾行动

在扑火行动中,联合指挥部坚持科学施策,充分发挥军警民各类救灾力量的整体合力。一是科学用兵,梯队编组。联合指挥部着眼各救灾部队的特点,坚持统筹使用力量,合理区分任务。一线梯队由

省军区现役部队、森林武警、消防部队等专业力量编成，主要担负扑打明火任务；二线梯队由作战部队和武警内卫部队编成，主要负责除余火、打暗火；三线梯队由公安和民兵预备役人员编成，主要完成清理附着物、抢救疏散群众、道路保障等任务。二是空地结合，立体灭火。针对山区地形复杂、山崖陡峭、风力大、火势快、扑火力量难以攀爬靠近火点的实际，指挥部统筹使用空中和地面力量，对重要目标，使用侦察机、直升机、遥感卫星实施空中侦察，密切关注火情发展态势，精确定位火点；对地面力量难以到达的区域和火势变化较快的火点，先后组织2架侦察机、5架直升机飞行139小时，进行带水空中定位侦察100余次和洒水作业1000余吨，校正火点位置40余个。同时，及时组织地面力量打余火、除暗火，对过火区域全面洒水清理，创造了空地结合、立体灭火的典型案例。三是全面防控，重点布势。为把火灾损失降低到最低程度，联合指挥部提出了"北不过长城、南不过圆坊、西不过黄牛顶、东不过温泉堡一线"的扑火目标，从东西南北4个方向部署扑火兵力。温泉堡方向告急后，指挥部坚决贯彻胡主席指示精神，调集5架直升机、1500余名森林火警、3000人的应急专业力量和40余台消防车、20余辆推土机和挖掘机，在重要目标周围进行严密布控，有效阻止了火势向温泉堡方向蔓延。四是科学救灾，科技灭火。为精确掌握火场区域气候变化情况，联合指挥部在充分利用国家气象局信息的同时，整合省气象保障力量，在火场开设移动气象侦测站，并根据风力风向实时变化，及时制定防控预案。4月14日，根据气象预报，火场风向将由西南风转为西北风，前线指挥部果断决策，及时把方家河一线指挥部和1000余名扑火人员、50余台车辆撤离到安全地带。4月16日，前线指挥部抓住火场区域雨云聚集的有利时机，及时调集36辆增雨火箭发射车和2架运－12飞机，实施人工增雨作业，为巩固扩大战果、夺取灭火斗争胜利奠定了基础。

4. 高效组织后勤、装备和交通、科技信息动员，对扑火救灾行动实施融合式跟进保障

扑火行动中快速高效的应急专业力量和装备器材动员，得益于

省委省政府省军区认真贯彻胡主席军民融合发展思想、不断加强非战争军事行动能力建设的成果。一是超常组织装备物资动员保障。前线指挥部及时设立了与一线指挥部融为一体的装备保障组，根据火情发展态势，从秦皇岛、保定、石家庄、张家口、唐山等地紧急筹措风力灭火机1200部、油锯1600把、防护服4000套、手套8000付、大衣4000件和汽油500吨，以及大量的药品、医疗器械和发电设备，全力以赴保障灭火所需。各一线装备保障组根据部队任务需要，及时跟进发放装备器材，确保每支参战力量都有充足够用的专业灭火装备。二是快速组织后勤保障。秦皇岛军分区积极协调驻地政府搞好后勤和人力资源动员，组织30余家大型酒店、4万余名地方干部群众进行灭火行动的各项保障。省、市政府对口职能部门坚持要钱给钱、要物给物，紧急购置棉衣、棉被12000余件（套）、瓶装水10万余瓶、各种生活物资300余吨，根据各一线后勤保障组提出的需求，迅速前送到位，确保灭火官兵有御寒衣物、有防护装备、吃上可口饭菜。三是精心组织交通道路保障。为搞好道路交通保障，前线指挥部交通保障组指导县乡政府动员道路向导300余人、交警1000余人，在指挥部、任务部队、各村镇分别设立道路交通协调员，在通往火场的各个路口设立调整哨；在大型车辆不便通行的路段，组织农用三轮车300余辆，担负人员、物资、给养的运输任务，为一线扑火部队快速到位、有效灭火提供了有力保障。四是严密组织科技信息动员保障。针对山区通信信号盲区多、各救灾部队通信手段各异、指挥通信困难的实际，前线指挥部在充分利用省军区移动指挥车实施指挥的同时，紧急调集30部海事卫星电话和中国联通河北分公司6台移动通信车，在火场区域内开设了6个通信接力基站，为每个扑火分队配备了GPS全球定位仪，形成了以卫星通信为主体、以部队现有通信手段为补充的4种通信手段联合保障体系，有效提高了指挥效能。

5. 以强有力的思想政治工作，不断激发参战官兵英勇顽强的战斗精神

为激发广大官兵不怕牺牲、连续作战、英勇顽强的战斗作风和高

昂热情，各级领导和组织采取多种手段和形式加强思想政治工作。一是以上级首长指示精神感召官兵。每当党中央、国务院、中央军委、总部和北京军区首长发出新的命令指示，前线指挥部坚持第一时间组织传达学习，及时把各级首长的亲切关怀带给全体参战官兵。在抢险救灾的紧急关头，河北省省委书记亲临火场一线，传达胡主席、温总理重要指示精神，武警部队王建平司令员、北京军区黄汉标副司令员，亲临火场一线查看火情、指导救灾、慰问官兵。省军区芾福成司令员和任务部队指挥员每天都到参战官兵中询计问策，进行思想激励。二是以党员干部实际行动激励官兵。在整个扑火斗争中，指挥部注重发挥各级党团组织的思想引导和党员干部的先锋模范作用。省军区芾福成司令员即将退休，接到火情报告，连夜奔赴火场，坚守指挥岗位，白天处置情况，晚上研究火情，果断决策指挥。军地100多名县团级领导干部靠前指挥，始终坚持战斗在火场一线，对扑火行动实施了坚强有力的领导。三是以形式多样的立功创模活动鼓舞官兵。各参战力量坚持把立功创模、争先创优活动开展到火场一线，普遍召开动员誓师大会，广泛组织“火线入党”、“火线立功”等活动，200名表现突出的积极分子被吸收为预备党员。前线指挥部抓住时机大力宣传扑火救灾英雄事迹，及时用身边典型鼓舞士气、激励斗志、教育官兵，积极营造立新功、当典型的浓厚氛围。

联合扑火指挥部领导慰问扑火官兵

三、中国武装力量甬温铁路特大交通事故救援行动

2011 年 7 月 23 日 20 时 28 分，北京至福州的 D301 次列车与杭州至福州的 D3115 次列车在距温州南站约 6 千米处（下行线 K583 千米处）发生追尾事故。追尾导致 D301 次列车第 1～4 节及 D3115 次列车第 15、16 节车厢脱轨，D301 次列车第 1、2、3 节车厢坠落在约 20 米高的高架桥下，第 4 节车厢斜竖搭靠在桥上，一端坠地。事故共造成 40 人死亡，200 余人受伤。

（一）行动背景

事故发生后，胡锦涛主席、温家宝总理作出重要指示，要求各有关部门和地方务必把救人放在第一位，全力以赴组织好救援工作，同时查明原因，做好善后处理。中央政法委书记周永康等中央领导同志也作出重要批示，国务院副总理张德江、铁道部部长盛光祖、浙江省省长吕祖善等领导急赴现场指导事故救援。根据上级指示，浙江省军区、武警浙江省部队立即启动应急预案，温州军分区派出 300 名官兵和民兵预备役人员，武警温州市支队派出 150 名官兵，南京军区第 118 医院派出 30 名医疗救护人员赶赴现场实施救援。

（二）行动过程

1. 紧急部署，快速行动

7 月 23 日 21 时 10 分，温州军分区接到温州市委关于温州双屿方向发生动车脱轨事故，请求部队支援的通报后，迅速将事故情况上报。根据上级指示，温州军分区及时启动处置突发事件 I 级应急响应，依托作战值班室建立应急值班，命令某海防应急分队 70 名官兵及鹿城、瓯海两区共 130 名民兵立即出动，军分区领导率机关指挥组和应急分队 10 分钟内集结出发，克服道路泥泞、人员拥堵和照明条件差等不利因素，于 21 时 40 分赶到事故现场。22 时 15 分，军分区主要领导抵达事故现场，并与市指挥小组建立联系，在事故现场开设紧急救援指挥所，设立现场救援组、群众工作组、协调联络组、安全警戒组、清障组等 5 个小组，组织各种应急救援行动。军区第 118 医院

作为温州市唯一的部队医院，得到事故发生的消息后，“一班人”迅速赶到党委会议室召开碰头会，进一步了解核实情况，研究明确初步措施，决定一边向分部请示报告，一边迅速做好有关准备工作。医院迅速成立事故救援领导小组和由专家救治、特别护理、心理疏导、后勤保障、对外联络等6个小组组成的专家和医疗救治小组。在接到南京军区指示后，21时许由院长带领救援小队和1辆救护车立即赶赴事故现场，成立现场指挥部，靠前掌握情况，实时指导抢救。

2. 科学组织，有效救治

救援过程中，温州军分区前进指挥组把所属救援力量分为搜救、警戒、清障、联络等组，分工组织行动。救援官兵采取话筒喊话、敲打车体、进入车厢搜索、担架抢运伤员等方式对受困人员进行全面搜寻和救援，鹿城和瓯海民兵应急分队在现场外围设置警戒线并维护秩序，确保救援通道畅通。截至24日2时20分，共搜寻并抢救出17名受伤旅客，协助转移疏散旅客100多人。武警温州消防支队接警后，迅速调集5个消防中队、11辆消防车和百余名消防官兵前往现场救援，截至24日9时40分，共救出19名群众，其中13人脱离生命危险。在事故现场，医疗救护分小组展开，仔细搜索每一个角落，寻找生命迹象，先后抢救出伤员5名。与此同时，临床部迅速开通绿色通道，在最短时间内完成所有伤员的伤检分类、抗休克和消创等早期处置，使伤员在第一时间得到快速有效救治。

3. 主动服务，全程保障

7月24日，温州军分区领导率50名救援官兵，继续在现场参加救援行动，主要负责维护现场秩序和铁道部工程抢修指挥所保障。当日上午，当得知温州各医院临床用血紧张的情况后，又组织60名官兵前往温州市中心血站献血，献血量近2万毫升。为保证后续救援工作，军分区还与市卫生局建立了应急供血联系制度，一旦出现血液紧张，将第一时间组织部队和民兵预备役人员献血。25日，军分区组织心理服务队，深入医院对受伤旅客进行心理疏导。同时，还成立了寻找亲友、慰问伤员等多支服务队到旅客安置点和伤员救治医院进行便民服务。

7 月 24 日凌晨，在其他医疗单位相继撤离后，军区第 118 医院按照分部首长指示，作为唯一的医疗队在现场开设医疗救护点，继续保障搜救工作。下午 17 时 30 分，在最后一节列车残骸中又发现一名 2 岁多的幸存者——小女孩项炜伊。医疗救援队 9 名同志迅速出动，带上担架和急救器材爬上高架桥，现场进行急救，为军队医院争得了荣誉。对此，温州市政府秘书长、工会主席感慨地说:“这次救援，如果没有第 118 医院坚持到最后，后果和影响不可想象。”伤员入院后，临床部指定经验丰富的专科医生负责，制定个性化治疗方案，做到 1 个医疗组负责 1 名伤病员。及时抽调 12 名护士加强到骨科、外科，对所有伤员实施 24 小时特护。每天两次组织医务人员大交班，对伤员病情逐个过，对危重病人组织专家集体会诊。针对伤员不同程度出现的心理障碍，医院及时进行心理疏导，帮助他们消除恐惧心理，增强信心和希望。院领导坚持每天去病房看望伤员，并送去鲜花、水果和月饼。医护人员还在每名伤员的病床上挂了充满爱心的吉祥卡，鼓励他们勇敢面对病痛、战胜困难。由于救治得力，入院伤员全部得到有效救治。

（三）主要做法

1. 加强战备建设，提高快速反应能力

战备水平是部队整体素质的综合反映，是部队战斗力的主要标志。近几年，军区部队按照“平时能应急、战时能应战”的要求，从完善方案、改善装备、强化训练入手，加大部队快速出动能力建设，确保一旦有事，能够快速反应，稳妥处置。在这次救援中，海防分队和民兵应急分队迅即行动，以灾情为命令，视时间为生命，快速反应、快速机动、快速展开，为夺取救援行动胜利奠定了坚实基础。23 日 21 时 10 分，根据军区指示，温州军分区立即启动应急机制，成立前指，由军分区主要领导带领指挥组人员，边开进、边报告、边下达任务、边组织协同，一切工作都在“动”中进行，一切准备都在“动”中完成，千方百计在最短的时间内把部队带到位，及早投入救援；海防营第一批

70名救援人员在30分钟内到达事故现场，迅速展开救援；鹿城、瓯海民兵应急分队共130名民兵45分钟内全部在现场集结完毕，维护现场秩序。第118医院快速启动《突发公共卫生事件批量伤员救治预案》，按照战时紧急收治伤病员的要求，迅速收拢人员、腾空床位，在不到30分钟时间内，4辆急救车、30名医疗救护应急分队人员全部集合到位，为救援行动争取了主动，为救人赢得了宝贵时间。

2. 加强统筹协调，实施果断决策指挥

这次救援行动时间紧迫、力量多元、隶属关系复杂，如果没有权威高效的组织指挥，不但行动难以统一，资源难以整合，优势难以发挥，客观上还可能产生矛盾，造成内耗。事发后，南京军区首长多次来电指示，为组织救援行动指挥提供了正确指导。温州军分区按照南京军区、浙江省军区的命令指示，迅速在现地开设军地应急救援联合指挥部，统一协调、组织和指挥军地救援力量行动，及时掌握地方政府用兵需求，统筹协调辖区预备役团、第118医院等驻军救援力量，按职能、分类别遂行救援任务，确保联合救援有力、有序、有效进行，使整个救援行动达到预期效果。

3. 加强力量整合，坚持合理用兵

这次铁路交通事故是中国动车运行以来出现的首次重大事故，脱轨坠毁车厢多、人员伤亡大，给民众造成了心理安全顾虑。在救援中，周边环境差，军地派遣13支救援队、1600余人云集现场。为使各类专业队伍快速到位，快速展开，南京军区救援部队注意通盘考虑，整合优势，联合用兵。温州军分区将海防营应急力量和武警消防人员编成搜索组、挖掘组、担架组，通过合理、专长互补的编组和联合工作的方式，对坠落在高架桥下的4节车厢反复进行“拉网式”搜救，以最快的速度解救受伤群众；民兵、预备役部队和公安、武警担负外围警戒、疏导任务，开辟“生命通道”，确保伤员在抢救“黄金期”内送医院救治；第118医院和市救护分队分组跟进，随机抢救伤员。在整个救援行动过程中，海防分队、民兵预备役部队、武警消防和军、地卫生部门等专业力量，既有分工，又有密切协作，为完成救援任务发挥了重要作用。

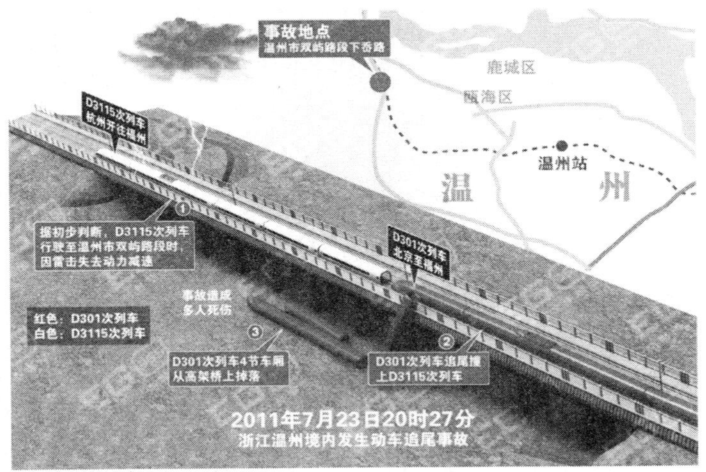

中国甬温线铁路特大动车追尾事故示意图

四、泰国军队抗洪抢险行动

（一）行动背景

2011 年 7 ~ 12 月，泰国中部、北部和东北部持续出现大范围降水，引发洪水、泥石流、山体滑坡等灾害。泰内政部防灾减灾厅确认，截至 12 月 31 日，这场泰国近半个世纪以来最严重的洪水灾害造成 800 多人死亡，3 人失踪，526 万余人受灾，全国 77 个府中有 65 个发大水，成

2011 年 10 月 20 日，泰国首都曼谷大批民众撤离

千上万民众住家和田地淹没，多座大型工业园区被迫关闭，扰乱了全球的产品供应链。世界银行预计，此次洪灾造成泰国直接经济损失达211.1亿美元，经济增长率也从预期的3.6%下滑至2.4%。

（二）主要行动

洪水灾害发生后，泰国陆海空三军均投入了救灾行动。军队的主要救灾任务包括：运送救灾物资；为受灾人员建造临时住所；帮助医护人员治疗病人；帮助维持交通秩序；提供军车运送灾民；为受灾民众提供基本生活设施保障等。

救灾过程中，泰国军方有计划地展开抢险救援行动。主要包括：第一步，部署部队和装备，遏止和疏导水流，防止洪水蔓延；第二步，确保所有必要生活设施正常运行，如电力、自来水、公共交通等；第三步，协助政府疏散受灾群众；第四步，洪水退去后，协助开展重建行动。

泰国军队实施抢险救灾现场

此次救灾中，泰国军方共派出5万名军人、1000辆卡车和1000艘小艇参与首都曼谷和周边地区的救灾。后来，泰国陆军又为救灾投入了更多资源，包括178辆卡车、18辆推土机、20辆运水车、5个野战厨房和12辆拖车。泰国海军派出了2510艘驳船、10艘货船和其他许多小艇。泰国空军出动3架飞机执行与救灾相关的飞行任务。泰国军队还组建了8个医疗小分队和8个咨询小组为受灾民众提供服务。

泰国皇家武装部队参与救灾行动，赢得了泰国民众的赞誉。泰国军方还特意打出“泰国皇家军队帮助人民”等标语以示亲民之态。可以说,泰国军队借救灾在一定程度上扭转了因政变及镇压示威活动而在泰国民众中受损的形象,泰国政府与军队的紧张关系也得到缓解。据曼谷大学研究分析中心2011年11月22~24日所作的一项关于“洪水灾情总结和各机构职责”的调查显示,泰国民众最满意的救灾机构为军队,98.3%的受访者表示非常满意军队参与的此次救灾工作。

(三)主要经验

1.救灾体制高效

从国家层面,由泰国总理领导的国家防灾减灾委员会和内政部是救灾领导机构,军队应地方当局的要求在制定责任区提供支援。

泰国军队实施抢险救灾现场

泰国皇家武装部队最高司令部和陆海空三军设有救灾中心,负责防灾、救灾及援助受灾人员。最高司令部救灾中心作为中心机构,监督、协调、指挥和引导泰国皇家陆海空三军和武装力量发展指挥部的救灾中心的工作。为了预防事故、灾害和帮助受灾人员,它也是和民间政府机构和非政府组织协调的中心。最高司令是救灾中心的总指挥。最高司令部组织领导泰国皇家陆海空三军和武装力量发展指挥部救灾中心的行动。

2.三军联动,紧急救灾

灾情出现后,泰国军方均投入大量人力参加救灾,在各地建立临时避难点。随着灾情的不断恶化,泰军警投入救灾的兵力也在不断增加。泰国国防部按照政府命令制定了4级救灾部署,其中包括增派5万名野战兵参与救灾,增派1000艘救灾小艇、1000辆运输车,并在曼谷100所学校设立临时避难所。泰国陆军调派军队协助曼谷市、佛统府、巴吞他尼府等6个地区的救灾工作,24小时监护湄南河防洪堤坝的安全，出动大型机械设备对防洪堤坝进行加固增高。泰国国防部还派遣流动医疗队协同地方医疗机构在重灾区开展医疗救灾和伤病员安置工作；海军出动“却克里”号航母运送救灾人员和物资；空军出动 C－130 运输机将曼谷洪灾危险区内重症病人转移至春武里府和尖竹汶府的医院；陆军调派多支部队加高加固曼谷湄南河沿岸薄弱的防洪设施，陆军后勤部准备充足的食物以备食物短缺之需。此外，泰军设立赈灾行动指挥中心以调动各级部队参与洪灾救灾并进行监测水文情况、灾民转移安置、紧急物资运送等工作。

泰国军队实施抢险救灾现场

3. 确保重点目标安全

2011 年 9 月 4 日，泰国总理英拉召开 37 个部门负责人参加的联合救灾工作会议，要求上述部门与水灾灾情严重的 9 府行政机构负责人尽快对灾区民众展开救助。英拉强调，即使预算有限也不能影响到整个救灾工作的正常进行，各部门应利用现有的资源展开救灾工作，政府将会尽快处理救灾预算不足的问题，并尽快落实向灾民发放救济金和农作物损失补偿。应泰总理英拉的要求，泰军积极会同地方警察共同保护泰国王宫、泰国国王住院治疗的诗里叻医院等重点要害部位，并且在重点区域设防以防止连续爆炸事件等恐怖袭击冲击国内政局。泰陆军驻曼谷地区与暖武里府的救灾部队除执行抗洪救灾任务外，按照陆军司令巴育上将的命令共同负责维护曼谷市的交通状况及物资运输。此外，泰军因洪灾险情形势暂时关闭曼谷廊曼机场，还安排 40 个连队的官兵 24 小时待命随时准备进入曼谷参与各项行动。

五、其他抢险救灾行动

(一)中国武装力量的抢险救灾行动

2011年3月10日,云南德宏州盈江县发生5.8级地震,受灾人口30万,死亡25人,损毁房屋13万间,经济损失近27亿元。灾情发生后,国家减灾委、民政部紧急启动国家四级救灾应急响应,云南省民政、地震、建设、财政、教育、卫生、交通等相关部门人员紧急赶赴灾区,驻滇解放军、武警部队和民兵预备役人员共2000余人投入抗震救灾。经过历时7天的紧张抢险,灾区基础设施迅速恢复,受灾群众得到妥善安置,基本生活全面实现保障。

2011年3月10日,中国军队在德宏州盈江县展开抗震救灾行动

8月4日,第9号台风"梅花"进入中国东部近海,沿浙沪苏沿海一路北上。南京军区在组织部队做好自身防范的同时,启动抗击台风"梅花"II级响应,实行双人全时坐班,编印《防台风手册》;与地方政府开设联合指挥部,召开军地联席会议,并于距长江出海口6千米处开设一线指挥所,指挥部署防抗工作;迅速组织力量展开防抗行动,同时预置部队于受灾地区,随时准备支援一线,民兵预备役应急分队集中居住,全时待命。8月31日,第11号台风"南玛都"在福建晋江沿海登陆。驻当地部队与地方防汛、气象、水利等部门建立24小时热线联系,跟踪掌握台风最新动向,组织应急力量和装备及时处置各种情况,积极支援地方防台抗台。两次防台期间,共出动部队官

兵500余人、民兵预备役2万余人,协助地方转移群众10万余人、渔船2500余艘,加固海堤4.7千米。

6月13日~19日,苏浙皖赣大部、福建西北部普降中到大雨,局部地区暴雨至特大暴雨,部分地区暴发内涝、泥石流和山体滑坡。浙皖赣3省18个地区123个县(市)781万人受灾。南京军区部队迅即启动应急响应,组织应急力量在第一时间收拢集结,协助地方展开抢险救灾行动。其间,共出动部队官兵2000人、民兵预备役2万余人次,动用冲锋舟170多艘,解救、转移群众12万余人,封堵管涌351个、小决口11处34米,加固堤坝32千米,出色完成抢险救灾任务。

2010年末~2011年初,苏、皖北部地区连续数月无有效降水,旱情不断升级。江苏和安徽省军区积极响应地方党委政府号召,主动协调各方力量,于2011年2月6日~9日,组织部队和民兵预备役2万余人,携带抗旱器材,分赴抗旱一线,深入田间地头,打井修渠、抽水灌田,全力支援地方进行抗旱保苗工作,有效缓解了当地旱情。

(二)美国武装力量抢险救灾行动

2011年2月1日,美国30多个州遭受暴风雪袭击,引发交通混乱,电力中断,全国1/3人口受到影响。美国联邦政府紧急措施署向13个州紧急派遣工作小组,协调救灾事宜,并将国民警卫队投入救灾。

美国30多个州遭受暴风雪袭击,图为居民展开自救

4月27日,美国东南部地区9个州遭到龙卷风与强风暴袭击,

截至30日已造成350人死亡,1万多幢房屋被摧毁。遭受龙卷风袭击后,美国南部各州随即宣布进入紧急状态,动员数万名国民警卫队队员参与搜救和善后工作。仅亚拉巴马州就有2000多名国民警卫队队员在第一时间参与救灾。

8月,美洲多国遭受飓风“艾琳”袭击,其中美国受灾最为严重,纽约、费城、波士顿、巴尔的摩和华盛顿等重要城市均受灾,死亡43人,经济损失超过73亿美元。为应对“艾琳”飓风,美国各地在事前进行了周密的防灾准备。东海岸各州宣布进入紧急状态或发布飓风预警,沿岸公共设施、能源设施、交通设施等预先开始应对工作,沿岸居民也储备了应急物资,美国军方下令10万多名海岸警卫队成员、18架军用直升机和225辆卡车紧急待命。美国总统奥巴马在发生飓风灾害当天前往联邦紧急措施署,听取联邦应急救灾部门有关“艾琳”的最新灾害报告。美国国防部长帕内塔当日下令6500名现役军人做好准备,随时准备参与紧急救灾行动。

(三)印度陆军部队锡金邦地区抗震救灾行动

2011年9月18日,印度东北部锡金邦发生里氏6.8级地震,并波及邻近的尼泊尔、不丹和中国西藏自治区,导致喜马拉雅地区4个国家至少110人死亡。灾害发生后,印度陆军根据总理命令,向东部灾区派出混合特种分队,携带生命探测仪、热成像仪等便携式搜索与救灾装备,协助工兵部队使用挖掘机、推土机等大型作业器械实施救灾。

2011年9月18日,印度北部锡金邦发生里氏6.8级地震,图为救灾现场

（四）土耳其军队东部地区抗震救灾行动

2011 年 10 月 23 日，土耳其东部发生里氏 7.2 级地震，造成 582 人死亡、2608 人受伤，2262 栋房屋倒塌，60 万人口受到影响。土政府在短时间内调集来自全国 40 多个省份的物资，组织动员包括国家灾害和紧急事务管理局、非政府组织以及红新月会等各方力量，迅速展开大规模的抢险搜救工作。土耳其全国有 38 个省出动 1275 个地震救灾小组前往灾区开展营救，土军也派出 6 个营的兵力前往地震灾区援助救灾工作。10 月 29 日，土政府宣布灾区电力、燃气、自来水供应基本恢复，通信网络畅通。

2011 年 10 月 23 日 13 时 41 分，土耳其东部发生里氏 7.2 级地震，图为地震现场

（五）菲律宾军队棉兰老岛地区抗洪救灾行动

2011 年 12 月，热带风暴“天鹰”登陆菲律宾南部棉兰老岛地区，引发严重洪灾，造成 1249 人死亡、1000 多人失踪、40 多万人流离失所。菲律宾宣布全国进入“灾难状态”，总统阿基诺三世亲自到灾区指导救灾工作，当地卫生部门紧急向灾区运送了食品、饮用水和药物等物资。菲军方向灾区派遣 2 万名军人以及大量军用卡车、船只及直升机参加救灾行动。

（六）巴西军队东南部地区抗洪救灾行动

2011 年 1 月 11 日，巴西东南部地区发生有史以来最严重的洪灾和泥石流，造成 1350 人死亡，1.4 万多人失去家园。灾难发生后，巴西政府迅速开展救灾，派遣军队与当地救灾队共同展开救灾，并出动直升机运送饮用水和食品。

(七)智力军队孔斯蒂图西翁抗震救灾行动

2011 年 2 月 11 日，智利比奥比奥近海发生里氏 6.8 级地震，智利政府宣布在重灾区孔斯蒂图西翁实行军事管制，由军队对受灾地区进行人道主义救灾工作。

2011 年 2 月 11 日，智利比奥比奥近海发生里氏 6.8 级地震，图为地震中倒毁的建筑物

(八)联合国维和力量海地抗洪救灾行动

2011 年 8 月 4 日，受不断逼近的热带风暴“埃米莉”影响，海地发生严重洪灾，联合国海地稳定特派团 8500 名军人和 3000 多名联合国警察在首都太子港等地区投入抢险。

海地民众在遭受洪水袭击的地区

（九）南非军队抗洪救灾行动

2011年1月初，南非全国大部分地区遭遇洪水灾害，至少造成40人死亡，累计损失超过2.84亿美元。南非政府宣布全国7个省和28个自治市进入灾害状态，并组成一个包括财政部、社会发展部、劳工部等14个政府部门在内的工作组应对洪灾，将人道主义救援、基础设施修复和升级、减少农业损失等作为优先任务。南非军队出动运输机空投救灾物品。

（十）澳大利亚军队昆士兰州等地抗洪救灾行动

2011年1月份，澳大利亚昆士兰州等地遭受严重水灾，全州的3/4成为洪水灾区，至少70个城镇和20多万人受到灾害影响。洪水共造成35人死亡、9人失踪，澳大利亚生产总值损失300亿澳元。澳大利亚政府向昆士兰州派遣1200多名国防军士兵参加当地的抢险救灾行动，这也是该国在1974年飓风灾害以来最大的一次军力部署。

澳大利亚昆士兰州等地遭受严重水灾

（十一）新西兰军队克赖斯特彻奇抗震救灾行动

新西兰克赖斯特彻奇地震损失惨重

2011年2月22日，新西兰第二大城市克赖斯特彻奇发生里氏

6.3 级强烈地震,造成145 人死亡、超过200 人失踪,经济损失250 亿美元。地震发生后,新西兰政府紧急出动专业救援人员、警方和军队火速投入抗震救灾行动,澳大利亚、中国、英国和美国等国也向新西兰灾区派遣紧急救援队,协助该国进行救灾。

第四节　法规建设

随着自然灾害和事故灾难的不断增多,各国政府和军队越来越重视处置自然灾害和事故灾难的立法工作,特别是过去一个时期以来,世界很多国家和军队出台了大量的相关法规。为方便读者把握其法规建设的历史脉络,本年鉴一并对过去和2011 年的相关法规作一介绍。

一、各国出台应对自然灾害和事故灾难的法律法规

在中国,党和国家政府一直非常重视应对自然灾害和事故灾难的法规建设。2007 年8 月30 日,第十届全国人民代表大会常务委员会第二十九次会议通过了《中华人民共和国突发事件应对法》,该法明确了应急管理主体、原则、体制、机制、程序、责任等内容,全面、系统地规范了突发事件预防与应急准备、监测与预警、应急处置与救援、事后恢复与重建等应对活动。对于规范突发事件应对活动,增强突发事件应对能力,预防和减少突发事件的发生,控制、减轻和消除事件造成的严重危害,保障人民群众生命财产安全与社会和谐稳定,具有重要意义。同时,针对不同的自然灾害制定了多种专项法规,颁布了《中华人民共和国防洪法》、《中华人民共和国防汛条例》、《中华人民共和国河道管理条例》、《中华人民共和国防震减灾法》、《中华人民共和国安全生产法》等法律法规,对应对自然灾害,规范应急管理和应急响应程序,及时有效地实施应急救援,最大限度地减少人员伤亡、财产损失,维护人民群众的生命安全和社会稳定,确立了法规保障。

在美国，早在1950年，就出台了《联邦灾害救援法》；1968年又颁发了《国家洪水保险法》；1974年国会通过迄今最重要的框架性法律《灾害救助和紧急援助法》，该法规定了重大自然灾害发生时的救助原则，以及联邦政府在灾害发生时对州政府和地方政府的支持方式等。同时，一些专项救灾法也不断出台，如《联邦火灾预防与控制法》、《地震救灾法》、《国家地震灾害减轻计划法》、《全国紧急状态法》、《美国联邦反应计划》和《可持续减灾计划》等，对灾害预警、灾前方案和灾后恢复、救济和安置等问题进行比较全面系统的规范。

在日本，受地质和气候条件的影响，地震、台风、火山爆发、洪水等自然灾害频发。20世纪60年代后，日本进入了经济高速发展期，煤矿、化工厂爆炸等工业生产事故，铁路、航空等交通事故频繁发生，造成了大量人员的伤亡。为有效应对和处理事故灾害，日本政府颁布了《灾难救援法》、《灾害对策基本法》、《消防法》、《洪水防御法》、《泥石流防御法》、《关于防止海洋污染以及海上灾难的法律》、《大规模地震对策特别措施法》、《核能灾害对策特别措施法》、《东南海、南海地震灾害对策特别措置法》等50余部法律，对灾难的应对措施及灾后的重建等内容都作了详细的规定。

2011年"3·11"大地震后，日本又很快制定了《东日本大震灾复兴对策基本法》，提出了灾区重建援建工作的基本方针，并通过立法在内阁设置了新的机构——复兴厅，专门负责指导、协调、支持灾区重建工作。制定了《东日本大震灾复兴特别区域法》，对灾区重建所涉及的土地利用、生产经营、公共设施建设、资金投入、税收等方面问题作出了详细而具体的特别规定。12月6日，日本内阁通过了《复兴厅设置法》。该法规定，复兴厅设置在内阁之下，主要任务是协助内阁进行东日本大震灾和核事故后灾区重建方面的工作。主要包括：(1)制定和调整有关灾区重建的国家政策，包括起草制定基本方针等、综合调整各省所制定的重建政策及提出建议、调整有关灾区重建的预算等；(2)对各地方公共团体进行一元化指导和支持，包括对受灾自治体制定重建计划提出建议、界定重建特别区域、分配政府资金和重建调整费用、推进国家级项目的实施及对县市町村级项目提供支持等。此外,还设立岩手复兴局、宫城复兴局、福岛复兴局,分别管辖三县行政范围内的全部或部分重建工作。

二、各国军队出台抢险救灾和处置事故灾难的法规

中国,2005 年 7 月 1 日,由国务院、中央军事委员会颁布了《军队参加抢险救灾条例》,该法明确了军队和地方在抢险救灾中的权利和义务,规范了军队参加抢险救灾时与地方人民政府的工作协调关系,使军队参加抢险救灾有法可依、依法救灾。该条例规定,军队参加抢险救灾主要担负下列任务:解救、转移或者疏散受困人员;保护重要目标安全;抢救、运送重要物资;参加道路(桥梁、隧道)抢修、海上搜救、核生化救援、疫情控制、医疗救护等专业抢险;排除或者控制其他危重险情、灾情。必要时,军队可以协助地方人民政府开展灾后重建等工作。条例还指出:国务院组织的抢险救灾需要军队参加的,由国务院有关主管部门向总参谋部提出,总参谋部按照国务院、中央军事委员会的有关规定办理。县级以上地方人民政府组织的抢险救灾需要军队参加的,由县级以上地方人民政府向当地同级军事机关提出,当地同级军事机关按照国务院、中央军事委员会的有关规定办理。在险情、灾情紧急的情况下,地方人民政府可以直接向驻地部队提出救助请求,驻地部队应当按照规定立即实施救助,并向上级报告;驻地部队发现紧急险情、灾情也应当按照规定立即实施救助,并向上级报告。县级以上地方人民政府组建的抢险救灾指挥机构,应当有当地同级军事机关的负责人参加;当地有驻地部队的,还应当有驻地部队的负责人参加。军队参加抢险救灾应当在人民政府的统一领导下进行,具体任务由抢险救灾指挥机构赋予,部队的抢险救灾行动由军队负责指挥。县级以上地方人民政府应当向当地军事机关及时通报有关险情、灾情的信息。在经常发生险情、灾情的地方,县级以上地方人民政府应当组织军地双方进行实地勘察和抢险救灾演习、训练。省军区(卫戍区、警备区)、军分区(警备区)、县(市、市辖

区）人民武装部应当及时掌握当地有关险情、灾情信息，办理当地人民政府提出的军队参加抢险救灾事宜，做好人民政府与执行抢险救灾任务的部队之间的协调工作。有关军事机关应当制定参加抢险救灾预案，组织部队开展必要的抢险救灾训练。军队参加抢险救灾时，当地人民政府应当提供必要的装备、物资、器材等保障，派出专业技术人员指导部队的抢险救灾行动；铁路、交通、民航、公安、电信、邮政、金融等部门和机构，应当为执行抢险救灾任务的部队提供优先、便捷的服务。军队执行抢险救灾任务所需要的燃油，由执行抢险救灾任务的部队和当地人民政府共同组织保障。军队参加抢险救灾需要动用作战储备物资和装备器材的，必须按照规定报经批准。对消耗的部队携行装备器材和作战储备物资、装备器材，应当及时补充。灾害发生地人民政府应当协助执行抢险救灾任务的部队做好饮食、住宿、供水、供电、供暖、医疗和卫生防病等必需的保障工作。地方人民政府与执行抢险救灾任务的部队应当互相通报疫情，共同做好卫生防疫工作。军队参加国务院组织的抢险救灾所耗费用由中央财政负担。军队参加地方人民政府组织的抢险救灾所耗费用由地方财政负担。

2009 年 11 月，总参谋部军训和兵种部组织出版发行了非战争军事行动系列教材，其中《抢险救灾行动》明确了军队遂行抢险救灾的主要任务，规范了抢险救灾的行动原则，组织指挥、各种保障、向灾区机动，以及抗洪抢险、抗震救灾、灭火救援等行动的特点和行动方法。此外，为保障军队圆满完成抢险救灾和处置事故灾难的任务，军队各级机关和部队都制定了处置突发事件的应急预案，并抓好方案的落实。

美国，军队有关法规规定，救灾工作不属于军队的职责，但《灾害救助和紧急援助法》第 35 条第 3 款规定：依照本法，当某个州发生重大事故，该州州长可以请求总统命令国防部长动用国防资源执行必要的拯救生命和保护财产的紧急任务。如果总统认为这个任务对于保护生命财产有必要，那么应当在其可行范围内答应州长的请求。

执行这样的紧急任务不能超过10天。该条包含了以下内容:一是如果州长不请求,联邦军队不得直接介入各州非军事领域执行任务;二是紧急事故中,联邦军队介入限于保护生命财产安全,维护社会秩序;三是总统在调动军队方面的权限也是受到限制的,只能在其允许范围行事,重大调动得由国会通过;四是联邦军队紧急介入救灾只能在短时期内执行相关任务。国防部颁发的《对地方政府的军事支援办法》中明确规定了美军参与抢险救灾的条件和具体行动类型。另外,美国国会还颁布了《对外灾害援助法》,就军队参与海外救援进行了详细规范。

日本,自卫队参与防灾救灾的法规体系比较完善。防卫省(厅)和自卫队制定了《自卫队法》、《防卫省防灾业务计划》、《关于自卫队救灾派遣的训令》、《关于自卫队地震救灾的训令》、《自卫队救灾业务指南》和《自卫队手册》等法规规章,详细规范了自卫队参与抢险救灾的派遣程序、主要任务和行动方法等。在国际救援方面,日本还制定了《国际紧急救援队派遣法》。

英国,2004年,专门颁布了《非战争应急法案》,以保证军队在非战争军事行动中不违反法律,不发生不必要的侵害公民合法权利的情况。军事部门主要提供直接或间接的营救与支援行动,特别是大规模突发事件或影响较大的紧急事态中的应急增援行动。

德国,2008年10月修改了《基本法》的35条,保障了军队在紧急情况下参与国内行动时有法可依。

印度,国家宪法中把军事化救援作为一项重要职能,依托《灾难管理法》,明确赋予军队人道主义援助和灾害管理的任务,规定可以根据灾害管理的需要,建立灾害管理快速反应部队。

第五节 历史回顾

军队参加抢险救灾的历史久远,可以说,世界大多数国家的军队自建立之日起,就担负着参与社会抢险救灾的任务。

中国是世界上自然灾害和公共安全事故发生频率较高、灾害种类较多、受灾影响较大的国家之一。新中国成立以来，中国人民解放军、武警部队、民兵和预备役部队在党和政府的领导下，积极参加抢险救灾行动。据不完全统计，武装力量参加抢险救灾行动已达41万余次，累计动用兵力约2000万人次、飞机10万余架次，为保卫国家经济建设成果和人民生命财产安全作出了巨大贡献。主要包括以下重大抢险救灾行动：

1963年8月，华北地区特大洪灾中被洪水冲毁的京广铁路

1963年8月，华北地区暴发特大洪水，受灾人口达2200万，倒塌房屋1200多万间，1000多万人失去住所，5600人死亡。灾情发生后，海陆空三军共出动官兵11.5万人，飞机69架，舰船766艘，各类车辆788台，历时45天圆满完成加固加高堤坝、抢救遇险群众、扒口泄洪等急难险重任务，战胜洪峰3次，抢险43次，抢救群众9.4万人，装填草袋54万余个，空投食品、药品4480吨，打捞和抢运粮食1.9万吨，其他物资30万吨。

1966年3月8日和22日，邢台地区东部分别发生6.7级和7.2级强烈地震，共造成8000多人死亡，近4万人受伤，受灾人口达560万。地震发生后，部队紧急出动，两次累计达4万余人，出动各种飞机360余架次。经过27个昼夜连续作战，抢救重伤员5300多人，转运伤员6370多人，挖出粮食176.5万公斤，棉花15万公斤，帮助灾民搭建防震棚55.2万余个等。

邢台地震现场

震后的唐山市路南区

赴唐山地震救灾途中的中国海军某部

1976 年7 月，唐山发生7.8 级强烈地震，造成死亡24.4 万余人，重伤16.4万余人,经济损失达50多亿元。灾情发生后,陆海空三军紧急出动14万余人,飞机2478架次,各种车辆7100多台,共抢救被埋压群众1.6万余人,危重伤员4.4万余人,协助地方向全国各地转移伤员9.3万余人。同时,积极协助地方政府开展震后建设、恢复灾后生产生活等工作。

1987年5月,大兴安岭发生特大火灾,造成过火面积达101万公顷,烧毁贮木场存材85万立方米、各种设备2400多台,受灾群众达5.6万人,死亡近200人,受伤200多人。灾情发生后,沈阳军区和空军部队迅速调集兵力投入扑火救灾行动,出动总兵力达3.5万余人,各种车辆800多台,飞机700多架次。历时28个昼夜,扑灭500米以上火点1700余处,开辟防火隔离带800多千米,抢救疏散群众1万余人。

军队官兵在大兴安岭火灾现场灭火

1998年7~9月份,中国大部分省份连降大到暴雨造成严重洪涝灾害,3000多千米长江干流、洞庭湖区和近2000千米的嫩江、松花江堤防险情不断,江河湖水位之高,持续时间之长,受洪水影响地区之广和灾情之严重,都为历史罕见。面对灾情,陆军、海军、空军和第二炮兵、武警部队,相继出动36.24万余人,组织民兵预备役部队500多万人,出动各种车辆56.67万台次、舰艇3.23万艘次,运输机和直升机2200多架次,先后组织了坚守荆江大堤、保卫武汉三镇、抢堵九江决口和保卫大庆油田、阻截哈尔滨漫堤等重大会战，共转移群众305.3万人，加固堤坝、修筑河堤1.08万余千米，抢运物资1315.5万吨，排除险情1.4万多处，夺取了抗洪抢险的全面胜利。

军队官兵封堵决堤现场

2003年年初，中国20多个省市和地区先后暴发“非典”疫情。全军成立了SARS防治工作领导小组，从全军和武警部队114所医院先后紧急抽调1383名医护工作人员，组建小汤山非典专科医院，至6月20日上午最后18名患者康复出院，在历时51天里小汤山医院先后收治非典患者680人，治愈率98.8%，死亡率创世界最低，医护人员实现零感染，为北京乃至全国防治“非典”斗争作出了卓越贡献。

军队官兵在2008年冰雪灾害中用推土机清除路上积雪

2008年年初，中国南方10多个省份遭受冰雪灾害，给当地群众生产和生活带来严重影响。面对突如其来的冰雪灾害,部队第一时间紧急动员,四总部联合组成3个工作组紧急赶赴南方受灾地区,指导救灾工作。截至2月11日,先后出动兵力64.3万人次、民兵预备役人员186.7万人次;南京、广州、成都、济南军区和海军、第二炮兵、武警部队,以及总部直属部队动用各类车辆、机械近10万台,空军和陆航部队紧急出动各类飞机和直升机41架,飞行166架次,圆满完成抗击冰雪灾害任务。

2011年5月14日,军队官兵在四川省绵竹市九龙镇进行搜救工作

2008年5月12日,四川汶川发生里氏8级强烈地震,波及16个省区市,417个县、4624个乡(镇),46574个村庄受灾,灾区总面积达44万平方千米、受灾人口4561万人。截至9月25日,已确认69277人遇难,17923人失踪,373643人受伤,地震造成直接经济损失8451亿元。面对特大地震灾害,中央军委成立军队抗震救灾指挥组,先后出动20多个军级单位、90多个师旅级单位、380多个团级单位,覆盖全军所有大单位,总兵力近20万人。其中军队11万多人、武警2万多人、民兵预备役部队5万多人。截至6月27日,共搜救被掩埋群众2.7万余人,其中生还者3336人,转移、解救受灾群众138万余人,诊治受灾群众83万余人次;搭设帐篷31万余顶,搭设临时房间8万余间,搭建临时灾民安置点422个、中小学校112所;开设灾民饮食供应站29个、饮水供应站43个;洗消面积9.8亿多平方米,抢

修维护道路1.27万余千米，清理废墟1379万余立方米，拆除危房5.7万余间；出动运输机972架次、直升机3818架次、车辆39万余台次，运送救灾物资105万余吨，空投物资6900余吨，圆满完成了抗震救灾任务。

2010年4月，青海玉树发生7.1级地震。地震发生后，全军和武警部队迅速投入救灾行动，截至4月19日22时，军队和武警部队共出动官兵1.27万余人，派出13支医疗救援队、2个方舱医院，空军和陆航部队出动飞机89架次，共抢救被压埋群众1500多人，救治伤员2万多人，运送帐篷、食品和救灾物资5196吨。

2010年8月，甘肃舟曲发生特大泥石流灾害，灾情涉及2个乡镇10个行政村，其中重灾村6个，截至9月1日造成死亡1471人，失踪294人。灾害发生后，军队和武警部队先后紧急出动5300多人，飞机14架、冲锋舟35艘、工程机械121台（套），投入到抢险救灾中。主要进行了人员搜救、县城清淤、排除堰塞湖险情、协助组织收治转运伤员和卫生防疫、转移安置群众、组织人员和物资运输等工作，圆满完成了救灾任务。

甘肃舟曲泥石流救灾现场

近年来，世界其他国家的军队在本国的抢险救灾中同样发挥了积极作用。例如，在2004年的日本地震救灾中，日本自卫队共派遣了4.68万台次车辆和1790架次飞机，参与抗震救灾行动。仅地震当天就派出 UH－1、CH－47、OH－6 等各型直升机 20 架，将山古志村的 1190 名灾民及时后送至安全地带。2004 年 12 月，印度尼西亚苏门答腊岛北部发生 9.0 级强震，地震引发速度达每秒钟 200 米的特级海啸，造成印尼等 12 国约 30 万人遇难或失踪，同时对各受灾国经济、社会、生态等也造成极大损害。面对灾害，印尼政府第一时间向灾区紧急增派了数千名士兵，对稳定态势、等待国际救援起到了重要作用。2005 年 8 月，“卡特里娜”飓风横扫美国佛罗里达州及墨西哥湾沿海地区，新奥尔良市防洪堤决口，市内 80% 的地区成为一片“汪洋”，造成 1200 多人死亡，经济损失达 340 多亿美元。灾害发生后，美国派出陆军、空军、海军和海军陆战队共 1.75 万多人，直升机 372 架、包括“大力神”运输机在内的固定翼飞机 93 架以及 21 艘大型舰艇参加救灾行动。仅在 9 月 3～4 日两天内，就将 7.5 万灾民空运到全美各地，为新奥尔良市运送 130 吨淡水和 6000 吨汽油，还向灾区空投了 3100 万份食品。

第四章

维护权益行动

维护权益行动，是指和平时期武装力量为维护国家陆、海、空、天、电磁等领域的主权或利益，保护国家海外利益而采取的行动。目的是维护相关领域的所有权、管理权、利用权、安全权等。按任务领域，可分为：维护国家领土权益、维护国家海洋权益、维护国家太空权益、维护国家电磁权益、维护国家极地权益等行动样式。当今世界围绕主权归属、海洋权益等国家权益的斗争日趋激烈。一方面，各国军队为有效维护本国利益，既注重努力通过和平手段来实现国家利益诉求，对保障世界和谐、促进共同繁荣进步起到积极的推动作用；另一方面，许多国家又充分运用强大军事实力提供的坚强后盾和战略支撑来强化国家权益，在有争议的地区强化军事存在，对地区稳定与世界和平构成严重威胁。

第一节　维护权益行动综述

刚刚过去的2011年，是动荡而又不平凡的一年。维护权益行动呈现如下特点。一是国家主权独立原则受到严峻挑战。从2011年年初开始并贯穿全年，西亚北非出现了大范围的政局动荡、政权更迭。造成如此混乱局势，重要原因之一就是西方国家通过运用现代媒体特别是网络平台，打破主权国家自然疆界，渗透到相关国家内部推波助澜，成为推动相关国家政局动荡的幕后推手。这表明维护国家主权安全的内涵在信息化时代已经远远超越领土主权的范围，只有掌握网络、信息主权，才能确保国家主权安全。而北约歪曲、夸大联合国安理会授权，以人道主义灾难为借口，对利比亚进行轰炸，严重践踏别国主权。二是主权归属、海洋权益争夺的火药味愈益浓厚。围绕北方四岛争端，俄总统、防长、议员等高级政要相继视察有争议岛屿，俄军方则举行了大规模军演，以展示维护岛屿主权的信心与决心。英阿围绕马岛主权归属出现军事对峙。与中国在南海权益上有争端的南海周边国家，不仅以通过国内法或向联合国提交法案的方式谋求法理优势，而且纷纷增加军费，扩大军购，加强与美、日、印、澳等国军事合作，频繁举行针对南海的军演，以武力控制、侵占、扩大南海权益的迹象非常明显。三是国际公共资源空间争夺呈现出"排他性"和"军事化"特点。北极地区拥有丰富的国际公共资源，国际社会成员本应享有平等开发权和使用权，但控制北极陆地的国家于2011年1月召开所谓"北极理事会"，企图独占北极，把其他国家排斥在外。与此同时，8国围绕北极争端纷纷在北极"亮剑"，美、俄、加等国年内均在该地区进行了大规模军事演习，俄罗斯还提出了组建"北极旅"，以强化对北极的军事控制能力。四是进一步强化维护电磁网络空间权益的战略重要性。2010年美国众议院通过的2011年国防授权法案，专门强调了网络电磁战、网络电磁安全及相关事务的重要性。2011年7月14日，美国国防部还发布了首份《网络空间行动战略》，对网络空间战和网络安全问题进行系统全面的规范。五是太空军事化势头强劲。这主要表现在美国，一方面正在围绕空海一体战理论调整军事战略和军事部署，另一方面是在太空武器研发方面取得了实质性突破，X－37B太空飞机试验成功是重要标志。

第二节　维护权益主要行动与大事记

面对错综复杂的地区与国际形势，相关国家在受到威胁与挑战的权益领域，积极展开维权行动。其中，既有成功经验值得学习借鉴，也有一些教训需要认真吸取。深入研究探讨维权行动带来的启示，对我们更加有效地开展维护权益行动大有裨益。

一、中国政府在利比亚的撤侨行动

2011年2月份，利比亚国内局势出现严重动荡，为营救滞留当地、生命财产面临巨大威胁的中国公民，中国政府快速成立由副总理张德江担任总指挥的应急指挥部，紧急组织调派民航包机、军用运输机，租用大型邮轮、远洋渔船、大客车等交通运输工具，展开了一场反应快、距离远、规模空前的军民联合，海、陆、空立体大营救，成功将35860名中国公民撤离利比亚。这是新中国成立以来最大规模的撤离海外公民行动，中国政府和军队高效、快捷的撤侨行动，既彰显了中国强大的综合国力，也展示了中国军队维护国家权益的强大实力。在这次撤侨行动中，中国空军首次派4架“伊尔－76”运输机赴利比亚执行任务。从2月27日晚接到预先号令始，整个准备时间不足24小时，2月28日18时10分，由4架“伊尔－76”运输机组成的机群编队从乌鲁木齐地窝铺国际机场起飞，3月1日17时40分在苏丹喀土穆机场降落，经过短暂加油补给后，即飞赴利比亚塞卜哈机场。3月2日凌晨首批接运101人至苏丹首都喀土穆。4日8时35分，首架“伊尔－76”运输机抵达北京南苑机场，机上搭载80人。至4日10时30分，随着最后一架“伊尔－76”稳稳落地，中国空军4架运输机圆满完成了撤离我在利比亚人员的任务，共接送人员1942人。此次空军担任撤离任务的机群编队飞经巴基斯坦、阿曼、沙特阿拉伯、苏丹、利比亚等5个国家，飞过阿拉伯海和红海，跨越6个时区、8个空中情报管制区，单程空中飞行时间超过12小时，单机飞行近3万千米，创造了中国空军历史上的多项突破：首次以中国空军名义到政局动乱国家执行撤离中国公民的任务，首次有中国空军机群在非洲大陆国家起降，首创中国空军运输机单程任务最远航程。

为确保海上运载撤离公民船只的安全，2月23日，正在亚丁湾海域执行护航任务的中国海军编队前往利比亚海域，为撤离船只实施警戒、提供护航任务。此时中国海军第7批护航编队的“徐州”号正在亚丁湾西部海域执行第299批船舶护航任务，“舟山”号靠泊吉布提港进行例行休整补给。海军指挥中心接到命令后，立即调度护航兵力，命令“徐州”号前出，“舟山”号提前结束休整，接替“徐州”号，与“千岛湖”号共同执行护航任务。“徐州”号则进行任务转移，及时靠泊“千岛湖”号补给油水、物资，以最短时间做好了保护撤离船只的一切准备。当地时间 2 月 24 日 3 时（北京时间 8 时），“徐州”号从曼德海峡南口起航，昼夜兼程赶往 2000 多海里以外的地中海，面对陌生的利比亚海域、海况，全舰官兵边航行边准备，迅速熟悉红海、地中海、苏伊士运河附近各个港口的有关航线资料和航海法规定，经过连续 6 昼夜航行，及时赶到指定海区。3 月 1 日上午，舰上雷达发现了搭载中国在利比亚人员的“卫尼泽洛斯”号客轮，指挥员命令舰载直升机起飞，赴客轮上空巡逻警戒，组织特战队员严密观察海面，第一时间将同胞们置于祖国军舰的保护之下。当日 10 时 30 分（北京时间 16 时 30 分），“徐州”号在地中海与搭乘 2142 名同胞的“卫尼泽洛斯”号顺利会合，并开始为其实施护航。世界眼光密切注视着“徐州”号的这次特殊远征，美联社报道称，中国首次派军舰参与人道主义危机中撤离平民的行动，凸显海军远洋行动能力的增强和政府保护海外公民的决心。

为了尽快将在利比亚的中国公民接送回国，中国民航局在 2 月 26 日召开紧急会议，部署大规模运输任务，决定自 2 月 28 日至 3 月 10 日，中国民航每日派出 15 架飞机接运人员回国。中国国际航空公司每天调集包括 B777、B747、A330 在内的 5 架飞机，至希腊克里特岛执行接运任务。中国东方航空每天 4 架飞机，至马耳他执行接运任务。中国南方航空每天安排 2 架 B777、2 架 A330 飞机执行乌鲁木齐往返突尼斯杰尔巴岛包机任务；海南航空计划每天安排 2 架 A330 宽体客机赴希腊克里特岛执行接运任务。东航、南航在完成马耳他、突尼斯两地的任务后，立即将运力投入至希腊克里特岛，继续执行相关任务。3 月 5 日晚 11 时 15 分，上海航空公司包机 FM608 航班抵达上海虹桥机场，从马耳他接回最后一批从利比亚撤出的中国公民 149 人，至此整个撤离行动圆满结束。在撤离行动中，中国履行国际人道主义义务，在力所能及的情况下帮助12个国家撤出了约2100名外籍公民。为圆满完成本次撤离任务，中国政府共动用91架次中国民航包机，35架次外航包机，12架次军机，租用外籍邮轮11艘，中远、中海货轮5艘，军舰1艘，是1949年以来中国政府最大规模的有组织撤离海外中国公民行动，充分展示了中国特色社会主义制度的优越性，充分展示了中国强大的国力和军力，壮了国威，扬了军威，为国家争得了荣誉。

中国政府利比亚撤侨行动

中国在利比亚撤侨行动的经验主要有以下几点。一是战略决策是关键。利比亚撤侨取得巨大成功，得益于党中央、国务院、中央军委在第一时间作出积极反应，统揽全局进行战略部署。二是得益于解放军应急作战能力大幅度提升。空军从接到预先号令始，整个准备时间不到24小时，就派出了执行任务的机群。机群编队飞经多个国家，跨越6个时区、8个空中情报管制区，单程空中飞行时间超过12小时，单机飞行近3万千米，创造了中国空军历史上的多项突破。海军是在陌生海域、海况下，边航行边准备，迅速熟悉有关航线资料和航海法规定，以最快速度赶到指定海区。如果没有过硬的战前训练，是不可能形成这样的作战能力的。三是得益于海军常态化存在的非战争军事行动。撤侨船只能在很短时间内得到海军护航，重要原因是中国海军编队正在索马里海域执行护航任务，才使得海军能够在很短的时间内进行任务转换,快速赴利比亚海域遂行掩护撤侨船只的任务。

二、巴基斯坦军民维护国家主权独立行动

“9·11”事件发生后,美国以巴基斯坦境内存在“基地”恐怖分子为借口,长期频繁使用无人机对巴基斯坦与阿富汗接壤的边境地区进行轰炸,其中相当一部分轰炸是直接针对巴基斯坦西北部落地区。2009 年美国在巴基斯坦北部地区发动了 45 次空袭,2010 年发动了 101 次空袭,2011 年发动了 64 次空袭。频繁的空袭行动,造成了大量无辜平民伤亡。据美国有关智库统计,到 2011 年年底的 8 年间,美国无人机空袭在巴基斯坦造成的死亡人数达 1700 ~ 2600 人。美军肆无忌惮的空袭严重侵犯了巴基斯坦国家主权,引起巴方强烈不满。2011 年 5 月 14 日,巴基斯坦国民议会一致通过决议,明确要求美军停止无人机轰炸。许多巴议员还提议,如果美国继续无人机轰炸,巴基斯坦应当以封锁北约经由巴基斯坦前往阿富汗的运输通道作为反制措施,要求政府“重新评估与美国的合作条款”,建议成立“独立委员会”对美国单方突袭行动进行调查。当地时间 10 月 28 日晚,数千名巴民众举行示威游行,抗议驻阿富汗美军频繁出动轰炸机,越境进入巴基斯坦打击武装分子,导致无辜平民死伤。但是巴方抗议未能阻止美国的轰炸。11 月 26 日,北约再度空袭巴基斯坦与阿富汗边境的两座检查站,造成 24 名巴士兵死亡。该事件在巴国内引起轩然大波,给政府带来巨大压力,巴美关系骤然降至冰点。当日,巴总理优福·拉扎·吉拉尼指示外交部以最强烈措辞向北约和美国提出抗议,并立即中断访问家乡的行程返回首都,与总统、陆军参谋长和外交部长进行紧急会晤商量对策。随后外交部长发表声明,称该事件“完全无法令人接受,有悖国际法,侵犯巴基斯坦主权”,并于 27 日直接致电美国国务卿希拉里·克林顿,表达“强烈愤慨”之意。紧接着宣布退出在德国波恩举行的阿富汗问题国际会议。巴基斯坦陆军中将穆罕默德·阿西夫取消了率高级军事访问团

的访美行程。巴士兵还与北约军队进行了45分钟的交火,还击北约军队的轰炸。11月29日,一支驻阿富汗帕克蒂亚省的美军遭到来自巴境内迫击炮和步枪火力袭击。除官方和军方行动外,巴民众在多个城市举行反美抗议游行,民众点燃了奥巴马肖像,焚烧美国国旗,以表达强烈不满。巴方的一系列举措,迫使北约秘书长拉斯穆森在27日发表声明,称轰炸巴基斯坦军事检查站是“一个悲剧性的意外事故”,并致信巴总理吉拉尼,对丧生人员表示哀悼。美国国务卿希拉里·克林顿和国防部长利昂·帕内塔26日在一份联合声明中表达对空袭遇难者的“深切哀悼”,同时表态支持彻查突袭事件,并暂停对巴境内的轰炸。

巴基斯坦为空袭罹难士兵举行葬礼

巴基斯坦全国性维权行动启示我们,一是要有毫不动摇捍卫主权的决心和信心。巴基斯坦在安全和发展问题上都有求于美国的支援与援助,这是美国敢于践踏巴主权的原因所在,但巴方用行动表明国家主权原则不可侵犯。二是维护国家主权是国家行为,需要军民团结、相互配合、相互支持,巴之所以能够有效捍卫主权,也正是得益于此。三是军方要善于积极配合战略决策层开展军事行动。军事关系好坏是评估双边关系的晴雨表。巴军方通过取消访问、关闭军事运输补给线和军事基地、尚不足以构成战争的反击与袭击等军事行动,向美方传递出强硬的信息,对迫使美军和北约取消突袭发挥了重要作用。四是北约频繁突袭事件也警示我们,在日渐广泛的国际合作中,必须警惕国家主权受到损害,武装力量必须始终保持清醒的头脑,全面提升维护国家主权的能力。

三、中国组建安全部队在湄公河航道武装护航

2011 年 10 月 5 日,中国商船"华平号"和缅甸商船"玉兴 8 号"在湄公河金三角水域遭遇袭击,13 名中国船员被残忍杀害。为保护航运安全,10 月 31 日,中国、老挝、缅甸、泰国 4 国在北京举行湄公河流域执法安全合作会议,4 国同意为应对湄公河流域安全出现的新形势,正式建立中老缅泰湄公河流域执法安全合作机制。在此框架下,4 国建立情报交流、联合巡逻执法、联合整治治安突出问题、联合打击跨国犯罪、共同应对突发事件。为此,中国很快组建了一支隶属于西双版纳边防支队,由 200 多名官兵组成的水上安全部队,在澜沧江—湄公河流域复杂航道和水域进行武装护航。中国公安边防部队成建制参与湄公河联合巡逻执法,标志着中国武装力量迈出了走出国门维护海外利益的关键步伐,具有重大而又深远的战略意义。

中国武装力量在湄公河护航

随着国家利益的日益拓展,侵犯中国海外利益的事件会明显增多,更频繁、更广泛、更艰巨的海外维权任务等待着中国的武装力量去完成。为此,我们必须做好以下工作。一是要充分认识到武装力量维护海外利益的重要性、紧迫性、长期性,要充分做好派遣武装力量赴海外与其他国家武装力量联合维权的思想和心理准备。二是要

建立、健全专门组织指挥机构，密切关注国际局势的变化，加强预案研究，化被动为主动。三是要加强专业化培训，提升遂行任务人员的综合素质。海外维权区域性、个性化非常强，不同国家的法律、法规、制度，工作程序、习惯，语言、文化、宗教等大相径庭，对遂行维权任务人员的基本素质提出了很高要求，只有加强对武装人员的专业化培训，才能确保他们与别国进行建设性合作，为有效维权创造条件。四是加强针对性训练，提升维权能力。海外维权的环境、对象千差万别，这对遂行相关任务人员的维权能力提出了不同要求，因此，必须加强针对性训练，才能确保他们不辱使命。

四、大国纷纷“亮剑”北极争夺权益

长期以来，北极一直是被冰雪覆盖着的沉寂而又平静的土地。但随着其丰富的地下资源被发现，全球变暖、冰盖消融而带来的航道变化，北极作为战略力量攻防的“必经之地”、各国航运的“交通热线”和资源开发的“处女地”而备受战略关注。目前，北极陆地部分虽然已经被加拿大、丹麦、芬兰、冰岛、挪威、瑞典、美国和俄罗斯等8国所控制，但北冰洋权益之争依然非常激烈。一方面，8国抱团企图独占北极，2011年5月，北极8国召开北极理事会，强调8国在北极上拥有“特权”，排斥“非北极国家”参与到北极事务；另一方面，为了在权益之争中占据优势，8国中的大国纷纷在北极地区“亮剑”。2011年3月，美军在北冰洋高调进行军演。俄军则于同期在摩尔曼斯克州举行极地条件下海军陆战队和摩步旅侦察兵联合演习。3月31日，俄军方人士向媒体透露，俄军在第200摩步旅的基础上组建首支专业的“北极军”，来保卫油气资源。除常规武器外，这支号称“白色近卫军”的北极部队还将配备一系列特种装备，可在复杂气候条件下作战。8月5日~26日，加拿大陆海空三军（部分是擅长极地严寒作战的精锐部队）、海岸警卫队以及政府多个部门在巴芬岛和埃尔斯米尔岛附近区域举行了代号“纳努克行动”最大规模军演，以显示加拿大在北极地区“永久性和季节性”的存在。8月23日，加拿大总理哈珀前往北极视察，向国际社会宣示其维护北极主权的决心。与此同时，中、日、韩等一些非北极国家也对北极日趋重视，1 月韩国获得规模不大但意义重大的北极资源开发权，走在了北极资源开发的前列。

大国在北极的纷纷“亮剑”，充分表明了北极地区战略重要性，中国作为崛起中的大国，应把在北极地区事务上获得应有话语权，享有和平开发利用北极地区的国际公共资源权利提上重要议事日程，此其一。其二，参与北极事务需要战略创新。从前文介绍，我们发现北极 8 国虽然有争夺，但他们企图“独占”北极，排斥其他国家介入却是有共识的，中国怎样才能以合理、合法依据参与北极事务，并成为北极事务不可或缺的积极参与者，迫切要求我们不断探索创新。其三，加强针对北极地区的军事战略谋划。北极虽然没有发生战争，但各国明显把军事手段作为维护所主张权益的重要路径，且军事化劲头日渐强劲，有人甚至预测第三次世界大战将因北极争夺而爆发。无论是为了获得北极地区的资源，还是维护北极地区和平，中国必须有相应的军事力量作为支撑和保障。北极在中国军事战略中的地位，是否需要建立北极部队，北极部队的特点和构成是什么，怎样才能使部队进入北极地区，这一系列问题都有待深入研究和科学规划、设计。

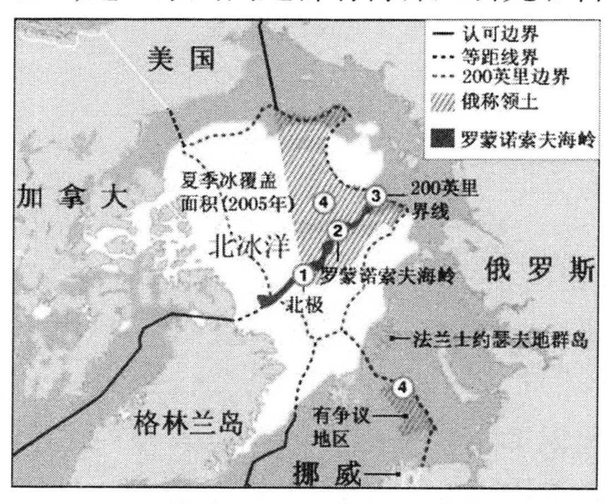

北极周边各国对北极地区的主权要求

五、维护权益行动大事记

（一）俄罗斯高调维权，北方四岛之争更炽烈

北方四岛主权之争由来已久，是横亘在俄日关系发展进程中的最主要障碍之一。冷战结束以来，两国围绕此问题进行了长期的谈判、较量，都毫无进展。进入 2011 年，俄罗斯在维护北方四岛（俄称南千岛群岛）权益问题上调门更高，态度也更加强硬。2010 年 11 月、12 月，俄总统梅德韦杰夫、第一副总理舒瓦洛夫曾相继视察北方四岛中的国后岛后，日本政府对此提出强烈抗议，俄罗斯并没有因此而停止活动。2011 年 1 月 19 ~ 23 日，俄罗斯国防部副部长布尔加科夫视察了北方四岛中的择捉岛和国后岛，视察驻守当地的俄罗斯军队。4 月 15 日，俄罗斯副总理伊万诺夫率领由联邦运输部长列维京、经济发展部长纳比乌林娜、自然资源部长特鲁特涅夫、地区发展部长巴萨尔金、萨哈林州州长霍罗莎文等多名联邦部长组成的大型政府代表团登上择捉岛，视察了那里的港口码头和正在建设中的新“择捉岛机场”等基础设施，检查了“2007 ~ 2015 年南千岛群岛经济社会发展联邦专项计划”的执行情况，其后又访问了另一有争议岛屿——国后岛。为配合对北方四岛的权益维护，俄军方又打出了一系列组合拳式的军事行动。从 9 月开始，俄罗斯海军、空军在日本周边展开了连串军事行动，先是图 - 95 轰炸机和伊尔 - 38 反潜机抵近日本领空，随后俄 20 余艘舰艇史上罕见地穿过俄日交界的宗谷海峡进入鄂霍次克海；9 月 14 日，俄太平洋舰队集结 50 余艘军舰、飞机及近万名官兵，在堪察加半岛接近千岛群岛海域组织大规模军事演习，旨在重振俄罗斯太平洋舰队军威，彰显大国影响力，打压日美军事同盟战略空间，维护争议岛屿权益。

（二）中国南海主权不容置疑，守礁部队如期换岗

2011 年 12 月 23 日 10 时，中国南海永暑礁主权碑前，第 99 批和第 100 批守礁官兵整齐列队，进行守礁交接仪式。自 1988 年解放军第一批守礁官兵进驻南沙以来，一茬茬守礁官兵在方寸礁盘上，用无

悔的青春守卫着中华民族的海洋领土，捍卫着国家的主权和尊严。

（三）日本借助反海盗，新建海外军事基地

2011年7月，日本在非洲吉布提建立了首个海外军事基地。日本以打击索马里海盗的名义，在该地建立军事基地，实际上是为维护日本海外利益，在西亚北非地区开展活动提供战略基地、军事支持和战略保障。

（四）南海上空阴云日浓，有关国家借力争权

进入2011年，相关国家在南海军事动作加快。一方面是美、印、日等大国强势介入南海事务。美国不仅明确提出了战略东移的方针，而且展开了实质性行动，并提出了明显针对中国维护南海主权行动的“空海一体战理论”，日本、印度在年内与相关国家举行军演，其他一些国家则出于对南海油气资源、军火市场等利益考虑，加强了与南海周边国家的合作。另一方面，南海周边各国在南海问题上动作频频。一是政要频繁登上有争议岛屿宣示主权；二是向联合国提交海权图；三是纷纷增加军费，加大军购力度；四是强化与区域外大国强国的军政、经贸关系；五是东盟加强在南海问题上的协调。南海各国的内联外引明显加剧南海局势的复杂性。各有关国家的共同特征是强化军事手段，争夺南海权益。2011年6月13日，越南开始在中国南沙群岛毕生礁周边海域举行实弹演习，摆出挑衅姿态。6月14日起，美国联合菲律宾、印度尼西亚、马来西亚、新加坡、泰国和文莱6个国家，在马六甲海峡、西里伯斯海和苏禄海举行为期10天的联合军演。6月16日，中国宣布一艘海事巡逻艇部署南海，菲律宾随即派出海军旗舰“拉贾胡马邦”号护卫舰前往南海海域。6月22日，日本媒体报道，美日在安保磋商会议上就中国在南海等海域不断扩大海洋权益带来的“危机感”达成共识，“今后将在亚太地区大力推进‘价值观外交’，加强与东盟的合作，进一步强化美日韩、美日澳及美日印等区域合作，以编织对中国的包围网，共同牵制中国”。6月28日始，菲律宾和美国海军在菲律宾巴拉望省以东的苏禄海展开为期11天的“海上联合战备训练演习”，演练舰炮射击、海域封锁、海

上巡逻、情报共享、联合作战、登船搜查、船只打捞、医疗救护等内容。菲律宾武装部队总参谋长表示，如果南海"确实有事"，美方可行使《共同防御条约》驰援菲律宾。8 月，美国海军与新加坡海军举行了年度联合演练。两军出动多艘主力战舰在南中国海上进行实战课目训练。10 月 17～28 日，美、菲再度进行所谓年度训练，宣布不是以中国为假想敌。但在 10 月 23 日，美国及菲律宾却派出了 200 名海军陆战队员，在三描礼士省的沿海城镇圣安东尼奥中、菲有争议的南海海域附近举行联合两栖抢滩军演。在南海问题上，美越关系明显加强。7 月，越南举行军演，美国就在南海和苏禄海部署驱逐舰，声称是为"确保航海自由"，且还派遣核动力航母"乔治・华盛顿"号前往西太平洋海域，与各国合作执行警戒任务。8 月，美军一艘驱逐舰前往越南岘港与越军展开搜救演习。

（五）中国维护海权，加强南海维权执法

2011 年中国各级海洋行政主管部门及海监机构依据相关法律法规积极维护海洋权益，全年海洋执法共派出海监飞机 892 架次，海监船艇 14795 艘次。监视外国船舶、飞机等 966 次。全年海洋执法进行行政检查 145598 次，作出行政处罚 1202 件，决定罚款总额 135271.54 万元。

在海洋权益维护执法方面，2011 年中国海监各级机构在管辖海域实施定期维权巡航执法，对外国在中国管辖海域进行的非法油气勘探开发、海洋测量、军事侦察活动等进行监视监管。在维权执法的同时，也对海洋科学研究、海底电缆铺设和维护等涉外事项进行监督检查，并为本国资源调查和油气开发等活动提供护卫护航。海洋环境保护执法方面，中国海监组织开展了"碧海 2011"专项执法行动，"国家级保护区执法示范"工作，启动"全海域石油勘探开发定期巡航执法检查"工作，定期开展石油勘探开发监督检查。针对渤海蓬莱 19－3 油田溢油事故，开展并完成了溢油应急监视和案件查处工作。全年共进行海洋环境保护监督检查 41465 次，发现违法行为 601 起，作出行政处罚 442 件，决定罚款 3230.77 万元。此外，2011

年中国海监新增执法船 10 艘，执法艇 16 艘，新增了大幅面航空相机、船载取证、对抗系统及车载应急指挥平台等一批执法专用设备，开展了专用执法技术装备研发和执法关键技术标准体系和理论研究，大大提高了维权执法能力。

（六）塞浦路斯油气出争端，土军舰开进东地中海

土耳其派遣军舰前往地中海东部海域，与塞浦路斯争夺一处天然气田的开采权。自 1974 年以来，塞浦路斯一直处于分治状态，南部是希腊族控制并得到国际承认的塞浦路斯共和国，北部是土耳其族控制、只得到土耳其承认的“北塞浦路斯土耳其共和国”。在开发地中海油气资源问题上，塞浦路斯提出的环塞浦路斯岛天然气开发计划，遭到土耳其反对。由此塞浦路斯共和国和土耳其围绕勘探的合法性展开了“舌战”。此次，土耳其军舰驶往东地中海，显然是用武力捍卫这处天然气田所有权的尝试。

第三节　法规建设

美国 2011 国防授权法案高度重视网络电磁安全问题。2010 年 12 月 16 日，美国众议院通过了 2011 年的国防授权法案。该法案对“网络电磁战、网络电磁安全及相关事务”进行了规范，要求国防部在 2011 年做好下列几项工作：一是持续监视国防部信息系统的网络电磁安全；二是制定完成计算机软件保证战略；三是制定国防部网络电磁战能力采办和监督战略；四是向国会提交国防部网络电磁战政策报告；五是向国会提交国防部保护国防部和国防工业基地免受网络电磁事件影响的工作进展报告。

美国公开《太空运输技术路线图》。据美国航天参考网 2011 年 8 月 2 日报道，由美国 SUSTAIN 工作组完成的《太空运输技术路线图》，为美国保持本土全型谱的太空进出技术提出了一种途径。同时，路线图还为政府和工业界提供交流合作的机会，支持短期、中期和长期的共同目标。路线图还可能指引工业界、学术界和政

府中的新一代科学家和工程师，为众多主流太空运输任务和市场作出贡献。

美国国防部发布首份《网络空间行动战略》。2011 年 7 月 14 日，美国国防部发布首份《网络空间行动战略》，以加强美军及重要基础设施的网络安全保护。这份战略文件绝大部分内容属于机密，美国国防部仅在其网站公开了部分内容。一是将网络空间列为与陆、海、空、太空并列的“行动领域”，国防部以此为基础对美军进行组织、培训和装备，以应对网络空间存在的复杂挑战和巨大机遇。二是变被动防御为主动防御，从而更加有效地阻止、击败针对美军网络系统的入侵和其他敌对行为。美军将通过各种手段发现、探测、分析并降低网络威胁和系统漏洞，在网络尚未遭到攻击前阻止恶意行为。三是加强国防部与国土安全部等其他政府部门及私人部门的合作，在保护军事网络安全的同时，加强电网、运输系统等重要基础设施的网络安全防护。四是加强与美国盟友及伙伴在网络空间领域的国际合作。五是重视高科技人才队伍建设并提升技术创新能力。

日本海上保安厅决定扩大“海上执法权限”。据日本共同社报道，2011 年 1 月 3 日，日本海上保安厅正式决定扩大“海上执法权限”，允许巡逻船对部分“可疑船只”采取威慑射击、现场“逮捕”等措施，甚至可以通过“撞船”的方式进行拦截。

第四节　历史回顾

维护权益行动的概念形成于冷战结束之后，但维护权益行动的实践在第二次世界大战后国家主权原则得到广泛确认后就已开始，随着时代发展进步，国家权益内涵不断丰富，实践活动也日益频繁。半个多世纪以来，围绕国家领土、领海和领空安全等问题的争论尚没有得到彻底解决，海洋、太空、电磁、网络空间权益的争夺更加方兴未艾，世界各国为有效维护国家权益，进行了富有成效的理论和实践探索。

一、维护国家主权

第二次世界大战之后，国家主权原则得到广泛承认，包括《联合国宪章》在内的几乎所有国际文献都予以确认。中国积极倡导的"和平共处五项原则"更是将此原则列为首位。国际社会认为，互相尊重国家主权，是国家主权原则得到切实保障的前提。1970年的《国际法原则宣言》在详尽阐述主权原则内容的同时，进一步强调主权平等原则。鉴于领土完整是国家领土主权的直接表现，是一个国家是否真正享有独立和主权的重要标志。因此，相互尊重领土完整是尊重国家主权的最主要内容。应该说，国际社会对维护国家主权是有共识的，国际法及相关法规文献对国家主权原则也是有明确规定的。但第二次世界大战后践踏国家主权独立原则、干涉别国内政、颠覆他国政权、侵占别国领土的事件时有发生。冷战结束以来，西方国家破坏国家主权原则的行动非但没有终结，反而处心积虑地从法理上为他们的侵权行动寻找依据，否定现行的国家主权原则，大肆鼓吹所谓"人权高于主权"，借口防止"人道主义灾难"和"大规模杀伤武器扩散"等理由，在没有得到联合国安理会授权情况下，或是通过曲解联合国宪章，或是歪曲联合国授权，对相关国家大打出手。科索沃战争、伊拉克战争就是最具代表性的例证。第二次世界大战以后的国际关系史表明，国家间侵权与维权的斗争并没有停止，反而更加激烈，维护国家主权的任务更加艰巨。世界各国特别是大国（包括超级大国）积极探索通过维护权益行动（或客观上符合该行动性质、特点、样式）来捍卫国家主权。

古巴导弹危机。冷战期间，美、苏两个超级大国为争夺世界霸权，都把所属势力范围等同于各自的国家主权，即把霸权权利等同于主权权利，并为此展开广泛而激烈的斗争。古巴导弹危机是两个超级大国为争夺加勒比海地区的霸权而产生的。古巴所在加勒比海地区历来被美国视为后院，1959年菲德尔·卡斯特罗领导古巴革命胜利，1960年10月，古巴宣布进入社会主义阶段，并推行一系列政治和经济改革措施。美国采取敌视、孤立、颠覆古巴新政权的政策，对古巴进行制裁和封锁，迫使古巴转而同苏联和东欧国家发展关系，从而进一步恶化了美古关系。1961 年 1 月肯尼迪上台后，美国断绝了与古巴的外交关系，于 4 月发动了旨在推翻古巴新政权的猪湾事件并遭惨败。不甘失败的美国继续加大对古巴的压力，派遣 U－2 飞机对古巴进行空中监视，在加勒比海域举行军演，操纵美洲国家组织孤立和排斥古巴等，美古局势日趋紧张。伴随这一进程，美苏矛盾也逐渐公开化。1962 年 5 月，赫鲁晓夫萌生了在古巴安装导弹的想法。经过双方协商，最终达成了在古巴部署苏联导弹的秘密协议。随后苏联向古巴运去了一批“萨姆”导弹和 42 枚可携带核弹头的 SS－4 和 SS－5 中程导弹，派去 4 万余名军事和技术人员。苏联此举不仅是为了增强古巴的防卫能力，也是为了加强其在古巴及整个拉美的存在，实现其与美国在全球范围内斗争的“力量平衡”。苏联把导弹运进古巴一事很快就被美国发现。肯尼迪警告苏联不能把进攻性导弹运进古巴。苏联一方面竭力强调武器是防御性的，保证在美国 11 月份国会选举前不采取任何使局势复杂化的行动，表示在美国国会选举后举行双边谈判，另一方面却加快运输导弹和相关设施的步伐，以图造成既成事实，陷美国于被动。美国起初也没有料到苏联会把从未运出国门的中程导弹部署到古巴。但到 10 月 14 日，U－2 飞机拍到了古巴正在构筑可以发射中程导弹的发射架，以及伊尔－28 轰炸机的照片。美国立即组成“国家安全委员会执行委员会”商讨对策，并形成了无论如何不能容许苏联此举得逞的共识，否则会改变冷战中的均势，产生一系列不利于美国的后果。肯尼迪总统直接把这一事件定性为“一次大国之间的对抗”，强调必须由苏联政府对美国作出响应和撤走导弹。因此，肯尼迪政府采取了拒绝直接同卡斯特罗政府接触，排除了武力入侵推翻古巴政权和用“外科手术”摧毁那些导弹设施的方案，而是直接针对苏联。10 月 22 日下午 7 时，肯尼迪发表广播电视演说，把秘密危机公之于众，在指责苏联是美国和西半球威胁的同时，宣布采取以下行动：对古巴实行“隔离”以阻止进攻性武器运进古巴，加强关塔那摩海军基地，命令其他一些部队随时做好准备，呼吁苏联从古巴撤走导弹。从 24 日起，美国开始对古巴实施海上“隔离”，在加勒比海部署 180 艘舰只，在佛罗里达集结重兵，数百架战略空军的轰炸机携带核弹升空待命，海外基地和潜艇上的导弹也进入戒备状态，卫星跟踪监视古巴的一切军事活动，美国摆出了不惜一战的架势。苏联起初态度也非常强硬，表示“将进行最强烈的回击”，苏联船只不会听从美国海军的封锁，不会停航和接受检查，苏联和华约的武装力量，包括战略火箭部队，取消一切休假，进入戒备。一时间风云突变，世界处于核战争边缘，大有世界大战一触即发之势。事实上两超都担心发生战争，美国的政策本身就留有余地，赫鲁晓夫更是色厉内荏，主动致信美国要求谈判，尤其是在美国实施“隔离”政策后，苏联船只驶近隔离区后就停止前进或改变航向。随即双方展开了一系列外交活动，通过公开和私下的相互妥协，双方武装力量解除戒备状态，最终以苏联撤走导弹而化解了危机。这次危机本质上是美苏争霸造成的，双方都认识到避免核对抗与维持核垄断是并行不悖的，有条件地承认和尊重对方核心利益，可有效避免用战争方式解决国家利益冲突问题。

法国退出北大西洋公约军事组织。冷战期间，不仅不同阵营的国家存在维护国家主权的斗争，同一阵营内部也有维护国家主权斗争。其中西方阵营内戴高乐领导下的法国与美国的斗争，就具有典型性。1958 年，夏尔·戴高乐再度当选法国总统后，试图建立一个由法国领导的独立于美国和苏联的欧洲，充当处理世界事务的第三种力量。自 20 世纪 50 年代中期起，法国已决定发展自己的核力量，1957 年苏联研制成功洲际导弹后，美国承诺苏联进攻欧洲将受到核报复，但这种承诺遭到包括法国在内的欧洲盟国的普遍怀疑。戴高乐上台前的法国第四共和国政府下令进行核试验。戴高乐上台后立即加速这一进程，并于 1960 年 2 月成功试验了第一枚原子弹，成为核俱乐部第四成员。戴高乐毫不掩饰独立自主发展核打击力量的企图，当美国提出由北约“多边核力量”统一进行投射时，遭到法国断然拒绝。法国强调的军事独立与核军备竞赛超国界的限制是不相容的,最终导致美国多边核力量提议失败。戴高乐维护国家主权独立的行动并没有就此而止步,而是进一步升级,他谴责将法国武装部队纳入一个超国界的组织中,而该组织的最高指挥官永远是一位美国将军,这是法国国家主权所不能容忍的。1966 年 3 月,戴高乐宣布从北约撤回所有法国陆军和空军军事人员,联盟军事总部及所有外国军事基地从法国领土全部撤离。这一系列政策随着戴高乐于 1969 年放弃权力而告一段落,但还是有效地提升了法国的独立性和自主性,并对两集团内部致力于摆脱控制、追求独立自主的国家产生了示范效应。

伊朗核危机。自伊朗伊斯兰革命后,美国与伊朗的关系就长期处于敌视状态。“9·11”事件后,伊朗被美国列入“支持国际恐怖主义和企图谋求大规模杀伤性武器”的国家黑名单,是世界上三个“邪恶轴心”国家之一,被视为威胁美国本土安全,阻碍美国大中东战略、中东利益,以及危及美国中东盟友安全的潜在危险。因此,更迭伊朗政权是美国的重要对外战略之一。美国发动阿富汗战争和伊拉克战争之际,就不断扬言要对伊朗动用武力。伊朗出于谋求地区大国地位和开发本国丰富核能资源考虑,积极推进核发展计划。尤其是当其意识到,自己将成为美国下一个军事打击目标的时候,尽快掌握应对美国军事威胁的核武器,也就成为伊朗的重要目标。2002 年 8 月 15 日,伊朗的一个反政府组织向媒体透露,称伊朗自 2000 年开始在纳塔兹和阿拉克建造了 2 座核设施。9 月 16 日,美国情报机构依据 2 幅侦察卫星照片,证实了这一消息,并认为这对美国利益构成了重大威胁,双方矛盾激化,伊核危机由此爆发。从 2002 年到 2010 年,双方围绕伊核问题爆发了 3 次危机。这期间美国不止一次发出对伊朗进行军事打击的威胁,而且直接进行军事部署,航母战斗群集结海湾进行军事威慑,并和海湾地区国家进行有针对性的大规模军事演习。而伊朗同样还以军事颜色,加大军购,频繁进行新武器试验和大规模军事演习,并进行封锁霍尔木兹海峡的军演,以展示维护国家主权的信心和决心。目前双方还在激烈较量,国际社会有关各方也在积极斡旋,局势发展的走向仍旧不甚明朗。

二、维护海洋权益

海洋权益包括海洋权利和海洋利益。海洋权利,属于国家主权范畴,系指沿海国家对领海和毗连区、专属经济区和大陆架的主权、主权权利、管辖权。海洋利益,则包括国家在海洋的政治、经济和安全利益。维护国家海洋权益,一方面是确保国家海洋主权、主权权利和管辖权不受侵犯,另一方面是确保国家能够利用海洋资源。世界各国对海洋权益的争夺由来已久,随着对海洋战略重要性认识的深化而加剧。在古罗马,海洋被认为是“共有之物”,各国都有利用海洋的权利。但到罗马扩张时期,就出现了对海洋拥有管辖权的主张。1493 年,罗马教皇亚历山大六世对西班牙和葡萄牙在世界范围内的海洋管辖权进行了划分,揭开了近代海权争夺的序幕。近代围绕海洋领有权或主权的斗争逐步展开,出现了领水、领海等概念,形成了一系列海上航行规则。美国于 1793 年第一个提出了 3 海里领海主张。1852 年,英、俄规定了公海自由原则,并逐步为当时的大国所接受,公海制度由此形成。1919 年《巴黎航空公约》肯定了领水是国家领土的一部分,国家对其享有主权。20 世纪中叶,世界对海洋的划分就是领海和公海,有“领海以外即公海”之说。战后以来,海洋自由原则受到了沿海国管辖权的挑战。1945 年 9 月,美国总统发布《大陆架公告》,宣布“处于公海下,但毗连美国海岸的大陆架的底土和海床的自然资源属于美国,受美国的管辖和控制”。美国的这一行动明显突破了当时的国际海洋法,却与广大沿海国家对海洋资源进行控制的普遍要求相一致,很多国家竞相效仿。1947 年,智利和秘鲁又突破传统的 3 海里领海限制,提出了 200 海里海权的主张,到 1972 年,15 个加勒比国家发表了《圣多明各宣言》,阐明 200 海里海权主张。继拉美之后,亚非国家在 20 世纪 70 年代兴起了维护海洋权益的热潮。早在 20 世纪 50 年代中期,埃塞俄比亚、伊拉克、伊朗等西亚北非国家就提出 12 海里领海的主张。60 年代,大批亚非国家独立,力量空前壮大。同一时期,经济上的需要促使一些发达国家开始进行锰结核的勘探和开采试验活动,深海采矿技术的发展也使得深海矿物资源的商业开发呈现出良好前景。此外,海军武器装备技术的发展也使深海用于军事目的的危险增加。这些情势引起了一些发展中国家的关注。在 1967 年,马耳他在 22 届联合国大会上提出了"关于保留现行国家管辖范围以外的海洋床底及其底土专用于和平目的及其资源用于人类福利的宣言和条约"的提案。1971 年,非洲统一组织第 17 次部长理事会确定了非洲国家对近海的海洋渔业资源具有永久主权。1972 年,肯尼亚向联合国海底委员会第一次提出了建立 200 海里经济专属区的主张。亚非拉国家还就海洋权益问题提出许多提案,并提交 1973 年 12 月 3 日召开的第三次联合国海洋法会议,这些提案直接向海洋大国的海洋优势提出了挑战。在此次海洋法会议之前,联合国已经主持召开过两次海洋法会议。1958 年召开的第一次会议,通过了《领海和毗连区公约》、《公海公约》、《公海渔业和生物资源保护公约》和《大陆架公约》。1960 年召开的第二次会议,讨论领海宽度和渔区范围问题。这两次会议召开之时,很多亚非国家尚未独立,发展中国家处于不利地位,会议被大国所操纵。随着亚非大批国家独立,以及国际海洋形势的发展,召开新的海洋法会议,制定一部反映各方利益的海洋法公约,化解海洋权益矛盾和纠纷,刻不容缓。1973 年 12 月 3 日,第三次联合国海洋法会议在此背景下开幕,经过历时近 10 年的协商、谈判、妥协、斗争,终于在 1982 年 4 月 30 日通过了《联合国海洋法公约》,该公约是迄今最完备的一部海洋法,基本上反映了绝大多数国家的利益,尤其是专属经济区制度的确立,使得占世界海洋总面积 36% 的海域和所有的重要国际航道,以及 95% 的世界渔业产量和 87% 的已探明石油储量,都处于沿海国管辖之下。新海洋法的生效,为规范管理海洋权益发挥着越来越重要的作用。但海洋法毕竟是国际法,其强制力、约束力相当弱,不少国家在批准海洋法时发表了保留申明,各国还会根据不同版本进行有利于自己的解读。美国不仅直接拒绝在《公约》上签字,而且还联合英、德等国公开抗衡海洋法。同时,该法本身也存在不完善之处,如没有对军舰进入领海作明确规定,关于相向和相邻国家之间经济专属区和大陆架划分原则等就不全面。诸如此类问题表明,海洋法并没有终结海洋权益之争。

三、争夺极地权益

在国家利益拓展进程中,世界各国把目光延伸到了地球的两极。1959 年签署的《南极条约》,冻结了各国领土主权的要求。而北极及北冰洋局势却令人担忧。北极曾经是一块沉寂的土地,但由于丰富的石油、天然气和煤炭等地下资源被发现,北极成为"地球最后的宝库","21 世纪的能源基地",日益受到关注。加之由于气候变暖,北冰洋上的冰块正在以每年 3% 速度融化,未来将成为连通大西洋、太平洋的"西北通道",经此通道从亚洲到欧洲将比走巴拿马运河缩短上万千米。谁控制北极,谁将控制新的世界经济走廊。正是基于现实利益和长远战略考虑,以美、俄为首,同处北极圈的加拿大、挪威、丹麦、瑞典等国,以及其他一些国家,对北极和北冰洋表现出浓厚的兴趣,俄罗斯首当其冲。2007 年 8 月 2 日,以俄罗斯国家杜马副主席、北极探险家阿尔图尔·奇林加罗夫为团长的俄罗斯北极考察团抵达北极点附近,第二天"和平 -1"潜艇下潜到北极冰下 4261 米时成功抵达海床,潜水员在海床上插下一面 1 米高的钛金属俄罗斯国旗,并放置一个载有信息的胶囊状容器,以此向世界证明俄罗斯对北极的领土主张。2009 年,俄还宣布成立北极部队独立集团。加拿大立刻回以颜色。总理斯蒂芬·哈珀宣布将在巴芬岛北端的纳尼斯维克矿场建造一个深水港,计划 2012 年投入使用,向全世界证明加拿大"在北极拥有实质、长期且不断巩固的存在"。美国也宣称对北极拥有主权,在俄罗斯潜艇抵达北极后,美国就派了一架间谍飞机监视俄方行动。俄罗斯科考结束后,美国耗资 100 万美元派出一艘极地科考船搭载一支科考队,开始对距离门捷列夫海岭不远的楚科奇高原北部海底区域进行历时 4 周的考察。美国人希望通过这次考察得出该地区属于美国大陆架的结论。丹麦也不甘寂寞，宣称在 2004 年 ~2010 年花费 360 万美元搜集证据，以证明在北极拥有合法领土。挪威外交部副部长利芙称："在北极问题上需要各国合作，而不是对立。这关系到一个超乎国内需求和国家利益以外的问题。"北极 6 国的纷纷亮相，揭开了新世纪北极权益争端的序幕。

四、维护太空权益

"太空"又称"外层空间"，是人类继陆地、海洋、大气层之后的第四个生存空间。维护太空权益，一方面是指维护太空权利，主权国家以和平手段享有太空空间及其资源的开发权和利用权，另一方面则是指太空利益，即获得与太空环境、太空轨道、在轨卫星、天体资源等相关的各种经济利益、政治利益和安全利益。国际社会早就意识到太空权益的重要性，强调和平开发太空。为此，相继制定了《关于各国探测与利用包括月球和其他天体在内的外层空间活动所应遵守的原则条约》（又称《外空条约》）、《空间实体造成损失的国际责任公约》、《关于援救宇航员送回宇宙飞行员及送回射入外空之物体之协定》、《关于登记射入外层空间物体的公约》、《指导各国在月球和其他球体上活动的协定》等 5 部重要国际性条约，欧美等国也制定了几部多边、双边条约。其中，1967 年生效的《外空条约》，是一部规范外空活动的准宪法，已有 100 个缔约国。中国于 1982 年加入该条约，并于 1984 年加入了另外 3 个条约，并坚决主张"和平利用太空"。

但进入 21 世纪以来，各国对太空权益的关注度明显提升，试图突破和平开发太空的限制，军事化趋势明显，美国表现尤为突出。美国认为"谁能控制空间，谁就能控制世界"，早在 20 世纪 80 年代就提出争夺"高边疆"的太空战思想。海湾战争结束后，美军提出"空地海天一体化"联合作战理论、"空间控制战略"。1996 年克林顿政府出台《美国国家太空政策》，提出"通过载人和无人探索行动，加强对于地球、太阳系和宇宙的了解,保障美国的国家安全”。2000 年美国航天司令部出台的《2020 年构想》中指出,今天的军事作战十分依赖于航天能力,在 21 世纪将更加依赖于航天能力,明确提出太空作战的战略概念。该构想标志着美军关于太空权的思想从理论探讨进入了理论化与实战化相结合的新阶段。2006 年美国出台新的《国家太空政策》强调:一是要抢占太空优势,确保美国太空安全和绝对自由,遏制别国的空间开发,向维持美国在外层空间领先地位的方向发展;二是阻止他人进入,排斥“敌对势力”,宣称美国有权不让任何“敌视美国利益”的国家或个人进入太空;三是重视部署武器,企图“垄断太空”。美国的太空政策标志着正式打开太空军事化的大门,把保持太空霸权提升为国家政策。在理论探讨和政策演变过程中,美军领导指挥机构和太空军事力量建设也取得实质性发展。1982 年 9 月,美空军组建航天司令部,陆军、海军相继组建军种航天部队。1985 年美国国防部建立联合航天司令部,负责指挥调动美国所有的军用航天系统、空间监视系统和洲际弹道导弹系统,以支持美国部队的军事任务。1998 年 4 月,美国正式成立航天司令部。2000 年 10 月美军建立了世界上第一支空间进攻中队——第 527 空间进攻中队,2001 年 1 月又建立了第 76 空间控制中队,美空军则组建了 4 个航空联队和试验型太空攻防部队。2002 年美国将战略司令部和航天司令部合并,成立新的战略司令部,负责太空战、信息战和计算机网络战。为了适应太空战需求,美国加快了太空武器研发部署步伐,相继在太空部署导弹预警系统和“多层一体化的导弹防御”系统,反太空通信系统(CCS),2004 年开始部署包括地基和海基拦截器、第三代爱国者导弹以及天基防御系统在内的国家导弹防御系统,反监视与侦察系统(CSRS)于 2008 年形成作战能力。美军不仅加快太空武器部署,而且逐步走向实战。1994 年 10 月 11 日,美国首次激光反卫星试验成功,震惊世界。2001 年 1 月美军开始代号为“施里弗 2001”的大规模太空战模拟演习,并已经成为每两年举行一次的例行性演习。2002 年美参联会还颁布《联合空间作战纲要》,指导太空作战行动。2005 年 7 月 4 日，美国利用“深度撞击”号探测器击中“坦善尔 1 号”彗星，表明美国已经将太空战从实验室带到太空。上述情况表明，美军关于太空战的理论、作战指导、指挥机构、太空部队和武器装备的建设体系已经基本成型。

紧随美国之后的是俄罗斯。20 世纪 80 年代，苏联建立了航天司令部，把军用航天系统纳入军事编制序列，成为苏军第四支部队，号称“天军”。苏联解体后，俄罗斯于 1993 年正式组建军事航天部队，同年开始筹建太空作战系统。2000 年，颁布的俄联邦军事学说指出：“未来战争将以天基为中心”，“制天权将成为制空权和制海权的主要条件之一”。2001 年，俄军组建了航天部队，标志着俄军拥有了作为太空力量的独立武装力量。在太空武器研发方面，俄军将反卫星武器作为发展重点，在继承前苏联反卫星技术的基础上，研发共轨式反卫星武器和激光与粒子束反卫星武器，建成了 15 个快速反低轨卫星系统发射台，进行了 20 余次反卫星卫星试验和反卫星导弹试验，成功地使用反卫星卫星将一颗模拟美国卫星的靶星摧毁。俄罗斯被公认为是世界上唯一拥有实战型反卫星武器的国家。2004 年 2 月，俄军进行了代号为“安全 -2004”的陆海空天四维战争联合演习。2006 年俄罗斯启动“10 年联邦航天计划”。2011 年 3 月 18 日，俄罗斯国防部长宣布年内组建空天防御部队。

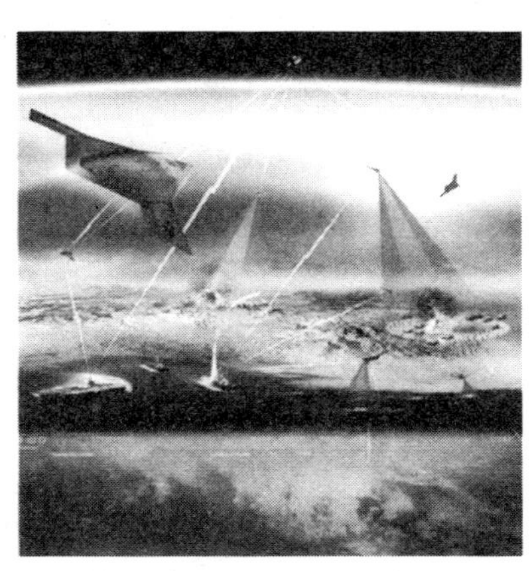
美国空海一体战示意图

1999 年，欧盟提出“伽利略”全球卫星定位系统计划，标志着欧洲太空战略迈出关键性一步。2005 年开始，欧盟各国将现有的地面雷达和光学望远镜联网，加强其太空监视能力。2006 年欧洲航天局和欧盟共同开发多项太空计划，特别瞩目的是其将为各成员国提供用于军事方面的太空能力。2008 年，欧盟宣布在未来 10 年内投入

7.6亿欧元用于太空监视系统的研发工作,在不远的将来,该系统将是欧洲天基安全系统的一个重要组成部分。

印度于1999年着手研制能够监视导弹发射的低轨道监视卫星,正在研制可重复使用上百次、单级入轨的小型航天飞机,2006年开始实施其25年航天发展规划,发展新型卫星追踪雷达和侦察系统,努力寻求依赖卫星导航及精确定位的网络中心战能力。

日本重点发展军用间谍卫星,已经构建了一个由2颗光学卫星和2颗雷达卫星组成的军事卫星间谍系统,计划研发12颗可用于军事目的的"多用途卫星"。日本还试图打破太空军事化应用的禁令,正在考虑发射具有高分辨率的卫星,允许非攻击性太空军事应用。尤其令人关注的是,日本还在研制军用空天飞机。印、日两国正在积极建设各自的航天部队。

中国自1970年发射第一颗人造卫星以来,已经发射了多颗卫星,并组成了6个卫星系列,在火箭推力、测控技术、数据传输技术、天基信息平台建设等诸多方面取得长足进步,在太空中占有一席之地,但技术水平方面的劣势仍然比较明显。尤其是中国一直反对太空军事化,主张和平开发太空,在太空武器研发方面起步较晚,总体上与军事强国相比仍存在较大差距。

五、维护电磁空间权益

随着社会信息化程度的提高,电磁对国家利益的影响越来越大,电磁权已经成为国家利益的重要领域,愈益受到各国重视。谁控制了网络,谁就能控制世界。1995年,兰德公司指出,工业时代的战略战是核战争,信息时代的战略战主要是网络电磁战。在信息时代,保证电磁空间安全,防范电磁干扰破坏、电磁信息泄漏、黑客入侵、病毒袭扰,成为国家信息安全的重要内容。电磁战场已经成为继陆、海、空、天战场之后的"第五维战场"。各国纷纷把发展电磁技术,争夺电磁空间主导权,获取经济和政治利益,谋求信息化战争的主动权,作为维护国家权益的战略重点之一。2001年10月,布什政府发布

《信息时代保护关键基础设施法》，加强对关键基础设施信息系统的保护。2002 年 2 月 7 日美国众议院通过《信息网络安全研究与发展法》，就国家信息网络安全领域的机构建设、研究计划管理、资金投入与管理、专门人才培养等方面内容进行了规定。2002 年通过的《联邦信息安全管理法案》，将“信息安全”定义为“保护信息和信息系统以避免未授权的访问、使用、泄漏、破坏、修改或者销毁，以确保信息的完整性、保密性和可用性”。2003 年 2 月发布的《网络空间安全国家战略》，正式将网络电磁空间安全提升至国家安全的战略高度。美国国土安全部将网络电磁攻击作为威胁美国本土的四大威胁之一。该战略提出国家信息基础设施保障要达到 3 个战略目标：防止针对美国关键基础设施的数码攻击，降低国家关键基础设施的脆弱性，以及一旦攻击发生将危害和恢复时间降到最低值。奥巴马入主白宫后，明显加强应对网络电磁空间安全的力度，全面审查布什政府的网络电磁空间安全计划，发布《网络空间政策评估报告》；加强网络电磁空间安全的集中领导，将网络电磁空间安全作为国家安全的重要组成部分；继续加强工业和技术领域的优势，以保持领先地位；成立网络电磁战司令部，整合各军兵种网络电磁攻防力量；加大投入，建设安全可信的网络基础设施，以支撑美军网络中心战。2009 年 5 月 29 日美国《网络空间政策评估报告》指出，网络电磁空间是由各种信息基础设施组成的一个彼此依存的网络，包括因特网、电信网、计算机系统和行业中的嵌入式处理器及控制器。美国在战略、部队建制、政策法规、装备技术研发以及实际作战行动中所采取的措施，旨在全方位地加紧提升网络电磁空间作战能力，谋取和保持网络电磁空间的全面优势。俄罗斯、英国、日本、印度、韩国等国也都在积极准备应对所谓“第六代战争”，争夺网络电磁战优势，把“网络防御—攻击”视为保卫国家利益的重大问题。20 世纪 90 年代俄罗斯就设立了信息安全委员会，专门负责网络信息安全，2002 年推出《俄联邦信息安全学说》，2009 年 7 月，又向美国建议要缔结网络电磁空间作战规则条约。2009 年 6 月，英国发布首版《国家网络电磁安全战略》,成立网络安全办公室和网络安全行动中心两个网络安全新机构。日本强调通过掌握“制网权”达到瘫痪敌人作战系统的目的,在构建网络作战系统中强调“攻守兼备”,分别建立了“防卫信息通信平台”和“计算机系统通用平台”,已经实现了自卫队各机关、部队网络系统的相互交流和资源共享,并注重与美国联合发展,在引进先进技术的基础上不断完善自身建设,不断提升“网战”能力。印度坚持自主研发、军民合作的原则,投入大量人力物力,力求在网络技术、密码技术、芯片技术以及操作系统方面自成体系,并将网络进攻写入作战条例,明确指出要建立能够瘫痪敌方指挥与控制系统以及武器系统的网络体系,在陆军总部、各军区以及重要军事部门分别设立网络安全机构。韩国在 1999 年提出了未来信息建设的总体设想,2009 年宣布将组建“网络司令部”,并于 2010 年正式启动。目前,韩国已经拥有了约 20 万接受过专业训练的庞大的人才队伍,而且每年国防经费的 5% 被用来研发和改进实施网络战的核心技术。

世界各国对网络电磁空间权益的维护并不仅仅停留在战略构想、政策、法规的建设上,而且付诸实际行动。一是利用电磁空间窃取信息情报。2001 年有媒体披露,美英代号为“梯队”的全球监听网已经运行了半个多世纪,每天窥探全世界 30 亿个电话、电报、文传及电子邮件的内容。2003 年日本《产经新闻》报道,日本在西南部福江岛新建电磁侦察系统,与此前建立的宫古岛监听站一道,对中国由渤海、黄海南下的舰只实施有效电磁监控。二是强化网络空间控制权。美国等西方国家掌握着网络空间的控制权。目前,因特网的网址和网站域名,都由美国分配;全球 13 台 DNS 根服务器,除了日本、挪威、英国各有 1 台外,其余均在美国;全球 11 个因特网信息交换枢纽,美国拥有 9 个,中国与因特网接口的 9 大网关,美国都能够控制其通断。可以说,美国在全球网络空间中占尽了先机。2005 年 7 月 1 日,美国政府宣布,基于日益增长的互联网安全威胁和全球通信与商务对互联网的依赖,美国商务部将无限期保留对 13 台域名根服务器的监控权。三是占据技术优势,掌握网络控制权。微软操作系统已经占个人电脑操作系统的85%以上，英特尔微处理器占据全球计算机90%以上的市场，导致世界各国在信息系统和武器装备的关键元器件和基础构件受制于美国，电磁网络空间安全存在极大隐患。四是发展电子战装备，增强电子战能力。世界各国各种电子战兵器已多达550余种，谋求在电磁空间作战优势。五是加强网络人才队伍建设，应对网络战。俄罗斯拥有众多网络精英，英国在2001年就组建了"黑客"部队，印度采取吸纳民间高手入伍或对军校学员培训，加强网络战人才储备，日本成立了由5000人组成的"网络空间防卫队"，韩国已经拥有了约接受过专业训练的20万人的人才队伍。

为了加强网络电磁空间的安全管理，国际社会也在加强制度性建设。2002年，包括美国在内的8国集团签订了《全球信息社会冲绳宪章》。该宪章旨在促进信息技术的发展，推动全球信息社会的建设。虽不是专门针对信息安全问题制定，但宪章要求进一步加强电子认证、电子签名、加密技术以及其他确保信息交易安全手段的应用，保证打击计算机网络犯罪的有效措施能够到位。宪章还要求8国在打击计算机犯罪方面开展合作，以保护关键性信息基础设施不受侵害。

六、维护海外利益

伴随经济全球化的不断发展，海外投资、兴业、务工大幅度增加，维护海外利益安全已经上升到国家重要利益甚至核心利益的高度。由于地区冲突、社会动荡和自然灾害等原因，对有关国家在当地的资产和人员安全构成严重威胁。因此，保护本国在事发国的资产安全，特别是重大危机时保护或撤离驻事发国公民、侨民，以及其他正当权益，已经成为维护国家权益的重要内容。2011年以前的海地危机、科索沃战争、阿富汗战争、伊拉克战争、俄格冲突、苏丹内战，以及其他自然灾难、突发性事件中，世界各国都采取了一系列资产保护和人员撤离救援行动。

2004年8月，中国国家主席胡锦涛在北京召开的第十次驻外使节会议上强调，要增强外交工作的创造性、主动性、进取性，维护和拓展国家利益；要加强经济外交，推动实施“引进来”和“走出去”相结合的对外开放战略；深入开展对外宣传和对外文化交流，要增强对海外利益的保护能力，完善相关法律法规，健全预警和快速反应机制，改进工作作风，满腔热情为在国外的中国公民和机构服务。2005年，中国将维护海外公民生命安全和合法权益的内容写入政府工作报告，同年出台《领事保护法》，外交部成立涉外安全司，以及设立5项机制来加强对海外中国公民的保护，使中国海外公民安全保护工作走上了法制化、专门化、高效化的道路。此外，外交部每年还发布《中国公民境外领事保护和服务指南》，外交部网站开设了专门的“领事新闻”和“海外安全动态”以及“出国安全提醒”等信息，为保护中国公民出境安全发挥了重大作用。近年来，中国政府为维护海外人员安全作出了积极努力。2006年4月18日，所罗门群岛发生骚乱，唐人街60多家华侨华人店铺被焚，数百名中国侨民遭受严重冲击。中方派包机将侨胞分4批从所罗门群岛撤至巴布亚新几内亚，再由政府包机专程将310名侨胞撤回广东。2006年4月底，东帝汶首都帝力举行示威并引发骚乱，5月29日中国政府派出2架包机飞赴东帝汶，顺利接回243名中国公民。2006年7月12日，黎巴嫩、以色列发生武装冲突并持续升级。外交部分批安全撤离在黎中国公民共计167人，其中包括7名香港同胞。2006年11月16日，汤加首都努库阿洛法发生大规模骚乱，11月23日中国政府派包机协助193名老弱妇孺侨胞回国。2008年1月乍得发生内战，外交部迅速启动应急机制，把411名中国公民全部安全撤离乍得，其中包括2名台湾同胞。2008年11月25日，泰国曼谷国际机场因反政府示威活动被迫关闭，中国政府连续派出12架次飞机赴泰国，接回中国公民3346名。2010年1月12日，海地发生里氏7.3级地震，中国政府利用运送赴海地医疗防疫救护队的民航包机，把滞留海地的48名中国公民（包括1名台湾同胞）搭载回国。2010年6月10日，吉尔吉斯斯坦奥什地区发生骚乱，中国政府先后派出9架次包机帮助1299名侨民撤离。

2004年6月，日本通过了《国民保护法》，外务省据此法第33条第一款及第182条第二款的规定，制定了《外务省国民保护计划》。2005年发布的《美国法典》第22篇规定，美国公民有要求领事保护的权利，并明确了从总统到国务卿及领事官员等保护公民海外权益的责任。2007年10月1日，美国正式组建非洲司令部(AFRICOM)，吹响了重返非洲的号角。2008年10月，美军非洲司令部开始正式独立运作。印度为拓展海外利益，首先在塔吉克斯坦建立了海外军事基地，随后在非洲马达加斯加共和国建立1座海军监听站。

第五章

安保警戒行动

安保警戒，是指武装力量在国家或地区组织的重大活动中遂行安全保卫和警戒任务行动。其目的在于防范和处置各种敌对势力的袭击破坏活动。主要包括：对重要地区（场所）的封锁控制、对场地和人员的安全检查、对重要目标的守卫、海上安保警戒和空中安保警戒等行动。现代社会中，国际交流日益密切，各国举办各种大型政治、经济、文化、体育等活动越来越多，对推动社会发展发挥着重要作用。同时，也成为各种敌对势力袭击破坏的重要目标。因此，多年来，各国为加强大型活动的安保警戒，通常动用武装力量参与安保警戒行动，充分发挥其先进的武器装备、娴熟的军事技能等作战能力，确保了大型活动的安全。

第一节　安保警戒行动综述

2011 年，世界一些国家或地区先后举办了金砖国家领导人第三次会晤、博鳌亚洲论坛年会、世界大学生运动会、首届中国—亚欧博览会、APEC 会议、东盟系列峰会、G8 国和 G20 国集团峰会等大型活动，在安保警戒方面反映出以下特点。

一、加强组织领导，实施统一指挥

在 2011 年的重大活动中，武装力量参与安保警戒行动的力量规模大、单位多，且系统和建制不同。为确保对各种安保力量的统一组织，各国十分重视加强其组织领导，有的甚至国家领导人亲自关注安保警戒工作。如 G20 国集团峰会召开之前，法国总统萨科奇多次听取国防部关于军队参加安保警戒情况汇报，亲自审查峰会安保警戒方案，并指示国防部长专门成立了峰会安保警戒指挥机构，统一指挥参加安保警戒的陆、海、空部队。同时，各国武装力量注重与地方政府主动协同，共同建立指挥机构，规范工作流程，明确工作职责，理顺指挥关系，保障了武装力量顺利完成安保警戒任务。深圳第 26 届世界大学生运动会，总部和相关军区领导多次亲临一线视察安保警戒部队，就有关问题进行面对面指导，并提出具体要求。同时，国家、军队、武警和地方有关部门联合建立指挥机构以及反恐工作部等部门，并制定了反恐工作方案，明确了安保警戒的指导思想和原则、工作职责、保障措施等问题。另外，解放军四总部、广州军区、海军、空军、武警总部专门开设了大运会军队安保警戒联合指挥所，并下设 1 个空中行动指挥所和 13 个任务部队指挥所，统一部署和指挥地面、海上、空中安保警戒行动。2011 年新疆乌鲁木齐首届中国—亚欧博览会，军队和地方政府密切配合，建立了“中国—亚欧博览会”安保总指挥部、前方指挥部和现场指挥部，明确了各级指挥关系及联动工作机制，全面整合安保警戒资源和力量；参加安保警戒的驻新疆部队，组建了军队联合指挥机构，统一指挥部队行动，支援配合地方安保力量，有效防范和处置了绑架、暗杀、爆炸等多种袭击破坏活动。

2011 年 8 月 12 日，深圳公安局通报第 26 届世界大学生运动会安保筹备工作进展

二、参保力量专业技术强，注重军兵种专业力量联合行动

2011年武装力量参与安保警戒的部队，专业技术力量强，任务分工细，多军兵种专业部队联合行动，圆满地完成了特种安保警戒任务。2011年5月26日~27日，法国多维尔西方8国集团峰会，法军派遣了专业技术部队组成扫雷队、潜水组、核生化小组等，在多维尔周边海域、主会场和周边地区遂行搜索爆炸物、检测核生化任务。同时，特种部队全时值班，随时准备处理突发情况，确保了活动安全。乌鲁木齐首届中国—亚欧博览会，加强了技术侦察行动，广泛搜集境内外“东突”组织等敌对势力的情报，搜寻涉恐、涉枪、涉爆案件线索，并与公安、安全、新闻媒体等单位共同建立情报信息中心。深圳第26届大学生运动会期间，总部抽调军事医学科学院微生物检测中心、防化指挥工程学院特种化学品分析中心、军事医学科学院化学毒剂毒物检测中心、防化研究院化学分析实验室等单位的部分人员，组成了6个专业检测鉴定机构，对可疑物品进行检测鉴定，为指挥决策和处置突发事件提供服务。同时，陆军派出核生化监测处置、通信保障和电磁频谱管控、情报保障等专业分队，海军派出水下扫测探摸专业分队，空军派出防空、雷达和技术侦察等专业分队，各军兵种专业力量部队联合行动，密切配合，对陆上、海上、空中进行全时空安保警戒，发现异常情况，快速反应，及时处理，确保了大运会各项比赛安全顺利进行。

2011年5月25日，在法国海滨小城多维尔，警察对来往居民的随身物品进行安全检查

三、积极开展国际合作，联合实施安保警戒行动

2011年的各种大型活动中，主办国家或地区积极开展国际合作，采取多种形式强化与其他国家或地区的互相交流、整体联动，联合实施安保警戒行动。2011年11月3日~4日法国在戛纳举行的G20会议期间，法军启动了北约联合防御机制，同英国、德国、意大利等国家军队密切配合，按地域和任务划分共同部署安保力量，联合行动。深圳大运会期间，解放军利用上海合作组织有关平台和机制，协调相关国家和政府机构，签署并实施《上海合作组织成员国大运安保共同措施》，相关国家安全部门和军队情报部门共同建立了国际恐怖活动侦探协作机制，联合会商情报交流机制，明确了联络员和交流渠道，搜集分析和交换有关情报信息，及时采取核查、防范和处置措施。同时与巴基斯坦、老挝和缅甸等国家边防部队加强合作，严防"东突"组织人员、跨境犯罪人员入境从事恐怖活动和犯罪活动，并与美国、俄罗斯、德国、以色列、阿富汗等国家相关情报机构加强反恐情报交流，及时交换"基地"组织、"东突"组织等恐怖势力的情报信息，排除各种涉恐隐患。

2011年11月2日，法国宪兵在戛纳海湾巡视

四、周密制定行动方案，严格组织针对性训练

在2011年的安保行动中，各种任务部队十分重视战前准备，周

密制定安保警戒行动方案，并开展一系列的针对性训练和演练活动，确保了各种安保力量协调一致、有条不紊地展开行动。博鳌亚洲论坛年会前，武警海南总队精心筹备安保警戒行动，经过多方协调论证，拟制了200多个安保行动方案。组织负责路线警卫任务的官兵认真学习交通法规和有关执勤规定，提高法规意识；组织负责现场警卫任务的人员学习英语，提高执勤人员英语口语水平；组织担负机动任务的特种分队开展了摩托化多路开进、封控救援、隐蔽侦察、反干扰等科目的训练，并设置多种复杂情况进行研判，提高了执勤部队快速反应能力。同时，还协调其他参保力量进行多次演练，进一步完善了各参保力量的行动方案。2011年11月在法国戛纳举行的G20国集团峰会，法国国防部和内务部制定了多种安保警戒方案，并组织安保力量按行动方案进行了多次针对性演练。例如，参保部队模拟贵宾车队

博鳌亚洲论坛年会前夕，中国武警在组织值勤训练

进入主会场影节宫，进行多次训练、演练，陆海空部队8500余人进入预先指定位置，直升机、巡逻艇等其他重型装备全部部署到位，封锁了戛纳周围2千米海岸线、重点路口和相关通道，将主会场围成一个安全堡垒。深圳举办的第26届世界大学生运动会，参加安保警戒的陆、海、空和武警部队根据总的行动方案制定了各部队行动方案，并组织参加安保警戒任务的相关部队按照《大运反恐应急处置方案》要求，与有关部门密切合作，就应急指挥、力量使用、综合保障等问题进行10

余次的军地联合演练，提高了参保力量快速处置突发情况的能力。

五、注重运用先进装备器材，充分发挥高技术装备作用

2011 年主办大型活动的国家或地区，根据安保警戒任务的需要，为执行任务的安保力量购买和配发了大量新式装备器材，充分发挥了高技术装备的作用。2011 年 4 月博鳌亚洲论坛年会，解放军总后勤部、总装备部和武警总部为海南武警总队配发列装了最新、最先进的执勤器材和装备，武警海南总队还筹备资金 300 余万元购买了防弹运输车、攀登突击车、防暴布障车、多功能排障车和单兵防爆防护器材、拦阻装备、声波驱散器，引进数字集成网、哨位无线报警器、移动式岗亭、防爆毯、阻燃毯、阻车拒马等先进设备，从而有效地保障了此次任务的圆满完成。11 月美国夏威夷 APEC 会议期间，美军太平洋战区为参保部队配发了移动式地面卫星通信系统，一旦 APEC

中国值勤战士用高科技仪器搜查危险品

会议期间通信和转播系统失灵或遭到破坏，可迅速启用移动通信设施，确保在 24 小时内不间断提供音频、视频和数据卫星通信。另外，美军还提供 1 颗军用气象卫星，同国家气象部门密切联系，专门用于峰会期间气象保障。首届中国—亚欧博览会，驻新疆某部队利用最先进的扫雷装备和核化生探测器，对各个场馆进行探测作业，有效地保证了场馆安全。深圳第 26 届大学生运动会，参加安保警戒的部队

使用X光检测仪、便携式爆炸物检测仪、金属检测仪以及第二代身份证信息读卡器等先进设备进行检测，确保进入比赛场馆人员信息的真实性，有效地防范了各种可疑人员混入比赛场馆。

第二节　安保警戒主要行动

一、金砖国家领导人第三次会晤和2011年博鳌亚洲论坛年会安保警戒

2011年4月13日～16日，以“展望未来、共享繁荣”为主题的金砖国家领导人第三次会晤和以“包容性发展共同议程与全新挑战”为主题的2011年博鳌亚洲论坛年会分别在中国的海南三亚、博鳌两地举行，来自39个国家和地区的政界、商界、学界人士2400多人参加会议。武装力量3000余人参加了安保警戒，与地方安保警戒力量紧密配合，根据公安部和海南省公安厅的统一部署，超前谋划、认真备战、忠诚履职，确保了论坛年会开幕式、云亭午宴等148余场次会议安全顺利进行，圆满地完成了金砖国家领导人会晤和2011年博鳌亚洲论坛年会两场活动安保警戒任务。武警海南总队在党委领导下，为实现两个大型活动无缝对接和“文明、理性、平和、规范”的

中国武警某部举行安保宣誓大会

要求，认真分析安保警戒形势，研究制定了总体方案和哨位小方案多达800余份，统一组织编写了《博鳌亚洲论坛2011年年会警卫勤务

工作手册》和《博鳌亚洲论坛 2011 年年会警卫勤务宣传教育提纲》等教案，组织官兵学习掌握各国礼节、日常用语。在会晤和年会活动期间，军队和公安力量在三亚、博鳌水域共出动船艇 40 多艘进行巡逻执勤。并加强了公路、高铁两条路线的安全警卫，军队还配合地方政府对相关空域进行了航空管制，落实了对“低、慢、小”等飞行器的地面管控措施。据统计，活动期间，武装力量有效妥善处置有碍目标安全隐患 30 余起。

二、深圳大学生运动会安保警戒

深圳大运会安保海陆处突演练

2011 年 8 月 12 ~ 23 日深圳第 26 届世界夏季大学生运动会，是在中国改革开放前沿城市举办的一次大型体育盛会，武装力量参加安保警戒，实现“平安大运”是深圳大运会取得成功的重要标志。武警和公安部所辖的各种警力近 2 万人，主要担负大运会期间的先期封控、重要目标警卫和专业处置等反恐维稳任务。军队参加安保警戒兵力达 6000 余人，部署了部分飞机、直升机、地空导弹、高炮和雷达等武器装备。地面任务部队，主要担负搜爆排爆、核生化监测与现场处置、反恐维稳、通信保障和电磁频谱管控、情报保障、装备保障等任务。全军预备役电磁频谱管理中心接到任务后，认真研究人员编组和组织指挥流程，积极组织网上推演，进行干扰信号的快速搜索和测向定位等模拟演练，保证了大运会期间的用频安全。海上任务部队,主要负责水下扫测探摸、海域警戒任务。空中任务部队,负责运用飞机、直升机、地空导弹、高炮、雷达等武器装备,遂行空中警戒巡逻、地面防空、对空警戒、技术侦察等任务。行动中,空军任务部队实施严格的航空管制,将轻型和超轻型飞机、轻型直升机、滑翔机、无人驾驶飞机、三角翼(含动力三角翼)、滑翔伞、动力伞、热气球、飞艇、航空模型等空中飞行器纳入空管之中。参加安保警戒部队同地方安保力量共同努力,实现了“平安大运”目标,落实了“执行任务零失误、人员管理零违纪、安全稳定零事故、群众纪律零投诉”的要求,圆满地完成了大运安保警戒任务。

深圳边防支队海上特勤队正在训练

三、中国—亚欧博览会安保警戒

2011 年 9 月 1 日 ~5 日首届乌鲁木齐中国—亚欧博览会,承载着“友好往来,亚欧一家,和谐纽带,经贸桥梁”历史使命,吸引了来自 30 多个国家和地区 30 余万人参展、参观。博览会人员多、规模大、规格高,并且多项活动同时进行,再加上“7・5 事件”影响,安保警戒任务十分艰巨。

驻新疆部队坚决执行中央军委命令,贯彻落实总部首长的指示要求,适时派出任务部队,紧紧围绕自治区党委的决策部署,研判形势、周密部署,制定完善执勤和反恐维稳预案,协助地方安保力量建立起了“环疆、环乌、环场馆”三级安保警戒的力量体系。会议期间,担负场馆警卫和周边巡逻的部队针对现场环境复杂、流动人口多、防

中国武警部队在会场外巡逻

范难度大等实际，确立了以主场馆为核心、以重要目标为重点、以周边安全为支撑的安保警戒部署。空军任务部队配合地方安保力量，对乌鲁木齐及周边地区的小型航空器和空飘物、飞行物实施管制，禁止轻型飞机、直升机、滑翔机、无人驾驶飞机、航空模型、飞艇、热气球等飞行器进入警戒上空。驻新疆部队某防化技术大队和防化营共同组建核生化检测、救援分队，出动100余人次、车辆30余台，对人民会堂、博览会主场馆等重要场馆(所)进行核生化检测、监测，及时发现异常情况和排除各种安全隐患。在军队、武警、公安等力量的共同努力下，圆满完成了首届中国—亚欧博览会的安保警戒任务，实现了中国—亚欧博览会“安全、成功、精彩”的目标。

中国公安边防部队执行中国—亚欧博览会安保任务

四、伦敦奥运会安保警戒准备工作

英国伦敦申办奥运成功的第二天，伦敦发生了地铁爆炸案。一是恐怖活动威胁严重。特别是2011年利比亚卡扎菲政权倒台后，利比亚数千枚库存的火箭弹失踪，有可能落入恐怖分子手中，这些火箭弹将会对2012年伦敦奥运会安全造成威胁。北爱尔兰恐怖主义和其他国际恐怖主义也会威胁伦敦奥运会的安全。二是英国民众骚乱可能威胁奥运安全。2011年7月伦敦的社会骚乱，暴露了英国警方安保力量薄弱，当时正在伦敦进行的羽毛球世锦赛受骚乱影响，面临

2011年2月29日，英国国防大臣视察2012年奥运安保部队装备

停赛，参赛运动员安全缺乏保障。伦敦奥运安保警戒问题已成为奥组委关注的焦点。三是伦敦奥运安保力量严重不足。英国政府及伦敦奥组委重新评估了奥运安保形势，为确保奥运安全，决定增加安保警戒人员、设备和装备。据英国媒体报道。奥运安保人员可能由1万人增加到2.37万人，安保费用由2.71亿英镑增加到5.53亿英镑。但是英国受经济危机影响，很难承担这笔费用。为了降低伦敦奥运会安保警戒费用，缓解安保警戒力量不足的问题，英国政府按照国际惯例，将派遣大量军队参与奥运安保警戒工作。据英国国防部宣布的2012年军队参加伦敦奥运会安保警戒计划，奥运会期间，英国皇家海军、陆军和空军将有1.35万军人参加安保警戒。陆军大约

7500 军人负责奥运场馆(所)警戒;海军“海洋”号航空母舰将驶入泰晤士河,“堡垒”号两栖攻击舰将进驻韦茅斯湾,部署在海域附近“轻剑 2000”地空导弹接受“海洋”号航母指令行动,确保海域安全;空军将在奥运场馆附近机场部署“轻剑 2000”地空导弹、台风战斗机、E-3 预警机、山猫直升机、美洲狮直升机、海王侦察机等先进装备,提高“陆基防空能力”,确保空域安全。

英军在伦敦东区泰晤士河岸奥林匹克中心附近修建了一个特种部队秘密基地,不受陆路交通堵塞的影响,特种部队可以利用环绕奥运场馆的水网快速机动,确保灵活有效地应对恐怖袭击或紧急意外情况。英军还将派遣情报专家及特种技术人员参与奥运安保情报搜集、整理和分析工作,为奥运提供情报和特种技术保障。在伦敦奥运村附近,英军同国家反恐部门密切配合,按照预案、方案,已经进行了多次安保警戒演练,并不断完善方案。

拟参加 2012 年奥运安保的英军“轻剑 2000”地空导弹

第三节　历史回顾

自 20 世纪中期以来,一些国际大型活动先后遭到恐怖袭击,严重影响了大型活动的进程和效果,并在很大程度上损害了主办国的国际形象。1972 年第 20 届奥运会在联邦德国的慕尼黑举行期间,巴勒斯坦恐怖组织“黑九月”制造了奥运史上最惨痛的人质劫持事件，8 名恐怖分子潜入奥运村第 31 号楼，劫持了 9 名以色列代表团成员，共造成包括 5 名恐怖分子在内 18 人死亡，奥运会中断 34 个小时，联邦德国政府遭到了国际社会的尖锐批评。

1972 年 9 月 6 日德国奥运会降半旗以纪念遇难的以色列人质

1996 年第 26 届亚特兰大奥运会筹划和组织期间多次发生恐怖袭击事件，如 1993 年 2 月，纽约世贸中心被炸；1995 年 4 月，俄克拉荷马市联邦大厦爆炸；1996 年 7 月 11 日晚，美国环球航空公司 1 架从纽约飞往巴黎的客机，起飞 10 分钟后在纽约长岛上空爆炸；1996 年 7 月 27 日奥运会开幕后的第 8 天，发生了奥林匹克百年公园爆炸案。这一系列爆炸事件的发生，使亚特兰大奥运会笼罩在恐怖阴影之中。

群众自发纪念百年公园爆炸案的遇难者

2004 年雅典奥运会召开执委会时，极端组织“雅典娜和菲活斯”制造了一起爆炸事件，另一极端组织“革命斗争”在奥运代表团下榻饭店制造了一起爆炸事件。2004 年 6 月 6 日法国承办诺曼底登陆成功 60 周年庆典，活动前夕，8 名伊斯兰武装分子在里昂地区精心策划一起致命的肉毒素和蓖麻毒素袭击；法国警方在铁路干线上发现多枚炸弹。法国处在恐怖气氛之中，安全形势十分严峻。

为应对大型活动日益严峻的安全形势，自 20 世纪 70 年代中期以来，各国政府运用武装力量实施安保警戒。

1976 年蒙特利尔夏季奥运会，加拿大动用军队负责 24 个比赛场馆、59 个训练中心和 3 处运动员村的安全保卫工作；全程负责来访外国贵宾警卫工作，其中专门为英国皇室成员安排一个步兵营担任警卫；以加拿大军队情报部门为主，同国内其他安全部门密切配合，加强同盟国情报机构联络，负责搜集、分析和处理相关情报，并对潜在安全威胁进行风险评估。

1988 年汉城夏奥会，韩国国防部专门成立了军事指挥小组，全面负责军队参加奥运会安保警戒工作。派遣陆军部队担任对奥运场馆进出人员的安全检查、相关设施防护和警卫等任务；美韩联合司令部所属第七舰队舰艇封锁了韩国近海海域；韩国海军部署高速舰艇巡逻，加大了邻近朝鲜海域的警戒力度。

1992 年巴塞罗那夏奥会，为了防止“埃塔”恐怖组织的渗透，西班牙军队封闭了西法边境；派出工兵分队、侦爆军犬分队，协助警察处置重大突发事件；派出情报专项技术保障分队，提供人员和设备保障；成立了多个防核化生小队，成立专门的核化生实验室和特别治疗机构，防止和处置核化生恐怖袭击。

1996 年亚特兰大夏奥会，美国军队组建 30 余个防爆小队，负责各赛区的安全防暴工作；命令相关特种部队随时准备执行特殊任务；在亚特兰大城市周围和机场附近部署了“爱国者”导弹，防止空中恐怖袭击。

2000 年悉尼夏奥会，澳大利亚军队派遣特战分队、水面舰艇、水下蛙人、装甲车辆等人员和装备,在奥运会比赛场所及相关区域构建海(水)陆空立体安保网络。

2000 年 5 月 5 日,澳大利亚特种部队和新南威尔士地方警察举行了名为"金火焰"的联合军事演习。

澳大利亚新南威尔士警察局局长与演习司令官举行新闻发布会

2001 年 7 月 20 日 ~22 日,第 27 届 8 国集团峰会在意大利北部海滨城市热那亚举行,意大利动用了 2500 名军人参加安保警戒工作。陆军部队组建联合反恐特种队,负责处理突发事件;海军部署了军舰和扫雷艇巡逻,负责海域安保警戒;空军在热那亚机场部署了战斗机和射程达 14 千米的"斯帕达"地对空导弹。

APEC 会议期间,中国武警部队在南京路巡逻执勤

2001 年上海 APEC 会议,动用了陆海空部队全程参加安保警戒

工作。22 名担负主会场安检任务的女兵，每天工作 10 多个小时，检查 10 万余人次无一差错；在浦东国际机场担负专机守卫任务的官兵，克服了噪音大、地面反光强等困难，确保了各国领导专机和外宾公务机的安全；海军东海舰队某防救船大队，把上海所有码头和港口的水底“摸”了个遍。

2002 年盐湖城冬奥会，美国动用军队负责空中安保和情报搜集工作。美国国防部在盐湖城附近的希尔空军基地设立航空安全中心，负责指挥空中安保警戒行动；设立临时禁飞区，禁止无关飞行物进入盐湖城国际机场上空方圆 45 英里范围；空军特遣队负责雷达监视和空中巡逻警戒任务，并在机场附近部署了“爱国者”防空导弹。美国军队情报部门组建网络安全小组，搜集试图进入赛场的各类人员数据，并进行分析研究，以便准确掌握恐怖分子情况。

2003 年 6 月 2 日 ~3 日，第 29 届 8 国集团峰会在法国埃维昂举行。相邻的法国、瑞士和德国 3 国军队联合行动，法国动用了 3000 名陆军、700 名海军和 4300 名空军及地勤人员，瑞士派遣 F－18 战斗机，德国派遣“鬼怪”式战斗机，形成了海陆空立体部署，圆满完成了峰会安保警戒任务。

2004 年雅典奥运会，希腊军队成立了国防总参谋部奥运局，由 1 名中将担任局长，下设特别参谋处、行动计划处、情报处、后勤支援处等机构，指挥奥运会安保警戒部队。组建了快速反应部队，由反恐突击队、爆炸物处理队、水下行动组、特别谈判组等组成，并抽调部分陆军部队协助警方加强边境管控，防止恐怖分子渗透；在比赛场上空设立禁飞区，派遣直升机、小型飞艇和空中预警机进行全天候巡逻，并建立由“爱国者”、“毒刺”等多种防空导弹组成的防空导弹系统；海军出动水面舰艇海上巡

2004 年 8 月 9 日在雅典国际机场警戒的警察

逻、2 艘潜艇水下警戒。

2004 年 6 月庆祝诺曼底登陆 60 周年活动，法国动用特种部队对通往诺曼底的交通要道戒严，封锁了各关键路口，严格盘查过往人员和车辆；海军 17 艘舰艇按照区域划分，24 小时在英吉利海峡巡逻，封锁了诺曼底地区水域；距离地面 100 米 ~ 6500 米之间空域实施严格空中管制，所有飞行物都在空军的严密监视之下，无人机、直升机、战斗机随时待命。

2005 年美国总统小布什就职典礼，动用了陆海空部队，按照战时状态部署安保警戒工作，实施立体防卫。北美航空航天防御司令部负责空中巡逻，华盛顿周边机场对私人飞机实行 8 小时空中管制，禁飞区半径由 16 英里扩大到 48 英里。

2008 年 8 月北京奥运会，按照党中央和中央军委的统一部署，动用了多个军区和海军、空军，以及总部直属单位数万人遂行安保警戒任务，出动数十艘舰艇、近百架飞机、数十架直升机等武器装备，担负北京、天津、秦皇岛、沈阳、青岛、上海、香港 7 个赛区陆海空警戒、防核化生爆和医疗救援等任务，确保了奥运安全，实现了“平安奥运”目标。

2008 年 7 月 23 日，中国武警某部举行奥运安保誓师大会

2010 年 5 月 1 日 ~ 10 月 31 日上海世博会，党中央、国务院和中央军委高度重视世博会安保警戒工作，胡锦涛同志多次作出重要批

示，军委、总部首长亲临安保一线视察指导。南京军区、海军、空军和总部直属单位数万人参加安保警戒工作。军队世博安保各级指挥机构和任务部队紧紧围绕“平安世博”目标，周密筹划，精心组织，密切协同，积极稳妥地处置各种情况。在7个月的安保警戒工作中，执行任务部队累计安检游客近3000万人次、车辆94万台次，搜排爆面积1.38亿平方米，查获违禁物品120余万件；出动舰艇巡逻警戒100多艘次，扫测园区核心水域近20次，探摸水下目标1000多个；出动飞机巡逻400多架次。出色地完成了世博安保警戒任务。

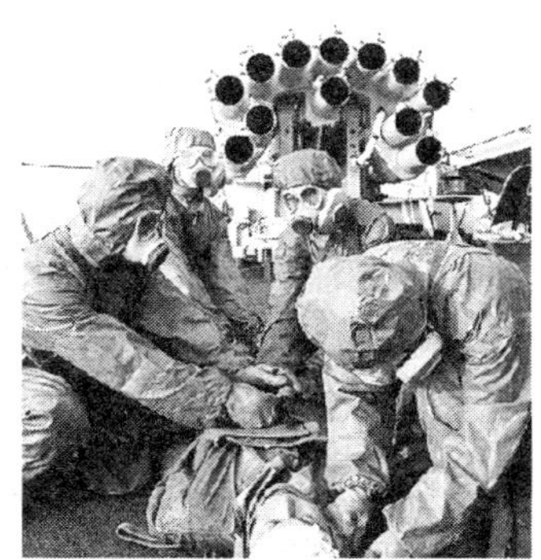

中国海军在上海世博会前进行针对性演练

2010年11月，中国军队出动万余人，执行第16届亚洲运动会安保警戒任务。陆军侦察、通信、工程、防化和卫勤等专业力量，协助地方完成场地、场馆安检和核化生爆监测巡测等任务，处置多起疑似突发情况，查处违禁物品上万件和数十起违规用频，协助警方抓获涉案人员数十名；海军任务部队掌握海情目标上万批次，扫测水域数十万平方千米，探摸可疑点上千处；空军任务部队侦测处置多批次“低慢小”目标和空中异常情况。

广州亚运安保警用摩托车队进行穿越障碍训练

第六章

国际维和行动

国际维和,是指武装力量参与的由联合国或区域性国际机构组织指挥、以非武力行动方式,在冲突地区恢复和平与稳定的行动。通常经冲突方的邀请或同意,以《联合国宪章》为依据,落实或监督落实冲突方签署的旨在控制和解决冲突的决议,或确保人道主义援助的安全。维和行动作为联合国在实践中的一项创新举措,为国际和平与安全发挥了积极作用,数十场一触即发的战争得以避免,更多的地区冲突得以和平解决。在数十年的维和实践中,联合国维和行动的权威性、自愿性、非强制性、中立性、灵活性的特点一直得以保持,并受到世界人民的肯定和尊重。本章以联合国维和行动作为主要总结和研究对象。

第一节　国际维和行动综述

2011 年的联合国维和行动出现了一种泾渭分明的局面:一些已实施多年的维和特派团,如利比里亚和东帝汶的维和人员,在维护稳定与安全方面取得了决定性成果,已开始进入较长期的建设和平阶段,使得联合国开始或计划撤出其部分维和人员;而在另外一些任务区,如阿富汗、达尔富尔和刚果民主共和国,由于政治和安全局势的因素,联合国维和人员面临着各种困难和险境,难以有效开展行动,无法达到预期的目的,和平进程缓慢。

一、维和行动继续保持较大规模，部分任务区成果显著

联合国维和军警人员的部署人数在2010年3月达到历史高位，此后，就部署规模而言，维和行动进入巩固期。截至2011年12月31日，共有来自114个国家的98639名军、警人员参与到由维和行动部指挥的16项维和行动当中，其中军事人员84339人、警察人员14300人。另外参与各项维和行动的国际文职人员和当地文职人员有18362人，参与维和行动的总人数共计121591人。[①]

2011年联合国开展的16项维和行动中，部分已取得显著成效。例如，在海地，联合国海地稳定团不仅完成了总统选举的保护和监督工作，还在维护当地安全形势、打击犯罪方面发挥了重要作用。一是确保总统选举顺利举行，实现权力和平移交。2011年年内，海地政局趋于稳定，安全形势有所好转。2010年11月28日，海地举行了第一轮总统和议会选举，但选举进程因存在恐吓、舞弊现象而引发了部分地区的暴力和民间动乱。在美洲国家组织的技术专家小组对选举结果进行核查之后，临时选举委员会宣布此次选举结果无效，并宣布将第二轮选举推迟到2011年3月20日。在联海稳定团人员的监督、帮助和维护下，第二轮选举如期顺利举行，流行歌手米歇尔·约瑟夫·马尔泰利在该轮选举中获胜，并于5月14日接替总统普雷瓦尔宣誓就任新总统，海地经历了有史以来第一次民选总统和来自反对派的总统之间的权力和平移交。二是在维持稳定、恢复秩序、帮助国家重建方面发挥显著作用。自地震以来，海地国内谋杀、强奸、绑架、偷窃和抢劫等犯罪行为均有增加。总统选举后，暴力示威事件虽然大大减少，但民众骚乱的风险仍然很高，安全局势依然动荡不安。联海稳定团的军警人员继续在边界管理、灾难应对、选举支持、维持治安，以及恢复重建等方面发挥着重要作用。2011年7月间，联海

① 参见联合国官方网站2011年12月31日数据：http://www.un.org/en/peacekeeping/resources/statistics/factsheet.shtml。

稳定团在太子港地区成功开展了多次联合军事和警察行动，逮捕了一些帮派成员和越狱犯，打击了部分贩毒行动，使这些地区的犯罪活动有所减少。此外，特派团的军事工程力量正在为各种恢复工作提供支持，并协助为长期重建创造条件；文职人员在国家机构建设、法治能力建设、公共信息宣传、人权保护等方面发挥着重要作用。鉴于海地依然面临诸多严峻挑战，诸如振兴瘫痪的经济及加强法治等，潘基文秘书长承诺将继续为海地提供援助，安理会也将联海稳定团的任务期限延长至2012年10月15日，未来将把工作的重心重新放在支持政治进程、巩固国家权力，以及协助进行国家机构能力建设和问责制度建设上。

中国驻海地维和警察正在执勤

在利比里亚，联合国利比里亚特派团帮助利比里亚各政党积极筹备立宪公民投票及总统选举和议会选举，经过2011年10月16日和11月8日两轮总统选举，现任总统埃伦·约翰逊－瑟利夫以90.8%的得票率赢得总统选举，成功连任。

二、任务区域安全形势复杂多变，维和行动面临多重挑战

（一）受援国国内形势复杂，完成维和使命面临巨大困难

以最新建立的联合国南苏丹特派团为例，南苏丹虽已建国，但国内安全形势依然十分严峻。首先，北南双方的安全态势依然脆弱。

苏丹北南之间在边界划分、石油资源分配、外债分担等关键问题上的谈判未取得突破性进展，双方的安全态势依然十分脆弱。为解决边界划分问题，双方领导人同意在南苏丹独立后在边界沿线设立军事缓冲区，并继续谈判。其次，南苏丹国内反政府武装活动依然猖獗。目前，南苏丹境内共有12个大大小小的反政府武装和势力，经常同政府军爆发冲突，严重威胁了南苏丹国内安全。第三，在安保机制经历艰难的转型期间，南苏丹继续出现新的部落冲突。由于南苏丹部落众多，各部落几乎都有自己的武装力量，它们之间经常因争夺水源、草场、土地和牲畜发生暴力冲突。据联合国2011年7月份公布的一份数据显示，自2011年1月9日公投至今，南苏丹共发生了330多起暴力冲突事件，已造成2400多人死亡。如何平定局势，收缴散落在民间的武器，实现真正的和平与稳定，是又一重大考验。[①] 多重因素导致南苏丹局势动荡多变，为联合国解决矛盾设置了巨大障碍。联合国工作人员在南苏丹遭受骚扰、恐吓，甚至攻击的事件时有发生。南苏丹特派团在目前形势下面临诸多挑战，任务十分艰巨。

（二）任务区犯罪活动猖獗，对联合国人员和财产安全构成重大威胁

2011年利比里亚的总体安全局势仍旧十分脆弱。土地和资源纠纷、民族宗教分歧、持续紧张的族裔和社区关系等，给利比里亚国内安全形势带来巨大挑战，犯罪活动给联合国人员和财产安全造成重大威胁。仅从2011年年初到8月份，利国内就发生了8起针对联合国人员的武装抢劫事件，还发生了109起不涉及武器的犯罪事件，联合国利比里亚特派团年内共有4名本国工作人员、9名军事人员和4名警官死于枪击、疾病或事故。[②] 在苏丹，2011年上半年内袭击

---

① 参见《南苏丹组成独立后首届政府荆棘满途任重道远》，人民网：http://world.people.com.cn/GB/1029/42359/15524359.html，2011年8月27日。

② 数据整理自联合国秘书长报告。

达尔富尔混合行动维和人员的事件有所减少,但自6月份开始,针对维和人员的劫车和武装袭击事件呈上升趋势,仅南部战区就有15辆车被劫;7月份以来发生多起有组织的武装袭击,先后有6名维和士兵被打死,多名受伤。

(三)周边局势恶化对维和任务区安全稳定造成冲击

2011年科特迪瓦选举后爆发的新危机,给其邻国利比里亚带来了重大安全和人道主义挑战。由于科特迪瓦西部及边境地区民兵和其他武装分子继续存在,利政府在联利特派团支持下,正在增加沿科边境线的巡逻和存在,以监测有关情况,并形成威慑。联利特派团和联科行动也加强了特派团间的合作,包括重新启动联合边界活动、增加联席会议、协调地面和空中巡逻,并在边界两侧相邻特遣队之间设立联络官,实施信息共享制度化。安理会2011年9月16日通过第2008号决议,决定将联利特派团的任务期限延长至2012年9月30日。

三、热点地区矛盾错综复杂,恢复与建设和平任重道远

中东地区和阿富汗是世界热点地区,区域内各种矛盾错综复杂,国际社会在该地区永久实现和平的种种努力屡遭挫折。2011年,这些地区民族矛盾、宗教矛盾、种族冲突、派别斗争时而激化,有组织的暴力事件时而发生,联合国和平行动任重道远。

2011年年初,黎巴嫩政治紧张局势加剧。1月12日,反对派10名内阁部长和苏莱曼总统派别的一名部长辞职,造成民族团结政府倒台。在看守政府勉强运作的上半年期间,黎巴嫩都处于一种无政府状态,贝鲁特等地区出现了一系列示威活动,而阿拉伯世界的政治骚乱使已经动荡的黎局势更加飘摇。6月13日,候任总理纳吉布·米卡提宣布组建新政府,新内阁由30名部长组成,并于7月7日赢得了议会信任投票,此后黎国内局势趋于好转。在这期间,联黎部队仍然努力在任务区内的安保、联络安排、解除武装、武器禁运、排除地雷和未爆弹药,以及划定边界等事务中发挥应有的作用。2011年年

内，尽管任务区内基本保持了稳定和平静，但也有个别冲突和危及维和人员安全的事件发生。5月15日，在马伦拉斯附近的一起巴勒斯坦示威活动中，以色列军队向巴勒斯坦示威者开火，造成了7名平民死亡和111人受伤。5月27日，联黎部队一支车队在赛伊达以北的南北沿海主要公路上遭到路边炸弹袭击，造成6名维和人员受伤。7月26日，另一支联黎部队车队在赛伊达南入口附近遭到路边炸弹袭击，造成6名维和人员受伤及1台车辆受损。此外，联黎部队在任务区内还曾数次被拒绝通行，这对维和人员的安全和安保工作均构成了威胁。

2011年，阿富汗国内安全形势未见好转，联阿援助团从事的依然是联合国最重要也最危险的战地工作之一。4月1日，数百名阿富汗民众在北部城市马扎里沙里夫的联阿援助团行动中心外示威，抗议美国佛罗里达州一名基督教牧师焚烧《古兰经》，这次抗议后来突然演变为暴力行动，部分示威者向联合国行动中心开火，导致7名联合国人员丧生。联合国秘书长潘基文当天对此事件表示最强烈的谴责。由于阿国内安全状况不佳、谋生机会缺乏、民众无处安身等原因，流亡巴基斯坦和伊朗等国的阿富汗难民2011年归国人数有所减少。目前在阿富汗以外的邻近地区，仍有近300万阿富汗难民处于流亡状态。[①] 在政治进程方面，8月23日，阿富汗独立选举委员会宣布撤换9名国民议会人民院（下院）议员，由之前被误认为涉嫌舞弊而取消资格的9名议员接替。在委员会恢复这9个人的议员资格后，联合国驻阿富汗援助团负责人、秘书长阿富汗事务特别代表德米斯图拉对此决定表示欢迎，称此举为旷日持久的政治体制僵局画上了一个句号，他同时对阿富汗政府积极致力于终止议会选举舞弊风波的努力表示肯定。[②] 为能向阿富汗政府在确保国家安全和发展过

① 参见“阿富汗难民今年返乡人数已达6万”，联合国官网新闻报道。

② 参见“联合国欢迎阿富汗独立选举委员会撤换议员决定”，联合国官网新闻报道。

程中继续提供必要的支持，安理会于3月22日通过第1974号决议，将联阿援助团的任期再延长1年，至2012年3月23日结束。安理会还于10月12日通过第2011号决议，授权将驻阿富汗的国际安全援助部队的任期也延长1年，至2012年10月13日，并授权其可采取一切必要措施履行和平使命。

联合国就驻阿富汗援助团任期问题表决

自联合国开展维和行动以来，联合国维和行动一直广受国际社会赞同，受到受援国的认可和冲突各方的欢迎。但是，在苏丹的非盟—联合国达尔富尔混合行动却遭遇了尴尬。2011年是《达尔富尔和平协议》签署第5个年头，虽然联合国、非盟及国际社会不断努力推进达尔富尔的和平进程，但由于不满联合国安理会2003号决议，苏丹政府要求联合国取消该决议，并威胁将终止与联合国的合作并驱逐联非达团。5月27日~31日，非盟—联合国联合调解支助小组在卡塔尔政府的大力支持和达尔富尔混合行动的协助下，在多哈举行了达尔富尔问题全体利益攸关方会议，与会的500名各方代表在5月31日的闭幕仪式上签署公报，规定将多哈文件草案作为实现达尔富尔永久停火、各方包容，以及可持续和平与稳定的基础。8月份，联合国秘书处与非盟委员会、苏丹利益攸关方和执行工作后续委员会成员一起，制定了一份新的达尔富尔和平进程路线图，但全面且能够赢得广泛支持的路线图仍需各方进一步磋商形成。自2011年年初至9月30日，维和部队共执行约55900次巡逻任务，其中有122次巡逻遭到苏丹政府方面拒绝，此外还有267次飞行申请被拒绝，绝大部分行动限制发生在政府认为有叛军活动的地区。[①] 在认定苏丹局势依然对国际和平与安全构成威胁的前提下，安理会于2011年7月29日通过第2003号决议，达尔富尔混合行动的任务期限再延长12个月，到2012年7月31日为止。

四、预防性外交理念深入人心，联合国施加影响的时间前移

自1992年由联合国前秘书长加利在其《和平纲领》中首次提出以来，预防性外交一直是联合国的一个理念，特指在尽可能早的阶段采取外交行动，“防止两方发生争端，防止现有的争端升级成为冲突，并在发生冲突时限制冲突的扩大”[②]。如今，这一理念已逐渐成为更广泛的预防冲突努力的重要组成部分，在政治局势日益紧张或危机不断升级之时，预防性外交往往是屈指可数的不用强制措施维护和平的可选办法之一。联合国的目标是，预判潜在的冲突，并积极主动地通过预防性外交和调解活动帮助化解冲突。2011年8月26日，联合国秘书长潘基文在安理会作了题为《预防性外交：取得成果》的报告，对近10年来联合国预防外交的努力评价甚高。报告指出：在联合国各个相关职能机构当中，联大通过其制定规范的职权以及议事职能，在促成有利于预防冲突的环境方面发挥了核心作用；安理会作为担负维持国际和平及安全主要责任的联合国机关，在预防武装冲突方面发挥着关键作用；建设和平委员会作为安理会和联大的政府间咨询机构，在为摆脱冲突的国家早日恢复而进行的重建和体制建设过程中做了重要工作。与此同时，秘书长通过政治事务部进行斡旋，任命特使帮助缓和紧张局势和解决问题；联合国区域办事

① 数据整理自联合国秘书长报告，2011年第244，422，643号。

② 《和平纲领：预防性外交、建立和平与维持和平》（A/47/277 – S/24111），1992年6月17日。

处和驻地政治特派团协助国家进行能力建设、促进对话、缓和紧张局势并防止暴力。全方位的维和行动,多年来一直在应对各种冲突的预防性外交方面发挥着重要作用。潘基文最后在报告中提出,应将预防性外交作为一种低调、长期和具有成本效益的方式来促进和平与稳定,建议把进一步加强预防外交工作作为联合国安理会未来5年内的工作重点之一。2011年,联合国格外重视预防与选举有关的暴力行为,通过斡旋、战略咨询和技术援助,在中非共和国、科摩罗、科特迪瓦、几内亚、海地、吉尔吉斯斯坦、尼日尔和坦桑尼亚联合共和国等国帮助会员国进行了可信和透明的选举。在全球范围内,联合国向约50个国家提供了选举援助,在此过程中一贯重视选举工作的公正性、可持续性和成本效益。随着经验的积累,更强大的伙伴关系及更健全的机制的建立,联合国未来将进一步有效加强国际社会为促进和平、安全和发展而进行的预防外交能力。

2011年的维和实践表明,当前的环境迫切需要联合国灵活善变,具备防患于未然、维持和平和建设和平的手段,以防止和解决暴力冲突。曾经的"军事观察员+维和部队"的单维行动,已难以为局势复杂的战乱地区真正带来和平,为了适应世界各地千差万别的冲突形式,联合国维和行动应在实践中不断调整和创新,真正发挥维持和平、建设和平、保障选举、维护社会稳定等维护世界和平与安全的作用。

联合国维和部队为保障刚果(金)大选安全,正在实施巡逻

第二节　国际维和主要行动与大事记

2011 年对联合国维和行动来说，是非凡而又充满挑战的一年。在这一年中，为完成保护平民、帮助难民返乡、保障大选等任务，除在全球部署并维持已有的维和任务区外，联合国还实施了一系列有影响的维和行动和特别政治行动。这些行动为一些刚刚从战火中重生的新兴国家提供了切实有效的安全与稳定，为重建营造了良好环境。

一、联合国特派团在南苏丹共和国的行动

（一）行动背景

2005 年 1 月 9 日，在国际社会的斡旋下，苏丹政府与苏丹人民解放运动（苏人解）终于签署了《全面和平协定》，开启了 6 年的和平进程，结束了长达 20 多年的战争。在联合国苏丹特派团（联苏特派团）的全力支持下，苏丹政府与苏人解顺利渡过了《全面和平协定》设定的过渡期，于 2011 年 1 月如期举行全民投票，98.83% 的绝大多数选民投票选择独立。2011 年 7 月 9 日，南苏丹共和国正式成立，成为全世界最年轻的国家。新生国家百废待兴，国内安全仍然存在各种不稳定因素。为了巩固南苏丹的新生政权，2011 年 7 月 8 日，联合国安理会通过了第 1996（2011）号决议，决定设立联合国南苏丹共和国特派团（简称“联南苏团”），帮助南苏丹巩固和平与安全，以便为其国家建设和经济发展创造条件，并全面展开战后重建。初次任务期限为 1 年，从 2011 年 7 月 9 日开始，并计划视需要予以延长。

南苏丹特派团的目标是巩固和平与安全，为帮助南苏丹共和国的发展创造条件，以期加强南苏丹共和国政府的能力，以民主方式进行有效管理，并同邻国建立良好关系。南苏丹特派团授权编制 7000 名军事人员，900 名警察人员，并编制适当的文职部门。此外，特派团还决定在 3 个月和 6 个月后审查当地情况，再决定是否允许将军事人员减少到 6000 人。

（二）授权任务

为了帮助南苏丹人民巩固和平与安全，为南苏丹的发展创造条件，加强南苏丹政府管理国家的能力，并同邻国建立友好关系，联合国安理会特别授权联南苏团全面开展以下工作：

第一，支持南苏丹巩固和平，从而促进国家的长期建设和经济的快速发展。（1）就政治过渡、国家治理和建立国家权力等问题，向南苏丹提供斡旋、建议；并给予支持；（2）促进民众参与政治进程，包括围绕包容性的制宪进程、依照宪法举行选举等问题，向南苏丹提供支持和咨询。第二，支持南苏丹政府就预防、缓解、解决冲突以及保护平民方面履行其职责。（1）在能力范围内，在国家、州、县三级提供斡旋，建立信任并协调工作；（2）培养和运用全特派团的预警能力，在处理信息的方面采用综合方法；（3）与人权事务高级人员办事处适当合作，对平民面临的潜在威胁以及侵犯人权的行为，要进行监测、调查、核实和定期报告；（4）阻止暴力行为，并保护随时遭到暴力侵害的平民；（5）保护联合国人员、人道主义人员以及执行任务所必需的设施的安全，并为人道主义援助提供安全保障。第三，支持南苏丹政府发展其自身能力，以建立法治，加强安全和司法部门。（1）支持安全部门改革，法治和司法部门的发展；（2）支持南苏丹同国际伙伴合作，制定和实施全国解除武装、复员和重返社会的方案，特别注意妇女和儿童的需要；（3）通过在关键领域提供培训和指导意见，加强南苏丹警察工作能力；（4）支持南苏丹发展军事、民事司法制度；（5）协助南苏丹进行扫雷行动，加强南苏丹排雷管理局的排雷能力。

（三）主要成就和面临的挑战

1. 主要成就

随着南苏丹独立以及诸多新的问题出现，联南苏团的主要工作明显不同于联苏团的维持和平行动，转型为建设和平行动。尽管刚部署不到 1 年，联南苏团在建设和平方面已取得了一定的进展。

首先，协助建立完善的治理机构，开展法制建设。2011 年 7 月 12 日，为了在司法和安全领域的任务中可以与政府快速开展合作，联南苏团部署了驻布林迪西的常备司法和惩戒能力。在法制建设方面,联南苏团于8月向南苏丹政府提供了有关新成立的司法部3年战略框架及其法律援助战略的分析报告。为了保障技术专家能够在授权领域内为司法和安全部门的改革提供支持帮助,联南苏团正与该国政府商议,为这一事宜作出可能的安排。其次,全面实施人道主义援助。由于安全环境恶劣,南苏丹独立后的人道主义状况发生恶化。针对这一情况,联合国采取了相应的措施以缓和局面恶化:监测和汇报严重侵害儿童的行为,并支持帮助执行苏丹解放军结束招募和使用儿童的行动计划。第三,协助人权能力建设。联南苏团一直向南苏丹司法部和国家立法会议提供技术咨询和培训,以支持政府关于加入人权条约的方案。此外,为加强南苏丹人权委员会的能力,联南苏团向该委员会提供技术咨询,并协助起草了受理申诉和开展调查的程序规则。

2. 面临的挑战

尽管在立法与整编军队的问题上,南部苏丹取得了极大的成就,但是在保护平民以及处置种族冲突破坏和平问题上仍存在较大的挑战。对于一个刚刚成立的毫无经验的政府来说,琼莱州的安全问题是相当棘手的。由于将保护平民视为首要任务,因此联南苏团呼吁南部苏丹政府鼓励卷入冲突的种族部落能够遵守各自最初的承诺,通过对话的方式解决分歧。南苏丹的努埃尔人(Lou Nuer)和穆尔勒人(Murle)两大部族之间长期存在矛盾,近来更多次发生流血冲突。在琼莱州皮博尔地区(Pibor)发生的一起冲突中,至少有20人被杀害,另有大量民众为躲避暴力而逃离家园。联合国南苏丹特派团在当地进行空中巡逻时观察到了数以千计的努埃尔青年准备袭击穆尔勒人的企图。潘基文秘书长发表声明,对当前南苏丹局势深感关切,并对南苏丹政府为缓和局势、保护平民所作的努力表示赞赏。同时,他也敦促两大部族领导人停止暴力,与政府合作,致力于寻找长期解决方案,消除导致敌对状态的根源问题。与此同时,联合国南苏丹共和国特派团正试图提供安置点和必须补给。据联合国提供的数据称,目前已有超过20000人被安全转移到南苏丹的皮博尔(Pibor),联合国世界粮食计划署准备通过空投的方式向皮博尔民众运送食物。

此外,联合国工作人员在南苏丹遭受阻挠、胁迫,甚至袭击的事件还时有发生。2011年8月20日,南苏丹特派团人权问题负责人贝内迪克特·桑内在南苏丹首都朱巴一家宾馆内,因拒绝南苏丹警察搜查私人物品,遭到10多名警察拳打脚踢。这些不稳定因素都给本来就不是十分明朗的南部苏丹维持和平局势蒙上了一层阴影。

二、联合国临时安全部队在阿卜耶伊的行动

(一)行动背景

阿卜耶伊位于北南苏丹交界的中心地带,面积大约1.04万平方千米。根据苏丹北南和平协议,当南苏丹在2011年1月举行独立公投时,阿卜耶伊地区也应同时举行公投以决定其南北归属,但由于各方在选民资格等问题上存在争议,公投至今未能举行。因此从2011年年初以来,阿卜耶伊地区就不断发生武装冲突,紧张局势持续升级,并出现了大量人口流离失所现象。为应对这一状况,2011年6月27日,联合国安理会通过第1990号决议,授权向北南苏丹存有争议的阿卜耶伊地区部署一支维和部队。新组建的联合国阿卜耶伊临时安全部队(以下简称联阿安全部队)任期为6个月,总部设在阿卜耶伊城,计划部署的最高人数将包括4200名军事人员、50名警务人员和适当的文职人员。

(二)授权任务

根据安理会第1990(2011)号决议的条款,“除联阿安全部队和阿卜耶伊警察局外,阿卜耶伊地区将没有任何部队,实现非军事化”,联阿安全部队的任务将包括监督和核实苏丹武装部队及苏丹人民解放军(苏人解)等撤离阿卜耶伊地区的情况,为人道主义援助工作提供便利,并在必要时与当地警察局合作,为该地区石油基础设施提供安保服务。除此之外,联阿安全部队还需要在部署地区采取

必要行动，保护联合国人员、设施和装备，确保联合国工作人员的人身安全和行动自由，并保护阿卜耶伊地区平民免受人身暴力威胁和其他入侵。由于阿卜耶伊地区是北南苏丹双方争议的焦点，因此该地区安全形势一直比较恶劣，双方军事冲突持续不断，维和部队任务艰巨且充满危险。

联合国就在阿卜耶伊部署国际维和部队问题表决

（三）主要行动

为了使得苏丹北南和平协议得到有效执行，联合国以及国际各方均作出了最大的努力。南非总统塔博·姆贝基领导的非洲联盟高级别小组协助就《全面和平协定》的待决内容进行谈判，联合国特使海尔·门克里欧斯、特派团团长塔德塞·韦雷德·特斯法耶中将和国际伙伴参加了谈判。2011 年 6 月 20 日，苏丹政府与苏丹人民解放运动（苏人解）达成撤出各自军队并允许埃塞俄比亚维持和平人员进入阿卜耶伊的协议。8 月 8 日～12 日，特斯法耶中将与双方一道对边界地区进行了侦察，以确定边界监测支助团可能采取的结构和模式。从 9 月 6 日起，非洲联盟高级别小组在亚的斯亚贝巴召开各方会议，两天后该小组协助召开阿卜耶伊联合监督委员会第一次实质性会议，联合国多位代表出席了会议。各方商定该委员会的职权范围，以及重新部署苏丹解放军和苏丹武装部队的时间表。9 月 18 日联合政治与安全机制举行会议，讨论侦察结果，会议由塔博姆·贝基总统主持，由苏丹国防部长阿卜杜勒·拉希姆·穆罕默德·侯赛因中将和南苏丹国防和退伍军人事务部长约翰·考恩·纽恩将军共同召开。两国政府的代表商定了一些技术细节。尽管非洲联盟高级别执行小组作出了巨大的努力，但双方仍然在阿卜耶伊地区行政当局的提名问题上陷入僵局，阿卜耶伊地区的最终地位问题仍未得到有效解决。

12 月 12 日和 13 日，在阿卜耶伊举行的阿卜耶伊联合监督委员会第二次会议出现了令人鼓舞的打破政治僵局的前景。会议虽然未能就主要问题（行政机构的组成和部队撤出）达成具体措施，但提供了一个有益机会，使各方自 5 月冲突以来首次得以在阿卜耶伊本地进行直接对话。双方认识到亟须帮助向阿卜耶伊地区所有受影响社区提供人道主义援助，因此商定将与联阿安全部队和有关联合国人道主义机构密切协调，确定人道主义机构自由和无阻碍地进出阿卜耶伊地区所有受影响社区的切实可行方式。此后，联阿安全部队已与当局共同努力，以促成这种进出能力，方法包括加强排雷工作，同各社区直接互动。目前，联阿安全部队的行动范围从最初的局部地区已发展到能够覆盖大部分阿卜耶伊地区，并用坦克和装甲运兵车进行大范围日夜巡逻，以便遏制安全威胁，提高联阿安全部队的可信度，并帮助流离失所者安全、顺利地回归及米塞里亚族游牧民的迁徙。

12 月 14 日，安全理事会确认苏丹和南苏丹应紧急启动边界正常化进程，通过第 2024（2011）号决议，决定联阿安全部队的任务还应包括支持边界正常化，包括支持建立有效的双边管理机制，协助建立相互信赖。安理会敦促苏丹和南苏丹全面履行其根据 6 月 29 日协议和 7 月 30 日协议作出的承诺——前项协议述及建立非军事化边界区，后项协议述及成立联合边界核查和监测机制，并敦促双方充分相互合作，全面支持联阿安全部队。

12 月 22 日，联合国安理会一致通过 2032 号决议，将联阿安全部队的任务期限延长 5 个月（延至 2012 年 5 月 27 日止）。根据该决议，安理会要求苏丹和南苏丹政府“立即无条件地调走阿卜耶伊地区所有剩余军事和警察人员”,并按照承诺,最终设立阿卜耶伊地区行政当局和警察局。安理会敦促苏丹和南苏丹政府根据联合政治和安全机制确定非军事化边界安全区、划分边界、解决边境地区争端等悬而未决的问题,呼吁双方认真履行其根据《全面和平协定》作出的承诺,和平解决阿卜耶伊最终地位问题。

(四)成就及面临的挑战

根据潘基文秘书长2012年1月对安理会的报告,截至2011年12月31日,联阿安全部队的军事部分共部署了4200名核定编制中的3799人,其中军事观察员83名,其军事人员主要来自埃塞俄比亚、俄罗斯联邦、卢旺达和突尼斯。联阿安全部队的部署已接近完成,这是一个令人欣慰的情况,因为这将加强特派团有效执行任务的行动能力。由于阿卜耶伊地区是北南苏丹双方争议的焦点,因此该地区安全形势一直比较恶劣,双方军事冲突持续不断,维和部队任务艰巨且充满危险。联阿安全部队工作人员在经常非常困难的条件下继续努力,帮助流离失所者和平、有序地回归和游牧民迁徙,并为阿卜耶伊地区恢复正常的民事活动创造一个更稳固的环境。不过,令国际社会忧虑的是,苏丹与南苏丹双方尚未履行根据关于阿卜耶伊地区的6月20日《协议》承担的承诺。双方武装部队继续驻留,特别是苏丹武装部队仍留在地区内的据点,威胁着已经进入该地区的米塞里亚游牧民族的安全迁移,以及恩哥克丁卡族难民的回返。这种局势难以维持,加剧了两国间已经相当紧张的关系。苏丹和南苏丹两国政府签署的各项协议能否有效实施,还取决于双方之间是否能建立信任和信心,这包括发展睦邻友好关系。而南科尔多凡州和青尼罗州持续不断的战斗对上述目标的实现构成了严峻挑战。为此,潘基文秘书长敦促两国政府保持最大限度的克制,避免做出可能引发直接对抗的任何挑衅姿态。

三、联合国刚果民主共和国稳定特派团行动

2010年7月1日,联合国刚果民主共和国稳定特派团(以下简

称联刚稳定团)从其前身——联合国刚果民主共和国特派团(联刚特派团)接管了维和任务。自任务调整以来,刚果民主共和国的和平与安全局势有所改善,但是在对东部地区反政府武装实施解除武装、复员、遣返、重返社会和重新安置(复原遣返方案)的过程中仍然存在困难,安全部队(军队和警察)的改革进展十分有限。2011 年 5 月 18 日,安理会主席在审议题为"有关刚果民主共和国的局势"的报告时发表声明,强调和平与安全、即将开始的选举、治理和机构建设以及经济发展这 4 个重大问题对于刚果(金)实现稳定至关重要。为了履行斡旋和为选举提供技术和后勤支持的授权责任,联刚稳定团与该国选举主管部门、政府当局及众多政党持续进行对话,为投票准备工作提供支持。在安全形势方面,由于国内武装部队仍在重组,各武装团体军事压力减轻,导致东部省份安全局势恶化。在南北基伍省和东方省,外国和刚果武装团体以及刚果(金)武装力量的一些部队不断对平民进行袭击,实施性暴力和绑架等。在帮助选举的同时,联刚稳定团继续通过执行联合国相关战略,优先重视保护平民。但由于严重缺乏军事通用直升机和攻击直升机,保护平民的努力大受挫折。考虑到刚果(金)国内局势发展状况,安理会 6 月 28 日通过第 1991 号决议,决定将联刚稳定团任务的期限延长至 2012 年 6 月 30 日。2011 年 11 月 28 日,在联刚稳定团的全力保障下,刚果(金)顺利举行了令人瞩目的总统选举,尽管选举结果公布后刚果(金)一度出现示威冲突,但前总统约瑟夫·卡比拉最终再次成功继任总统。

四、联科行动

2011 年,科特迪瓦国内安全形势因政局动荡而更加脆弱。2010 年 11 月,阿拉萨纳·瓦塔拉在科特迪瓦举行的经联合国认证的总统选举中宣布获胜,人们希望通过此次选举推进科特迪瓦的和平进程。然而时任总统洛朗·巴博拒绝下台,并动用军队、准军事力量和雇佣军压制不同意见,维护其政权,导致该国再度陷入内战。2011 年 4

月 11 日，在联合国科特迪瓦行动（联科行动）与法国“独角兽”部队的配合下，巴博被逮捕并被软禁。5 月 21 日，新总统宣誓就职，5 个月的僵局终于告一段落。联合国秘书长科特迪瓦事务特别代表、联科行动负责人崔英镇 7 月 18 日在联合国关于科特迪瓦问题的公开会议上表示，曾经效忠科前总统巴博的武装力量现在已经不再对和平与秩序构成威胁，但该国重建持久和平与稳定的工作仍面临四大严峻挑战，即迅速恢复法律和秩序、促进民族和解、举行立法选举，以及恢复经济与国家重建。

目前，科安全局势的稳定是最高优先事项，联科行动正在帮助政府加强机构能力建设，确保包容性治理，以消除冲突根源，并解决有罪不罚等问题；同时还继续为年底的议会选举提供技术援助，以保证选举能够以透明和可信的方式如期举行。在安全行动方面，联科行动继续支持国家安全部队稳定该国的努力。在阿比让和其他地区，联科行动增加了与国家安全部队和法国“独角兽”部队的联合巡逻。在西部，联科行动在 Tabou、Taï 和 Zouan Hounien 设立了 3 个新营地，并扩大了在 Toulépleu、Issia、Gagnoa、Sinfra 和 Bouaflé 的现有营地，从而加强了在边境地区的力量。联科行动还增加了在东科特迪瓦的存在，以便监测来自加纳的跨边界移动，同时对其在选举后危机期间增加的在阿比让的部署进行调整。为实现保护平民的任务，联科行动对其机动和固定巡逻制度进行完善，以提高其在相关地区的快速反应能力和可见度，这些地区包括为国际流离失所人员提供的约 36 个营地附近以及难民和流离失所人员返回社区时经过的道路。

同时，联科行动与联利特派团紧密合作，采取措施解决科特迪瓦与利比里亚边界沿线的跨界挑战。两个特派团在边界两边进行空中和地面巡逻，以观察、监测和阻止非法活动。两个特派团还加强了与国家安全人员的信息共享及合作。此外，联科行动还在 2011 年 6 月、10 月和 11 月与联利特派团开展了一系列联合评估，以审查边境地区的局势，包括科特迪瓦前战斗人员在利比里亚难民营或收容社区的存在情况，并且就如何扭转相关局势拟订建议。2011 年 7 月 27

日，安理会通过第 2000 号决议，将联科行动的任期延长到 2012 年 7 月 31 日。

五、联合国维和行动大事记

2011 年 1 月，联合国驻几内亚比绍共和国建设和平综合办公室成立，帮助几内亚比绍应对多重挑战，包括解决军事冲突、促进政治稳定，提高通过对话解决问题的能力。

1 月，联合国驻布隆迪办公室成立。

3 月 20 日，在联合国驻海地稳定团人员的监督、帮助和维护下，海地第二轮选举如期顺利举行，海地经历了有史以来第一次民选总统和来自反对派的总统之间的权力和平移交。

3 月 22 日，安理会通过第 1974 号决议，将联合国驻阿富汗援助团的任期再延长 1 年，至 2012 年 3 月 23 日结束。

4 月 27 日，安理会通过决议，将联合国西撒哈拉全民投票特派团的任期延长到 2012 年 4 月 30 日。安理会同时呼吁西撒哈拉问题各相关方继续配合联合国特派团的工作，以及创造有利于对话的气氛，早日进入谈判的实质阶段，找到公正、持久，且能够为各方所接受的解决方案。

5 月 18 日 ~20 日，联合国驻西非办公室在佛得角的普拉亚召开地区会议。会议的主要议题为“西非的选举与稳定”，以及与西共体、非盟和联合国的关系。

6 月 9 日，经联合国秘书长索马里问题特别代表奥古斯丁和乌干达总统穆塞韦尼的协调，索马里过渡政府和议会领导人就过渡期延长问题签署了协议，将索马里过渡期由 2011 年 8 月延长 1 年，索马里总统以及议会选举也相应推迟 1 年。

6 月 13 日，安理会通过决议，决定将联合国驻塞浦路斯维持和平部队的任期延长半年，至 2011 年 12 月 15 日结束。

6 月 27 日，安理会通过第 1990（2011）号决议，正式设立了联合国阿卜耶伊临时安全部队（联阿安全部队），任期为 6 个月。

6 月 28 日，联合国安理会一致通过决议，决定将联合国刚果民主共和国稳定特派团的任务期限延长至 2012 年 6 月 30 日，并强调联合国稳定团应该把保护平民放在优先地位。

6 月 ~7 月间，联合国驻黎巴嫩部队努力在任务区内的安保、联络安排、解除武装、武器禁运、排除地雷和未爆弹药及划定边界等事务中发挥着应有的作用。

7 月，联合国苏丹特派团结束任务。为帮助苏丹实现南北和平，安理会于 2005 年 3 月授权建立了联合国苏丹特派团。2011 年 7 月 9 日，南部苏丹独立，联合国拟延长苏丹特派团的任期 3 个月，遭到苏丹政府的拒绝，因此，联合国苏丹特派团于 2011 年 7 月正式结束任务。

7 月 8 日，安全理事会通过第 1996(2011)号决议，决定设立新的特派团——联合国南苏丹共和国特派团(南苏丹特派团)，初次任务期限为 1 年，从 2011 年 7 月 9 日开始，并打算计划视需要予以延长。

7 月 27 日，安理会通过第 2000 号决议，将联合国科特迪瓦行动的任期延长到 2012 年 7 月 31 日，以帮助科特迪瓦应对大选危机后所面临的各种挑战。

7 月 29 日，在认定达尔富尔局势依然对国际和平与安全构成威胁的前提下，安理会通过第 2003 号决议，非盟—联合国达尔富尔混合行动的任务期限再延长 12 个月，到 2012 年 7 月 31 日为止。

9 月 16 日，安理会通过第 2008 号决议，决定将联合国利比里亚特派团的任务期限延长至 2012 年 9 月 30 日，并重申其对特派团继续协助政府的授权。

9 月 16 日，联合国安理会一致通过第 2009 号决议，决定设立联合国利比亚援助特派团，初步任期为 3 个月。决议的通过标志着利比亚从战争向战后重建的过渡正式拉开了帷幕。

9 月 16 日，联合国中非区域办事处成立。

10 月 3 日，法国人埃尔韦·拉德苏先生接替阿兰·勒罗伊成为新一任联合国主管维和事务的副秘书长，也是维持和平行动部的主管。

10 月 12 日，安理会通过第 2011 号决议，授权将驻阿富汗的国际安全援助部队的任期也延长 1 年，至 2012 年 10 月 13 日，并授权其可采取一切必要措施履行和平使命。

第三节　有关文献

2011 年是《卜拉希米报告》发表 11 周年，联合国维和行动的改革也走进了继续深化的新阶段。在这一年里，联合国维持和平行动部及后勤支援部继续进行着机构调整，《新视野倡议：第 2 号进展报告》的公布是对联合国维和行动改革最新进展的全面总结，也指出了维和行动面临的挑战，对联合国维和行动的发展有着重要指导意义。

2009 年 7 月，维和行动部和后勤支援部联合公布了题为《新伙伴关系议程：探索联合国维持和平的新视野》的报告，旨在“重新开启富有活力的对话，以拟订能够反映全球维和伙伴关系中所有利益攸关方观点的维和政策纲领”。新的伙伴关系需要所有利益攸关方，即维和行动的授权者、执行者、出兵国、接受国以及联合国维和人员的合作者，共同理解联合国维和行动的目标，以及各自为实现这些目标所发挥的作用。该报告是非正式文件，力图推动维和各相关方之间的平等对话与良性互动，为加强维和效率提供参考依据。报告中关于注重维和能力建设、加强特派团管理、落实后勤保障、建立新型伙伴关系等主张具有建设性和指导意义。值得注意的是，该文件承诺了联合国正在完善维和授权的制定，这是过去一直被忽略的关键问题。

2011 年 12 月，由联合国维和行动部与后勤支援部联合起草的《新视野倡议：第 2 号进展报告》正式出版。报告主要围绕《新视野倡议：第 1 号进展报告》里提出的 4 项重点内容进行回应式总结和梳理，即：政策制定、能力建设、全球支援战略及筹划和监管。首先，在政策制定方面，该报告就联合国维和行动所承担的保护平民、建设和平及有效维和使命等 3 个方面进行总结并指出，2011 年年底之前建成联合国维和行动全面保护平民战略发展框架，从而在保护平民方面进入实质性实施阶段。关于保护平民的资源和能力建设的草案正在进行修改完善,并于 2011 年年底前递交联合国维和行动特别委员会。其次,在建设和平方面,2011 年,维和行动部和后勤支援部重点关注澄清维和行动和建设和平之间的关系,并制定了一份非正式的报告提交给成员国供其参考。在该报告的基础上,维和行动部和后勤支援部形成了一份关于维和人员在建设和平早期阶段所作贡献的报告,并于 2011 年 9 月提交给了特别委员会。为通过维持和平巩固早期的建设和平成果,维和行动部和后勤支援部编写了《经验教训》报告,阐述了联合国帮助驻在国实现平稳过渡的先期努力,以供维和特派团完成建设和平任务借鉴。在有效维和方面,秘书处联合有关成员国共同召开了 3 次地区级会议,共同探讨有效维和的 3 要素,即:威慑、使用武力和做好行动准备。第三,在有关能力建设方面,该报告明确了基本能力的标准和指南,强调了开源节流地保证关键的维和资源供应的重要性,同时呼吁加强维和行动的教育训练。最后,关于全球支援战略,报告提出了以财务框架、模块化、服务中心和人力资源框架为支柱的主要内容,以促进服务方式的转变。

2011 年 4 月,维和行动部所属的司法和惩戒常备力量投入使用,2010 年由联合国大会批准建设的司法和惩戒常备力量是常备警察力量的有益补充,同时标志着联合国快速有效应对法治方面的挑战迈入一个新阶段。新成立的司法和惩戒常备力量也位于意大利布林迪西联合国后勤基地,该组织编有 5 个具备执行能力的专业岗位(包括 1 名领导、2 名司法事务干事和 2 名惩戒干事)和 1 名行政支援人员。其核心职能有两项:一是在新的联合国维和行动中运用司法和(或者)惩戒力量(包括任务前规划),二是通过在司法和惩戒领域帮助、支援国家当局来加强联合国正在开展的维和行动。其任务包括:对司法和惩戒部分筹划开展详细的评估,制定法治战略,与联合国其他部门开展联合项目。司法和惩戒常备力量与常备警察力量并肩工作,将有助于警察、司法和惩戒的快速部署。

在维和行动司法方面,最典型的就是联合国南苏丹特派团开展的司法实践。南苏丹与苏丹政府《全面和平协定》的签订结束了长期以来的冲突，并于2011年1月通过全民公投决定脱离北苏丹独立，并成立南苏丹政府。由于长期战乱，南苏丹的司法部门面临诸多挑战，尤其是在司法能力方面，这就严重制约了刑事和民事司法部门发挥正常职能。为此，联合国苏丹特派团司法系统和监狱咨询部门对南苏丹司法部门开展了全面的评估，以帮助其制定州和地区级别的司法系统框架，最终帮助南苏丹政府建立起司法和安全部门及确定发展战略。最初的评估报告表明，南苏丹政府缺乏合格的司法人员、完整的基础设施和装备。检察人员队伍由于绝大多数刚毕业于法律学校，缺乏司法工作的实践经验，法官队伍也面临同样的问题。在新成立的南苏丹政府，如何有效处理新旧司法实践和法律适用方面的问题以及辩护律师等问题，都严重困扰着司法部门开展法治工作。尽管当前的司法系统面临许多问题，但是司法人员与南苏丹人民都对其司法系统重建在联合国帮助下取得的进展表示满意。司法系统的全面评估将会反馈到司法战略的制定过程中，从而确保司法系统有效开展工作。

为了直观有效评估出冲突中和冲突后司法实施及改革影响等内容，维和行动部携手联合国人权高专委办公室和联合国其他部门制定联合国法治指标。该指标帮助处于冲突中和冲突后的国家监督立法、司法及改造机构的表现。例如在有关警察部门表现的系列衡量指标中，包括对刑事犯罪的控制，对援助请求、家庭暴力和性犯罪的应对，对谋杀案件的破案率，对黑帮打击等多项具体指标。这套指标是根据国际人权和刑事司法方面的法律和标准建立的，但目的并不在于比较，或者对各国的情况进行排名，而旨在观察一个国家内部的法治状况是在改善还是恶化。

第四节　历史回顾

国际维和，从1948年联合国实施第一项维和行动至2011年已

有 63 年历史。根据其行动实践,大致可划分为 6 个阶段:

第一阶段(1948 年 6 月 ~1956 年 10 月),军事观察团产生。主要有两项维和行动,即诞生于第一次中东战争时期的第一个联合国军事观察团——联合国(巴勒斯坦)停战监督组织和产生于克什米尔冲突中的“联合国印度—巴基斯坦观察组”。

第二阶段(1956 年 11 月 ~1967 年 6 月),维和部队问世。主要包括 8 项行动:1956 年苏伊士运河危机期间,联合国组建国际紧急部队并部署到埃及;1960 年联合国部队前往刚果执行恢复和平的使命等。

第三阶段(1967 年 7 月 ~1973 年 9 月),联合国维和行动进入停滞期,除了少数几个已开展的维和行动仍在继续履行维和使命外,联合国没有开展任何新的维和行动。

第四阶段(1973 年 10 月 ~1978 年 3 月),维和行动重新兴起。主要行动包括:1973 年第四次中东战争——“赎罪日”战争期间,建立和部署联合国紧急部队;1974 年为了监督戈兰高地以色列和叙利亚之间的停火,建立脱离接触观察员部队;1978 年为了核实以色列部队从黎巴嫩南部撤军,建立联合国驻黎巴嫩临时部队。

第五阶段(1978 年 4 月 ~1988 年 4 月),联合国维和行动进入第二次停滞期,原因是美苏两大集团进入全面冷战对峙,在局部地区则出现热战,安理会在国际和平与安全的重大问题上无法形成统一意见。

第六阶段(1988 年 5 月至今),多方位开展维和行动。1988 年 5 月,联合国建立“阿富汗——巴基斯坦斡旋团”,标志着联合国维和行动开始了新的发展阶段。维和行动朝着多方位方向发展,即除了军事职能外,逐渐涉及政治、民事和人道主义等事务。1989 年,向纳米比亚部署的“联合国过渡时期援助团”,执行监督停火和确保这一地区的自由、公正选举等任务,援助团成立了由民事警察、特别代表办事处、独立司法官、联合国难民事务高级专员办事处、选举处、行政处 6 大部分组成的民事部门。“联合国过渡时期援助团”的建立标志着联合国维和行动迈出了超越传统维和职能的革命性步骤，进入了多方位维和时代。进入新世纪，由于国际形势发展的需要，联合国在利比里亚、刚果（金）、海地、苏丹、南苏丹等地陆续部署了一系列维和行动，进入又一黄金发展期。这一阶段的特点是，强制性武力维和行动的特点进一步突出。

中国自1990年开始参与联合国维和行动。同年4月，应联合国邀请，选派了5名素质优良的业务骨干到中东地区，参加联合国停战监督组织执行维和任务，拉开了中国参加联合国维和行动的序幕。从此后，中国参加联合国维和行动的次数逐渐增多、规模不断扩大，从最初派出单一军事观察员到派出维和分队和参谋军官等多种性质的维和人员；从派出单一任务性质的工兵分队到派出医疗、运输、工兵等多种任务性质的保障分队；从派出普通军官到派出任务区情报处长、首席联络官、任务区司令等中高级指挥官。22年来中国通过参与联合国维和行动为维护世界和平作出了巨大贡献，产生了世界瞩目的影响。中国参加联合国维和行动数量从无到有，规模从小到大，大致经历了3个阶段：

一是预作准备阶段（1981年~1989年），中国政府调整了对联合国维和行动的方针，明确表示肯定和原则支持符合《联合国宪章》精神的维持和平行动。1986年，应联合国邀请，中国派考察组赴中东实地考察了联合国执行维和任务情况。

二是适度参与阶段（1990年~2000年），除1990年派出5名军事观察员外，1992年~1993年向联柬临时机构派出了两批共800人次的工程兵大队。整个20世纪90年代，解放军参加联合国维和行动从无到有，达到了一个适度的规模。

三是扩大参与阶段（2001年至今），2001年12月，负责统一协调和管理解放军参加联合国维和行动工作的国防部维和事务办公室正式成立。2002年，中国正式加入联合国第一级维和待命安排机制。截至2011年12月31日，解放军已先后参加了联合国22项维和行动，累计派出维和官兵20018人次，其中维和分队18593人次，军事观察员 1425 人次。先后有 3 名军事观察员和 6 名士兵在执行维和任务中牺牲。

中国军队积极参与联合国维和行动具有重大意义。第一,参与维和行动是维护国家利益,配合国家总体外交,彰显中国"爱和平、负责任"大国形象,扩大影响的重要手段。第二,参与维和行动是军队全面履行新世纪新阶段历史使命,应对多种安全威胁,遂行多样化军事任务的具体实践。第三,参与维和行动是加强军事行动能力建设,锻炼摔打部队的重要练兵场。维和行动是一种准战争状态下的军事行动,在近似实战的特殊环境下执行任务,可以有效锻炼摔打部队,促进战斗力全面提高。第四,参与维和行动是解放军加强人员素质建设,培养人才的有效途径。通过与外军部队的接触和交往,可以学习借鉴外军作战、保障、训练、管理等方面的有益经验和成功做法,为培养优秀的指挥、参谋人才和技术精湛的士官队伍,搭建良好的平台。

进入新世纪以来,世界多极化不断发展,联合国维和行动走出了两极格局的折中,正在突破单级世界的掣肘,以前所未有的广度和深度向前发展。21 世纪前 10 年的实践,展现出联合国维和行动的一系列新特点:维和行动的模式和内容,由军事领域向政治领域延伸,职能和任务多元化趋势明显;地区形势和特定国家内部形势复杂多变,维和行动面临更多困难和挑战;联合国维和行动的手段日益多元,从观察员和维和部队向全方位维和拓展;预防性外交手段愈加受到重视,维和行动部署时机向前推移。2011 年上述特点更加显著,并呈现一些新特点新动向。

第七章

国际救援行动

国际救援，是军队参与的对他国发生的重大自然灾害、事故等进行的人道主义救助行动。包括人力、物力和财力救助。人力救助，主要是在应急反应阶段，利用自身装备和能力优势，派出专业搜救和医疗人员进行搜救、提供医疗和卫生防疫，运送和发放援助物资，提供医疗和通信支援，帮助修复与建造基础设施等。除军队参与的国际救援外，还包括他国政府、国际组织和非政府机构实施的救援行动。实施国际救援，可以有效缓解灾害尤其是特大灾害给一个国家带来的压力，可以加强国家间的友谊，可以提高施援国的国际形象。因此，国际救援已逐渐演变成各国政治、经济、军事、外交等战略利益角逐和实力博弈的阵地。

第一节　国际救援行动综述

2011 年是世界重大自然灾害频发、生命财产损失巨大的一年，武装部队的国际救援更为积极活跃。救援形式灵活多样，救援地域集中在亚太地区，传统救援大国继续成为主角，一些小国表现突出，而日本首开发达国家接受外国武装力量大规模救援的先河，也成为本年度国际救援的一大特色。

一、根据国情灾情，救援形式灵活多样

由于武装力量的特殊身份带来的敏感性，国际社会一直强调使用外国军事资产只能作为用尽民事资产时的最后手段；鉴于武装力

量在救灾中具有特殊的优势,国际社会日益重视在应对重大自然灾害时利用外国军事资产。同时,外国武装力量的参与程度也受到了受灾国态度、自救能力、灾害严重程度、国家间政治和同盟关系,以及援助国武装部队能力、援助国和受灾国的空间距离等多种因素的影响。这些因素的共同作用,使得2011年国际救援针对不同灾害、不同国家,表现出不同的形式。对朝鲜、缅甸等国的救援,由于受到政治因素的影响,主要是提供资金和物资援助;对巴基斯坦、泰国、斯里兰卡、越南、老挝、柬埔寨、东帝汶、新西兰等积极呼吁国际援助的国家,除提供资金和物资援助外,有的国家还派出了国际救援队;对一些遭受特大复合灾害的国家如日本,不仅提供了巨额资金、物资援助,派出了数十支救援队,一些国家还大规模出动军队参与直接救援和提供救援保障。一些国家的武装力量除积极协助政府有关部门提供援助外,还直接筹措物资,提供军用飞机和舰船运输物资,或派出专业技术力量,以至成建制地派出部队进行国际救援。

二、亚太地区受灾严重,成为国际救援集中地区

2011年,全球各大洲都有自然灾害发生,但以亚太地区最为集中,也最为严重,国际社会包括武装力量的救援行动也集中在这一地区。自2011年年初斯里兰卡遭受严重洪水灾害后,澳大利亚、缅甸、朝鲜、巴基斯坦、泰国、柬埔寨、越南接连遭受洪水灾害,新西兰、日本、土耳其遭受地震灾害,菲律宾遭受热带风暴袭击。洪灾使斯里兰卡本国的救援能力处于崩溃边缘;克莱斯特彻奇地震是新西兰历史上破坏程度位列第二的地震;泰国洪灾绵延半年,3/4的国土受到侵袭;巴基斯坦洪灾中超过600万人受灾;日本地震更是创下了2011年全球灾害的多项第一。可以说,亚太地区集中了2011年全球最严重的自然灾害,从而使这一地区成为2011年武装力量国际救援的重点地区。欧洲的俄罗斯、西班牙、德国、意大利、乌克兰、法国等国虽然也分别遭受了地震、暴雨、洪水、森林火灾等自然灾害的袭击,但由于这些国家均较为发达,本国具有较为完备的救灾体系和较强的自

救能力，多立足于自救，没有外国武装部队参与救援。中美洲的危地马拉、尼加拉瓜、萨尔瓦多、洪都拉斯、哥斯达黎加等国遭受暴雨、山体滑坡和泥石流灾害，其中危地马拉受灾最为严重。由于这些灾害多属局部性灾害，且没有造成当地政府和本国政府无法控制的局面，也没有类似2010年海地地震后的外国武装力量国际救援行动。北美洲3个大国美国、加拿大和墨西哥以及南美洲大国巴西也连遭水灾、火灾、龙卷风袭击，在当地救援能力不足的时候，本国武装部队积极投入抢险救灾。非洲最为典型的自然灾害是干旱，由于这种灾害并非需要应急投入大量人力物力的灾害，没有涉及外国武装力量救援的问题。

三、传统救援大国作用突出，成为国际救援的主要力量

2011年武装力量的国际救援中，传统救援大国依然是武装力量国际救援的主要力量。在历次国际救援行动中，派出救援队的主要国家有澳大利亚、英国、中国、法国、德国、以色列、日本、韩国、俄罗斯、美国、新加坡等。在这些国家中，又以美国和中国的表现最为突出。在2011年几乎所有的武装力量国际救援行动中，都有美军的身影。在泰国发生洪灾后，美军派出了“马斯廷号”和“拉森”号导弹驱逐舰协助救灾，还派遣了一个10人小组到曼谷评估灾情，提供防洪抢险救灾咨询。土耳其地震发生后，美军欧洲司令部派出了C－130和C－17运输机为土耳其空运人道主义救援物资。日本地震发生后，美军执行了代号为“友谊行动”的地震救援行动，所有军种都参与了此次救援行动，主要负责运输救援物资、自卫队队员和设备，搜寻难民，恢复机场等重要基础设施。救援行动从2011年3月12日一直持续到2011年5月4日，共有约24000名美军、189架军机、24艘军舰参与了行动，总开支近9000万美元。中国武装力量作为国际救援的一支新兴力量，在2011年国际救援中扮演了重要的角色。在日本地震发生后，中国国际救援队迅速赶赴灾区，是首支抵达和最后撤出任务区的外国救援队伍。在新西兰地震救援中，中国国际救援

队共清理出 8 具遇难者遗体，并配合新西兰方面在灾区开展了灾害评估和房屋鉴定工作。除此之外，中国武装力量还积极为灾后的斯里兰卡、泰国和巴基斯坦筹措和运输救灾物资，是参与这 3 个国家灾后救援行动的主要外国军事力量。

四、一些小国表现积极，日本首开发达国家接受外国大规模军事援助救灾的先河

传统上，主要是大国和发达国家武装力量对外实施国际救援行动。2011 年，一些中小国家的武装力量也积极投入了国际救援行动。新加坡作为一个小国，多次派出有武装部队人员参加的专业救援队伍实施国际救援。新西兰克莱斯特彻奇地震发生后，正在当地准备参加双边人道主义救援军事演习的 116 名新加坡武装部队和民防部队人员，立即与新西兰国民军合作参与救援行动，负责城内的警戒任务，协助清理废墟，建设净水设施，搭建帐篷。此外，新加坡还动用了 2 架 C－130 运输机、1 架 KC－135 军机疏散灾民和空运人道主义物资。凡城地震发生后，阿塞拜疆紧急事务部先后派遣了 3 支救援队。日本地震发生后，数十支来自发达国家和发展中国家、大国和小国的救援队抵达灾区，美国还派出了大规模的建制部队参与救援，从而使日本成为首个大规模接受外国武装力量救援的发达国家。

美军“华盛顿”号航母参与日本地震救灾

五、武装部队救灾研讨活动频繁，美国表现最为活跃

2010 年 ADMM +（东盟防长扩大会）机制成立后，涉及救灾领域的海上安全、军事医疗以及人道主义援助和救灾专家组在 2011 年连续举办了一系列研讨会。中国国防部与越南国防部在北京共同举办了东盟防长扩大会人道主义援助和救灾专家工作组首次会议。在这次会议上，各方就国际救灾机制建设、法规建设达成了一系列共识，认为：提高各国自身救援能力建设，应作为当前国际合作的重点；联演联训，是分享经验、提高能力、加强合作的最佳途径。2011 年 11 月 16 日，联科行动与联合国机构合作，举办了关于人权和国际人道主义权利的科特迪瓦安全部队成员的培训研讨会。11 月 15 ~ 16 日，加拿大与墨西哥军方举办了加拿大—墨西哥人道主义行动和救灾研讨会。美国极力维持或谋求主导武装部队国际救灾合作，不仅继续在亚太地区的研讨活动中努力推介其起草的“救灾模板”，而且在各地牵头举办了一系列研讨活动。2 月 2 ~3 日，美军非洲司令部在加纳首都阿克拉的科菲·安南国际维持和平训练中心举办了人道主义活动系列研讨会。12 月 13 ~ 14 日，美军南方司令部主办了以“打击跨国有组织犯罪和协助对外人道主义援助和救灾反应地区信息共享”为主题的加勒比海国家安全会议，来自 17 个国家的防务和安全官员参加。

第二节　国际救援主要行动

2011 年，全球自然灾害频发，一些特别重大的自然灾害，使用了武装力量参加救援，其中斯里兰卡洪水、新西兰基督城地震、日本大地震、泰国洪水、巴基斯坦洪水和土耳其凡城地震，均有外国武装部队参与救援。

一、日本大地震国际救援总体情况及中国国际救援主要行动

2011年3月11日13时46分，当地时间14时46分，日本东北部海域发生里氏9.0级地震并引发海啸。灾难共导致15846人遇难，3317人失踪，近37.4万间房屋被毁，经济损失达2100亿美元。地震震中位于宫城县牡鹿半岛以东70千米的太平洋海域，震源深度24千米。地震发生后20分钟，海啸抵达日本海岸，影响绵延1300千米的区域，淹没超过400平方千米的土地。地震及海啸造成日本福岛第一核电站断电，因冷却系统失灵，引发一系列火灾和爆炸，电站1～4号机组发生核泄漏事故，6座反应堆有3座堆芯熔毁，大量放射性物质释放到电站周边环境中，周围20千米半径内成为禁区，96.2万人从福岛撤离。2011年4月1日，日本内阁会议决定将此次地震称为“东日本大地震”。

日本“3·11”大地震发生后，国际社会积极开展人道主义救援行动。中国、以色列、印度、英国、韩国、澳大利亚、新加坡、瑞士、泰国、德国、土耳其、新西兰、法国、美国、南非、墨西哥、蒙古、约旦、俄罗斯等国派遣了救援队到日本参与救灾。其中：中国派出15人的国际救援队；英国派出63人的救援队，2只搜救犬；韩国先后派出了2支救援队，先遣队5人，2只搜救犬，第二支救援队102人，包括救援人员和2名外交部官员；俄罗斯先后派遣了2支救援队，第一支救援队50人，第二支约80人；印度派遣了46人的搜救队；土耳其派出了32人的救援队；新加坡派出了5人的救援队，5只搜救犬；泰国派出了2人医疗援助队，包括1名医生和1名护士；新西兰政府派出了7人组成的先遣队和45人组成的主力队；墨西哥提供了12人组成的救援队和6只搜救犬；澳大利亚派出了75人的救援队，2只搜救犬；美国国际开发署派出了2支救援队，每支72人，其中包括医疗和搜救专家、工程师，每支救援队还包括6只搜救犬；南非政府派遣了1支49人的救援队；德国派出了43人的救援队，3只搜救犬；瑞士派出了27人的救援队，9只搜救犬；以色列派出了53人的医疗援助队，包括14

名医生、7 名护士以及技术人员、翻译和后勤保障人员；蒙古派遣了 12 人的救援队；法国派出了 116 人的救援队；约旦派出了 4 人医疗救援队，包括 2 名血管外科医生和 2 名超声技术人员。

日本大地震后，中国政府从人道主义和国际主义出发，根据日本地震海啸灾区需求、日本政府提出的具体要求，紧急向日本派出了由 15 人组成的中国国际救援队。3 月 13 日 8 时 15 分，从北京首都机场出发，乘坐民航包机飞赴日本地震海啸灾区实施人道主义救援。救援队携带了包括红外线搜索仪、声波搜索仪及破拆减震和切割装备等 4 吨物资。当地时间 13 日 12 时 20 分许，救援队抵达羽田机场。在自卫队协助下，13 日 22 时 30 分左右，中国国际救援队到达日本地震海啸灾害中受灾最严重的地区之一岩手县大船渡市。中国

中国国际救援队队员在日本岩手县大船渡市进行搜救

国际救援队是地震发生后，到达当地参与救援活动的第一支国际救援队。该市三面环山，一面迎海，有居民 4 万多人。救援队在向当地救援部门了解情况后，在当地一所中学操场露宿。14 日 7 时，救援队在集合地与当地救援队负责人确认具体行动计划。14 日上午，救援队开始进行勘查和搜救，主要任务是寻找废墟下的幸存者。搜救工作一直持续至 20 日。其间，日本政府为救援队提供了 1 台挖掘机，救援队采取机械挖掘和人工搜索与光学生命探测仪探测相结合的方式，进行搜索排查，并按照国际惯例对每一栋排查过的房舍做出标记。在日本 8 天 7 夜的救援行动中，中国国际救援队对 4 平方千

米的重点区域进行了拉网式排查,共完成400多栋房舍排查标识和600多个作业点的排查确认。20日14时许,中国国际救援队在大船渡驻地举行撤离仪式,3月21日凌晨00时03分,国航包机CCA057搭载15名完成计划任务的中国国际救援队员从日本回到北京,中国国际救援队成为首支抵达和最后撤出这一灾区的外国救援队伍。

二、日本大地震美军国际救援行动

日本大地震发生后,根据美国总统奥巴马的指示,美军赴日本进行人道主义救援行动,代号为"友谊行动"(Operation Tomodachi),其中"友谊"一词用日文发音标注,以表明美日密切的同盟关系。此次行动,美军共出动14艘舰船、100多架各型飞机和1.7万人。美军的主要任务是协助日本自卫队搜救、运送人员和物资,进行灾后清理、医疗救助、后勤保障、应对核泄漏和灾后重建等工作。此次是美军近年来少有的对盟国进行的大规模联合救灾行动。美国视日本为亚太最重要的盟国,与日本在救灾防灾行动上保持了密切的军事合作。此次日本大地震后,美军对日本救灾表现出极大的积极性、主动性,希望通过此次救灾进一步巩固美日同盟关系,检验美军联合作战能力和彰显美军软实力。但救灾过程中也暴露出一些问题。

(一)美国救灾的战略意图

1.强化美日同盟,确保亚太主导权

美国长期以来视美日同盟为介入亚太事务,夺取亚太主导权的重要基石。美日不仅保持密切的高层交往,而且长期在日本保持大量兵力。据美国国防部资料,驻日美军包括3.8万名军人和5000名国防部文职人员,以及4.3万名随军家属,占西太平洋美军总人数的一半以上,这些人员分散在日本50多个基地内,是日美密切同盟关系的纽带。2010年,美国国务卿希拉里在会见日本高层时提出了"前位外交"理念,其用意是通过防务、外交和发展的"3D政策",来保持和加强美国在亚太地区的领导力。美军正是实现美国外交目标的最重要资源。美国参谋长联席会议主席麦克·马伦上将在2011

年版《国家军事战略》中表示，在支援其他力量和与其他力量合作执行美国对外政策时，军事力量是最有效的。美国以此次日本发生重大灾害作为实践“前位外交”理念、巩固美日同盟的大好机会，对日救援规模之大，受援待遇之高，其他亚洲国家无法与之相比。而且，美动用大批美军执行对日救灾，为美军长期保持在日本驻军制造充分理由，使美军在亚太地区的前沿部署的论据更加有力。3 月 15 日，正值美军救灾期间，美国国防部负责亚太安全的助理国防部长帮办迈克尔·希弗表示，正是因为美军维持在日本乃至整个亚太地区的前沿部署，才能迅速对日进行人道主义救援。

2. 提升美军软实力，塑造美国良好形象

由于小布什执政期间，美国实行单边主义，在对外用兵上实行“先发制人”策略，致使全球反美情绪不断高涨。自奥巴马执政以来，美国政府推行“巧实力”外交战略，积极缓和与国际社会的矛盾，强调通过合作重塑美国国际形象。在这一理念的引导下，美军出台新版《国家军事战略》，提出在严峻复杂的国际环境下重新定义美国军事领导力，要求美军积极扮演推动者、促进者、召集者和保证者等角色，从而提升美军软实力。在维护全球和地区安全上，美军新战略要求联合部队积极应对自然灾害，进行人道主义援助和减灾活动，从而为加强同盟和伙伴关系提供契机。然而，近年来美日同盟关系存在诸多问题，例如美日普天间基地搬迁和费用分歧、驻日美军飞机扰民、美军士兵强奸纵火等，引发日本当地民众强烈的抗议。而此次驻日美军积极参与救灾，向日本民众提供援助，使美军形象在日本民众心目中得到了改善。同时，美国媒体和军方网站通过开设专栏、实时报道等形式，对美军救灾行动进行全方位正面宣传；另外，美军将救灾行动命名为“友谊行动”，以表明美日密切的同盟关系，这些举措为美军树立良好形象奠定了基础。

3. 增强美军海外行动能力，完善美日救灾行动体系

近年来，美军赴海外执行救灾任务频繁，从 2004 年的印尼海啸、2005 年的南亚地震、2006 年菲律宾泥石流灾害、2008 年缅甸“纳尔

吉斯”热带风暴，到2010年海地地震，美军均派出各类舰机等大批救援力量，对受灾国实施人道主义救援行动。救灾行动既是美国介入地区事务、扩大影响力的重要手段，同时作为一种非战争军事行动，对增强美军联合行动能力具有重要的推动作用。日本作为美国的亚太重要盟国，是灾害多发国家。美日每年除举行大型联合军事演习外，还专门举行例行性的预防地震、海啸的救灾演习。此次行动中美日的联合救灾，进一步强化了美日执行联合救灾机制和行动能力体系，还有助于完善美国执行非战争军事行动的理论及相关政策法规，使美军在这方面走在世界前列。

（二）美军救灾行动的主要举措

1. 高层部署，严密组织

日本地震发生后，美国高层高度重视，迅速作出反应，对救援行动进行严密部署和统一协调。首先，美国决策高层及时表态，对救灾行动进行统筹规划。美国总统奥巴马在获悉日本地震情况后的第一时间内与日本首相菅直人通电话表示慰问，并通过记者招待会表示将尽一切努力对日本提供支援。美国国务卿希拉里表示美国将提供最大限度的帮助。国防部长盖茨指示国防部对外公布美军对日救援的有关情况，并指出美军航母将积极参与救灾行动。其次，美国向日方提供资金和物资援助。美国国际开发署向日本紧急援助800万美元，用于人道主义救援。美国国防部长盖茨17日授权向日本提供3500万元紧急拨款，用于灾民救助、基地防灾、处理核泄漏和防核辐射等。第三，战区指挥官迅速组织救援行动。此次救援行动由美军太平洋司令部统一组织实施，司令罗伯特·F. 威拉德海军上将命令战区将工作重点集中到赴日救灾行动，以帮助日本自卫队抵御地震、海啸和核泄漏带来的威胁。

2. 部队反应迅速，积极参与救灾

首先，西太平洋各基地的美军快速反应。地震当天，驻日美军的横田、横须贺、三泽、厚木以及冲绳的嘉手纳基地迅速进入戒备状态，评估灾害，并组织救援行动。另外，驻韩国、关岛、夏威夷以及阿拉斯加的美军在统一部署下，提供侦察预警、空运和后勤保障。同时，在西太平洋地区执行任务的部队积极响应，第一时间迅速投入救援行动。地震时，原计划赴韩国参演的美海军“里根”号航母打击大队更改计划，迅速抵达指定海域待命。其次，美国本土后续部队紧急跟进。3 月 12 日，驻美国本土的美空军 2 架 C－17 型“全球霸王 III”重型运输机在装载救援装备和人员后，在 2 架 KC－10 型加油机的伴航下，进行跨洋飞行赶赴日本灾区。另外，美空中机动司令部的运输机、加油机，以及特拉维斯空军基地的第 615 应急反应联队也都进入待命状态，随时准备赴日执行空运、加油和医疗等任务，为美军后续部队紧急驰援日本提供条件。

美军派航母赴日救灾

3. 重视预警侦察，掌控关键行动

为保障救灾顺利进行，美军迅速启动侦察预警机制，评估日本及驻日美军受灾情况，为决策提供情报支援。地震后，设在夏威夷的美军太平洋海啸预警中心向夏威夷、关岛地区、冲绳白沙基地发布海啸警报，并提供预防措施。驻日美海军海洋与反潜战中心进行气象侦察，对大气进行实时监控，搜集风向、风速、浪高、气压和温度等数据，并在 10 分钟内将数据传递给所有救援单位，以确保美军和日自卫队舰机躲避核污染。另外，美军驻韩国的 U－2 型高空侦察机、驻关岛的 RQ－4 型“全球鹰”无人侦察机，以及驻日本冲绳 P－3 型巡逻机持续盘旋在灾区上空，全方位对灾区进行侦察和监视，为美军救灾部队部署、防范核辐射等提供实时情报。

由于机场、港口是灾区人员和物资进出的重要集散地,美军历来在救灾中重视对这些关键枢纽的掌控。地震发生后,美军首先对这些枢纽进行灾难损失排查和评估,并及时派遣部队恢复受灾机场、港口的功能。美空军派遣了驻冲绳的第353特种作战大队进入美军横田、三泽基地和日军松岛空军基地以及仙台机场,帮助恢复空中交管、进场引导和货盘装运系统;美海军也派遣潜水部队和打捞船只到灾区,协助疏通航道和恢复港口功能。其次,美军在靠近灾区的横田、三泽以及厚木等基地建立指挥和后勤中心,专门负责接收救灾的部队、分配物资,以及人员撤离等。

4. 多方协作配合,实施联合救援

日本海上自卫队“海鹰”直升机在“里根”号航母上起降

“友谊行动”是一次联合救灾行动,既有美军各军种之间的联合,也有美军与外军之间的合作,又有美军与美日政府机构的协作。首先,美军救灾部队不仅来自陆军、海军、空军和海军陆战队等现役部队,还包括国民警卫队和后备部队人员。其次,救灾过程中,美军还大力协助美国政府的救灾机构展开行动。如当美国能源部派遣核专家小组对日本核污染区进行侦测时,美海军提供了运输机、直升机作为运输和侦察平台。再次,美军与外军实施联合救灾行动。救灾过程中,美军“里根”号航母作为日本自卫队直升机起降平台,并向其提供后勤保障;美海军的登陆舰还帮助日自卫队运送人员和车辆。另外,澳大利亚皇家空军的 C－17 型机经美空军嘉手纳基地抵达日本灾区,并在美空军第 18 后勤战备中队的协助下,运送日本那霸陆上自卫队人员和救灾物资。第四,美军协助日本政府和民事机构救灾。美军太平洋司令部还成立军民行动中心,负责所有外国军队与民众的救援协调工作。美军横田基地被作为备用机场接收了 11 个航班和 500 多名乘客,并提供了食物、饮用水、帆布床等,充分体现了美军人道主义救援能力。

(三)美军在救灾中存在的问题

1. 缺乏统一的联合救灾机制

此次救灾行动参与方众多,机构庞杂,由于缺乏一体化的指挥体系,救灾组织协调工作存在一些问题。首先,美军缺乏统一指挥机构。美军太平洋司令部组建了联合作战中心,负责救灾的主要任务,其他战区如北方司令部为配合救灾也建立了指挥协调中心。另外,美国国土安全部、能源部和国际开发署还为救灾临时组建了应急作战中心,联络小组等。这些指挥机构互不隶属,担负职能不同,缺乏协作与统一,从而造成令出多门、各自为战的现象。而且美军救援部队与美国政府和其他民事机构往往表现出分头行动与协同配合的矛盾,加之政府应急响应人员、国民警卫队和现役部队使用不同的通信设备,造成战术层面上无法协同行动。其次,美日之间缺乏高效的协调和指挥。救灾初期,“里根”号航母因躲避核辐射驶离预定海域,未能及时通知日方,从而造成日本直升机无处降落。另外,美方多次表示准备派遣一支防核专业部队赴日抢险,但日方迟迟没有回音。直到 3 月 23 日,日方才允许美军首批防核部队进入核污染区作业。

2. 防核辐射措施准备不足

参与救援的美军对核泄漏估计不足,缺乏有效的应对举措,使装备和人员遭受核辐射,从而影响救灾进程和日常战备。美海军“里根”号航母在不知情的情况下穿越核污染区,造成全体船员遭受核辐射。同时,美军救援直升机在距离核反应堆以北 100 千米处作业时,17 名机组人员也受到轻度核辐射。

3. 应急装备保障不适应需求

地震引发日本大面积停电,驻日美军基地的供电难以保障,因此不得不减少日常战备工作,对救灾行动造成了不利影响。为解决地震引发的横田、三泽等多处基地停电问题,美军从嘉手纳基地紧急调运了 13 台发电机和第 18 土木工程中队人员。另外,在处理核泄漏事故时,美军向日本核电站提供了水泵,但是由于配件规格的差异,美军不得不对救灾装备进行改造。

三、斯里兰卡洪灾国际救援行动

2010 年 11 月 ~2011 年年初,斯里兰卡遭遇洪水灾害。强降雨在全国范围内造成大面积洪水和泥石流,在受洪水影响最严重的东部和北部地区,大量农田、道路和其他基础设施遭到破坏,农作物遭受严重损毁。灾难造成数十人死亡,近 40 万人流离失所,24000 多所房屋受损,上百万人的生计受到影响。

泰国士兵帮助洪水中的灾民转移

此次洪灾的严重程度使斯里兰卡的人道救援能力处于崩溃边缘,该国政府于 2011 年 1 月 10 日正式向联合国提出了援助请求,国际社会向斯里兰卡提供了大量资金和物资援助,部分国家运用了武装力量参与救援。

中国政府向斯里兰卡政府提供了价值1000万元人民币的紧急人道主义救灾物资，主要是灾区急需的生活必需品，包括30000袋奶粉、30000袋白砂糖、7200条毛毯、10000条毛巾被、10000条床单以及60台套净水设备等，总重量约70吨。中国军队承担了向斯里兰卡提供紧急人道主义救灾物资的筹措和运输任务。2011年1月24日21时30分，中国国际货运航空有限公司CA1095航班B－2460号波音747－400货机，从北京首都国际机场起飞前往斯里兰卡，于当地时间1月25日凌晨将这批救援物资运抵斯里兰卡首都科伦坡。

正在装机运往斯里兰卡的人道主义救灾物资

四、新西兰克莱斯特彻奇市地震国际救援行动

2011年2月22日7时51分，当地时间12时51分，新西兰克莱斯特彻奇市（俗称基督城）发生里氏6.3级地震。震中位于利特尔顿以西2千米、基督城东南10千米，此后又发生多次余震。灾难造成145人死亡，1500～2000人受伤，164人重伤，当地80%面积停电，大量房屋倒塌，著名的基督城大教堂被毁，经济损失达250亿美元。

国际社会为新西兰提供了大量援助，并紧急派遣救援队参与救灾。其中：中国派出了一支10人救援队；日本派出了由日本警察厅、消防厅和海上保安厅等多方人员组成的70人救援队；新加坡派出了

55 人救灾队伍；美国派出 75 名搜救人员；英国派出 63 人的救援队；澳大利亚派出 140 多名搜救和医疗人员以及 300 名警察，并在当地设立了拥有 75 个床位的医院。

应新西兰政府请求，经国务院批准，中国国际救援队一行 10 人于2 月 24 日飞赴新西兰，协助新西兰政府开展紧急救援和灾情评估工作。救援队由 2 名地震专家，7 名搜救人员和 1 名工程力学专家组成，7 名搜救队员都是中国地震局搜救中心教官，所有救援人员都持有联合国颁发的国际救援资质认证。救援队携带了生命探测仪、液压钳、液压顶等便携式救援装备。2 月 25 日早晨 5 时 40 分，救援队抵达新西兰北部城市奥克兰，并转乘新西兰空军专机飞往基督城开展紧急救援和灾害评估工作。本次行动中，在中国驻新西兰使馆大力支持下，按照地震灾区现场行动协调中心的统一安排，中国国际救援队与新西兰救援队充分合作，主要对坎特伯雷电视大楼开展搜救及清理工作，共清理出 8 具遇难者遗体，并配合新西兰方面在灾区开展了灾害评估和房屋鉴定工作。3 月 13 日，完成新西兰地震灾区救援任务的中国国际救援队顺利返回北京。

中国救援队队员在新西兰克坎特伯雷电视大楼废墟中搜救

基督城地震时，由 116 名新加坡武装部队和民防部队人员组成的新加坡分队正在基督城，计划参加代号为“狮行行动”的双边人道主义救援军事演习。地震发生后，新加坡分队与新西兰国民军合作参与救援行动，负责城内的警戒任务，确保居民的安全，同时，协助清理废墟，建设净水设施，搭建帐篷。此外，新加坡还动用了2架C－130运输机和1架KC－135军机为基督城地震难民空运人道主义物资，并疏散民众。3月2日，新加坡派出了5人组成的遇难者身份鉴定组，帮助新西兰警方和当地政府检查并处理地震遇难者的尸体。3月13日，70名武装部队人员和30名民防城市搜救队队员回到新加坡。其余人员3月14日返回。遇难者身份鉴定组16日返回，标志着新加坡分队在基督城的救灾行动成功完成。

五、泰国洪灾国际救援行动

2011年7～12月，泰国受台风和强降雨影响引发特大洪水灾害。洪水造成800多人遇难，数百万人受灾，3/4国土受到洪水侵袭。20个府的14000多家工厂遭洪水侵袭，工业生产、国内消费及投资都受到严重影响，第四季度国内生产总值严重萎缩。世界银行评估这次洪水危机给泰国造成的经济损失达1.4万亿泰铢（约合2864亿元人民币），其灾后重建所需资金约在7980亿泰铢（约合1632亿元人民币）。

美国派出“马斯廷”号导弹驱逐舰及其2架舰载直升机参与泰国洪灾救援任务

国际社会向泰国提供了大量资金和物资援助，部分国家派出了武装力量参与救援，其中：中国军队利用空军运输机向泰国运送紧急抗洪抢险物资，美国军方先后派遣 2 艘驱逐舰及舰上直升机协助泰国救灾。

10 月 16 日上午，中国空军运输机空运一批紧急抗洪抢险物资至泰国首都曼谷。这批救援物资由中国军队向泰国武装部队无偿提供，包括 24 艘冲锋舟、6 台柴油发电机组和 200 个应急灯。

中国援助特资运抵泰国

应泰国政府邀请，美军派遣“马斯廷号”驱逐舰协助泰国救灾。“马斯廷号”驱逐舰上的 2 架海鹰直升机协助泰国对灾情进行空中侦察。泰国当地时间 11 月 16 日，美军派出的“拉森”号导弹驱逐舰驶抵泰国，协助泰军实施洪灾救援和重建工作，其船员的首要任务是恢复曼谷第二大机场廊曼机场的运营。另外，美国海军还派遣了一个 10 人小组到曼谷评估灾情，以提供防洪抢险救灾咨询。

六、巴基斯坦南部洪灾国际救援行动

2011 年 7 月 ~9 月，巴基斯坦南部因季风性强降雨导致洪灾。灾难造成近 300 人死亡，受灾人口超过 600 万人，受灾土地约 323.2 万公顷，灾区农田全部被毁。在洪灾最严重的信德省所辖 23 个地区，约 31960 个村庄严重受损，539899 栋房屋彻底被毁，848412 万栋房屋部分受损，8 万多头家畜被洪水冲走，约 113 万公顷棉花、香蕉、枣椰树、红辣椒和甘蔗不同程度受灾。

国际社会向巴基斯坦提供了大量资金和物资援助，部分国家派遣救援队参与实地救援行动。中国政府派出一支解放军医疗救援队奔赴重灾区信德省昆瑞，为当地灾民提供医疗救助，并动用军机向灾区紧急空运救援物资。

巴基斯坦洪灾发生后，中国军方紧急提供援助。9 月 22 日早晨 6 时 30 分，中国空军 4 架大型运输机从南京禄口机场起飞，紧急空运 3000 顶帐篷飞往巴基斯坦卡拉奇国际机场；10 月 20 日，中国人民解放军医疗救援队 50 人从乌鲁木齐地窝堡国际机场乘民航包机飞赴巴基斯坦南部城市卡拉奇，21 日奔赴洪水重灾区信德省昆瑞，在当地设立了流动医院，实施人道主义医疗救援。参与此次医疗救援任务的 50 名队员分别来自兰州军区乌鲁木齐总医院、解放军第 23 医院、新疆军区防疫大队等单位。为尊重巴基斯坦的风俗习惯，医疗队特地选派了 16 名女医护人员为当地女性实施义诊救治。救援队先后接诊 2100 余人次，完成各类手术 15 例，并对 32 万多平方米的昆瑞灾民安置点以及当地军营进行消杀防疫，检测水样并出具报告供给巴方参考。医疗救援队还向巴军方赠送了 600 余种价值 200 多万元的医疗用品，同时向灾民普及健康知识，与当地军事医院进行业务交流，并为当地学龄儿童进行体检，赠送了书包文具以及生活用品，此外还协助对灾民安置点的 600 多名孕妇进行了产前筛查。11 月 4 日，圆满完成为期 16 天的国际人道主义救援任务的医疗队乘包机回国。

中国援助巴基斯坦的救灾物资正在装机

七、土耳其凡城地震国际救援行动

2011年10月23日18时41分，当地时间13时41分，土耳其东部发生里氏7.2级地震。震中位于土耳其东部凡城境内靠近伊朗边境的塔巴利村，震源深度为5千米，凡城和邻近的埃尔吉斯灾情严重。地震造成582余人死亡，2608人受伤，60万人口受到影响，2262栋房屋倒塌，3000座建筑物受损，经济损失约1亿美元。

灾害发生初期，土耳其政府表示不需要国际援助。10月25日，随着灾情加剧，土耳其向联合国提出援助请求，并请求包括以色列在内的30多个国家予以支援活动房屋和帐篷。

应土耳其政府的请求，美国国防部长帕内塔批准美军欧洲司令部为土耳其空运人道主义救援物资。欧洲司令部派出了C－130和C－17运输机，共运送了1400条毯子、2700个简易床、500个睡袋、370顶帐篷和加热器等。

阿塞拜疆救援人员正在进行搜救

阿塞拜疆土耳其凡城地震救援行动。地震初期，土耳其拒绝大部分国际援助，但是接受了阿塞拜疆的援助。10月23日晚，阿塞拜疆紧急事务部派遣145名搜救人员前往凡城，携带了250顶帐篷和其他必要设备，随后，阿塞拜疆又派出了另外2支救援队。阿塞拜疆紧急事务部共派出了213名搜救人员，7条搜救犬，提供了1250顶帐篷、6065 床毛毯、40 台发电机、40 个厨房用具和 850 多套床上用品。阿塞拜疆救援队共从废墟救出 12 名生还者,并找到 60 具尸体。10 月 31 日,阿塞拜疆救援队完成救援任务返回国内。

八、其他国际救援行动

2011 年 3 月 21 日 ~8 月 4 日,以美国海军为主进行了"太平洋合作伙伴 2011"人道主义援助行动。该行动是美国海军在 2004 年印度洋地震海啸灾难后倡导建立,主要由美国海军太平洋舰队与地区内政府和军队以及人道主义和非政府组织合作举行,旨在提高救灾行动中军队、政府和人道主义组织之间的协作性,同时向太平洋国家提供人道主义、医疗、牙科和工程援助。此次人道主义援助行动,对汤加、瓦努阿图、巴布亚新几内亚、东帝汶和密克罗尼西亚联邦等国提供了医疗、牙科、防疫、工程和社区服务等。该行动主要在美海军太平洋舰队的克里夫兰号军舰上展开。参加这次行动的有美国、加拿大、新加坡、西班牙、澳大利亚、新西兰、日本、法国以及世界兽医组织和希望工程等非政府组织。

4 月初 ~9 月初,美国海军及其伙伴国、东道国、各类非政府组织携手赴中美洲、南美洲和加勒比海地区 9 个国家遂行代号为"持久承诺 2011"(Continuing Promise 2011)的人道主义救援行动。本次行动共有 800 多名海员和平民参加,其中美军派出了"仁慈号"医疗船和 480 多名海军医疗人员,其海上补给司令部派出了 71 名水手负责"仁慈号"的行驶、供电、供水等任务。参与此次行动的还有加拿大、智利、德国、荷兰和巴拉圭 5 国派出的医疗分队,以及希望工程、扶轮国际社、边缘延伸组织(EDGE Outreach)、佛罗里达大学、后期圣徒慈善组织、加州大学圣地亚哥分校、给孩子一个背包/撒玛利亚的脚组织(Give a Kid a Backpack/Samaritan Feet)、约翰霍普金斯医疗公司、爱心拥抱公司、治疗项目慈善机构(Project C. U. R. E)、粮食济穷组织、世界轮椅基金会和世界兽医组织等非政府组织。"持久承诺 2011"旨在向东道国民众提供医疗和牙科护理,交流信息和知识。

整个行动共收治 67879 名病人，实施 1130 个外科手术，开出 109785 个药方，验配 23440 副眼镜，进行 9104 例牙科检查、3863 次洗牙、5610 例拔牙、3786 例补牙；医治 8214 头牲畜；完成了 16 项工程。

6 月 6 日 ~8 月 26 日，苏里南国防军和美国南方司令部在苏里南开展了“新视野苏里南 2011”行动（New Horizon Suriname 2011）。此次行动包括开展医疗救治、修建诊所和进行安全技术培训等。在整个行动中，医疗分队救治了 7000 多人，工程分队建造并修缮了 16 处设施，包括诊所、学校和社区中心。美军此次行动预算为 1100 万美元。600 多名美军南方司令部士兵与 50 余名苏里南士兵参加了此次行动。

6 月 22 日，由美国路易斯安那州国民警卫队领导的友邻任务部队（Task Force Bon Voizen）正式结束为期 2 个月的“新视野海地 2011 行动”（友邻任务部队海地救援行动）人道主义救援任务。在这次行动中，友邻任务部队为 32000 多名海地居民提供了医疗和牙科服务，为 2100 多头牲畜提供了兽医护理。任务部队的工程人员修建了 1 所学校、2 个诊所和卫生间设施。这次行动由美国南方司令部发起，美国陆军南方司令部执行。成员包括路易斯安那州、纽约州、马萨诸塞州、乔治亚州、佛罗里达州和北达科他州的国民警卫队队员、陆军预备役医疗人员和工程师、现役陆军通信部队、空军气象学家和海军陆战队的民事专家。此外，哥伦比亚和加拿大军医、比利时军队的工程人员、日本的工程人员为此次行动提供了支持。联合国维和部队为任务部队的医疗和牙科诊所提供了安全保障。

9 月 16 日 ~12 月 29 日，中国人民解放军海军和平方舟号医院船历时 105 天，经过 24600 余海里的远航，赴古巴、牙买加、特立尼达和多巴哥、哥斯达黎加等拉美 4 国展开友好访问并进行免费医疗服务。随船任务官兵共计 416 人，其中医护人员 107 人。医院船携带有 CT、眼科显微手术系统、数字 X 射线成像系统等先进设备，数字单兵信息监测系统、手术模拟仿真系统、远程心电系统和机器人遥控操作立体定向手术等 10 多项新硬件系统和新技术，以及累计金额达

1160余万元的药品,共70类1512种。医院船采取全程收诊、医疗分队定点服务和医疗巡诊等形式,综合开展了健康体检、门诊诊治、医学交流与合作等内容丰富、形式多样的人道主义医疗服务。医院船先后为4国军政官员、民众和中国驻外使馆、中资机构以及华人华侨开展体检606人,门诊诊治10840人次、辅助检查6353人次,成功实施手术118例,住院治疗96人。"和谐使命—2011"任务是我海军舰艇首次到访加勒比地区,首次访问拉美4国,同时也是中国军队对哥斯达黎加军事外交活动的开启之旅。

中国海军和平方舟号医务人员在特立尼达和多巴哥进行医疗服务

第三节　法规建设

随着国际救援行动在重大自然灾害和人为灾难救助中发挥越来越大的作用,为了规范国际救援行动,提高其效率,保证其效果,国际社会不断加强国际救援行动的法规建设。与此同时,为了积极参与国际救援行动,很多国家从国内法层面加强立法,为国际救援行动提供国内法依据。目前,在各类国际组织和机制中,推动军队参与国际救援立法工作最为活跃的是东盟地区论坛(ASEAN Regional Forum,ARF),该组织已经连续两次在中国北京召开了有关国际救灾的法律规程研讨会,目前正在推动有关法律文本的最后签署。这里主要介绍截至2011年12月31日依然有效或正在制定修改的相关条约、协议。

一、联合国

（一）《灾难救援中使用外国军事与民防资产指针》

简称《奥斯陆指针》，1991 年联合国大会通过的 46/182 号决议，即《加强联合国人道主义应急援助协调》的决议，确定了人道主义救援的最基本原则。在这一决议的基础上，为提高使用外国军事与民防资产的效率和效果，1994 年，在联合国人道主义事务协调办公室的推动下，"奥斯陆会议"通过了《灾难救援中使用军事与民防资产指针》（即《奥斯陆指针》）。《奥斯陆指针》虽然不具有强制约束力，但其为国际救灾中使用外国军事与民防资产提供了基本概念、基本原则和基本程序，是目前全球范围内各国参与国际救援行动时的重要参考。自通过后，该指针多次更新，最近的一次是在 2007 年 11 月。

（二）《复杂紧急情况下使用军事和民防资产支持联合国人道主义行动指针》

2003 年 3 月，联合国人道主义事务协调办公室在布鲁塞尔发布。该指针旨在指导何时、如何使用国际军事和民防资产支持联合国人道主义行动，指导联合国机构如何与国际军队间组织协调。该指针对成员国没有强制约束力。

（三）《复杂紧急情况下军民关系：机构间常设委员会参考文件》

2004 年 6 月，由机构间常设委员会成员批准并发布，该文件是对 2003 年 3 月发布的《复杂紧急情况下使用军事和民防资产支持联合国人道主义行动指针》的补充，阐明了复杂紧急情况下军民关系的性质，与军队协调时必须遵守的人道主义基本原则和概念，着重说明人道主义工作者在军民协调中应注意的主要事项。

（四）《兵库行动框架》

联合国于 2005 年 1 月在日本兵库县神户市主持召开了世界减灾会议，会上通过了《兵库行动框架》。《兵库行动框架》为 2005 年 ~2015 年全球减灾工作确立了战略目标和 5 个行动重点。这些重点分别是:确保减灾成为各国政府部门工作重心之一;识别、评估和监测灾害风险,增强早期预警能力;在各个层面上营造注重安全和抗灾的文化;减少潜在的灾害危险因素;增强准备能力,确保对灾害作出有效反应。

(五)《关于向减灾和救灾行动提供电信资源的坦佩雷公约》

1998 年 6 月,在坦佩雷举办的紧急电信问题政府间会议上通过了《关于向减灾和救灾行动提供电信资源的坦佩雷公约》,主要目的是帮助救援工作人员在紧急事件发生期间和之后,尽量便利地将电信设备带过国境,并在危机期间安全地使用这些设备。该公约承认缔约国的主权权益以及需要向东道国政府提供保护,以免发生政治和其他方面可能的滥用。该公约得到参加该政府间会议的 60 个国家代表团的一致通过,并在第 30 个国家批准后于 2005 年 1 月 8 日生效,具有法律约束力。

二、东盟地区论坛

(一)《东盟地区论坛灾害管理与应急反应声明》

2006 年 7 月 28 日,第十三届东盟地区论坛部长会议通过《东盟地区论坛灾害管理与应急反应声明》,规定各参与方应努力加强合作,支持现有的区域和国际灾害管理及应急反应机制。声明中规定东盟地区论坛成员国将努力在风险确定及监控、防灾和备灾、应急反应及救灾和能力建设等领域加强合作,以支撑和补充现有的地区和国际灾难管理和应急反应机制。

(二)《东盟地区论坛救灾合作指导原则》

由中国和印尼倡导并起草,于 2007 年经第十四届东盟地区论坛外长会议通过,成为东盟地区论坛第一份指导救灾合作的框架性文件,旨在为东盟地区论坛成员国的救灾合作构建基本框架,促进更加有效的合作,减少频发灾害所造成的损失。该文件中具体规定了灾害和救援范围、救援基本原则、救灾行动启动、救灾管理、救灾费用及法律效力等内容。

（三）《东盟地区论坛人道主义援助和救灾战略指针》

根据2008年5月1～2日在印尼雅加达举行的东盟地区论坛桌面推演的结果，澳大利亚和印尼制定了《东盟地区论坛人道主义援助和救灾战略指针》。该指针旨在为多国救灾合作提供战略层的行动指针，不提供战术层的标准操作程序。2010年7月23日东盟地区论坛第十七次会议上，各国部长对该指针给予关注，指出其不具有法律约束力。

三、东盟

（一）《东盟灾害管理与应急反应协议》

2005年7月，经东盟所有成员国外交部长签署，并于2009年12月24日正式生效。《东盟灾害管理与应急反应协议》对东盟所有成员国都具有法律约束力，该文件旨在减少灾害损失，提高地区联合应急反应能力，促进区域合作，是东盟落实《兵库行动框架》规定的重要举措。包括灾害识别、监督和早期预警、防灾、减灾、备灾、反应、恢复、技术合作和搜救、协调机制、简化海关和入境程序等条款。协议中还规定了建立东盟灾害管理人道主义援助协调中心，主要负责协调工作。

（二）《东盟联合救灾和应急反应地区常备安排与协调标准操作程序》

2008年3月，第十一届东盟灾害管理委员会会议上通过。根据《东盟灾害管理与应急反应协议》的规定，制定该标准操作程序，旨在指导各成员国和东盟灾害管理人道主义援助协调中心的人道主义救援和灾害控制行动。内容主要包括机构、备灾、评估及监控、应急反应、军用资产和能力的推动与使用等。同时协议中以附件的形式制定了有关灾害救援的主要模板，供成员国在具体行动中使用。

第四节　历史回顾

国际救援的起源与发展深受欧洲文艺复兴运动中人道主义思潮

的影响。1862年瑞士人亨利·杜南在《沙斐利洛的回忆》中描写了1859年法、意对奥战争中沙斐利洛战役的惨状，以唤起世人对战时救护伤病员问题的关注，并提倡各国创立救护团体。1863年创立红十字会组织的日内瓦国际会议希望使伤员和医务人员"中立化"。1864年8月22日，瑞士、法国、比利时、荷兰、葡萄牙等12国在日内瓦签订《改善战地武装部队伤者病者境遇之日内瓦公约》。公约规定了军队医院和医务人员的中立地位和伤病军人不论国籍应受到接待和照顾等。1902年，美军参与了拉丁美洲火山喷发救援，这是目前所知他国武装部队就自然灾害进行国际救援的首例。1908年，鉴于海难事件频繁发生，往往由于不能及时发出求救信号和最快组织施救，造成很大的人员伤亡和财产损失，国际无线电报公约组织遂倡导大力开展海难救援，并确定了国际通用海难求救信号。第二次世界大战后，联合国积极提倡并促进国际人道主义救援事业的发展。1991年12月，联合国大会通过了旨在加强联合国对复杂紧急事务和自然灾害反应能力的第46/182号决议，从此国际救援事业走上了快速发展的轨道。主要大国和经济技术比较发达的国家在积极对外提供人道主义物资援助的同时，组建了专门的国际救援队，并积极投入灾后的国际救援行动。部分国家的国际救援队由武装部队人员组成或有武装部队人员参加。

进入21世纪，国际救援行动有了更大的发展，在几乎所有的重大自然灾害，如2003年伊朗地震、2004年印度洋海啸、2005年巴基斯坦地震中，都有国际救援的因素。2004年印度洋海啸发生后，部分国家开始成建制、大规模地派出武装部队实施国际救援，其中最为典型的是2004年印度洋海啸救援和2010年海地地震救援。印度洋海啸发生后，美国出动了包括1艘航空母舰在内的20多艘舰船、1万多名官兵参加了在泰国、印尼和斯里兰卡的赈灾救援行动；日本派出了到当时为止最大规模的自卫队，包括在印度洋活动的3艘战舰、约1000名自卫队官兵参与救援活动；中国等多个国家派出了有军队人员参加的救援队，印度、马来西亚、新加坡等国也都派出军队参与救援。2010 年海地地震救援,美国派出了包括国防部官员、海陆空军、海军陆战队、海岸警备队等在内的 15000 人,动用了航空母舰、侦察机、运输机、直升机、医疗船,各种工程机械、通信设备、卫星等大批军用装备,负责搜救、医疗、运送物资和人员,修建简易机场,提供海水淡化设备,进行空中交通管制,恢复通信,维持当地治安,并为其他救援力量提供保障。法国、日本、墨西哥、中国、冰岛、加拿大、英国、意大利、巴西等国也派出军舰和军人、救援队,或者提供了人道主义紧急援助物资。

美军进入海地地震灾区

中国人民解放军的国际救援行动,是根据国家政治外交大局需要,按照受援国请求和相关国际协议,军队以国家名义派出相关力量参加事发国家(地区)重大自然灾害、事故灾难的国际人道主义救援。军队遂行国际救援任务,主要是派出工程、核生化、医疗、运输等专业救援力量,担负解救受困人员、运输重要物资、消除次生灾害、开展医疗救治和卫生防疫等任务。2001 年 4 月 27 日,经国务院和中央军委批准,成立了以北京军区某工兵团为主体,国家地震局管理和技术骨干、武警部队总医院医疗救护人员组成的国家地震灾害紧急救援队。经过 11 年的努力,救援队已成为一支反应迅速、技术精湛、装备精良,能遂行国内外地震灾害紧急救援任务的重型专业队伍,并获得了联合国重型救援队资质认定。自组建以来,中国国际救援队先后执行了阿尔及利亚、伊朗、印度尼西亚、巴基斯坦、海地、新西兰、日本等十几批次国际地震救援任务，为发扬国际人道主义精神、彰显我大国形象作出了重要贡献。2003 年 5 月 23 日，阿尔及利亚发生 6.9 级地震，中国政府首次派出以北京军区某集团军工兵力量为主组建的中国国际救援队协助救灾，并成功搜救出 1 名幸存者，成为当时 30 多支国际救援队中仅有的 3 支救出幸存者的队伍之一。同年 12 月 26 日，伊朗巴姆地区发生 6.3 级地震，中国国际救援队紧急赶赴灾区进行人员搜救和医疗救护，作为亚洲第一支抵达灾区的救援队，最终发现 22 具遇难者遗体。2004 年 12 月 26 日，印度洋海域发生海啸，中国国际救援队先后两批赴印尼亚齐执行紧急救援任务。2005 年 10 月 8 日，南亚发生 7.8 级强烈地震，中国国际救援队先后

中国国际救援队参与海地救援

两批赴巴基斯坦救援，并成功救出 3 名幸存者。2006 年 5 月 27 日，印尼日惹发生 6.4 级强烈地震，中国国际救援队赴灾区参加了应急救援。2008 年 5 月 2 日，缅甸遭受特强热带气旋袭击，造成人员和财产的巨大损失，此后不久，中国境内发生汶川特大地震，即使在这样的情况下，中国政府仍旧从广州军区派出 50 人的医疗队赴缅甸灾区执行医疗和防疫任务。2010 年 1 月 13 日，海地发生 7.3 级地震，中国政府派出中国国际救援队 50 人在第一时间赶赴太子港，连续奋战 100 多个小时，发现并护送 8 名中国维和英雄的遗体回到祖国，随后中国政府又从南京军区、总后勤部下属单位抽组 40 人的医疗队赴海地执行医疗防疫任务。

中国人民解放军参加国际救援行动在国际社会产生了良好的影

响，树立了负责任大国与和平威武之师的良好形象，体现了中国建立和谐世界的理念，增强了中国在国际社会的影响力。同时，对于全面锻炼部队，提高部队遂行非战争军事行动能力起到了积极促进作用。

随着国际救援的不断发展，武装力量以其独特的优势而成为国际救援行动的重要力量。主要是在应急反应阶段，利用自身装备和能力优势，派出专业搜救和医疗人员进行搜救，提供医疗和卫生防疫，运送和发放援助物资，提供医疗和通信支援，帮助修复与建造基础设施等。随着武装力量国际救援的常态化，国际救援逐渐演变为各国政治、经济、军事、外交等战略利益角逐和实力博弈的阵地。

第八章

联合军演

联合军演,亦称联合军事演习,通常是指两个以上军种或两个以上国家的军队,在统一组织下,共同实施的军事演习活动。本年鉴所指的联合军演,是指两个以上国家的军队共同实施的军事演习。主要目的是显示力量、增强影响、加强合作与协调,维护国际或地区安全,提高联合行动能力。通常包括以战争为主题的联合作战演习和以非战争军事行动为主题的联合军事行动演习。以战争为主题的联合作战演习,主要包括联合登陆作战、联合防空作战等演习。以非战争军事行动为主题的联合军演,主要包括反恐怖、维护稳定、打击海盗、国际救援、制止跨国犯罪、维和、禁毒等演习。

第一节　联合军演综述

2011 年,国际联合军演主要集中于亚太、欧洲、南亚等全球热点地区,涉及内容广泛、组织形式比较务实灵活。

一、分布地区广泛,主要集中于热点地区

2011 年,国际政治、经济形势风云变幻、跌宕起伏。这些因素尽管对国际军事交流带来一些不利影响。但总体上看,以各种非战争军事行动为主题的国际联合军演并没有明显减少,其分布地区也更趋广泛。据不完全统计,2011 年进行的国际联合军事演习有 40 余场,大多以非战争军事行动为主题,并主要集中于亚太、欧洲、南亚及印度洋等世界热点地区。其中,在亚太地区,进行的联合军事演习就

达20余场；特别是在朝鲜半岛周边、南海、马六甲海峡等敏感地区，美国与日本、韩国、菲律宾、澳大利亚、新加坡等国进行了多场双边或多边联合军演。比如，美国与菲律宾进行的“肩并肩2011”、“海上联合战备训练”，美国与新加坡进行的“英雄标志”等双边军事演习，尽管是以城市反恐、安全防范、海上事故处理与救援作为演习的主题，但由于演习的地点靠近南中国海、马六甲海峡等争议或敏感区域，因而也非常引人关注。而在东北亚地区，美与韩、日之间也进行了几场以海上搜救、灾害救援为主题的双边或多边联合军演。这些军演由于演习地点靠近朝鲜半岛地区，特别是美国与韩国进行的“关键决断”和“秃鹫”、“乙支·自由卫士”等联合军演，均遭到了来自朝鲜方面的强烈抗议和反应。

二、参与国家增多，多数演习仍由大国主导

与2010年相比，2011年国际联合军演的参与国有所增多，其参与国家范围之广，早已超越冷战时期一般仅限于盟国之间的界线，就连一些传统上比较保守及对外军事交流不多的国家，如波兰、阿富汗等国也开始参与到跨国联合军演之中。此外，一些原本处于敌视状态的国家之间进行的以非战争军事行动为主题的联合军演也逐步增多，如俄罗斯与北约、日本、英国、法国等均进行了以空域安全、反恐、救援等为主题的双边或多边联合军演。这既反映了当前国家间的政治博弈，也说明了各国共同应对非传统安全威胁的现实需求。从一些例行性的联合军演看，参与国也呈增多趋势。例如，“可汗探索”例行性演习始于2003年，最初为美国和蒙古进行的双边联合军演，自2006年后，该演习扩展为多边联合军演。在“可汗探索2011”多国维合演习中，参与国有美、蒙、韩、印尼、柬埔寨和印度6个国家，是该演习自2003年举办以来，参与国最多的一次；中国也派出了代表团对演习活动进行了观摩，各国驻蒙古武官也出席了开幕式等礼仪活动。尽管在2011年参与联合军演国家的数量有所增多，但总体来看，大多数联合军演的主导者仍是美、俄及其他军事大国或强国。比

如，在亚太、欧洲及美洲地区所进行的国际联合军演中，基本上都能看到美国的影子，演习的背景设定、内容也大都由美国来确定，特别是美国与东盟国家、韩、日、澳等国进行的多边及双边演习，都体现出美军扩大在亚太地区影响、主导该地区事务的企图和战略布局。而在欧洲、西亚及东北亚地区，俄罗斯也在独联体框架内或与其他国家进行了多场以其为主导的联合军演，体现了俄企图恢复与增强在这些地区影响，重振其大国地位的意图和决心。此外，印度作为地区军事大国，在国际联合军演中也非常活跃，其与蒙古、美、俄、韩等国举行了多场双边或多边联合军演。这些均表现出了其努力充当“南亚霸主”和立足南亚、冲出印度洋、争当“有世界影响力”大国的心态和意图。

三、演习内容丰富，在多个领域内发挥着独特作用

近年来，非传统安全威胁进一步凸显，影响各国安全局势的不确定因素增多，致使国际联合军演的内容不断扩展。如“金色眼镜蛇”联合军事演习在过去很长一段时间内都是以应对传统安全威胁为主题，2005 年后开始将演习的重点放在灾难救援、反恐等内容上。从 2011 年联合军演的内容来看，与往年相比，演习所涉及的内容更加丰富广泛。不仅包括国际维和、人道主义救援等内容，也有近年来受到各国重视的反恐、打击海盗等内容，特别是新增了防范网络信息攻击、联合海啸预警与灾难救援等内容，体现了各参演国面对复杂多样的非传统安全威胁，进行的多方位演习和务实合作。与此同时，通过多场、多课题的联合军演，促进了各参演国之间的交流、沟通、合作与协调，建立互信，减少误判，增强了多国联合应对非传统安全威胁的组织指挥和快速反应以及行动能力。

四、组织方式灵活，例行与临机结合

2011 年的联合军演，其组织方式更加灵活、形式更加多样。从组织方式上看，既有以多方或双方合作进行的，如土耳其、阿富汗和巴基斯坦 3 国联合进行城市反恐演习，中国和巴基斯坦进行的“友

谊—2011”反恐联合训练等等；也有以一国或两国主导，多国观摩的方式进行的，如在蒙古国进行的“可汗探索—2011”多国维和联合军演，在阿联酋举行的“2011 决断之鹰”联合军演等。从演习形式上看，既有实兵演习，又有指挥所演习，如美国与东盟 6 国进行的“东南亚合作与训练”就是海上联合实兵演习。

“可汗探索—2011”联合维和军演开幕式

在 2011 年进行的联合军演中，有相当一部分属于例行性的军事演习，这些演习在组织形式、代号等方面已经形成了较为稳定的机制。如在蒙古进行的“可汗探索—2011”联合维和军演、在东南亚进行的“金色眼镜蛇—2011”联合军演等等，这些联合军演均属于同盟国或非同盟国之间进行的年度性或其他机制性联合军演，均已举办多次。同时，一些国家之间也进行了为数不少的临机性联合军演，如美国与新加坡举行的“英雄标志”联合军事演习、乌克兰与波兰为完成 2012 年欧洲足球锦标赛防空保障进行的“安全天空”联合军事演习、北约与俄罗斯联合进行的“警惕天空—2011”联合反恐演习、日本与美国举行的联合救灾演习等等。

第二节　主要联合军演活动

2011 年的联合军演在演习地点、课题设置、参与方等多个方面有了较大突破，比较有代表性的主要有美、泰等 7 国举行的“金色眼镜蛇—2011”联合军演、独联体集体安全组织条约成员国举行的“中央—2011”联合军演、北约和俄罗斯举行的“警惕天空—2011”联合反恐军演等等。

一、“金色眼镜蛇—2011”联合军事演习

（一）演习时间、地点与参与国

2011 年 2 月 7 日，东南亚地区最大规模的年度军事演习——“金色眼镜蛇—2011”多国联合军演在泰国北部清迈府拉开帷幕，演习一直持续到了 2 月 18 日。演习的主要场所包括泰国中部和北部主要的军事基地和演练场。来自美国、泰国、印度尼西亚、新加坡、马来西亚、日本和韩国 7 个国家的约 1.1 万名军事人员参加了本次军演，还有 10 个观察员国的代表观摩了军演活动。

泰国陆军参谋长披隆·派波颂和美国驻泰国大使馆副馆长朱迪思·塞夫金共同主持了 2 月 7 日的开幕式，并检阅了参加演习的士兵方阵。各参演国驻泰大使、代表出席开幕式。在参演的国家中，马来西亚是首次派人员参加；韩国派出了海军陆战队，这是继 2010 年之后，韩国第二次派出部队参演。

“金色眼镜蛇 - 2011”演习开幕仪式

（二）演习的课题设置和主要内容

自 1982 年以来，“金色眼镜蛇”联合军演每年举行一次，演习最初由美、泰两国举行，内容多局限于防范和击退敌对国的武力攻击；近年来军演内容的重心开始转为维和、人道主义援助等行动。日本、

印尼和新加坡等国也逐渐参与进来,并发展成为由美国太平洋司令部和泰国军方共同主导举行的多国联合军事演习,“金色眼镜蛇—2011”已是第30次例行性年度军演。

据泰国军方介绍,“金色眼镜蛇—2011”军演的主要课题是联合实施人道主义救援,但演习的内容非常广泛,主要包括反恐、人员救助、指挥所演习、野战训练演习以及维和等多个方面。

(三)参演的主要力量

在“金色眼镜蛇—2011”演习中,各参演国根据本国的实际情况,派出了相关人员和装备有针对性参加了有关内容的演练。其中,美国作为演习的主导国,共有包括陆军第509空降步兵团和海军陆战队在内的约7000人参加演习,出动了“埃塞克斯”号两栖攻击舰以及包括战斗机、直升机在内的多种作战飞机等装备。泰国作为演习的东道国,除了出动陆战队、特种作战部队参与演练外,还提供了演习的相关保障。据《韩国先驱报》等媒体报道,在2002年和2009年的演习中,韩国仅派出了1名观察员,2010年则派出1个陆战队营、1艘坦克登陆舰和7辆两栖突击战车参演。此次是韩国军队第二次直接参与“金色眼镜蛇”军演,共派出304名军事人员。

(四)演习的简要过程

“金色眼镜蛇—2011”多国联合军演共分为参谋作业演习、实兵演习和人道主义救援等几个阶段。演习间隙,还进行了联欢交流、社区服务等活动。

2月10日,美、泰两国军队在泰国春武里府东部海滩进行了联合抢滩登陆演练。这是近年来在东南亚地区进行的最大规模的登陆作战演练。2月12日,泰国军队、美国海军陆战队和日本自卫队联合进行了“平民疏散”演习。演习的内容是在发生军事争端或自然灾害时将居民从危险区域中救出,并使用直升机、气垫船将民众转移至安全场所。美国海军“埃塞克斯”号两栖攻击舰以及包括战斗机、直升机在内的多种战机参加了当天的演练。演习中,联合部队要确认被疏散的平民没有携带武器,然后填表登记,最后由CH-46E“海

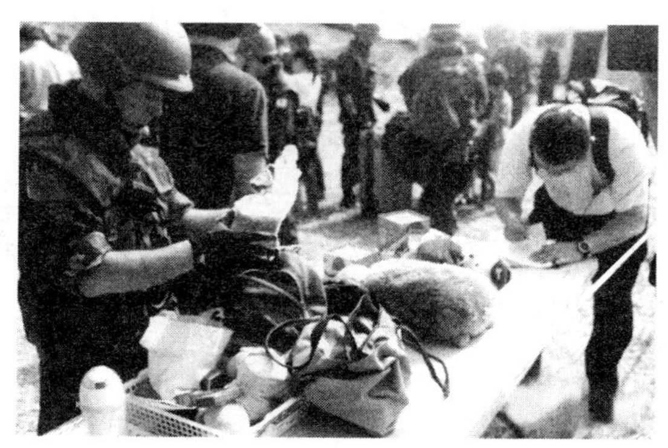

"金色眼镜蛇—2011"中的撤离民众演练

骑士"和 CH－53E"超级种马"直升机以及登陆艇、气垫船对人员进行转移。

在此后几天的演习中，各参演国进行了反恐作战等内容的演练，据泰国媒体报道，演习的场面非常激烈。14 日，泰国皇家空军的 2 架 F－16 战斗机在泰国东北部猜也蓬府地区相撞并坠毁。

（五）演习的主要影响

"金色眼镜蛇"演习最初的目的是为了遏制苏联、越南共产主义势力在印度支那半岛扩展。冷战结束后，"金色眼镜蛇"军演成了美国拉拢东南亚国家、抢占原苏联势力范围的手段。"9·11"事件之后，在新军事基地难以获取、维持原有基地面临众多挑战的形势下，"金色眼镜蛇"军演则成了美国在东南亚地区进行军事威慑，对东南亚国家进行渗透，保持战略影响的重要工具。

目前，美国常年在亚太地区保持 10 万左右的军力，并将一半以上的航母、核潜艇、"宙斯盾"战舰和战略轰炸机部署到亚太地区。有军事专家称，随着在亚太地区频密的大规模军事演习，美国加快了其全球军事战略东移的步伐。虽然美国在演习时会一再强调演习的性质是"和平"，但美国通过强化其在亚太的军事存在以实现其"全球战略"才是真正的目的。

作为美国全球例行军演的重要组成部分，"金色眼镜蛇"联合军演多年来一直担负着显示美国在东南亚地区军事存在和享有主导权的任务。在东南亚地区保持一定的军事存在是美国亚太安全战略的基石，但美军在处于太平洋和印度洋交通要道上的东南亚地区的长驻部队却不多，不足以应付这一地区可能出现的危机。为了解决这一问题，美国通过吸引更多的国家参加军演，扩大影响的方式来显示其军事存在，为可能发生的事件作准备。

本次演习时机选在泰柬两国剑拔弩张之际，在泰国北部进行大规模军演，尽管参演各国都避而不谈泰柬冲突，但在此敏感时期、敏感地域进行大规模军演，难免有威慑柬埔寨、为泰国撑腰之嫌。

“金色眼镜蛇”演习也具有消除盟国之间隔阂的意图。当前，美国主导的东北亚、东南亚联盟各国之间有不同程度的隔阂。如新加坡与印尼、日本与韩国、新加坡与马来西亚等等，美国为了防止其联盟体系中各国之间因彼此恩怨影响到联盟体系基础，一直以来都通过不同形式的联合军演来消除其联盟体系内国家间的隔阂。继2010 年让韩国、日本进行联合行动后，此次又组织新加坡与马来西亚共同参演，其意图可见一斑。在美国看来，联合军演有助于更好地整合盟国力量，以便其更加深入地介入亚太事务。

尽管“金色眼镜蛇—2011”联合军演只是一次例行性的军演，但又有新突破。与以往相比，此次军演虽然不是“金色眼镜蛇”联合军演历史上参演人数最多的一次，却是参与国最多的一次。一共 7 个国家参加演习，10 个国家派出代表团观摩。体现了美国通过“金色眼镜蛇”军演扩大同盟成员，最终构建其主导的东南亚地区安全体系的战略企图。可以预见的是，今后美国拓展“金色眼镜蛇”联合军演范围的步伐绝不会止步于此。

二、“关键决心”和“秃鹫”联合军事演习

（一）演习时间、地点与参与国

2011 年 2 月 28 日，韩、美“关键决心”和“秃鹫”年度例行联合军演在韩国拉开帷幕。“关键决心”演习是韩美两国“旨在加强防御准备”的年度例行指挥所联合演练，2006 年访问过韩国的美海军“里

根”号航空母舰参加了演习，该演习一直持续至3月10日；“秃鹫”演习是实兵性演习，4月30日结束。韩美联合司令部表示，演习属于“防御性质”的例行军演，两国早在几个月前就制订了演习计划，和目前局势“没有任何关系”。2月28日，韩、美开始演习的同一天，为期4天的美、日弹道导弹拦截模拟联合演习也在日本横须贺基地展开，这是日、美两国装备有“宙斯盾”的军舰首次联网实施的导弹拦截模拟演习。

（二）演习的课题设置和主要内容

据韩美联合司令部有关人员透露，“关键决心”和“秃鹫”联合军演的目的是应对朝鲜半岛可能发生的所有潜在危机，主要就搜寻和破坏朝鲜包括核武器、导弹在内的大规模杀伤性武器，以及对朝军掩体、指挥所等作战指挥机构等重点目标进行精确制导打击等内容进行了研究和演练。

（三）参演的主要力量

2011年的“关键决心”和“秃鹫”联合军演是近年来规模较大的一次，韩、美两国共派出了20多万人员参加。参加“关键决心”演习的是部分驻韩美军部队和韩军有关指挥人员共2300名。参演人员分为红、蓝两军，分别模拟美韩联军指挥部和朝军指挥部进行演练。在“秃鹫”演习中，约1.05万名美军和20万名韩军参加了相关课题的演练。美国第20支援司令部的大规模杀伤性武器（WMD）拆除部队也参加了此次演习，并进行了拆除核武器和导弹等杀伤性武器的训练。

值得关注的是，驻韩美军特种作战部队首次参加了今年的联合军演，主要演练了发现搜寻朝方重点目标，并向美韩联军提供信息支援，如引导韩军的KF－16战斗机对朝方重要目标实施精确打击等等。美军派出“里根”号航母参加演习主要是回应韩国的要求。在韩方看来，航母对朝鲜具有标志性的震慑作用，可对其施加更大的压力。

（四）演习的简要过程

韩国媒体报道，“关键决心”和“秃鹫”演习是韩、美双方根据韩美联合司令部制订的“5030”作战计划实施的。该计划是为应对朝鲜可能发生的“剧变事态”而制订的。在“关键决心”指挥所演习中，驻韩美军有关人员同韩军部分师团级指挥所侧重对设想的各种朝鲜半岛潜在危机进行了兵棋推演，部分驻韩美军部队对演习进行了配合性演练。在“秃鹫”实兵演习中，美、韩联军动用陆、海、空3种部队，对有关作战计划和预案进行了检验性实兵演练。

（五）演习的主要影响

国际社会对美、韩举行的“关键决心”和“秃鹫”演习以及美、日进行的导弹拦截模拟演习反应不一。中国、俄罗斯等一些国家认为，美与韩、日同时举行联合军演加剧了朝韩紧张局势，进一步恶化了东北亚的安全环境，不利于东亚的和平与稳定。朝鲜对这几场联合军演进行了强烈的批评。朝鲜在军演开始前就警告韩国，如其借军演进行“挑衅”，“将把首尔变成火海”，韩国则称韩军将“强硬回击”朝鲜可能发起的“挑衅”，直至使朝鲜全境“变成焦土”。

2月28日，朝鲜《劳动新闻》发表评论，指责韩美举行的联合军演破坏了朝韩对话，激化半岛紧张局势。评论说，缓和朝鲜半岛紧张局势、消除对抗是改善朝韩关系的首要条件。为此，双方都不应该从军事上威胁对方，都应该停止一切增大战争危险的挑衅行动。但是，韩国当局口头上宣称“对话”，实际上却鼓吹战争气氛，激化紧张局势。韩美举行联合军演“如实地说明了这一点”。朝韩关系在过去的3年里不断恶化，其中一个重要原因在于韩美不断举行挑衅性的联合军演。评论还说，韩美联合军演是韩国企图借助外来势力发动侵朝战争的“反民族对抗政策的产物”。韩国如果继续坚持这一政策，执意激化局势，挑起战火，必须为由此引起的后果承担一切责任。朝鲜人民军驻板门店代表部在2月27日也发表声明称，韩美军事演习是“十分危险的军事行动”，是对全民族缓和半岛紧张局势、开创自主统一及和平繁荣新局面的“严重挑战”。美韩联合军演以发生所谓的“突发事变”和“体制崩溃”为目的。朝鲜军队和人民为了应对挑战，也必将采取断然的军事对应措施。

对美国而言，同时举行美日、美韩联合军演的战略考虑是逐步构建三边军事同盟，强化在东北亚的安全主导权。2010 年年底，韩国曾首度派观察员参加了美日联合军演，在美方的建议和促动下，韩日双方签订了旨在加强后勤支援和情报合作的协定。

对于“关键决心”和“秃鹫”演习，韩国国内也有反对的声音。韩国民主劳动组合联盟和劳动组合总联盟等社会团体在 2 月 27 日表示，延坪岛炮击事件之后，韩、美又进行大规模军事演习，不能不让人感到担忧。它们敦促韩、美无条件中断联合军演，以避免再次发生韩朝军事冲突事件。

三、“中央—2011”联合军事演习

（一）演习时间、地点与参与国

2011 年 9 月 19 日 ~26 日，独联体集体安全条约组织（以下简称集安条约组织）成员国框架内的俄罗斯、哈萨克斯坦、塔吉克斯坦、吉尔吉斯斯坦、白俄罗斯和亚美尼亚 6 国举行了代号为“中央—2011”联合军事演习，演习的地点位于俄罗斯、哈萨克斯坦、塔吉克斯坦和吉尔吉斯斯坦 4 国境内。

（二）演习的目的和课题设置

有分析人士认为，与之前举行的类似多边联合军演相比，此次演习的目的有着更强的针对性。从地区安全角度来看，以美国为首的反恐联军从阿富汗撤离后，阿富汗局势持续动荡不定，这可能影响到位于中亚地区的集安条约组织成员国的内部安全。“中央—2011”联合军演的主要战略意图是加强集安条约组织各国间的多兵种配合，维护中亚地区稳定；演习可以看做是俄罗斯和中亚各国应对可能出现的安全威胁的总预演。此次演习的课题是联合反叛乱行动，假想背景是参演国境内某一地区非法武装分子活动猖獗，武装分子和恐怖分子企图袭击政府军驻地、发电厂、炼油厂、化工企业和机场，实施系列恐怖活动并劫持人质，而且企图在该国策划武装叛乱。在这种背景下，集安条约组织成员国在发生紧急情况的地区采取特别行动控制武装冲突，并对叛乱分子实施联合打击和围剿，维护集安条约

组织成员国内部秩序的稳定。

（三）参演力量和演练内容

“中央—2011”联合军事演习各参演国共出动了上千件各类武器装备，参演兵力达到1.2万人。演习中，俄罗斯动用了图－160、图－95和图－22等型轰炸机，俄最新型的S－400“凯旋”地空导弹系统也首次参加了实战演练。俄罗斯除出动了陆海空等军事力量参加这次演习外，俄内务部、安全总局、联邦警卫局等强力部门和所属部队也参与了相关内容的演练。“中央—2011”联合军演的总指挥部位于俄罗斯的叶卡捷琳堡，演习的指挥官是俄武装力量总参谋长马卡罗夫，俄总统梅德韦杰夫亲自担任演习的总指挥。演习总指挥部通过视频对演习全过程进行观摩和评估。

此次演习的内容较为丰富，参演国演练了应对外国力量干涉、对恐怖武装和叛乱分子进行分离包围、空中打击和围剿歼灭等内容，此外，演习还对海上侦察和搜寻、扫雷作业、在陌生海域登陆等相关内容进行了演练。

（四）演习的简要过程

“中央—2011”联合军演中俄军直升机正在对地实施火力突击

“中央—2011”联合军演采用多场地同步演练的方法实施。演习在塔吉克斯坦的利亚乌尔设立了主演习场，在俄罗斯车里雅宾斯克州、哈萨克斯坦西部地区的奥伊玛莎陆上演习场和里海地区设立了分演习场。联合军演的主要内容在塔吉克斯坦利亚乌尔演习场展开，接到演习开始的命令后，参演部队在各演习场同时展开相关内容的演练。演习中，由集安条约组织各国武装力量组成的“红军”对由假想的恐怖分子和非法武装分子拼凑的“蓝军”实施了分割包围和歼灭。按照演习预想，“蓝军”人数达到了3500人，严重威胁到某集安条约组织成员国的独立和主权完整。按照“红军”的战斗预案，俄罗斯驻塔吉克斯坦第201军事基地的武装力量协助集安条约组织快速反应部队对武装分子进行分离包围。另外，俄罗斯空军也从位于吉尔吉斯斯坦的坎特空军基地起飞，为反叛乱行动的演练提供了空中火力支援。

在俄罗斯车里雅宾斯克州演练场，俄常规部队、特种部队、内务部队和联邦安全委员会的武装力量都参与了演习。在哈萨克斯坦西部地区的奥伊玛莎陆上演习场和里海地区，俄、哈两国共出动了3500名士兵、550辆各种战斗车辆、19架各型飞机和43艘舰艇进行演练。哈萨克斯坦国防部长和空军总司令于9月22日搭乘苏－27战斗机抵达演习预定区域，俄罗斯里海舰队在里海北部和中部水域也完成了集结。据报道，两国部队除演练了传统陆上课目外，还进行了海上侦察搜寻、扫雷作业和在陌生海域登陆等内容的演练。哈萨克斯坦陆军总司令迈克耶夫表示，此次演习将有助于提高本国部队的战斗素养。

（五）演习的主要影响

“中央—2011”联合军演是2011年俄罗斯和独联体范围内规模最大的军事演习，其对于完善集安条约组织成员国联合实施非战争军事行动的机制、检验和完善有关作战条令、提高参演国应对恐怖袭击和武装叛乱的能力具有重要影响和意义。

首先，“中央—2011”联合演习有助于加强集安条约组织各成员国间在打击恐怖主义和武装叛乱时多兵种的联合行动，增强对各参演国内恐怖势力和反政府势力的威慑，维护中亚地区集安条约组织成员国的稳定。其次，演习也有助于集安条约组织完善联合实施非战争军事行动的机制和职能。2011年，正逢白俄罗斯担任集安条约组织的轮值主席国，按照白方的建议，集安条约组织正在酝酿对相关的组织文件进行修改，以使其有权对成员国内部的冲突进行干涉，特别是对谋求推翻合法政府的企图和行为进行干涉。集安条约组织秘书长博尔久扎说，北约是为了特定的目的而成立的，但它的用途却越来越广，集安条约组织也应该成为类似的组织。除了在欧洲、高加索地区和中亚地区 3 个锋线上保障成员国的安全外，还要防止外部势力干预成员国内部冲突。但他同时强调，独联体集安条约组织不会成为区域内的“宪兵”，不会参与成员国内部的政治斗争。俄罗斯武装力量总参谋长马卡罗夫声称，西亚和北非地区的政局突变是难以预见的，因此俄罗斯和中亚各国应该对该地区可能出现的安全局势恶化做好准备，集安条约组织进行“中央—2011”演习正是出于这一目的。他还强调：“俄罗斯武装力量应该做好应对最坏局面的准备”。第三，本次演习也有利于参演国对军事指挥体制和作战条令进行完善。以俄罗斯为例，俄军在 2010 年刚刚完成了由“军区—集团军—师—团”四级指挥体制向“军区—战役司令部—旅”三级指挥体制的转变，并制定了新的战斗条令，这次改革的宗旨在于减少指挥层次、给各级指战员更多的战术决定权。据俄军方称，“中央—2011”演习完全按照新的战斗条令进行，军方将依据演习的结果对战斗条令进行必要的修改和调整。

四、“警惕天空—2011”联合军事演习

(一)演习时间、地点与参与国

2011 年 6 月 6 日 ~ 10 日，在波兰和黑海上空，北约和俄罗斯举行了代号为“警惕天空—2011”的联合反恐军事演习。这次联合反恐军事演习是北约与俄罗斯举行的第二次大型联合军演。就在这次演习开始的 1 周前，也就是 5 月 30 日，双方刚刚举行了代号为“无畏帝王”的大规模潜艇营救演习。

(二)演习的目的和课题设置

2001 年“9 · 11”恐怖袭击发生以来，世界各国均比较重视如何应对来自空中的恐怖袭击。北约基本上每年都会进行一次类似的例

行空中反恐演习,而这次是俄罗斯与北约第一次共同举办。据俄罗斯国家反恐委员会发言人称,"警惕天空—2011"联合反恐军演是北约与俄罗斯为共同应对来自空中的恐怖袭击、根据"北约—俄罗斯理事会"①的有关领空合作倡议进行的。演习的目的是建立一个领空安全系统,这个系统将使得北约和俄罗斯能够共享领空雷达图像,一旦发现可疑飞机后,可以迅速地为双方发出警告信息,以确保俄罗斯和北约都能快速应对,从而防范恐怖分子利用民航客机进行类似"9·11"摧毁纽约世贸中心的恐怖袭击。演习设置了在北约和俄罗斯战机以及双方地面指挥系统之间共享领空信息、协调拦截可疑飞机等课题。

(三)参演力量和演练内容

"警惕天空—2011"联合反恐军事演习由俄罗斯、波兰、土耳其3国的作战飞机和民用客机及地面指挥引导系统参加。参演各方主要演练了对可疑飞机进行识别、协同进行空中拦截、引导可疑飞机着陆等内容,并进行了地面指挥系统的相关测试。

(四)演习的简要过程

根据演习计划,在6月7日的演练中,由1架波兰客机扮演了"恐怖袭击者",这架飞机起飞后不久就遭到了"恐怖分子"的劫持,在这架客机与地面失去联系后,2架波兰F-16战斗机从该国南部城市克拉科夫机场起飞,对遭劫持的客机进行了拦截。与此同时,在被劫持客机驾驶舱内也发生了一场肉搏战,最终"恐怖分子"被制服,但客机的导航系统却已遭到破坏。在这之后,2架俄罗斯苏-27

① "俄罗斯北约理事会"成立于2002年5月14日,总部设在布鲁塞尔。当时,北约19个成员国外长和俄罗斯外长在冰岛首都雷克雅未克举行了北约—俄罗斯常设联合理事会会议,各方代表通过了建立双方新型关系的文件,就建立北约—俄罗斯理事会达成一致,以北约—俄罗斯理事会取代北约—俄罗斯常设联合理事会,以平等合作的"20机制"取代"19+1机制",理事会成员国将在军控、打击恐怖主义、处理地区危机等领域以"平等的伙伴关系"进行合作。

战斗机接过任务,引导着“叛变”飞机安全返回波兰北部城市马尔堡着陆。在6月8日的演练中,在黑海上空由3架土耳其F－16战斗机和2架俄罗斯苏－27战斗机对1架“迷路”客机进行了拦截,该客机在偏离航线后与地面失去了联系。在尔后两天的演习中,北约和俄罗斯对演习情况进行了评估,并对地面系统进行了调试。

参加“警惕天空—2011”反恐演习的波兰F－16战斗机

(五)演习的主要影响

“警惕天空—2011”联合反恐军事演习是2011年俄罗斯与北约相关国家进行的系列演习之一,该演习在加强俄罗斯与北约国家间防止空中恐怖袭击领域的合作与协调、完善空中情报互通系统、缓和北约和俄罗斯的关系等方面均有一定积极影响。首先,“警惕天空—2011”联合反恐军事演习有助于俄与北约在防范空中恐怖袭击问题上的协同与合作,双方建立的领空安全系统有助于实现空情信息互通共享,改善双方领空的安全状况,将惠及每天搭乘国际航班的数千名乘客和在这一范围内生活的数百万地面民众。目前,这个领空安全系统已在波兰首都华沙和俄罗斯首都莫斯科建有2个协调中心,在俄罗斯、波兰、挪威、土耳其等4国内设有6个协调站。其次,此次联合演习在一定程度上改善了俄与北约相关国家之间的关系。自冷战结束后,俄罗斯与北约的关系因北约东扩、在东欧部署“NMD”系统等问题一直处于比较紧张状态,但双方加强接触、改善关系的努力并未停止。2002年,北约与俄罗斯成立“北约—俄罗斯理事会”后,双方开始通过这一框架展开合作,但2008年8月,俄罗斯出兵格鲁吉亚后一度使双方关系陷入低谷。自奥巴马出任美国总统后,北约调整了对俄罗斯的策略,双方关系重新开始修复。2010年11月,北约与俄罗斯在葡萄牙首都里斯本举行了峰会,进一步明确了双方关系发展的方向。北约宣称,不再把俄罗斯看做是敌人,双方结束过去、展开合作的时代已经到来。在这一背景下,北约与俄罗斯在阿富汗战场、反恐怖问题上的军事合作不断增多,双方也进行了一系列以反恐、救援为主题的军事演习。虽然俄与北约间的军事合作道路仍存在诸多掣肘,但双方进行的联合军事演习在客观上起到缓和相互之间紧张关系的作用。

但是,北约与俄罗斯之间根本性的政治分歧还没有消除,并且在短期内也不会消除。比如说,在由谁来主导欧洲的安全事务,北约东扩问题和格鲁吉亚问题,特别是在建设欧洲导弹防御系统上,双方虽都曾承诺要进行合作,但在操作过程当中却总是磕磕碰碰。这些都表明,由于政治分歧还没有消除,双方之间仍然缺乏信任。不过,政治分歧并不影响双方的实际合作。最近两年,北约与俄罗斯之间的军事合作不断扩大,特别是在阿富汗战场、反恐怖问题上,双方的合作在不断地扩大和深入。因此从总体上来看,由于政治分歧没有消除,双方之间的军事合作虽然在推进,未来关系的发展仍然存在较大的不确定性。

五、其他演习情况

(一)亚洲太平洋地区

多年来,亚洲太平洋地区一直是国际联合军演比较集中的地区。2011年,在亚太地区主要举行了23场以非战争军事行动为主题的国际多边或双边联合军事演习。除了前面介绍的“金色眼镜蛇—2011”、“关键决断”和“秃鹫”联合军演外,其他演习的主要情况如下:

2011 年 1 月 27 日，美、日联合举行的“山樱”军事演习

1 月 27 日，美、日联合举行的“山樱”军事演习在日本九州岛拉开帷幕，共有 1500 名美军士兵和 4500 名日本自卫队士兵参演。“山樱”军演以指挥部模拟演练为主，演习的大多数课目均由计算机模拟完成。负责此次演习的日方指挥官称，演习中模拟了美日遭弹道导弹攻击以及日本南部主要岛屿遭受攻击的情形，并演练了特种战。美国太平洋陆军司令本杰明 · 米克松中将说，对美陆军设在夏威夷的“分遣队司令部”和驻扎在日本的部队来说，此次军演是一次至关重要的训练。虽然日方指挥官强调此次演习并不针对特定目标，只会有助于日本阻止敌方发动攻击和完善国土防御能力，但从军演的内容设置来看，美日很可能将俄罗斯、朝鲜和中国划入了“潜在敌人”的名单。

2011 年 2 月 28 日，美、日进行弹道导弹拦截模拟演习

2 月 28 日～3 月 3 日，美、日在横须贺基地展开了弹道导弹拦截模拟演习，此次军演是美、日两国“宙斯盾”军舰首次联网实施的演习，军演基于美国海军研制的模拟程序进行，目的是演练美、日两国部队之间的协调要领，提高应对弹道导弹的战术水平。日本防卫大臣北泽俊美表示，朝鲜的核弹道导弹对日本来说是极大威胁。防备万一是日本政府的责任，必须与美国、韩国等国际社会合作应对，这是安全保障的重要课题。

2011 年 3 月 7 日，中、日举行“2011 中日联合海上搜救通信演习”

3 月 7 日，为加强中、日两国在组织海上搜救行动方面的协调配合，检验海上联合搜救通信效果，提高双方搜救协调员的业务能力，在中国海上搜救中心的统一协调和指导下，中国上海海上搜救中心与日本海上保安厅广岛分部成功举行了“2011 中日联合海上搜救通信演习”。这次演习模拟了在特定海域船舶发生火灾、人员遇险等情况下，中、日双方搜救中心在接收报警、核查险情以及组织开展联合搜救行动期间的协调通信工作。演习中，上海海上搜救中心和广岛搜救中心分别以搜救中心、遇险船舶、航运公司等不同角色，通过

通信系统进行了船舶遇险报警、险情核查、搜救工作协调等方面的沟通演练。

中国上海海上搜救中心办公室负责人介绍，上海海上搜救中心还将继续与周边国家如日本海上保安厅、韩国海洋警察厅举行海上搜救、溢油等方面应急合作的演习，以期进一步增进理解，促进合作，共同做好海上搜救工作。

“2011 中日联合海上搜救通信演习”中的上海海上搜救中心指挥现场

2011 年 4 月 2 日，美国、印度、日本 3 国举行“马拉巴尔”联合海军演习

4 月 2 日～10 日，美国、印度、日本 3 国在冲绳海域联合举行了代号为“马拉巴尔”的联合海军演习。演习的重点放在反潜战、水面战、防空和登舰侦搜等方面。“马拉巴尔”本是美、印之间的联合军演，开始于 1992 年，内容从最初时海上救援、联合反恐逐渐向联合作战方向发展。2007 年美、印在印度、孟加拉国海域举行演习时，日本、澳大利亚、新加坡亦应邀参与。2009 年美印再邀日本加入，地点则改在了冲绳以东海域，以反潜、反舰为演习的重点。2011 年 3 国再次在冲绳海域举行联合军演，因而被视为美、印、日海上军演已形成机制的体现。尽管美国海军宣称，军演的目的是“加强太平洋地区的稳定”，但由于美国近年锐意介入亚洲事务，冲绳则被视为美国钳制，甚至进攻中国的战略要点，此次演习仍被外界视为 3 国高调联手向中国示威。

2011 年 4 月 5 日,美国与菲律宾举行“肩并肩 2011”联合军事演习

4 月 5 日~15 日,为期 10 天的美、菲两国“肩并肩 2011”双边联合军事演习在菲律宾的多个地区举行。本次“肩并肩”演习是美国与菲律宾举行的第 27 次双边联合军演,包括驻韩美军在内的 3000 余名美军士兵参加,是迄今为止双方进行的规模最大的野战训练演习。演习课目包括简易爆炸装置防范、爆炸性军械品处理、实弹演练、意外事故人员疏散及伤员护理等;演习期间,双方参谋人员还在菲律宾北吕宋举行了联合司令部演习。菲律宾总统阿基诺曾亲自到现场观摩了有关演练,阿基诺此前曾宣布向军队拨款 110 亿比索(约合 2.5 亿美元),以推动军队现代化进程。演习开始和结束时,在大马尼拉地区奎松市的阿奎纳尔多军营举行了演习的开幕和闭幕仪式,菲军总参谋长奥班在闭幕仪式上表示,菲军需要额外的资金支持,以有效执行反恐和灾害响应等任务。奥班表示,根据菲律宾 1995 年制订的军队现代化计划,菲军需要 3310 亿比索资金来升级装备、提升作战能力;他特别提到,菲律宾需要升级海军和空军装备。

历史上,菲律宾曾是美国殖民地,两国于 1998 年签署了《访问部队协议》。根据这个协议,自 2002 年开始,美国以反恐为名陆续向菲南部棉兰老地区派驻了数百名美军士兵。但在菲律宾国内一直存在着要求修改美菲《访问部队协议》的呼声。4 月 5 日,就在“肩并肩 2011”军演开始当天,大批菲律宾民众赶到马尼拉美国大使馆门前抗议,并一度与警察爆发了冲突;菲律宾“新爱国者联盟”也痛批美军侵犯菲律宾主权。

2011 年 5 月 6 日,中国、吉尔吉斯斯坦、塔吉克斯坦 3 国举行“天山—2 号(2011)”联合反恐演习

5 月 6 日,中国、吉尔吉斯斯坦、塔吉克斯坦在中国新疆喀什举行了“天山—2 号(2011)”上海合作组织成员国执法安全机关联合反恐演习。此次演习是继中国和哈萨克斯坦联合举行“天山—1 号(2006)”联合反恐演习之后,上合组织框架内举行的第二次执法安全机关联合演习。

演习设置了"决策指挥"、"武力解救被劫持人质"和"定点清剿"3个演示课目，按照上合组织成员国执法安全机关现行机制，采取实际演练的方式，展示了中、吉、塔3方反劫持和清剿恐怖分子营地的能力和水平。演习总指挥、中国公安部副部长孟宏伟表示，这次演习充分体现了中、吉、塔3国和上合组织打击"三股势力"的决心，展现了上海合作组织成员国在反恐领域的务实合作成果，进一步密切了上海合作组织成员国的反恐合作关系和执法安全协作机制，有效检验和提高了上合组织联合打击恐怖主义的能力，必将有效震慑和打击"三股势力"，对维护各国及中亚地区的安全与稳定发挥积极的作用。

2011年6月4日，中国和印度尼西亚举行"利刃—2011"特种部队联合训练

6月4日，"利刃—2011"联合训练在万隆开训，这是中国和印尼两军的首次联合训练，联合训练不针对第三方。联合训练旨在进一步巩固中印尼两国两军友谊，增进相互了解与信任，提高双方特种部队的反恐实战和联合行动能力，促进两军的务实交流与合作。中方派出69人参训，联训分为交流展示、混编同训和综合演练3个阶段。在为期10多天的联合训练中，两国参演人员重点进行了应用射击、房屋突入、空降等课目训练和营救人质行动实兵演练。

6月6日，中国人民解放军与印度尼西亚国民军在印尼万隆举行"利刃—2011"特种部队联合训练开训仪式，中国人民解放军济南军区参谋长赵宗岐和印尼陆军特种部队司令鲍鲁斯分别代表两国军方致辞。

6月17日上午，"利刃—2011"中国与印尼首次陆军特种部队联合训练在万隆举行了结训仪式。中国人民解放军副总参谋长侯树森中将与印尼陆军副参谋长布迪曼中将共同观摩了实兵综合演练和低空跳伞，出席结训仪式并共同回答了记者提问。

2011年6月7日，韩国和美国装甲部队举行联合军演

6月7日~10日，韩国和美国装甲部队在距首尔45千米的京畿道坡州市陆军第一军团武建里训练场举行了联合军事演习。这是

韩、美两国根据协议首次实施的装甲部队联合演习，也是在美国向韩国移交战时作战指挥权前，韩军首次行使指挥权的战术训练。参加演习的是韩军第一军团和美军第二师所属的装甲部队。韩方在此次演练中出动了515名兵力和50余辆坦克及其他装甲车辆，美方有320名兵力参加，动用了包括“布雷德利”装甲车在内的50辆各式装备。在演习中，韩美将韩军的2个战车大队和美军的2个中队进行混合编组后，编成2个大队，展开自由机动训练和交战训练。韩国陆军一位有关负责人表示，美国将于2015年向韩方正式移交战时作战指挥权，参加此次演习的美军机械化步兵师旗下2个中队接受韩军的作战指挥，具有特别的意义。

2011年6月14日，美国同菲律宾等东盟6国举行“东南亚合作与训练”海上联合军事演习

6月14日~23日，美国携手菲律宾、印度尼西亚、马来西亚、新加坡、泰国和文莱等东盟6国，在马六甲海峡、西里伯斯海和苏禄海举行了为期10天的代号为“东南亚合作与训练”海上联合军事演习。美军派出了“钟云”号和“霍华德”号导弹驱逐舰参与了此次演习，而驻日本横须贺的美军“乔治·华盛顿号”航空母舰亦前往西太平洋进行“警戒”。各国参演舰队针对海上恐怖活动、跨国犯罪和其他海上威胁展开了实时情报交换、协同监视行动、追踪、登舰搜捕等多项演练。此次演练虽然是一次年度的例行演习，但由于该军演是在敏感的时间和敏感的地点进行，因此也颇受国际社会关注。美国与东盟6国的海上联合军演由美国倡议发起，原名“东南亚反恐合作”，内容最初以海上反恐为主，如今已延伸至打击海盗、跨国犯罪和走私等方面。菲律宾军方表示，“东南亚合作与训练”是在东南亚地区海上交通要道举行的年度联合军演，旨在保障对这些海上要道的控制，提高区域协同和信息共享能力。

2011年6月28日，美、菲举行“海上联合战备训练演习”的年度联合军事演习

6月28日~7月8日，美、菲两国海军在菲律宾巴拉望省以东的

苏禄海举行了为期 10 天的代号为“海上联合战备训练演习”的年度联合军事演习。美军“钟云”号和“霍华德”号导弹驱逐舰、“护卫者”号打捞舰、P－3C 反潜巡逻机及 SH－60“海鹰”直升机等装备参加了相关演练;菲军动用了“邦阿西楠”号和“黎刹”号巡逻舰等装备。演习分为海上演练和岸上演练两大环节,主要包括舰炮射击、海域封锁、海上巡逻、情报共享、登船搜查、船只打捞、医疗救护等内容。这是美、菲第 17 次在菲律宾海域举行“海上联合战备训练演习”联合军演。演习期间,两国海军官兵还进行了体育友谊赛、军乐团联合演出等联谊活动。2010 年和 2009 年的同类军演分别在苏比克湾和宿务省附近海域举行。

菲律宾军方在演习前发表的声明中说,一年一度的美菲“海上联合战备训练演习”联合军演,是依据两国 1951 年签署的《共同防御条约》举行的,主要目的是通过在海上防御、港口安保、灾难应对等领域进行信息和人员交流,强化两军合作关系。针对本次军演,菲律宾民间却发出了质疑和批评声音。左翼团体“新爱国联盟”在早些时候发表声明说,菲美《共同防御条约》和美国军事援助非但未使菲军实现现代化,反而使菲军更加落后。该声明还说,美军现代化战舰和菲军陈旧的巡逻舰联合演习,显示出“整个美国军事援助概念是个败笔”。

2011 年度美、菲“海上联合战备训练演习”开幕式

2011 年 7 月 19 日，美国与澳大利亚间举行"护身佩剑—2011"联合军演

7 月 19 日，在澳大利亚昆士兰州，美国与澳大利亚间的代号为"护身佩剑—2011"联合军演拉开帷幕。演习持续了约 4 周的时间，共有大约 6000 多名澳军和 1100 名美军官兵参加，军种涉及陆、海、空及陆战队和特种部队等。"护身佩剑"军演是美国和澳大利亚军队之间两年一度的联合演习，用以加强两国在南太平洋地区应对突发事件的反应能力。

2011 年 7 月 31 日，"可汗探索—2011"多国维和军事演习在蒙古国举行

7 月 31 日，"可汗探索—2011"多国维和军事演习在蒙古国首都乌兰巴托以西 65 千米的蒙古武装力量培训中心拉开帷幕。此次军事演习一直持续到了 8 月 12 日，共有来自蒙古、美国、韩国、印度尼亚尼、柬埔寨和印度等国的 600 多名士兵参演。演习的主要内容包括营级指挥部训练、坦克作战训练、野外流动医疗小组作业、人道救援 4 个部分。蒙古军方领导人、美国军事官员、中国人民解放军观摩小组以及各国驻蒙古国大使馆武官等出席了开幕式。2003 年，蒙古与美国开始举行第一次"可汗探索"双边联合军演，自 2006 年以来，"可汗探索"演习扩展为多国联合军事演习。蒙古国总统兼武装力量总司令查希亚·额勒贝格道尔吉在演习开幕式上说，为了拓展国际军事合作，增加军事互信，加强武装力量维和行动的协调，近年来每年都在蒙古国举行多国维和军事演习，本次演习将进一步提高各国参演士兵的维和能力。

2011 年 8 月 16 日，韩、美举行"乙支·自由卫士"联合军演

8 月 16 日 ~26 日，韩、美 2011 年度"乙支·自由卫士"联合军演在韩国如期举行。此次演习是以防御为中心的年度例行军演，分为"乙支"民防演习和"自由卫士"计算机模拟指挥所带部分实兵演习两部分实施。3 万多名美军和韩军的军团、舰队、飞行团级以上指挥部等 5.6 万多人参加了演习。本次军演由美韩联合司令部主导，

旨在检验美军朝鲜半岛“5027”作战计划，进一步完善美韩联合司令部及所属各级司令部的作战指挥程序，提高美韩部队联合作战能力、美韩各级司令部的指挥能力、韩自主防御能力和战时动员能力。尽管美韩方面于7月18日向朝方通知了军演时间和目的，但还是受到了朝鲜的严厉指责，朝鲜方面谴责说，新一轮演习是“极度挑衅”，是“最大规模的核战争演习”，警告可能触发“全面战争”。朝鲜人民军板门店代表部发表了致美国和韩国的公开信，要求美韩停止联合军演，并表示朝鲜军民已经拥有强有力的核遏制力应对威胁。韩美1975年以来每年举行“乙支焦点透镜”联合军演，自2008年起，演习改名“乙支·自由卫士”。韩国军队联合参谋本部一名官员说，这次演习将有助于韩国2015年从美国手中接管战时行动指挥权。

2011年9月1日，俄罗斯与蒙古国举行“色楞格—2011”联合反恐军事演习

9月1日~10日，俄罗斯与蒙古国在俄东部军区和蒙古境内举行了代号为“色楞格—2011”的联合反恐军事演习，俄、蒙双方近500名官兵参加了本次联合反恐军演。按照演习计划，由演习人员假扮的一伙“非法武装分子”企图在蒙古国北部地区占领学校、石油钻井台等重要设施，俄、蒙两国联合出兵恢复当地秩序并歼灭了“非法武装分子”。演习分两个阶段进行，第一阶段在俄罗斯境内布里亚特共和国“布尔敦”靶场进行，第二阶段在蒙古国境内的“塔旺—陶勒盖”训练中心进行。

蒙军士兵参加“色楞格—2011”联合反恐演习

2011 年 9 月 8 日，中国与俄罗斯举行界河上空应急反应演习

9 月 8 日，中、俄首次在黑龙江黑河港区水域联合举行界河上空应急反应演习。双方共派出包括消防船在内的 50 余艘船艇和多用途直升机、两栖喷气式飞机参加演习。此次演习以“加强中俄应急合作，共建平安绿色界河”为主题，共分为水上搜救、消防灭火、防污清污等 3 个课目，演习的目的在于提高中、俄双方水上应急救助的组织、协调和指挥能力，锻炼双方在界河上进行人员救助、船舶消防、船舶溢油清污方面的实战能力，为黑龙江流域经济发展和生态保护提供更有力的安全保障。

2011 年 9 月 19 日，美国与新加坡举行“英勇标志”联合军事演习

9 月 19 日～30 日，新加坡武装部队与美国海军陆战队共约 650 人举行了“英勇标志”联合军事演习。演习的主要内容包括城市与区域安全场景演练、联合实弹射击等。新加坡方面表示，长期以来，美国与新加坡保持着良好的国防合作关系，透过双边及多边演习，更有助加强双方在防务方面的联系及相互理解。

2011 年 9 月 20 日，印度与蒙古举行联合防务演习

9 月 20 日，印度与蒙古在蒙古境内举行了为期两周的联合防务演习，大约 4000 名印度官兵参加了演习，此次演习以反叛乱训练为重点。2010 年，印度和蒙古曾在印度举行了一系列双边军事活动，这次演习按照双方约定在蒙古举行。在演习举行之前，印度高级军官维贾伊·库马尔·辛格于 9 月 6 日～8 日对蒙古进行了军事访问。而印度总统普拉蒂巴·帕蒂尔曾在 7 月底访问了乌兰巴托，两国还签署了双边防务合作协议。这一系列外交和军事活动标志着印度和蒙古的军事合作关系迅速改善。

2011 年 9 月 27 日，日本、俄罗斯在日本海举行海上联合搜救演习

9 月 27 日～29 日，日本海上自卫队与俄罗斯海军在日本海举行了联合搜救演习，这是日、俄之间举行的第 12 次海上联合搜救演习。

参加此次联合军演的俄罗斯海军“瓦良格”号导弹巡洋舰以及补给舰等3艘军舰在9月25日抵达了日本京都舞鹤港。有分析人士认为,近几年来,由于在鄂霍茨克海和北冰洋附近发现蕴藏有丰富的资源,远东地区对俄罗斯的重要性日益凸显。因此,俄罗斯正在调整战略,加强了对远东地区的关注,并在日本周边地区开展了一系列的军事活动。9月8日,俄空军2架轰炸机曾以空中加油的方式在日本领空附近从北海道到冲绳环绕日本列岛飞行了一周,飞行时间长达14个小时左右。另外,俄罗斯海军的24艘舰艇在9月9日~10日穿过了宗谷海峡,此后又在远东堪察加半岛鄂霍茨克海等地进行了大规模军演,这是俄军在冷战结束后进行的最大规模的海军演习。但从国防安全方面考虑,俄罗斯也认为有必要在一定程度上需与日本建立良好的关系,俄罗斯海军与日本海上自卫队举行共同搜救演练正是反映出俄罗斯的这种战略考虑。

2011年10月17日,美国和菲律宾海军在中国南海浅滩举行水陆两栖作战联合军演

10月17日~28日,美国和菲律宾海军在中菲素有争议的南海浅滩举行了水陆两栖作战军事演习。约200名海军陆战队员和1000名菲军人员参加了演习,演习地点是菲律宾新埃西哈省军营、班巴加省克拉克空军基地、甲美地省海军陆战队基地、三描礼士省海军基地和巴拉望省海军基地。这是菲美年度“两栖登陆”演习首次将巴拉望省纳入演练地点。菲律宾海军发言人称,演习旨在增强双方的相互协调能力,双方选择巴拉望进行此次演习,能收到最好的效果。尽管双方称该演习并不针对中国或者任何一个作为虚拟目标的国家,但值得注意的是,此次军演涉及区域的部分南海岛礁位于中国南海主权划界的9段线以内。

2011年11月22日,中国与韩国举行海上联合搜救演习

11月22日~25日,中国与韩国两国海军在宁波和上海沿海举行了第四次海上联合搜救演习。韩国“王建”号驱逐舰和中国的1艘护卫舰参加了演习。韩国海军在一份声明中说,这次演习是先前

两国国防部长在韩国国防部长官金宽镇访华时商定的，这是一次人道主义演习。中、韩两国海军曾于2005年、2007年和2008年举行过3次海上联合搜救演习。

2011年12月5日，日本与美国举行联合救灾演习

12月5日，日本航空自卫队与驻日美军在冲绳县浮原岛举行了联合救灾演习。演习以冲绳县以东海域发生地震并引发海啸为假想情况，模拟了对海啸灾民的搜救及运送工作。演习中，首先由日本航空自卫队出动飞机确认灾情并对人员进行搜救，尔后，日、美双方4架直升机从岸边或海面上救起灾民后运往美军嘉手纳基地。日本自卫队的航空支援集团司令弥田清发表声明称，3月11日，日本大地震发生后，日、美曾联合搜救海啸灾民，大规模灾难时的共同搜救不可或缺，日、美联合实施有关演习是极其重要的。

（二）欧洲地区

欧洲作为军事强国的集中地，向来是联合军演比较集中的地区，但由于受到债务危机和英、法等国参与对利比亚空袭等方面因素的影响，该地区2011年举行的国际联合军演比2010年有所减少。其中，以非战争军事行动为主题的国际联合军演主要有7场，除了前面介绍的"警惕天空—2011"联合反恐军事演习外，其他几场演习的主要情况如下：

2011年4月4日北约举行"波罗的海东道国2011"指挥所联合军演

4月4日~8日，北约在立陶宛、拉脱维亚、爱沙尼亚3国举行了代号为"波罗的海东道国2011"指挥所联合演习，演习以计算机模拟的方式进行，由立陶宛军方高层担任总指挥，拉脱维亚和爱沙尼亚两军则派员担任副总指挥。演习总指挥部设在立陶宛首都维尔纽斯近郊的立军作战训练中心，参演人员除了3国相关指挥人员外，还有来自美国、德国、英国、法国、荷兰、挪威、丹麦、波兰和保加利亚等共12个北约成员国以及奥地利、瑞典和芬兰等3个和平伙伴国共140余人。演习的主要目的是检验波罗的海3国在本地区冲突中对北约盟

军的综合保障能力，并进一步提升其北约盟军之间的协同作战能力。

2011 年 5 月 30 日，北约举行“2011 勇敢君主”潜艇救生演习

5 月 30 日 ~6 月 10 日，俄罗斯与北约在位于地中海的西班牙卡塔赫纳港附近海域联合举行了为期 12 天的“2011 勇敢君主”潜艇救生演习。“勇敢君主”演习每 3 年举行一次，是世界上规模最大的潜艇救生演习。参与此次演习的共有来自美国、俄罗斯、瑞典、英国、西班牙、意大利、荷兰、葡萄牙、法国、挪威、希腊、土耳其等国的约 20 艘水面舰艇和潜艇，人员约 2000 人。俄罗斯黑海舰队的一个由基洛级潜艇、救援拖船、军辅船和救援船编成的特混编队首次参加了此次由北约主导的海事演习。北约欧洲盟军最高司令部就此发表声明说，演习的目的是在潜艇营救行动方面开展最大限度的国际合作，这对北约以及所有拥有潜艇的国家来说都具有非常重要的意义。

2011 年 6 月 6 日，美国、乌克兰等多国举行“海上微风—2011”多国联合军演

6 月 6 日 ~18 日，由美国主导的“海上微风—2011”年度性多国联合军事演习在乌克兰境内黑海水域举行，演习以打击海盗为主要演练内容。“海上微风—2011”联合军演分海上、陆地和空中 3 个阶段，共约 2500 名官兵参加，动用了 25 艘舰艇、13 架飞机及直升机，完成了打击海盗、反恐、联合搜救、排雷、跳伞等 180 多项内容的演练。除乌、美两国外，阿塞拜疆、比利时、德国、希腊、格鲁吉亚、丹麦、摩尔多瓦、波兰、土耳其、瑞典和奥地利 11 个国家也派出人员参加了这次演习。在此次军演中，美国派出装备有“宙斯盾”反导系统的“蒙特雷”号导弹巡洋舰，引起了俄罗斯的警戒和抗议。俄罗斯外交部 6 月 12 日发表声明，对美国“蒙特雷”号导弹巡洋舰进入黑海水域参加“海上微风—2011”军事演习表示担忧，俄罗斯将这种装备有“宙斯盾”反导系统的巡洋舰出现在俄边境地区视为安全威胁。

2011 年 7 月 19 日，美国、乌克兰、波兰 3 国举行“安全天空 2011”联合空战演习

7 月 19 日 ~21 日，美国、乌克兰、波兰 3 国举行了代号为“安全

天空2011"的联合空战演习。演习由美军主持,分别在乌、波两国进行。其中美军派出了7架F-16C型战机参演,这是美空军战机首次飞抵乌克兰,乌、波两国分别出动了苏-27SK、米格-29A战机。演习旨在实战训练乌、波空军指挥所人员、飞行机组人员和作战班组,以完成2012年欧洲足球锦标赛期间防空保障任务,同时通过演习促进各国间的防空合作,增强有关国家空域的安全。

2011年9月16日,俄罗斯和白俄罗斯举行"联盟之盾—2011"联合军演

9月16日~22日,俄罗斯和白俄罗斯在俄境内的戈罗霍韦茨及阿舒卢克两大靶场举行了代号为"联盟之盾—2011"的联合军事演习,共有1.2万名军人参加演习。演习使用了空天防御设施和陆军装备,首次动用了苏-34轰炸机和卡-52攻击直升机等新式装备。俄国防部新闻局说,举行演习是为了检验俄白联盟国家部队的联合防卫能力、保障两国军事安全的能力以及两国军队在军事行动中的协调能力。俄罗斯和白俄罗斯是独联体国家中在政治、经济和文化等方面关系最为密切的两个国家。两国于1999年底签署成立俄白联盟国家的条约,致力于在保留各自国家主权的同时组成邦联国家,该条约于2001年正式生效。

2011年11月4日,欧盟与美国举行"2011赛博大西洋"试验响应计算机网络攻击演习

11月4日,欧盟与美国首次联合进行了代号为"2011赛博大西洋"的试验响应计算机网络攻击演习。演习主要对两种设想情况进行了试验:一种情况是防范试图从欧盟国家的计算机网络安全机构获取和公布敏感情报的攻击,另一种情况是防范对欧盟电站设备中的监控和数据采集系统(SCADA)进行攻击。此次演习由欧盟—美国计算机网络安全和网络犯罪工作组负责,该工作组于2010年11月成立,下设4个专家小组,分别负责研究如何应对计算机网络事件管理、公私合作、感知提升、计算机网络犯罪等领域的安全问题,用于负责抵御全球网络的新威胁。

（三）中东地区

2011 年，是中东地区政治局势动荡不定的一年，但相关国家间也举行了 5 场涉及多个安全领域的联合军事演习，除了前面介绍的“中央—2011”联合军演外，其他几场演习的情况是：

2011 年 3 月 19 日，土耳其、阿富汗和巴基斯坦 3 国举行城市反恐联合演习

3 月 19 日～26 日，土耳其、阿富汗和巴基斯坦 3 国在土耳其的伊斯坦布尔举行城市反恐联合演习。本次联合反恐演习共分为联合训练、实兵演习、评估总结 3 个阶段：19 日～24 日进行联合训练，25 日进行实兵演习，26 日进行审核评估。在 25 日的演习中，3 国参演部队运用了空降、街道巡逻、编组搜索、小组狙击和入室搜索等战术手段，成功抓捕和击毙了 8 名“恐怖分子”。此外，3 国参演部队还进行了基本作战指令训练、控制和爆炸模拟训练等多个项目的演练，包括狙击手和反坦克工兵在内的特种兵也参与了此次演习。据土耳其军方总参谋部介绍，此次联合反恐演习是 2010 年 12 月 24 日在伊斯坦布尔举行的第五届三国首脑会议上决定的。

2011 年 5 月 24 日，海湾国家与美国在阿联酋举行“2011 决断之鹰”联合军事演习

5 月 24 日，由阿联酋、巴林、科威特、卡塔尔和美国共同参与的“2011 决断之鹰”联合军事演习在阿联酋境内开始举行。该演习是根据海湾阿拉伯国家合作委员会（海合会）与美国达成的防务合作协议进行的，沙特阿拉伯、阿曼、约旦、埃及、伊拉克、黎巴嫩、也门、法国和韩国也作为观察员派代表观摩了演习。在为期两周的演习中，各参演国就防御大规模杀伤性武器、危机和灾难处理、打击恐怖主义、保障国际海域安全等课题展开了讨论，并就相关课题进行了实际演练。

2011 年 8 月 8 日，哈、美、英等 6 国举行“草原之鹰—2011”联合军事演习

8 月 8 号，哈萨克斯坦、美国、英国、吉尔吉斯斯坦、塔吉克斯坦

和拉脱维亚6国在哈萨克斯坦东南部的伊犁训练场展开代号为“草原之鹰—2011”的战术维和联合军演。本次演习持续了3周时间，共有来自6国的1400多名人员参加，动用了近百台各种军事设备。哈萨克斯坦空军、浮桥架设营、军事警察和国防部所辖军事学院的学员也参与了此次军演。“草原之鹰”联合军演开始于2003年，最初只有哈、美、英3国军队参演。与往年不同的是，2011年，吉尔吉斯斯坦，塔吉克斯坦和拉脱维亚3国首次参与此项联合军演，使参演的国家增加到了6个。哈萨克斯坦军方称，此次演习的目的在于提高哈萨克斯坦与多国军队联合执行维和任务的水平，增强各国在维和行动中的实战和组织协同能力。

2011年10月中旬，日本海上自卫队与英、美开展联合扫雷演习

从10月中旬开始，日本海上自卫队与美、英两国海军，首次在波斯湾巴林近海海域进行了为期两周的联合“海上扫雷演习”。据日本防卫省称，美国和英国海军多次在波斯湾巴林近海进行此类扫雷演习，本次是日本海上自卫队首次受邀参加，日本派出了“浦贺”号、“对马”号2艘扫雷舰艇和180名自卫队队员。1991年海湾战争后，日本海上自卫队扫雷部队曾被派到波斯湾海域进行水雷处理工作。之后，日本海上自卫队还曾频繁往来于这片海域，在印度洋为美国舰艇进行加油等保障，并为派到伊拉克的日本自卫队承担运输支援工作。波斯湾巴林近海海域是一条重要的海上交通路线，除了加强日、美、英3国的军事合作外，为民间船舶提供安全保障也是此次演习训练的目的之一。

（四）南亚及印度洋地区

2011年，南亚及印度洋地区发生了击毙本·拉登等具有重大影响的国际事件，更加凸显了南亚及印度洋地区作为世界反恐主战场的重要地位。因而，在该地区举行的国际联合军演也大多围绕反恐这一主题展开。

2011年3月8日，“和平—11”多国海上联合军演开始举行

3月8日，为期5天的“和平—11”多国海上联合军演在巴基斯

坦卡拉奇附近海域开始举行。此次演习,由巴基斯坦海军倡导并主办,中国、美国、英国、法国、巴基斯坦等 12 个国家的海军派舰艇、飞机和特种部队参加了演习。巴基斯坦海军舰队司令官阿巴斯·拉扎中将在开幕式上表示,维护地区和平是全世界所有国家的共同职责,此次“和平—11”联合军演的目的是为了展示多国海上联合反恐能力,希望通过此次海上联合军演,提高地区间海军协同作战的水平,以维护地区的和平稳定。“和平—11”海上联合军演是“和平”系列军演的第三次演习。前两次分别于 2007 年 3 月和 2009 年 3 月在卡拉奇附近海域举行。中国海军派出 2 艘导弹护卫舰、2 架舰载直升机和 70 名特战队员参加了 2011 年度的演习,在完成此次军演任务后,这 2 艘导弹护卫舰及参演人员直接开赴了亚丁湾执行护航任务。

2011 年 9 月 19 日,斯里兰卡和印度举行了“SLINEX II”海军联合军演

9 月 19 日 ~24 日,斯里兰卡和印度在斯里兰卡东海岸举行了代号为“SLINEX II”的海军联合军事演习,双方的海岸巡逻舰、导弹快速攻击舰、导弹护卫舰、两栖作战坦克以及海上巡逻机等参加了演习。斯里兰卡军方说,这是 2009 年斯里兰卡结束内战以来斯印两国第二次举行联合军事演习。演习的目的是加强两国海军的协同作战能力,同时也为斯里兰卡了解和学习邻国海军训练理念及经验提供了机会。

2011 年 11 月 17 日,中国和巴基斯坦举行“友谊—2011”联合反恐训练

11 月 17 日,中、巴“友谊—2011”联合反恐训练在巴基斯坦曼格拉正式拉开帷幕,中国人民解放军兰州军区副司令员赵建忠中将、巴基斯坦陆军穆扎米尔中将分别率观摩团出席了演习开幕式,并检阅了双方参训部队。穆扎米尔中将在致辞中表示,中、巴两国的友谊经历了时间考验,始终坚如磐石,此次反恐联合训练为加强两军联系、共同探索反恐新模式提供了宝贵机会。他感谢中国在各方面,包括在自然灾害救援方面对巴基斯坦给予的大力帮助,希望两军官兵通

过联训相互学习、相互收益，进一步增强两国友谊。赵建忠中将在致辞中说，中、巴两国是和睦友好的好邻居，是经受了时间和国际风云变幻考验、坦诚合作的好伙伴；多年来，中、巴两国两军各领域交流合作务实高效、硕果累累，中、巴“全天候”友谊久经考验，坚不可摧。开幕仪式结束后，双方组织了武器装备展示，中方代表团还参观了巴陆军训练设施。

11 月 24 日，“友谊—2011”中巴反恐联合训练在伊斯兰堡附近的巴基斯坦某训练基地举行综合演练之后结束。解放军副总参谋长侯树森率领中国军事代表团观摩了综合演练，巴基斯坦陆军参谋长基亚尼等陪同观摩，并共同出席了联训结束仪式。

2011 年 12 月 1 日，吉尔吉斯斯坦与印度举行“匕首 2011”联合反恐演习

12 月 1 日 ~21 日，吉尔吉斯斯坦和印度特种部队在印度纳亨的一所特种部队学校举行了“匕首 2011”联合反恐军事演习。吉尔吉斯斯坦国防部发言人对记者说，演习是 10 月份吉尔吉斯斯坦国防部代表团访问印度时确定的，联合军事演习的主要目的是增进两国合作和交流反恐作战经验，“这一演习将有助于提高两国特种部队在山区环境中打击恐怖主义等敌对行动中的能力，增进相互了解”。吉方派出了 20 名士兵前往印度参加军演，印方参演人员来自其伞兵团。印方将为吉方军演人员提供所有交通、住宿、餐饮服务以及军演所需各种物资的保障。

（五）美洲地区

2011 年，美洲地区主要举行了两场国际联合军演，在这两场演习中，美国均发挥了主导性作用。

2011 年 6 月 23 日，多国海军联合举行“弗鲁库斯—2011”反海盗演习

6 月 23 日 ~30 日，在美国东海岸附近海域，举行了以“弗鲁库斯—2011”为代号的国际海军联合演习，俄罗斯、法国、美国、英国 4 国的参演军舰共同演练了打击海盗的行动方式。在国际海军合作范

围内，这已是第20次进行反海盗演习。按演习的计划，参演各国海军共同演练了完成护舰、反恐、反走私和反危险武器与材料扩散任务时的相互配合。俄军北海舰队所属的“查巴年科海军上将号”[①]大型反潜舰和“矿工号”救护驳船参加了演习。

2011年8月16日，拉美和欧洲17国举行“保卫巴拿马运河”联合军事演习

8月16日，“保卫巴拿马运河”多国联合军演在巴拿马、美国得克萨斯州、佛罗里达州和密西西比州沿海同时展开，共有来自拉美和欧洲的17个国家的约3500名官兵参与此次军演，演习由美军南方司令部和巴拿马政府联合主办，一直持续至8月26日。美军南方司令部发言人何塞·鲁伊斯说，这次军演主要是为了提高多国协作保卫巴拿马运河免受威胁的能力，军演将检验各国海军的指挥与控制能力，演习包括海上、空中、陆上和网络演练，主要课目包括潜水、反毒和在内河开展巡逻行动。为保卫巴拿马运河而开展的联合军演始于2003年，当时的参演国只有美国、巴拿马和智利，随着军演影响力不断扩大，已经有越来越多的拉美国家和欧洲国家开始参与该项军事演习。

第三节　历史回顾

近年来，国际安全形势日趋复杂，威胁各国安全的因素日渐多元，非战争军事行动逐渐成为各国军事力量在和平时期运用的重要方式。在这种大背景下，联合军演的战略地位日益凸现，联合军演的

① “查巴年科海军上将号”大型反潜舰，是俄军北海舰队的一艘性能最好的反潜舰。该舰有丰富的远征经验，它曾于2009年和2011年两次参加俄军北海舰队组织的战舰编队进行大航程的出航，访问了加勒比海，驶入委内瑞拉的港口，在俄国海军的现代史上首次完成通过巴拿马运河的航行，有着丰富的为民用船只护航经验。

频率和规模不断增加。特别是进入新世纪以来,以非战争军事行动为主题的联合军演数量逐年增加,其规模逐步扩大,其内容和参与国逐步增多。以下简要回顾一些有代表性的联合军事演习。

“金色眼镜蛇”系列军事演习。该系列演习始于1982年,由美、泰两国军队联合举办。自2000年开始,演习吸收新加坡军队参加,由原来的双边演习扩大为地区性多边演习,每年举行1次,每次持续10~40天,是美军在太平洋地区举行的最大规模演习。1982~1999年的18次演习中,主要演练反击侵略行动。从2000年以后,将主要演习课题调整为维和和反恐怖行动。2002年的演习,首次将应对核、化武器的恐怖袭击作为演习的核心内容。

“金色眼镜蛇”演习由美参谋长联席会议协调,美军太平洋总部和泰国武装部队司令部及新加坡武装部队总参谋部共同组织实施。近几次的“金色眼镜蛇”演习,美军逐渐注重发挥泰军的主导作用。参演力量主要有美太平洋陆军、空军、陆战队、特种作战司令部及美海军第7舰队、空中作战司令部、空中机动司令部、军事海运司令部等,泰国皇家海军舰只和新加坡部分人员。参演部队编组为联合特遣部队,设陆、海、空、陆战队和特种作战5个部队和职能司令部,由联合特遣部队司令部负责现场指挥。“金色眼镜蛇—1999”演习中,美泰两军参加演习的总兵力共约2.25万人,投入各型飞机158架,各型舰船15艘。其中,美军参加演习的兵力主要是驻太平洋地区的陆军、海军、空军和海军陆战队及其后备役部队,约1.1884万人,军舰5艘,各型飞机128架。泰军出动兵力1.06万人,飞机30架,各型军舰10艘。“金色眼镜蛇—2000”演习中,美、泰、新3国共派出了2万余名士兵。其中,美军参演人数为1.3万人,主要是驻日本冲绳的美陆海空3军和海军陆战队、特种部队人员及其后备役部队,泰国有7100名陆海空军和海军陆战队官兵参演,首次参演的新加坡仅派出29名官兵参与部分内容的演练。“金色眼镜蛇—2001”演习中,泰、美、新3国共出动1.1万余名海陆空军以及特种部队官兵。其中泰国军队参演人数最多,达5820人,出动各型飞机33架,舰艇

8 艘；美军有 4973 人参演，出动飞机 12 架，舰艇 12 艘；新加坡军队仍只派出 55 名参谋人员和后勤保障人员。“金色眼镜蛇—2002”演习中，泰、美、新 3 国共派出 2.1 万余名陆海空军及海军陆战队官兵，共出动飞机 105 架，舰艇 17 艘。其中，美国参演人数为 1.4 万，投入各型舰艇 6 艘，军用运输车辆 3000 余辆；泰国有 7700 名官兵参演，出动飞机 32 架，舰艇 11 艘；新加坡约 70 名军事人员参加了司令部演习阶段的演练，澳大利亚、孟加拉国、文莱、中国、柬埔寨、斐济、法国、印度、印度尼西亚、日本、韩国、马来西亚、蒙古、菲律宾、俄罗斯、斯里兰卡、汤加和越南等 18 个国家派出观察员观摩了此次演习。“金色眼镜蛇—2003”演习中，美、泰、新 3 军参演总人数约 1.3 万，其中，美军约 7000 名官兵参加演习，出动各型飞机 75 架；泰国有 5600 名陆海空军及海军陆战队官兵参演，出动飞机 35 架，舰艇 8 艘；新加坡的参演人数升至 100 人，仍主要参加指挥所演习部分的演练，澳大利亚、中国等 11 个国家派出观察员观摩这次演习。

演习通常分 3 个阶段：第一阶段为指挥所演习，主要包括应急计划的制订、危机处理、学术研讨、自动化指挥系统操作等内容；第二阶段为陆上演习，主要课目包括特种作战部队的地面渗透、两栖支援、特种侦察、特种作战、医疗撤运、非战斗人员撤离等；第三阶段为海上演习，主要课目有两栖登陆作战、海上航渡、战场支援、海上搜索与救援、水雷战、特种作战、危机处理、渗透与补给、心理战等。演习中还有大量民事行动演习课目。演习指挥部专门成立了民事联合特遣部队，制订了多项民事行动计划。

该演习旨在提高美、泰、新 3 国军队的战备水平及联合行动能力，并通过联合与多边演练，提高 3 国维护地区安全和应对地区突发事件的能力，以及在维和、反恐、非战斗人员撤运行动、人道主义援助及灾难救援等中的快速反应和协同作战能力。

“高级官员Ⅱ”演习。“高级官员”例行性演习，是美国与加拿大联合举行的反辐射及生物恐怖袭击演习，该演习始于 2000 年 5 月，之后每两年举行一次，两国军队是参与演习的重要力量。

2003年美国和加拿大联合举行的“高级官员Ⅱ”的反生化恐怖演习，设想恐怖分子在美国多个城市引爆“脏弹”和喷洒“肺炎病毒”导致美加两国数千人死伤，美国联邦和州政府及有关部门与加拿大政府通力合作，对事件迅速作出反应，疏散人员，安置和抢救伤员，同时搜捕恐怖分子。为确保演习的逼真性，美国国土安全部准备了一份长达200页的“剧本”，从现场布置、“伤员”安排和政府人员的反应，都力求与实战接近。有关部门甚至安排了现场采访的电视“记者”，通过一个虚拟的新闻网络模拟24小时连续转播，从理论上就模拟的恐怖主义袭击可能造成的灾难性后果和民众恐慌可能引发的问题进行报道。相貌酷似布什总统、切尼副总统和白宫发言人弗莱舍的人士在电视上对居民发表模拟讲话，以加强国土安全部与新闻媒介进行沟通的能力。美国政府官员还对由于一系列恐怖主义袭击可能对国际问题造成的影响，包括国际贸易、国际通信、股票市场等问题进行了分析和预测。该演习由美国国土安全部和国务院共同主持，加拿大司法部和关键设施保护与紧急预备办公室负责协调。美国内应急署组织实施，参演单位有华盛顿州、西雅图市、依利诺伊州、芝加哥市、哥伦比亚特区、马里兰州和弗吉尼亚州等地方政府部门，以及19个联邦部门、美国国防部、美国红十字会、警察、消防和医疗部门，加拿大政府及温哥华市有关部门和官员，总参演人数达到8500人。演习还动员了数万名平民志愿者参加。

此次演习的主要课目包括：紧急疏散、爆炸物处理、生物战剂处理、化学防护、放射性物质检测、紧急作战、反细菌战、清除生化制剂污染、解救人质、药物分发、伤员救治等。具体设想：一个代号为“GLODO”的外国恐怖主义组织使用生化武器，对美国西雅图、芝加哥等大城市发动突然袭击，恐怖分子还劫持了大量“人质”。与此同时，美国很多地方同时受到放射性武器以及“汽车炸弹”袭击，由此引发辐射性微粒的扩散，造成100余人丧生，同时引起流感、肺炎等病毒大面积流行，造成民众心理极大恐慌。病毒还从芝加哥传播至加拿大。美国土安全部、国务院组织协调州和地方机构以及加拿大政府迅速作出反应，数百名联邦和地方反恐人员、警察、消防队员和紧急救护人员立即到达事发现场，对民众进行药物发放和救援，并对恐怖主义分子展开抓捕行动。2003 年 5 月 11 日，恐怖分子利用周末户外人群密集的机会开始在芝加哥的 5 个场所包括奥黑尔机场和中途机场喷洒极具传染性的“肺炎病毒”细菌，数百人吸入细菌，出现发热、畏冷、全身酸痛、呼吸吃力等症状。5 月 12 日，恐怖分子在西雅图南部的工业区内引爆了一枚“脏弹”，造成 100 多人死亡；同时，在西雅图南部 60 多千米的一所大学校园里，引爆了一枚“汽车炸弹”，并将教学楼里的师生劫为人质。事件发生后，数百名联邦和地方反恐人员、警察、消防队员及紧急救护人员迅速作出反应，赶赴爆炸现场抢救“伤员”，清理现场，防化人员在现场测试放射性物质，立即将“伤者”送进隔离区进行消毒和抢救，并向可能遭受辐射的附近居民发放抗辐射药品等。消防部门实施人工降雨，冲洗遭到污染地区。反恐小组包围大学里的恐怖分子，解救“人质”。5 月 13 日，芝加哥肺炎病例以及类似感冒症状病人数量急剧增加，医院已人满为患，并已经有病人死亡。随后在美国其他地区和加拿大的温哥华等大中城市也发现同样病例，情报部门发现是“恐怖分子”释放了淋巴腺鼠疫细菌，导致瘟疫暴发。美加两国疾病控制与预防中心的官员迅速进行协调，“诊断并治疗”感染病人，紧急向疫区平民分发抗生素。美情报机构马上对比各种资料，确认作案者是否与恐怖组织有关，并开始搜寻藏匿这些生物制剂的地点。5 月 14 日，一个名为“GLODO”的恐怖组织宣称对发动生化袭击负责，美政府开始向公众发放有关药品。联邦反恐特工迅速采取行动，展开“突击行动”，袭击恐怖组织开办的秘密实验室，逮捕恐怖袭击“嫌疑犯”。5 月 15 日，芝加哥一栋四层楼被恐怖分子袭击倒塌，导致一家化工厂泄漏有毒物质事件，造成大面积污染。消防人员展开救援。第一批感染肺炎的病人出现死亡。5 月 16 日，遭生化武器袭击的病人多数死亡，且死伤人数仍在不断上升，从开始的数百人已上升到数千人。美联邦政府和地方政府开始向疫区空运国家战略储备的麻醉药，联邦调查局在细菌实验室中迅速找到对付这种肺炎病菌的方法。美联邦调查局经过调查,发现恐怖分子培植细菌的实验室和基地,逮捕恐怖分子,摧毁实验室和恐怖分子基地。演习后期,转至加拿大继续进行。

"高级官员Ⅱ"演习,旨在检测与评估美国联邦政府和地方政府及有关部门应对突发恐怖袭击的应变能力和部门间协调能力,努力从体制上提高危机应对、处置和与军方的协作能力等。同时,建立可持续的、系统的国家演习计划来支持国家的本土安全战略。演习将加拿大拉进来,表明美政府在重视本土安全防御的同时,谋求加强与盟国的反恐协作,完善其全球反恐体系。

上海合作组织框架内联合军演。上海合作组织成立后,为落实合作组织达成的有关协议,各成员国定期或不定期地组织联合演习。

2002 年中吉联合反恐军事演习。作为落实上海合作组织《打击恐怖主义、分裂主义和极端主义上海公约》的具体举措,中国和吉尔吉斯斯坦于 2002 年 10 月 10 ~ 11 日,在中吉边境地区某陆路口岸两侧成功地实施了联合反恐军事演习,拉开了上海合作组织框架内联合演习的序幕。此次演习,中吉两国边防部队共派出数百人及 10 余辆装甲战斗车,以及多架直升机参加演习。演习设想,某"恐怖组织"在国际恐怖势力的支持下,流窜至中吉两国边境地区,企图制造恐怖事件,中吉两国部队围绕消灭恐怖分子展开行动。此次演习分为两个阶段。第一阶段,双方边防部队进行了首长司令部联合编组、通信联络、情报传递等内容的演练。第二阶段,中吉两军边防部队分别在吉尔吉斯斯坦和中国边境地区进行了实兵演习。演练了情报共享,联合指挥,协同行动,边境封控,围堵歼灭"恐怖分子"等行动,达到了预期演习目的。此次演习,参演兵种多,高科技装备多,演练内容较全,演习加深了中吉两军的相互了解和信任,提高了两国军队联合打击恐怖组织的能力。此外,演习探索了我军与外军举行联合军事演习的程序、方法和内容,为上合组织成员国举行双边或多边联合反恐军事演习积累了经验。

"联合—2003"。2003 年 8 月 6 ~ 12 日,上海合作组织成员中国、哈萨克斯坦、吉尔吉斯斯坦、俄罗斯、塔吉克斯坦5国的武装力量举行了代号为“联合—2003”的联合反恐军事演习，是上合组织框架内首次举行的多边联合军事演习，也是中国军队历史上第一次在陆地与多个国家武装力量联合举行的军事演习。此次演习共持续7天，分别在哈萨克斯坦东部边境乌恰拉尔市的空军基地和中国新疆伊犁两地举行。参加演习的各国部队以陆军为主，辅以少量的空军部队，共1300余人。演习背景设想，在上海合作组织成员国有关部门和武装力量的打击下，北高加索及中亚和我国新疆地区的恐怖势力、分裂势力和极端宗教势力遭受严重打击，但未从根本上铲除，与国际恐怖势力相勾结，继续在各地制造恐怖事件。其中，一股国际恐怖分子在某国劫持飞机，扣押人质，并侵犯哈萨克斯坦领空；另一股国际恐怖分子秘密潜入中国新疆伊犁地区，建立武装营地，伺机制造恐怖事件。演习共分两个阶段：8月7日，在哈萨克斯坦乌恰拉尔某空军基地，实施迫降被劫客机、解救人质；8月8日，参演部队转场至中国新疆伊犁，主要进行联合指挥部室内演练，以及城镇清剿、进攻恐怖分子营地和解救人质、联合围歼恐怖分子等实兵演习。此次联合军演，是在高原、高寒山区边境实施的多地、多课目联合反恐作战。通过演习，参演的5国军队第一次实现了情报共享和联合指挥，熟悉了彼此的指挥体系、指挥方式、指挥手段和行动方法，进行了编组多国联合反恐部队的有益尝试，探索了成员国军队联合实施反恐特种作战行动，为进一步强化反恐合作机制打下了良好基础。

“和平使命—2005”。2005年8月18～25日，中俄举行了“和平使命—2005”联合军事演习，这是两国军队举行的首次、大规模的陆海空3军联合军事演习。演习历时8天，地点分别设在俄罗斯符拉迪沃斯托克和中国山东半岛及其附近海域。中俄两军派出了陆军、海军、空军以及空降兵、海军陆战队等主要军兵种近万人。其中，俄军参演部队包括太平洋舰队“沙波什尼科夫元帅”号大型反潜舰、1艘大型登陆舰、1艘驱逐舰和海军陆战队的1个连，17架远程军用运输机和歼击机，普斯科夫第76空降兵师的1个连等，共约1800名官兵。中方参演的陆军、海军舰艇部队和海军陆战队、空军航空兵和空降兵约7000余人。演习分为战略磋商、战役筹划和实兵演练3个阶段。18~19日为演习第一阶段，中俄两国总参谋长在俄罗斯滨海城市符拉迪沃斯托克举行战略磋商，双方就双边关系、国际和地区形势及共同关心的问题交换了意见，并达成共识；20~22日为演习第二阶段，双方在中国青岛演练了兵力投送与展开、定下决心和组织战役协同等内容；23~25日，主要演练了海上封锁、两栖登陆和强制隔离3个课目。此次演习，实战味浓，充分展示了两军的联合作战能力，扩大了国际政治和军事影响。同时，演习还改变了以往国际军演中“一方主导、相互配合、分别实施”的传统模式，开创了“统一计划、联合指挥、信息共享、行动融合”的新模式。

“协作—2006”。2006年9月22~23日，中塔两国举行了代号为“协作—2006”的首次联合反恐军事演习。此次演习，中国军队派出1个加强特战连，塔方出动了1个特种连、1个摩步连、1个炮兵营和1个独立航空大队，两军共约450人。地点设在塔吉克斯坦哈特隆州的穆米拉克训练场。演习设想，盘踞在中亚地区的国际恐怖组织武装分子秘密潜入塔吉克斯坦境内，开展一系列恐怖活动；同时，一小股国际武装恐怖分子劫持了在中国援塔建设公路上施工的中塔公民，向穆米拉克地区流窜并伺机继续向塔阿边境逃窜。根据这一情况，中塔两国政府决定启动联合反恐机制，解救人质、歼灭恐怖分子，共同打击跨国恐怖活动。演习课题为，山地条件下对恐怖分子联合围歼行动的组织和实施，分为指挥所演练和实兵演练两个阶段。指挥所演练的主要内容包括：组建联合指挥机构、分析判断情况、定下联合反恐作战决心，以及组织作战协同；实兵演练阶段，主要是联合立体火力打击、快速机动围歼和武装解救人质。行动中塔方主要负责火力打击，中方主要负责人质解救。此次演习的最大特点，是我军首次成建制、携带武器装备，全程在境外与外军举行的联合反恐军事演习。

“和平使命—2007”。2007年8月9~17日，上海合作组织成员国在俄罗斯车里雅宾斯克举行“和平使命—2007”联合反恐军事演习。这是自上合组织成立以来规模最大、参演国家最齐、持续时间最长、演习想定最复杂的一次联合反恐军事演习。我军首次成建制、大规模、多军种、远距离跨境战略投送参加军演。“和平使命—2007”联合反恐军事演习的实施时间长达9天，加上之前的战略投送阶段和之后的撤回阶段，总共长达1个月。演习地点分别在中国乌鲁木齐和俄罗斯车里雅宾斯克进行。参加此次演习的哈、中、吉、俄、塔等国参演总兵力约4000人，乌兹别克斯坦只派出军官参加导演部和联合战役指挥部的演练。其中，哈方1个空降突击连，约100人；中方1个陆军战斗群、1个空军战斗群和1个综合保障群，共计约1600人；吉方1个特种作战分队，约30人；俄方1个营战术群、1个特种支队、1个伞兵连、1个炮兵连、1个轰炸（强击）中队、1个战斗直升机中队、2个运输直升机中队和1000人的内卫部队，共计约2000人；塔方1个空降突击连，约100人。演习实施过程分为战略磋商、联合反恐战役准备与实施两个大的阶段。8月9日上午，上海合作组织成员国武装力量总参谋长（参谋长委员会主席）在中国新疆乌鲁木齐首先举行战略磋商，随后上海合作组织成员国武装力量总参谋长签署并向联合反恐军事演习各方总导演颁布战役训令，而后演习联合导演部、联合战役指挥部展开了筹划兵力投送演练和定下战役决心、拟制作战计划、组织战役协同演练。8月17日下午，演习进入实兵演练阶段。这一阶段重点演练了联合侦察、夺控要点、分区清剿、机动打援、立体追歼5个作战行动。“和平使命—2007”，是上合组织成员国防务安全合作过程中，具有较高水平的一次多军兵种联合演习。通过此次军演，上海合作组织各成员国交流了反恐作战理论最新研究成果，检验完善了应对地区恐怖主义、实施联合反恐作战的运行机制，探索了联合指挥的程序、内容和决策方法等，提高了联合反恐作战能力，为未来联合反恐作战奠定了基础。

“和平使命—2009”。2009年7月22～26日，中俄双方再度合作，举行了“和平使命—2009”联合反恐军事演习。演习分别在俄罗斯哈巴罗夫斯克和中国东北的洮南合同战术训练基地进行。中俄双方参演兵力以陆军、空军为主，各1300人。中方参演部队包括1个陆军战斗群和1个空军战斗群；俄方参演兵力包括1个陆军加强摩步营、1个空降突击连和约20架飞机和直升机的空军兵力。演习设想，恐怖势力为达到其政治目的，以“坤山镇”为核心、外围要点为依托，形成武装割据，并在“坤山镇”内裹挟人质，疯狂实施打、砸、抢、烧、杀等暴力恐怖活动，企图制造事端、扩大影响。演习分为战略磋商、战役准备和战役实施3个阶段。第一阶段在哈巴罗夫斯克举行战略磋商，下达战役训令；第二阶段和第三阶段在中国洮南合同战术训练基地进行。战役准备阶段，两军指挥机关共同演练定下作战决心、拟制战役计划、组织战役协同等内容；战役实施阶段，重点演练了联合封控、立体突破、机动歼敌和纵深围剿4个内容。此次演习，旨在彰显中俄强势打压“三股势力”的坚定决心和作战能力，提振全球反恐信心。演习中，中俄两军密切协同，行动默契，彼此熟悉程度不断提高，相互之间的信任加深，两国军队共同应对多种安全威胁的能力大大增强。

“和平使命—2007”联合军演中方参演部队正在接受检阅

俄印“因陀罗—2010”联合演习。2010年10月15～24日，俄印两国军队在印度北部地区举行了以反恐怖为课题的山地反恐联合演习。演习中，俄方派出兵力200余人、运输机2架，印方参演兵力包括山地旅1个营及陆航部分兵力。演习设想：恐怖分子在印北部山区组成非法武装团伙，实施针对平民和战略目标的恐怖袭击，并开展游击性的袭击破坏活动。俄印两军迅速出动山地作战部队，组建联合作战集群和联合作战指挥部，在复杂山地条件下展开反游击战和反暴乱联合作战行动，消灭非法武装，恢复当地社会秩序。演习包括：分析判断和处置复杂山区环境下的恐怖袭击和暴乱等突发事件，组织实施侦察、搜索、包围和消灭恐怖分子等反恐怖行动。演习分为：协调计划、反恐怖训练和实兵演练3阶段。在协调计划阶段，双方拟制特种作战行动计划，并就具体作战行动进行协调；反恐怖训练阶段，主要就应对和处置非法武装袭击军事设施、运动中的分队等，进行搜索、巡逻、防护和排除爆炸物等训练；实兵演练阶段，双方主要演练联合反恐怖作战行动。该演习使俄印双方军队交流了反恐怖行动经验，展示了双方打击恐怖组织的军事技术，提高了两军山地反恐怖行动能力。

俄美空军“警惕之鹰—2010”联合反恐怖演习。2010年8月8日～11日，俄美在北极上空举行了代号为“警惕之鹰—2010”的联合反劫机演习。演习由俄空军和美国北美航空航天防御司令部联合指挥。参加演习的兵力包括：俄军的苏－27歼击机、米格－31歼击机、伊尔－78加油机、A－50预警机等；美军的北美航空航天防御司令部和F－22战斗机、E－3C预警机等。演习总体设想：恐怖分子劫持从美阿拉斯加飞往俄远东地区的一架美国民航客机，并中断与外界联系。接到空管部门报警后，俄美两国空军迅速出动预警机、歼击机发现和跟踪被劫持飞机，对其进行安全评估和甄别，交换情报信息并作出相应处置。演习经过：8月8日，1架民航客机从美阿拉斯加州的安克雷奇机场起飞，向俄远东方向飞行。飞机起飞10分钟后遭恐怖分子劫持并中断与外界联系。北美航空航天防御司令部收到客机被劫情报后，立即派遣1架E－3C预警机及1架F－22战斗机紧急升空，对被劫飞机进行识别与跟踪。同时，北美航空航天防御司令部与俄空军驻哈巴罗夫斯克指挥所取得联系，并交换情报。当被劫飞机接近俄领空时，美军战机把跟踪、监视飞行任务移交给俄空军2架

苏 -27 歼击机。之后，俄空军另外起飞 2 架苏 -27 歼击机和 1 架米格 -31 歼击机接替跟踪被劫飞机直至降落。预警机主要担负空中指挥控制和通联任务，加油机负责为歼击机空中加油。整个过程持续 7 个多小时。“被劫持民航客机”从俄远东返航时再次进行了相同内容的演练。演习旨在加强两国空军防空体系应对空中恐怖威胁的合作，演练劫机事件处置方案，提高发现、识别、跟踪和拦截越界被劫持飞机的能力。演习加强了两国防空系统的信息沟通，检验了双方的空中反劫机预案，拓展了双方军事领域的合作范围。

俄蒙“达尔汗—3”联合演习。2010 年 9 月 1 日 ~15 日，俄、蒙两军在俄罗斯某合同训练场举行“达尔汗—3”联合反恐演习。两国参演兵力：俄军 600 余人，蒙军 260 人。演习设想：一非法武装团伙在俄蒙边境地区集结，试图与蒙境内非法武装分子勾结，攻击蒙国家机关。在蒙军打压下，该团伙逃至俄南部的布里亚特共和国，随后俄蒙两军采取联合行动对其实施围歼。主要演练了部队侦察、战斗组织与协同、围剿行动、实弹射击、装备抢修等内容。在行动实施阶段，两国军队进行了向边境之敌分步展开围歼，并实施特种作战等内容的训练。此次演习，进一步加深了两军友好关系，加强双方军事技术合作，检验和提高了部队应对恐怖袭击的联合行动能力。

“海上微风”多国联合演习。自 1997 年以来，美国和乌克兰等国在东欧地区多次举办代号为“海上微风”的系列演习。演习内容涉及反恐、维和、救灾、人道主义救援等。2007 年 7 月 9 ~19 日，“海上微风—2007”联合军演在乌克兰敖德萨港举行，美国、乌克兰、德国、加拿大、土耳其、希腊等 13 国参加；2008 年 7 月 14 ~26 日，“海上微风—2008”仍在乌克兰的敖德萨港举行，共有美国、乌克兰、英国、法国等 16 个国家参加。“海上微风”演习已成为美国维持在东欧和中亚地区军事存在、保持对俄罗斯和中国军事威慑、密切与中亚东欧各国关系的重要平台。

第九章

反海盗行动

反海盗行动，是维护海上交通权益的重要行动，对确保海上运输安全和维护海上贸易的正常秩序具有重要作用。

第一节　海盗活动综述

从 2011 年全球海盗活动情况看，海盗袭击手段更趋多样，作案区域不断蔓延，特别是索马里海盗活动愈发猖獗，袭船事件持续增加，国际社会仍然面临严重的海盗威胁。

一、海盗活动手法更加狡诈

海盗行动狡猾、战术灵活、难以防范，通常采取“打得赢就打，打不赢就跑”的游击战术，劫持过程短暂。以索马里海盗为例，他们利用亚丁湾、索马里海域作业渔船众多，海盗船只外形与渔船相似的特点，将“母船”伪装成普通渔船在海上游弋，与作业渔船混杂在一起，寻找目标，伺机作案。发现合适目标后，海盗通常采用“狼群”战术迅速行动，即“母船”迅速放下数艘快艇实施围堵，并从不同方向快速登船，控制船员后立即将船只和人员押解回基地，再向船东索要赎金。索马里海盗作案行动十分迅速，通常在 15 ~ 30 分钟内完成辨认、包围、攻击、登船、控船等一系列劫船行动。即便是劫持排水量达 31.8 万吨的超级油轮“天狼星”号，其过程也不超过 20 分钟。经过多年“历练”，海盗劫船经验日益丰富，战术更加成熟，活动手段和手法更趋多样。

（一）以人质为盾牌

人质是海盗获取巨额利益的王牌。海盗成功登船后，只要手中握有被劫持船员（即使只有1名人质），就会通过船上广播系统威胁恐吓其余船员“投降”，以杀死被劫船员迫使其余船员就范。倘若遭遇海军营救，海盗就以船员人质为“盾牌”，胁迫军舰撤退。2011年2月18日，“S/V探索”号游艇在距阿曼400多千米处的印度洋海域遭海盗劫持，船上4名美国人沦为人质。美军获悉这一事件后，出动4艘军舰密切监视被劫游艇情况并与海盗进行谈判。22日凌晨1时左右，美军听到游艇上有枪声，遂决定登船。登船后，美军发现全部4名美国人质遭枪击，经救治无效身亡。

（二）“劫不了就跑”

可疑海盗母船

目前，航经亚丁湾、索马里海域的大部分商船按照国际海事组织《防御索马里海盗最佳管理措施》的要求，加强了防海盗手段，专门设置了安全舱等。在无法抵御海盗袭击的情况下，全体船员可进入安全舱等待海军救援。海盗在船上折腾数小时如果仍然无法劫持船员或遭遇国际海军救援时，通常会弃船逃离。如2011年5月5日，巴拿马籍货轮“富城”号在印度洋海域遭索马里海盗劫持，24名船员及时进入安全舱，使得海盗上船后无法控制船舶。在多方的共同努力下，土耳其海军特战队员登船，海盗逃离，24名中国籍船员安全获救。

海盗及其小艇

2008 年被海盗劫持的中国“天浴 8 号”渔船

海盗在攀爬商船

（三）以被劫船员为筹码获取更多利益

一些海盗团伙为了攫取更多利益，在获得赎金后仍然扣留部分船员。2011 年此类事件共有 2 起：新加坡“双子座”号货轮上的 4 名韩国船员和“ASPHALT VENTURE”号上的 7 名印度船员在船舶被释放后仍然被扣留。据初步判断，其原因可能有二：其一，以船员为要挟，要求释放被抓海盗。近年来，上述被扣船员所在国均抓捕了海盗。如 2011 年 2 月 6 日，印度海军抓捕了 52 名海盗。3 月 12 日，印度海军又在阿拉伯海擒获了 61 名海盗嫌疑犯。在“双子座”号货轮谈判中，海盗向韩方提出了对在“亚丁湾黎明”武力营救行动中被韩国海军击毙的 8 名索马里海盗进行赔偿，并要求释放被监禁的另外 5 名海盗。海盗很可能将这 4 名韩国船员作为额外的谈判砝码，进而对韩国政府施压。其二，索要更多的赎金。由于国际社会的持续打击和商船防范严密，海盗劫船难度增大。不排除海盗收到赎金后假释船员，随即进行再次绑架，索取更多赎金。

二、索马里海盗活动更加猖獗

2011 年索马里海盗共作案 237 起，较 2010 年增加了 18 起，与 2008 年 111 起相比已经翻番，呈现出连续 4 年持续增长的特点（见下表）。虽然索马里海盗袭船案件增多，但劫持得手率却明显下降。2011 年索马里海盗共劫持 28 艘船舶和 470 名船员，与 2010 年 49 艘船舶和 1016 人相比明显减少。从得手率讲，2011 年为 11.8%，较 2010 年 22.4% 明显下降（见下表）。

2008 年 ~2011 年索马里海盗袭船案件比较

年　度	袭击数量（起）	被劫船舶（艘）	得手率（%）	被劫船员（人）
2008 年	111	42	37.8	815
2009 年	217	47	21.7	867
2010 年	219	49	22.4	1016
2011 年	237	28	11.8	470

索马里海盗活动更加猖獗的根本原因，是其国内经济状况持续恶化。2011 年 4 月 27 日，联合国粮农组织发布报告称，大约 240 万索马里人需要人道主义援助，尤其是 2010 年以来索马里全境持续的旱灾导致食品和饮用水价格高涨，民众生活更加艰难。艰苦的生活迫使一部分平民铤而走险，投身海盗群体。

索马里海盗小艇

三、海盗活动范围更加广阔

为躲避国际海军在亚丁湾、索马里海域的打击，一些实力较强的海盗组织使用携有大量油桶的远洋渔船，或将被劫商船作为母船携带大量小艇作案。一方面，由于渔船和商船特征明显，国际海军护航舰艇难以及时发现，远洋船舶难以识别预警，海盗犹如“披着羊皮的狼”混入羊群，其隐蔽性和突然性大大增强；另一方面，使用远洋渔船和被劫商船，续航力大大增加，使得其有能力将作案范围扩大到国际海军护航区域之外。与前几年相比，2011 年索马里海盗作案海域已经从 2007 年距索马里沿岸 200 海里延伸至 1750 海里，覆盖红海南部、亚丁湾以及包括阿拉伯海和塞舌尔在内的印度洋大部分海域，海域面积将近 400 万平方千米（见下图），大大超过了当前国际海军在亚丁湾、索马里海域的护航区域。

从全球范围看，不仅索马里海盗作案范围进一步扩大，据国际海

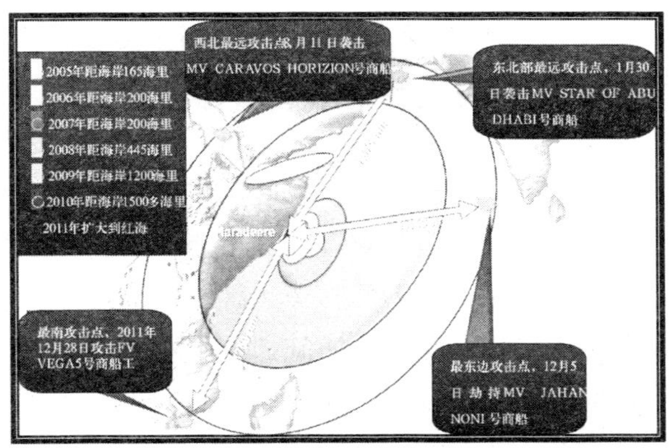

索马里海盗作案海域示意图

事局预测，非洲西部海域可能成为海盗活动新的热点水域。2011年，几内亚湾特别是尼日利亚和贝宁沿海的海盗活动频繁，西非海域共计发生30起袭船案件。尤其是贝宁附近海域，除2009年发生1起袭船案件外，该区域近年来从未发生类似案件，但2011年却发生20起。

第二节　反海盗行动综述

2011年，面对严峻的反海盗形势，国际社会继续加大对海盗的打击力度，指导商船提高自我防卫能力，各反海盗力量针对海盗活动特点不断改变手段和战法，加大对海盗的惩治力度。在国际社会反海盗力量的大力打击下，海盗袭船案件数量总体减少，劫持得手率明显降低。

一、国际组织继续加强反海盗的组织指导，国际社会反海盗力度进一步加大

面对猖獗的海盗活动，联合国和国际海事组织等国际组织继续加强对反海盗的组织和指导，通过授权延长打击索马里海盗行动、加大对航运企业防御海盗的技术指导、召开反海盗会议等措施，国际社

会联合反海盗力度进一步加大，预防和打击海盗的能力明显增强。

（一）延长打击索马里海盗行动

为了持续打击索马里海盗，2011 年 11 月 22 日，联合国安理会一致通过决议，决定应索马里过渡政府请求，将各国及区域组织在索马里沿海与过渡政府合作打击海盗和武装抢劫行为的授权从即日起延长 12 个月。联合国安理会认为，索马里局势的不稳定，是导致索马里沿海出现海盗和海上武装抢劫问题的根本原因之一。安理会强调，国际社会应采取综合性对策，打击海盗行为，消除其根本起因。决议还鼓励会员国继续同索马里过渡政府合作打击海盗，同时指出索马里过渡政府负有首要责任。决议呼吁有能力的国家和区域组织参与打击索马里沿海海盗和海上武装抢劫行为，根据决议和国际法部署海军舰艇和飞机，并扣押和处置海盗船艇以及其他相关装备。决议要求国际海事组织继续协助预防和制止海盗和武装抢劫船舶行为，加强对高风险海域船舶配备武装安保人员的指导。

（二）继续加大对航运企业防御海盗的指导

2011 年，国际海事组织通过了联合国安理会提出的解决海盗问题方案，并采取积极措施促使海盗释放被劫船员和其他人质。为了加强对船员预防和遏制海盗袭船的指导工作，国际海事组织颁布了《防御索马里海盗最佳管理措施》第 4 版，该管理措施提出了关于商船雇佣私人武装保安人员的相关指导原则，有效促进了各国海军之间的相互协调，以及国家、地区和组织之间的进一步合作，包括信息共享、军事和民间力量的协调、地区倡议的发展与完善。此外，根据国际海事组织牵头的吉布提法则，国际海事组织在达累斯萨拉姆、蒙巴萨和萨那建立了信息共享中心，并通过和联合国毒品与犯罪办公室以及其他机构合作，有效加强了各国预防、打击、审判海盗能力的建设。

（三）国际反海盗合作不断深入

为更加有效打击索马里海盗，各参与国（组织）积极开展情报共享、联合演练、经验交流等多种合作。在情报共享方面，各国护航兵力综合运用舰机电台、海事卫星电话、军用数据链和国际互联网等，开展反海盗情报信息共享和实时交换。如法国海军为印度护航舰艇加装作战部队邮件通信装备，并规定了军情报告的格式和时间，通报通联频率和舰船邮箱地址，以方便两国舰船之间交换日常情况和定期通报军情。为提高联合打击能力，各国频频举行联合反海盗演练，通过演练相互交流打击海盗行动的经验和做法。为加强伴随护航行动的组织协调，中国、印度和日本等独立护航国家达成协议，决定从2012 年 1 月 1 日起以季为周期整合各自护航班期，这必将有助于对索马里海盗的打击和防范。通过各国海军的通力合作，索马里海盗得手率明显降低。正如国际海事局《2011 年度海盗和武装劫船事件报告》中指出，如果没有国际海军在亚丁湾、索马里海域的反海盗军事行动，2011 年索马里海盗劫船事件总数将远远不止目前的数据。仅 2011 年第四季度，国际海军就在海上打击了 20 多个海盗团伙，在他们尚未对商船构成威胁之前进行了清除。该季度只发生了 31 起袭船案件，4 艘商船被劫，与 2010 年同期 90 起袭船案件、19 艘商船被劫相比，数量大幅下降。

二、突出重点海域护航，增强重点打击力度

从作案海域看，2011 年全球七大海盗作案海域分别是索马里（160 起）、印度尼西亚（46 起）、红海（39 起）、亚丁湾（37 起）、贝宁（20 起）、马来西亚（16 起）、南中国海（13 起），上述 7 个海域发生的海盗袭船案件占全球总量的 75%。除索马里海域仍是全球海盗活动的高发区外，几内亚湾成为海盗袭船的新热点。为加大对海盗的打击力度，国际社会不断扩大在索马里海域的护航范围，召开专门会议研究解决几内亚湾海盗问题。

（一）逐步扩大在索马里海域的护航范围

由于国际海军打击力度不断加大，部分索马里海盗便将目光投向国际海军护航力量薄弱的亚丁湾以外海域。为了打击这些海盗，国际海军在分区护航和伴随护航的基础上，逐步扩大在亚丁湾的护

航范围。2011 年,各国海军护航兵力活动虽仍以亚丁湾为主,但欧盟、美、英、法、印等国海军兵力已逐步将护航范围扩展至索马里东部的印度洋海域。其中,欧盟已将反海盗行动范围扩大至距索马里海岸远达 1440 千米处的塞舌尔群岛;西班牙、法国军舰已在塞舌尔群岛附近海域部署;应塞舌尔政府邀请,印度派遣 2 艘军舰为塞国专属经济区担负海区巡逻和警戒任务,以打击在该海域活动的海盗;为保护世界粮食计划署的运粮船,欧盟、美国、法国等国军舰时常赴索马里东部海域执行伴随护航任务。2011 年 3 月 22 日,中国第八批护航编队中的"马鞍山"号导弹护卫舰首次为世界粮食计划署"AMINA"号船舶提供护航,开启了中国海军军舰为世界粮食计划署商船护航的新篇章。

(二)高度重视几内亚湾及附近海盗威胁

2011 年,几内亚湾特别是尼日利亚和贝宁沿海海域海盗活动频繁,全年共计发生 30 起袭船案件,其中尼日利亚沿海 10 起(国际海事组织推测至少还有 34 起袭船案件没有报告),贝宁沿海 20 起。国际海事局预测,非洲西部海域可能成为海盗活动新热点水域。西非海盗与索马里海盗相比,倾向于抢劫船上货物而不是绑架勒索。在一些案例中,所有船员都被打死。西非海盗上船后命令船长通报一切平安,致使当局无法迅速作出反应,打击海盗的难度增加。为了打击几内亚湾及其附近海盗,2011 年 10 月 19 日,安理会就几内亚湾及附近海盗问题召开会议。潘基文秘书长在会上宣布,应贝宁总统要求,将派遣一个工作组评估几内亚湾局势,考察贝宁和整个西非次区域,确保几内亚湾海事安全与安保的能力,并将就如何打击海盗提供建议,包括如何在打击有组织犯罪与贩毒的更广泛框架内打击海盗。潘基文表示,工作组成员将包括来自联合国政治事务部、维和行动部、西非和中非办事处、毒品与犯罪办公室以及国际海事组织的代表。他们将与几内亚湾各国政府以及欧盟等国际伙伴进行合作。目前,尼日利亚和贝宁已经开始联合进行海上巡逻,西非和中非国家经济共同体正在协调区域国家共同为打击海盗开展努力。潘基文呼吁其他会员国也提供支持。他还强调,从索马里获得的经验证明,要应对海盗问题,必须从安全、法治与发展三方面采取综合手段。中国常驻联合国副代表王民在会上发言指出,解决几内亚湾海盗问题应标本兼治,并呼吁沿岸国和国际地区组织加强协调以打击海盗。

三、针对海盗活动特点,灵活运用反海盗手段和战法

面对狡诈的海盗,各国反海盗力量在加大打击力度的同时,也在根据海盗活动特点不断变换手段和战法。

(一)加大对海盗的抓捕力度

2011 年,国际海军改变了过去解除海盗武装后释放的做法,加大了对海盗的抓捕力度。如:1 月 20 日晚 11 时 40 分,马来西亚海军与劫持“桂花号”化学油船的索马里海盗展开交火,成功营救油船,3 名海盗受伤,另外 4 名投降;1 月 21 日,韩国“崔莹”号驱逐舰成功营救了 1 月 15 日被索马里海盗劫持的“三湖珠宝”号化学品运

被英国海军抓捕的 8 名海盗

输船,船上 21 名船员全部获救,8 名海盗被击毙,5 名海盗被俘;2 月 6 日,印度海军和海岸警卫队在印度附近海域擒获一艘船,扣押船上 52 名海盗嫌疑人;3 月 12 日晚,印度海军在距离印度西海岸 1100 千米的阿拉伯海与海盗母船交火后,抓获了 61 名索马里海盗嫌疑犯,创历史最高纪录。在国际社会的持续打击下,2011 年海盗活动有所收敛。国际海事局 2012 年 1 月 18 日发布的《2011 年度海盗和武装劫船事件报告》显示,2011 年全球总计发生 439 起海盗袭船案件,45

艘船只和802人遭海盗劫持。与2010年445起袭船案件、53艘船只和1174人遭海盗劫持相比,全球海盗袭船案件总体下降。这也是全球海盗袭船案件连续4年持续上升后的首次下降。

(二)加大对海盗的侦察力度

为有效打击日益猖獗的海盗和实地了解海盗与恐怖组织的联系,英国特种部队第一次进入索马里境内对海盗船只停靠的码头进行了约2个月的秘密侦察。据2011年7月11日英国《太阳报》报道,英国特种部队小分队进入索马里境内,对海盗活动进行了8个多星期的秘密侦察。该报道称:“被派往索马里的侦察小分队是经过严格挑选的,全部来自英国皇家海军陆战队。为保证完成任务而又不被发现并成功撤离,小分队成员进行了各种技能训练。”分析人士指出,英国派特种部队进入索马里对海盗进行秘密侦察,其根本目的不是海盗本身,而是实地了解海盗与“基地”组织的关系以及“基地”武装未来的动向,为英国和美国等西方国家打击“基地”等恐怖组织提供根据和情报。

(三)构建海外基地保障打击海盗行动

为更好地打击索马里海盗,一些国家纷纷在亚丁湾附近建立军事基地。如从2011年6月1日起,日本自卫队在东非战略要地吉布提建立的活动据点开始运转。这是日本自卫队在海外建立的第一个活动基地。此前日本自卫队使用的是驻吉布提美军基地莱蒙尼尔军营。2009年5月,经过日本政府与吉布提政府及驻吉布提美军进行交涉,吉方与美方同意日本自卫队派遣部队航空队以“暂时借用”的名义使用驻吉布提美军设施。2010年8月,日本自卫队借用吉布提国际机场北侧约12公顷土地,投资47亿日元开始建设新的基地。新基地拥有司令部使用的事务所、自卫队员居住的宿舍、体育馆、仓库以及可容纳3架飞机的机场。尽管海上自卫队总参谋长杉本正彦强调,这并不是永久驻扎的“海外基地”。但据《读卖新闻》披露,日本在据点内的设施基本上都是永久性设施。有分析人士担心,以反海盗为理由“开先例”建设海外基地,可能会被自卫队利用,成为日本进一步扩充海外军事存在的“绿色通道”。

四、加大对海盗的惩治力度，提高对海盗的威慑力

过去，由于抓捕的海盗既无法在军舰上被长期扣押，又不能带回国内审判，交给当地政府又涉及外事交涉和政府协调。为了避免干扰军舰执行正常的护航和巡逻任务，各国军舰在执行任务过程中一般只对海盗采取威慑、阻止和驱离行动，迫使海盗放弃抢劫行为，很少主动实施抓捕，即使实施抓捕后，普遍在解除武装后予以释放，这使得海盗更加有恃无恐。2011 年，国际社会加大了对海盗的惩治力度，一大批海盗被判入狱，沉重打击了海盗的嚣张气焰。

（一）联合国通过审理索马里海盗的决议

各国由于对海盗的羁押、起诉、审判和处罚尚存法律问题，对海盗嫌犯的处置没有统一的标准。如英国根据与肯尼亚签署的协议将抓获的海盗交由肯政府处置，法国曾将海盗押回法本土审判，俄罗斯则主张设立专门审判海盗的国际法庭。随着越来越多的海盗移交肯尼亚，加之审判过程复杂，该国表示已难以承受这些审判压力，呼吁各国海军自行承担审判海盗的职责。为了解决索马里海盗审判问题，2011 年，联合国安理会第 1976 号决议决定，在索马里境内和境外设立专门法庭审理索马里海盗嫌疑人，这将有助于索马里海盗的审判工作。

（二）各国加大对海盗的审判力度

2011 年，国际海军除了将海盗移交肯尼亚和塞舌尔法庭审判外，越来越多的国家将海盗带回国内审理，并予以严惩。如 2 月 11 日，马来西亚一家法院指控 7 名疑似索马里海盗在亚丁湾向马来西亚海军突击队员开枪，依法作出死刑判决。7 名海盗中有 3 人年龄只有 15 岁。2 月，一名叫穆斯的索马里海盗，在纽约被判入狱 33 年。2009 年 4 月，穆斯在劫持马士基“阿拉巴马”号商船时，被美国海军擒获。他也是当时唯一幸存下来的海盗，另外 3 名海盗被美军狙击手击毙。2010 年 5 月，穆斯遭起诉。据称，他是 1 个多世纪以来首个被带到美国接受审判的海盗。3 月 14 日，5 名涉嫌袭击美国

海军舰船的索马里海盗在弗吉尼亚州联邦法院被判处无期徒刑，这是迄今为止美国针对索马里海盗的最重刑法。2010 年 4 月 1 日，3 名索马里海盗将美国海军“尼古拉斯”号护卫舰误判为商船，企图劫持该船，被美国海军当场抓捕。美军还在海盗母船上抓获了另外 2 名海盗。5 月 3 日，曾于 2009 年劫持西班牙渔船的 2 名索马里海盗被西班牙法庭判处 439 年监禁。据共同社报道，有关日本三井公司一艘油轮在阿曼附近海域遭遇海盗袭击一事，日本政府已决定引渡现由美军拘押的 4 名海盗。根据 2009 年 7 月实施的《海盗对策法》，抢劫船只等海盗行为将面临无期或 5 年以上有期徒刑。这将是日本政府首次引渡海盗。另据联合国官员说，过去一年半来，850 多名海盗在 17 个国家和地区受审。联合国毒品与犯罪问题办公室反海盗协调员艾伦·科尔认为，这是前所未有的现象，表明国际社会愈加认识到索马里海盗已成全球祸患。

五、商船自我防护能力不断提高，海盗得手率明显下降

近年来，为了应对海盗袭击和争取更多的营救时间，船东公司十分注重商船自我防护措施的加强和完善。如：制定并不断更新《船舶防海盗操作须知》；为商船配备防弹衣、钢盔、钢珠、弹弓、燃烧瓶、强光灯等器材；组织船员接受防海盗训练，让船员学会使用消防水龙头、察觉和操纵船只阻止海盗攀爬、发生攻击事件后与谁联系、一旦被劫持后怎样应对等内容。在俄罗斯“莫斯科大学”号油轮被成功解救后，越来越多的商船采取建立安全区和安全舱等隔离措施，作为应对海盗登船后最后一道防线。通过这些防海盗措施，船员普遍树立了较强的防海盗意识，商船的自我防护能力得到进一步提高，海盗劫船得手率也得到一定程度的遏制。鉴于索马里海盗不仅行动更加隐蔽，而且将活动范围扩展到没有国际海军护航的印度洋、红海等海域，2011 年，越来越多的商船在加强防御措施的同时，开始雇佣武装力量随船护航。

（一）商船自我防御措施不断加强

2011 年，在国际海事组织的指导下，各国航运企业和远洋船舶防范海盗的意识普遍增强，按照国际海事组织颁布的第 4 版《防御索马里海盗最佳管理措施》加强了防御。这些措施包括通行前风险评估、公司计划、船长计划等一般计划，通行前的航行计划，通行前的防卫措施，通行时的主要做法，受到海盗攻击、海盗登船以及军事行动时船员应采取的做法，事件之后的报告等内容。但国际海事组织秘书长米特罗普洛斯指出，全球船只仅有 40% 切实建立起海上安全机制。

商船上安装的防海盗攀爬装置

商船舷侧安装的电网

（二）部分船东公司聘请武装警卫

2011 年，为对付海盗袭击，一些航运企业开始按照国际海事组织的有关规定为航经亚丁湾、索马里海域的船舶配备武装警卫。如英国安保公司开始雇佣退伍军人担任商船武装警卫；丹麦马士基航运集团首次在油轮上聘用配备武装警卫抗击海盗；香港注册船舶开始配备武装保安，以“顾问”名义安排安保专家上船；中国中远集团开始在远洋船舶上设置武装警卫保护船舶安全；中波公司为船舶雇佣武装保安随船护卫通过印度洋、阿拉伯海海域的工作步入常态化。通过这些措施，有效降低了商船遭海盗劫持的几率。

第三节 反海盗主要行动与事件

在 2011 年发生的海盗袭击案件中，有商船依靠自身措施成功摆脱海盗攻击的案例，有使用武力成功解救被海盗劫持商船的事例，深入分析这些行动的经验与教训，对做好防范海盗工作具有十分重要的启示作用。

一、“振华 26”号轮成功摆脱海盗劫持

2011 年 1 月 21 日，中国香港籍货轮“振华 26”号遭遇 2 艘海盗小艇袭击。经过船员采取积极防范措施，成功避免海盗登船。

（一）事件经过

1 月 21 日 17 时 40 分，上海振华船运有限公司报告，其经营的中国香港籍货轮“振华 26”轮从苏丹开往上海途中，在阿拉伯海中部海域（北纬 12 度 37 分，东经 65 度）遭遇海盗袭击。船上有 32 名中国船员。海盗乘坐 2 艘小艇，向该船靠近，并发射火箭弹。

接到报警后，中国海上搜救中心立即启动了反海盗应急预案，与船东和船舶保持联系，指导船舶自卫自救。主要采取以下措施：一是向中国有关部门通报情况；二是向国际海事局海盗报告中心、美军 150 联合特混舰队、欧盟联军、亚洲地区打击海盗和武装劫船合作协

定秘书处通报情况；三是指导船舶积极自卫，尽全力防止海盗登船，必要时全体船员撤入安全隔离舱；四是协调卫星锁定船舶坐标，跟踪船舶动态。

21 日 18 时 45 分，中国海上搜救中心与“振华 26”轮船长通话，确认该船经过 1 个多小时的自卫行为，通过连续调整航向和两舷甩缆等措施，成功避免海盗登船。1 名海盗落水后，其余海盗放弃攻击撤离。

（二）成功经验

“振华 26”号货轮成功抗击海盗的经验，主要有以下几条：

一是准备充分。近年来，为防范索马里海盗的袭击，中国有关船运公司加大了防海盗投入，制定了较为完善的防海盗预案。如中远、中海等航运公司都制定了完备的防范、阻止海盗劫持预案，注重对海盗频发海域的信息收集和分析，完善航线设计，加强组织指挥，并配发防弹背心、高压水枪和卸扣铁棒等防海盗装备，积极做好随时应对海盗攻击的准备。上海振华船运有限公司所属船只经常往返索马里海域，对该区域经常出没的海盗有所了解。针对“振华 26”号货轮航线途经马六甲海峡和亚丁湾这两个海盗出没频繁地区的特点，公司对所有船员进行了防海盗特别培训，反复进行了防海盗实战演习，并制定了针对性的防海盗预案。这些措施在抗击海盗过程中发挥了重要作用。

二是处置得当。综合分析近年来发生的成功摆脱海盗袭击的诸多案例不难发现，遭遇海盗袭击后采取正确的处置措施，可以为邻近护航军舰救援和下一步组织自我防御争取时间。各国船只在遭遇海盗袭击后，首先通常采取加速机动规避的方法来摆脱海盗接近。如 2009 年 1 月 2 日，香港“中波太阳”轮在亚丁湾北部遭遇 2 艘海盗快艇追袭，在展开全船反海盗人员部署的同时，“中波太阳”轮迅速采取迂回操纵措施，迫使海盗快艇始终处于其左后方，2 艘海盗快艇半小时后自动放弃追袭。“振华 26”号遭遇 2 艘海盗小艇袭击后，立即向中国海上搜救中心报告，并通过连续调整航向和两舷甩缆等正确措施，导致1名海盗落水，不仅有效避免了海盗登船，而且为有关机构组织海上力量营救创造了条件。

二、韩国海军武力营救“三湖珠宝”号货轮

2011年1月15日，韩国“三湖珠宝”号化学品运输船被索马里海盗劫持。1月21日，韩国驱逐舰“崔莹”号成功实施营救行动，船上21名船员全部获救。行动中，韩国海军特战部队击毙8名海盗，生擒5名海盗，特战队员有5名受伤。

（一）行动背景

2011年1月15日，韩国三湖海运公司一艘万吨级化学品运输船“三湖珠宝”号，执行从斯里兰卡前往阿联酋的航行任务时，在距离索马里东海岸540海里的印度洋西北部海域被索马里海盗劫持。船上共有21名船员，其中韩国人8名、缅甸人11名、印度尼西亚人2名。

事发后，韩国政府召开紧急部门长官会议，准备了军事和外交两套方案。国防部与船东三湖海运公司建立了联络，实时掌握和传递相关信息；外交通商部则准备用外交手段尽力营救货船。韩国驻肯尼亚大使馆还设立“现场对策本部”，与国土部、国防部等相关机构共商对策。19日，韩国外交通商部派出海外同胞领事局局长白周玄和海外国民保护课长姜锡姬等10名官员前往肯尼亚，同时与韩国国防部派驻美军主导的海上联合部队（CMF）的联络军官保持密切沟通。

基于2006年8月韩国政府曾发表“对劫船海盗绝不手软”的声明，已经在2010年朝韩交火事件中被痛批“软弱”的韩国国防部和外交通商部迅速统一思想，决定让正在亚丁湾执行护航任务的“青海部队”使用武力解救货船，打击气焰嚣张的索马里海盗，以振军威国威。15日23时30分，韩国联合参谋本部向担负第六批“青海部队”任务的“崔莹”号驱逐舰下达紧急出动的命令。18日3时00分，“崔莹”号驱逐舰到达红海入海口。

（二）行动经过

1月18日，韩国驱逐舰“崔莹”号发现“三湖珠宝”号货船上的

数名海盗登上一艘快艇,试图劫持在附近海域航行的一艘蒙古国船只。“崔莹”号立即出动一艘舰载小艇和“大山猫”直升机支援蒙古国船只。在接近海盗小艇的过程中,3 名特战队员在行动中遭海盗开枪打伤。“大山猫”直升机立即还击,几名海盗被击毙跌入水中。在派遣舰船和军用直升机支援蒙古国船只时,“崔莹”号试图解救被劫的韩国货船,但成效不大。随后 3 天,被海盗劫持的“三湖珠宝”号与“崔莹”号处于对峙状态。“崔莹”号则一直尾随“三湖珠宝”号货船,寻找最佳解救时机。1 月 19 日 9 时 20 分,美盟 151 特混编队抽调一艘 394 吨的阿曼军舰加入韩军解救行动,同时承诺一旦韩方有需求,可随时调派驻巴林基地的 P－3C 巡逻机支援。

1 月 21 日 2 时 30 分,“崔莹”号察觉被劫持的“三湖珠宝”号正以 8 节航速向海盗大本营——加拉卡德港驶去,而海盗团伙也派出船只接应“三湖珠宝”号。在“三湖珠宝”号航行途中,船长石海均在海盗监视下多次与“崔莹”号保持沟通,在通话中趁人不备用韩语向“崔莹”号通报最新情况,同时还有意降低航速,为军事行动赢得时间。3 时 43 分,尾随跟踪的“崔莹”号距“三湖珠宝”号只剩下 2.6 海里,舰长赵勇柱上校向位于釜山的韩国海军作战司令部报告“青海部队”完成作战准备。此时,亚丁湾水域浪高 1 米,可视距离为 7 海里,风向为东南,风速达 7 节,适合海上作战。于是,海军作战司令部下达“亚丁湾黎明”行动开始的命令。

3 时 58 分,韩国特种兵搭载的 1 艘高速橡皮艇趁夜色悄悄接近“三湖珠宝”号,美军也投入 P－3C 巡逻机配合。4 时 12 分,P－3C 巡逻机向韩军通报,“三湖珠宝”号左舷船尾有 3 人,船头有 4 人,甲板上有 4 名海盗。此刻,“崔莹”号与配合行动的阿曼军舰一左一右尾随夹击“三湖珠宝”号,美军巡逻机则在头顶上盘旋。4 时 17 分,为更好地监视海盗,“崔莹”号向右转向,再次投放 2 艘橡皮艇,躲开海盗的视野,秘密接近。4 时 23 分,携带 K6 重机枪的“大山猫”直升机离开“崔莹”号舰尾甲板准备与 3 艘橡皮艇上的特种兵展开联合行动。4 时 29 分,“大山猫”直升机开始射击,“崔莹”号同时通过

VHF 频道向“三湖珠宝”号上的韩国船员连续发出3次通报：“‘三湖珠宝’号的各位船员，稍后韩国国军将展开救援作战。你们尽可能躲到安全区域，不要到外面去！”

4时40分，“大山猫”直升机开始用K6机枪扫射“三湖珠宝”号外露的雷达天线，目的是摧毁海盗与外界联系的渠道，紧接着又向船桥处进行猛烈射击。为分散海盗注意力，“崔莹”号还抵近到距商船1海里处展开威慑性射击，结果1名在船桥处的海盗被乱枪打倒。在“大山猫”直升机和“崔莹”号持续射击“三湖珠宝”号船桥的同时，3艘橡皮艇上的特种兵开始突击登船。

特战队员登临“三湖珠宝”号情形

5时19分，由15名特种兵组成的2个攻击小组中的第二小组率先登上“三湖珠宝”号甲板。安装在特种兵头盔上的图像传输系统实时将现场画面传输至“崔莹”号和国内指挥所。攻击小组先从外部甲板进入船舱。

5时30分，攻击小组完全控制了船桥，但“三湖珠宝”号船长石海均在枪战中被海盗连续击中膝部和腹部，生命垂危。攻击小组马上派出救护队员救治，并向100海里外的美国驱逐舰申请协助，美舰马上答复派直升机移送伤员。

占领船桥后，2个攻击小组分别向船舱和轮机室展开搜索作战。

5时32分,躲到轮机室的4名海盗全部被击毙,5时35分,在船长室附近的海盗也被消灭。7时25分,前来支援的美军SH－60型直升机在“崔莹”号甲板降落,石海均船长搭乘美机前往阿曼接受治疗。与此同时,“三湖珠宝”号上的作战小组还对操舵室进行了搜索,以解救其他3名缅甸船员。8时45分,剩余海盗全部被俘。8时56分,赵勇柱舰长向韩国海军作战司令官报告“亚丁湾黎明”行动全部结束。

攻击小组控制船桥后情形

特战队员在驾驶室抓获的海盗嫌疑人

韩国政府决定将生擒的5名海盗押解至韩国接受司法审判。由于阿曼政府拒绝向扣留海盗的“三湖珠宝”号发放进入马斯喀特港的入港许可,为了押送这5名海盗,韩国政府还特地租借阿联酋王室专机。为审判这些海盗,韩国成立了特别调查本部。韩国警方的调查结果显示,5名被擒海盗的年龄在19岁～23岁之间,其中有1名学生、1名船员、1名厨师和2名退伍军人。

(三)战例评析

营救行动成功后,韩国政府、军方和国内媒体普遍认为,这是一次难度大，但很成功的人质营救行动。韩军取得此次海上营救行动的成功，有很多经验值得总结。

一是有关部门反应迅速，处置果断。从近年来一些国家处置类似劫持事件的经验教训看，凡是高层领导能够迅速果断定下处置决心，其营救行动绝大多数都能取得成功；反之，就可能导致失败。劫船事件发生后，韩国政府立即召开紧急部门长官会议，准备了军事和外交两套方案，并在韩国驻肯尼亚大使馆设立了“现场对策本部”，与国内相关机构共商对策。在国防部和外交通商部统一思想，决定使用武力解救货船后，韩国外交通商部派出有关官员前往肯尼亚，同时与韩国国防部派驻美军主导的海上联合部队（CMF）的联络军官保持密切沟通。当“崔莹”号发现实施解救的战机时，海军作战司令部立即下达了开始“亚丁湾黎明”行动的命令。政府高层敢于动用武力营救被劫船只的决心，为营救力量灵活高效地展开营救行动提供了重要保证。

“青海部队”特战队员进行反海盗训练

二是解救部队准备充分，战术得当。担负此次解救任务的特种兵来自韩国著名的“食人鲨”部队。据报道，这些特种兵护航前曾在釜山港外一艘内部结构和吨位与“三湖珠宝”号相差无几的船只上进行过专门训练，这使特战队员对船只结构和内部状况了如指掌，为营救行动顺利开展打下了坚实基础。在营救行动过程中，特种部队首先利用夜色掩护悄悄接近“三湖珠宝”号，成功登船后先控制船桥，掌握船只控制权后再向其他舱室展开行动，特别是行动中用韩语喊话让人质与海盗分散的做法，有效降低了人质在行动中受伤的几率。这些灵活的战术是营救行动成功的重要保证，也反映了韩军特种部队训练有素，准备充分。

特战队员向“三湖珠宝”号驾驶室方向行动

三是营救力量善于抓住战机，速战速决。1 月 18 日，“崔莹”号驱逐舰在跟踪“三湖珠宝”号时，发现海盗试图攻击另一艘蒙古国船只，在出动舰载小艇和直升机支援蒙古国船只的同时，试图解救“三湖珠宝”号，但成效不大。随后 3 天，“崔莹”号一直尾随“三湖珠宝”号，寻找最佳解救时机。21 日，当“崔莹”号察觉“三湖珠宝”号向海盗大本营驶去，且被劫船长趁人不备用韩语通报“三湖珠宝”号最新情况下，“崔莹”号抓住这一有利时机，向上级请求展开行动，在得到海军作战部命令后果断出击。这次行动时机的选择堪称完美。从气象看，当时海况良好，能见度约 7 海里，风速 7 节左右，适合海上作战；从时间看，行动时间为凌晨 4 时左右，正是人员最疲惫的时候；从距离看，“崔莹”号与“三湖珠宝”号相距仅 2.6 海里，有利于“崔莹”号对特战队员的火力支援；从配合上看，船长通报了海盗最新情况并有意降低了航速。

四是国际海军通力合作，密切协同。随着国际反海盗行动的不断深入，各国间合作不断成熟，不同国家海空兵力间相互协同日益默契。此次劫持事件发生后，美盟151特混编队抽调一艘阿曼军舰协助韩军展开救援，并承诺随时可调派P－3C巡逻机实施支援。营救行动中，美军P－3C巡逻机向韩军通报“三湖珠宝”号海盗位置为解救行动顺利实施提供了重要保障。除P－3C巡逻机提供情报保障外，在“三湖珠宝”号船长在枪战中受伤生命垂危时，应韩军邀请，美军立即派遣SH－60型直升机实施支援，搭载伤员前往阿曼治疗，为抢救船长生命赢得了宝贵时间。美国、阿曼海军的配合是这次营救行动得以成功的重要保障，否则单凭韩国“崔莹”号驱逐舰自身力量很难圆满完成解救任务。

三、武力营救“富城”号货轮行动

2011年5月5日，巴拿马籍货轮“富城”号在印度洋海域遭索马里海盗劫持，在中国有关部门以及中国、印度、北约等各方护航军舰的共同努力下，船上24名中国籍船员安全获救。

（一）行动背景

5月5日中午，“富城”轮在阿拉伯海中部（概位：北纬14度54分，东经66度44分，距中国海军护航舰艇约1200海里，距印度孟买约450海里）遭海盗袭击登轮。“富城”轮载重26758吨，船长167米，船宽26米，本航次装载化肥26043吨，由约旦驶往印度。

（二）行动经过

5月5日11时50分，中国海上搜救中心接到报警电话：一艘货轮在印度洋海域遭到海盗袭击，7名海盗已登船，24名船员已进入安全舱，请求紧急救助。接到报警后，中国交通运输部、外交部、海军等部门密切配合，紧急组织开展了营救工作，并向国际有关单位通报信息，协调救助力量。12时10分，国际海事组织、国际海事局海盗报告中心、亚洲反海盗信息共享中心、美国151特混舰队、英国海事贸易代表处反海盗联络中心5家对打击海盗有直接作用的国际机构收到中国海上搜救中心发出的请求救助信息。同时，中国外交部立即启动应急机制，指示驻印度等使馆敦促驻在国政府派本国位于事发附近海域军舰尽速前往救援。12 时 30 分，中国海军护航编队派出 2 艘军舰全速赶往现场，计划 25 个小时到达。经中国海军协调，英国护航军舰“铁伯爵”号前往事发海域，约 7 个小时后到达。亚洲反海盗信息共享中心回复：“印度海岸警备队派出飞机和军舰前往救助。”英国海事贸易代表处设在迪拜的反海盗联络中心回复：“已协调了美国军舰、土耳其海岸警备队前往救助。距离最近的美国军舰需 7 个小时抵达现场。”

13 时，应船东邀请，中国政府通过中国海上搜救中心向参与营救的各方发出通报：“中国政府同意外国军舰在保证船员安全的前提下，必要时可以采取紧急措施，登船解救船员。”

13 时 30 分，印度飞机飞抵事发海域，并向海盗发布警告命令。听到飞机声音的“富城”轮船长唐学刚立即向中国海上搜救中心请求核实是否救援飞机降落到船上。

17 时 05 分，美国巡洋舰“邦克 3 号”航行至距“富城”轮 30 海里附近海域并派舰载直升机起飞。17 时 30 分，美直升机飞抵“富城”轮上空，发现海盗船已经离开“富城”轮约 20 海里。18 时 00 分，美国军舰驶抵“富城”轮附近海域。18 时 30 分，土耳其军舰“吉雷松”号驶抵“富城”轮附近海域。20 时，印度军舰抵达“富城”轮附近海域。

通过协商，多国营救部队做出由美国飞机掩护，土耳其特战队员登船寻找并抓获海盗的作战方案。18 时 30 分，在美舰“邦克 3 号”的掩护下，土耳其特战队员登上“富城”轮。19 时 30 分，特战队员完成第一轮搜寻，没有发现海盗。22 时 50 分，特战队员完成第二轮搜寻后，立即向中国海上搜救中心报告：“轮船已全部检查完毕，没有发现海盗。估计海盗在美国飞机到来之前已乘船逃跑。24 名船员安全，可以从安全舱出来。”

23 时 25 分，24 名船员走出安全舱。由于担心再次遭到海盗袭击，经协商，先由土耳其军舰护航 2 小时，到达印度搜寻区域交给印度军舰护航。5 月 9 日 8 时，在印度海岸警卫队舰艇的护航下，“富城”轮安全抵达目的港印度杜蒂戈林。

（三）战例评析

一是船只遇袭后及时采取正确的自救措施是展开营救行动的关键。按照近年来国际社会处置海盗劫持事件的经验教训，船只遇袭后能否采取正确的自救措施是展开营救行动的关键前提。如2010年俄罗斯“莫斯科大学”号油轮遭海盗袭击后，迅速调整航向，采取规避措施，尽力拖延海盗登船时间；及时向有关组织及附近船只发出求救信号，使有关组织及护航舰只第一时间得知事发地点，前往驰援；在海盗即将登船时，船长带领船员迅速进入储存有水和食物且装备通信设备的“安全舱”内躲避，同时切断了轮船动力，为俄海军提供了充分的时间和有利的机会。2010年中国第六批护航编队成功解救“泰安口”轮，也是在船员及时进入“安全舱”的情况下实施的。此次成功营救“富城”轮，与其遇袭后迅速发出警报，船员及时进入“安全舱”等措施密切相关，正是这些正确的自救措施为营救行动赢得了宝贵的时间和机会。

二是各国通力合作是赢得反海盗斗争胜利的重要因素。当前，多国舰艇云集亚丁湾，各国护航兵力如果单打独斗，反海盗行动难以取得显著成效。只有各国通力合作，联合作战，反海盗斗争才能取得明显效果。“富城”轮的成功解救，再次证明了这一点。“富城”轮被劫海域，离中国海军护航编队约1200海里，即使护航舰艇以30节的航速高速前进，也需要40小时才能抵达事发海域。在这40小时内，什么严重情况都可能发生。正是中国积极协调附近美国、土耳其海军以及印度海岸警卫队舰艇和飞机协助营救，才得以成功解救船员。因此，必须注重加大与各国护航兵力的交流合作力度。

第四节　法规建设

虽然国际法确立了适应打击海盗和海上武装抢劫的法律框架，联合国决议也为各国海军打击海盗提供了法律依据，但目前有关国家在打击海盗的实践过程中仍然面临诸多法律困境。如对海盗活动的定义和界定分歧导致海盗行为性质难以判定,国际刑法领域中规范的缺失和有关国家国内刑法与国际刑法的接轨不畅导致海盗嫌疑犯难以审理,对海盗惩罚量刑标准的巨大差异导致海盗审理难以定刑,上述原因使得目前各国在索马里海域打击和惩治海盗问题上出现了"驱而不抓"、"抓而不捕"、"捕而不审"、"审而不判"等尴尬现象。为了更为有效地防范和打击海盗,2011 年国际社会加大了法规建设力度,联合国安理会通过决议设立法庭审理海盗案件,国际海事组织制定了商船雇佣武装保安指南。

一、联合国决定设法庭审海盗

2011 年 4 月 11 日,安全理事会第 6512 次会议通过了第 1976(2011)号决议。该决议回顾以往关于索马里局势的各项决议,继续严重关切海盗和海上武装劫船行为对索马里局势、国际航运、海上商业航线和海员的安全日益构成威胁,决定在索马里境内和境外设立专门法庭审问索马里海盗嫌疑人。

(一)出台背景

1 月 24 日,联合国发布一份由法国前文化部长贾克朗(Jack Lang)撰写的报告,该报告呼吁国际社会加大对索马里海盗问题的关注,并提议建立"索马里海盗法庭"。贾克朗提议:在索马里政府司法框架下开设法庭,地点设在索马里之外的地区;各国海军应加大在索马里海岸附近的巡逻次数,并为当地青年人提供经济援助,以帮助他们脱离"海盗行业"。贾克朗在接受媒体采访时指出,每年国际社会因海盗袭击而损失的金额超过 70 亿美元。在这样的背景下,海盗仍计划继续深入印度洋,以期获取更多的财富。

联合国秘书长索马里海盗问题特别顾问雅克·兰 1 月 25 日提议,应该尽早在索马里和坦桑尼亚设立专门法庭审理海盗案件。雅克·兰说,海盗活动日益猖獗,严重影响印度洋正常航运。多国护航军舰先前抓捕了多名海盗。不过,由于没有合适地点和机构起诉这些海盗,90%海盗被抓捕后随即获释。他建议,今后8个月内,在索马里北部邦特兰、索马里兰地区和坦桑尼亚阿鲁沙地区设立专门法庭,按照索马里法律审理海盗案件。这一方案所需费用不超过2500万美元。雅克·兰同时提议在邦特兰和索马里兰两地建造两座专门关押海盗的监狱,每座监狱容纳500人。两座监狱建成后,在邦特兰建造第三座监狱。建造工程须获得安理会授权。鉴于索马里国内局势混乱,缺乏司法力量处置海盗,他建议各国把海盗活动界定为刑事犯罪,统一量刑,以提高起诉海盗的效率。

（二）主要内容

第1976(2011)号决议核心内容有28项,关于设立法庭审判索马里海盗案件的内容主要包括:

第一,感谢秘书长索马里沿海海盗行为所涉法律问题特别顾问雅克·兰开展的工作,探讨新办法以更有效打击海盗和索马里沿海海上武装抢劫行为,包括更有效地起诉海盗嫌犯和监禁被定罪的海盗,赞赏地注意到特别顾问在提交给安全理事会的报告(S/2011/30)附件中提出的结论和建议。

第二,必须继续进一步收集、保存并向有关当局递交索马里沿海海盗和海上武装抢劫行为的证据,欢迎海事组织、国际刑警组织和航运团体开展工作,协助为海员提供关于发生海盗行为后保护犯罪现场的指南,并指出让海员在刑事诉讼中作证对于成功起诉海盗行为至关重要。

第三,欢迎索马里国家和地区当局准备开展合作并与已经起诉海盗嫌犯的国家合作,以便能依循适用的包括国际人权法在内的国际法,根据适当的囚犯移交安排,把被定罪的海盗遣返回索马里,在这方面确认塞舌尔政府同索马里国家当局和地区当局进行了讨论,原则上商定了一个法律框架,用于在塞舌尔进行起诉和定罪后向索马里移交被定罪的海盗,鼓励各国继续在这方面作出努力。

第四,敦促各国、禁毒办(根据捐助方提供的支助)和区域组织统筹集中国际援助,以加强索马里的监狱能力,包括在短期内在邦特兰和索马里兰增建监狱，请禁毒办根据相关国际人权标准继续为监狱人员提供培训，并继续监测遵守这些标准的情况。

第五，请索马里过渡联邦政府在禁毒办的协助下，制定和通过一整套反海盗法，并在这方面欢迎邦特兰采取的积极步骤和索马里兰取得的进展。

第六，决定紧急考虑依循适用的人权法，按秘书长索马里沿海海盗行为所涉法律问题特别顾问雅克·兰报告中的建议（S/2011/30号文件附件）所述，设立索马里特别法庭，包括在索马里境外设立一个反海盗特别法庭，以审判索马里和该区域的海盗嫌犯，请秘书长在两个月内报告这一起诉机制的模式，包括国际人员的参与和其他国际支助和援助，同时顾及海盗问题联络组开展的工作并与有关区域国家协商，表示安理会打算就此进一步作出决定。

第七，敦促受海盗行为影响的国家和非国家行动者，尤其是国际航运业，通过支持各国采取举措打击索马里沿海海盗行为信托基金，为上述司法和扣押相关项目提供资助。

二、国际海事组织制定船上雇佣私人武装保安指南

国际海事组织海上安全委员会第27届大会第89次会议于2011年5月11日~20日在伦敦召开。会议议题包括：制定船上雇佣私人武装保安指南，改进抵御索马里沿岸和阿拉伯海域海盗的最佳管理实践，提出帮助在劫持后搜集证据的指导规则。

9月20日，国际海事组织海运安全委员会在伦敦总部举行会议，制定了一项私人合约聘用武装保安人员（PCASP）的临时指导，批准符合要求及资格的船东有限度聘用武装保安在船上执行任务，对抗索马里海盗。雇佣武装保安与否的决定权交由船旗国自己决定。

海运安全委员会通过的最佳管理实践4（BMP4）主要内容包括针对船旗国成员、船东、船舶管理者、船长、港口和沿海国家，以私人合约方式聘用武装保安人员在高危风险区内工作的指导规则。国际

海事组织强烈敦促尚未通过自身力量采取任何有关行动的各国政府迅速确保悬挂其国旗的船舶遵守国际海事组织公布的最佳管理实践指南中的预防、避免和防御措施。

第五节 历史回顾

自20世纪90年代索马里爆发内战以来，这一地区经济衰退，民不聊生，一些民众铤而走险，开始从事海盗活动。由于索马里海域特殊的地理环境和低风险、高回报的海盗“事业”特点，索马里的海盗活动迅速漫延。进入21世纪后，这一地区的海盗活动更加猖獗，一些国家的过往船只屡遭劫持，索马里海域成为海上运输的一大“难关”。2007年4月18日，台湾“庆丰华168”号渔船遭海盗劫持，15名船员被扣押。2008年11月14日，中国天津远洋渔业公司的渔船“天裕8”号在肯尼亚海域被索马里海盗劫持，包括17名中国船员在内的25人被扣为人质。2009年4月8日7时30分，一艘悬挂美国国旗的丹麦货轮“马士基—亚拉巴马”号遭海盗武力袭扰，船长被劫持。2010年5月5日，悬挂利比里亚国旗的俄罗斯“莫斯科大学”号油轮遭1艘海盗母船及2艘小艇袭击，23名俄籍船员沦为人质。索马里海盗活动不仅对商船和国际贸易造成严重威胁，而且严重影响着该地区的和平与稳定。

为防范和打击海盗活动，保护国际海上运输安全、维护海上贸易正常秩序，国际社会在立法、制度、组织、防范等方面作出了巨大的努力。2008年以来，联合国安理会先后通过第1816号、第1838号、第1846号、第1851号、第1897号、第1950号和第1976号决议，授权各国根据《联合国宪章》第七章采取行动，要求有能力向亚丁湾、索马里海域派遣海军兵力的会员国协调努力，与过渡政府合作，阻遏索马里海盗和海上武装抢劫行为。欧盟、北约以及美国、俄罗斯、印度、新加坡、韩国、日本等20多个国家海军纷纷派出军舰，采取分区护航、伴随护航和随船护卫等方式开展护航行动，通过巡逻、威慑、驱离、抓捕和营救等措施，保护了过往商船的安全，并涌现了一些典型战例。如2007年11月，法国海军在距索马里海岸大约100海里附近海域抓获9名海盗嫌疑人。2008年4月4日，法国“西风”号帆船遭索马里海盗劫持，30名船员沦为人质。法国海军特种部队先向海盗缴纳赎金，将全部人质安全救出，随后跟踪海盗，在陆地上对海盗实施报复攻击，俘获6名海盗，并追回了部分赎金。2009年1月2日，一艘荷属安德列斯籍货轮遭海盗袭击，丹麦海军“阿布萨隆”号军舰收到求救信号后，迅速派出直升机前往救援。直升机向海盗所在船舶开火示警，海盗船舶中弹起火后，船上5名海盗跳海逃生。2009年4月4日，法国帆船“塔尼特”号在索马里海域遭7名海盗劫持，船上5名法国人沦为人质。为营救人质，法军方在与劫匪谈判未果后，决定实施武力解救。双方发生短暂交火，劫匪被击毙，除船主在交火中身亡外，其他人质安全获救。2009年4月8日，一艘悬挂美国国旗的丹麦货轮“马士基—亚拉巴马”号在索马里海岸域突遭海盗武力袭扰。船长菲利普斯随即发出呼救信号，下令船员切断电源，关闭发动机，躲进防水舱并反锁舱门，自己独守舵舱与海盗谈判。4名海盗登船控制船长，然后2名海盗下舱搜寻舵手；船员利用舱内黑暗突袭海盗，制服其中1名海盗，并打开排水阀击沉海盗船，夺回了货轮的控制权。最终3名海盗挟持船长，仓促跳入救生艇逃生。为解救船长，美军先后派出“班布里奇”号导弹驱逐舰、“哈利伯顿”号导弹护卫舰、“拳师”号两栖攻击舰、“海豹突击队”以及P－3C巡逻机等兵力实施营救。最终狙击手准确射杀海盗，成功解救出被海盗劫持达5天的人质。

近年来，为了给国际社会打击海上犯罪活动提供技术支持，国际海事组织和国际海事局等国际组织先后颁布了《打击西印度洋和亚丁湾海盗武装抢劫行为守则》（简称吉布提行为守则）和“慑止亚丁湾及索马里海域海盗行为最佳管理方法”，修订了《调查海盗和武装抢劫船舶罪行惯例守则》，及时发布海盗预警信息，建立海盗事件数据库、免费提供情报信息等。国际航运业和船东公司不断加强船舶安全防卫,建立了较为规范的反海盗制度,船员普遍树立了较强的防海盗意识,船舶防海盗措施得到不断加强和完善。随着国际反海盗行动的不断深入,海盗活动得到明显遏制。受法律、体制等多种因素制约,国际反海盗行动任重而道远。

第十章

主要理论成果

2011 年,世界各国武装力量对非战争军事行动进行大量的学术研究,推出了一些有价值的学术成果。为了全面系统地反映非战争军事行动理论研究情况,我们从公开发表的理论成果中选取了部分具有代表性的成果,分门别类,按照综合类和主要行动类理论成果进行介绍。

第一节　综合类理论成果

一、基本理论

《美国非战争军事行动指南》([美]波恩、贝克:《美国非战争军事行动指南》,杨宇杰译,解放军出版社 2011 年版),作者对美国非战争军事行动的特点、原则以及行动类型和具体任务进行了全面系统的阐述。

作者认为非战争军事行动具有以下 3 大特点。一是政治目标的优先地位。主要体现在,政治目标决定美军是否实施非战争军事行动,同时也影响非战争军事行动的行动方式和步骤。二是战略的灵活性。在非战争军事行动中,为达成国家安全目标,美军主要通过和平时期的接触、威慑和危机反应 3 种手段来实现。三是持续时间的不确定性。有很多非战争军事行动的实施持续时间都很短,如强制和平和打击与袭击等;而另一些非战争军事行动则要持续较长一段时间才能达到预期目标。

书中提出了非战争军事行动的6项原则。一是目标。每一次军事行动都应该规定一个明确的、决定性的并且可以达到的目标。领导人必须理解战略目的,设定适当的目标,并确保这些目的和目标科学合理。二是统一行动。这一原则来源于战争中统一指挥原则,强调有必要确保所有的手段都要服务于一个共同的目标。三是安全。本原则通过减少我方安全隐患,降低敌方行动对我造成的不利影响,确保我方行动自由,不允许敌方获得军事、政治或信息方面优势。四是克制。必须慎重地使用适当的军事能力,一项单独的行动就能够导致重要的军事和政治后果,有必要审慎地使用武力。五是坚定。参与非战争军事行动的部队必须做好为实现战略目标而慎重、持久地使用军事能力的准备。非战争军事行动的成功经常要求有耐心、决心和对国家目标与目的的不懈追求。六是合法。在非战争军事行动中,合法性经常成为一个决定性因素。如果行动合法,就会得到民众和受援国强有力的支持;如果行动不合法,就不会得到支持,甚至有可能会受到抵制。

关于行动类型和具体任务,作者认为,美国非战争军事行动主要包括在国内实施的行动和在国外实施的行动两种类型。在美国国内实施的行动类型分为对民事当局的一般军事支援和对民事执法机构提供的军事援助。其中,对民事当局的一般军事支援包括:在罢工期间提供带有政府职能的援助、在发生自然灾害期间为政府提供援助、为地方当局提供搜救援助;对民事执法机构提供军事援助包括:法治与秩序的恢复(平民骚乱)、关键设施的保护、执法支援培训、对反毒品行动的支援、对国内反恐斗争的支援。在国外实施的行动类型主要包括在发生危机地区进行人道主义援助、国家援助与支持平暴、非战斗人员撤离行动、和平行动、显示力量行动和支持暴乱6种类型。其中在发生危机地区进行人道主义援助包括国外灾难救援、对难民的支援、确保提供援助者的安全、技术援助和支持;国家援助与支持平暴包括安全援助、外国内部防御、人道主义/公民援助(不发生危机时);和平行动包括维持和平行动、强制和平行动。

《美军非正规战理论问题探析》(史延胜、邸验刚:《美军非正规战理论问题探析》,载《外国军事学术》2011 年第 4 期),作者认为,美军是以非正规战联合行动概念代替了美军以往的低强度冲突理论,并把非传统作战理论、非战争军事理论融于非正规作战理论之中。因此,非正规作战理论,也就是对以往非战争军事行动理论的进一步总结和升华,从某种意义上讲,非正规战的特征就是非战争军事行动的特征。其特征主要有:一是非正规战的目的,是为了获得对相关民众的控制和影响;二是非正规战具有全球性的特点;三是非正规战具有长期性的特点;四是非正规战并不排斥常规作战行动;五是方法手段上,具有明显的间接性;六是联合行动的作用将更加突出。

《美军反暴(骚)乱行动指导原则浅析》(康永升:《美军反暴(骚)乱行动指导原则浅析》,载《外国军事学术》2011 年第 8 期),作者总结了美军在反暴(骚)乱行动中的指导原则,主要有以下 6 条。一是行动越早,效果越好。美军认为,虽然恐怖、暴(骚)乱行动很难察觉,但在其早期阶段易于平息。为此,必须树立强烈的战略意识、制订明确的行动计划以及必须集中首波力量下"猛药"。二是情况不同,策略不同。美军认为,反暴(骚)乱行动必须根据不同的行动目标、环境和对象选择不同的打击手段、制定不同的行动方案。三是联合行动,统一实施。美军认为空军、海军等作战力量应与地面部队或特种部队联合行动,才能发挥出巨大的作战能力。为此,要积极协调各种作战力量的行动、强化战略交流、并实施恰当的编组。四是保持克制,有限行动。要求部队必须使用武力要有节制、士兵对其行为要保持克制以及注重发挥非杀伤性武器的效能。五是软硬兼施,斩根去源。反暴(骚)乱行动是一场政治军事仗,要想取得彻底胜利,最终离不开政治上的努力。所以要通过政治策略辅助军事行动、通过发挥战争争夺"法理权"并依托稳定行动固化作战效果。六是持久准备,慎对结束。美军认为,反恐战争"如同给一个病入膏肓的人实施一项大手术,从手术结束到病人完全恢复,能够生活自理必须是一个长期的过程"。所以必须要保持坚韧的战争意志、要确保资源投入的持续性以及要准确界定行动是否成功。

二、应用理论

《多样化军事任务组织指挥研究》(王云雷、马永朝:《多样化军事任务组织指挥研究》,军事科学出版社 2011 年版),该书划分了非战争军事行动的样式,提出了多样化军事任务组织指挥理论体系的框架、主要指挥方式及作用。作者将非战争军事行动划分为处置边(海、空)防突发事件行动、反恐怖行动、维稳行动、抢险救灾行动、维权行动、国际和平行动等基本类型,并且每种类型又可以进一步分为若干具体行动样式。书中对非战争军事行动应急指挥机制和组织边(海、空)防事件行动、反恐怖行动指挥、维稳行动指挥、抢险救灾行动指挥、维和行动指挥等 5 种具体样式的指挥问题进行了探讨,认为建立非战争军事行动应急指挥机制,应注意确立军地衔接、简捷高效的指挥体制,军地互补、实时共享的情报信息,科学合法、精确高效的应急决策,基于法律、应急预案的联动运行,基于效率、有效控制的行动指挥。同时,作者在各个具体的行动样式中,论述了指挥机构、指挥活动和在指挥中应把握的问题等内容。

《国外陆军应对多样化军事任务的武器装备发展策略》(肖咏捷:《国外陆军应对多样化军事任务的武器装备发展策略》,载《外国军事学术》2011 年第 8 期),作者认为,目前国外陆军武器装备在多样化军事任务中的运用有 4 大特点:一是机动性强、防护性好的陆军装备应用最为广泛,二是精度高、专业性强的装备在多样化军事行动中无可取代,三是现有装备及其改进型装备是执行多样化军事行动的主力装备,四是低致命性武器在多样化军事行动中不可或缺。在论述国外应对多样化军事任务的装备发展策略的问题上,作者认为,有 4 条策略:一是以战备优先为原则,根据需求及时调整装备发展方向;二是改革采办机制,充分利用紧急作战需求程序;三是依托成熟商业技术和民间资源,加强装备技术储备;四是研改并举,通过多种手段提高装备满足任务需求的能力。文章最后得出 3 点启示:一是遂行多样化军事任务应以维持战备、保证核心作战能力为前提；二是组建专门的任务部队，加强专用装备的采购和编配；三是健全执行多样化军事行动的法规制度和体制，开展广泛的国际和军地合作。

《实战效能是着力点》（许再华：《实战效能是着力点》，载《解放军报》2011－12－29），该文章提出，加强非战争军事行动力量建设，必须立足传统优势，着重提升4种能力。一是思想政治工作保障能力。思想政治工作一定要及时跟进到位，才能引导官兵认清真相。在国际维和等出境行动中，由于政策性和法理性强，一定要教育官兵时刻与党中央和中央军委保持高度一致，坚决服从命令、听从指挥。在执行非战争军事行动任务中坚持发扬我军的优良传统，坚持发扬集体主义精神和革命英雄主义精神，坚决压倒一切困难，完成党和人民赋予的任务。二是心理干预能力。心理干预已经是非战争军事行动中一项经常性工作，包括对受灾群众实施心理干预和对官兵实施心理干预，干预包括个人干预和集体干预两种类型。三是舆论宣传与引导能力。舆论宣传与引导能力是执行非战争军事行动的重要内容，要充分发挥媒体的力量，积极宣传党的路线方针政策，宣扬我军的光辉业绩和形象。要通过引导和管控，促使媒体开展公正、客观的报道。四是法律支援能力。法律支援能力建设的重点是法理解读能力、普法能力和处理涉法纠纷能力。

《非战争军事行动中损害补偿的法律问题》（丛文胜：《非战争军事行动中损害补偿的法律问题》，载《解放军报》2011－06－15），该文论述了在执行抢险救灾、安保警戒、演习演练等任务时遇到各类损害及相关补偿的问题。作者认为开展非战争军事行动，包括进行军事演习和训练等，导致公民、法人和其他组织人身权和财产权受到损害时，应当依据国家法律和党的政策、军队纪律，正确处理损害赔偿问题。为此，应做到以下3点：一是在军事行动前，要根据法律规定对军事行动可能产生的损害制定预防和补偿预案；二是要掌握补偿的法规政策界限；三是在损害发生时，要及时与当地政府有关部门、相关单位及个人进行协调沟通，避免激化矛盾，产生对立情绪。

《非战争军事行动与新兴媒体作用》(张建华:《非战争军事行动与新兴媒体作用》,载《解放军报》2011－10－11),文章主要探讨了互联网、手机等新兴媒体对部队遂行抗震救灾、抗洪抢险、维稳处突等非战争军事行动的影响。并提出面对新兴媒体我们要树立与之相适应的3个思想观念。一要强化互联网也是战场的观念。美国等西方国家利用互联网大肆兜售其政治主张,推行其价值观念,甚至直接通过互联网干涉他国内政、挑动他国政变、推翻他国政权、引发局部战争。对此,我们要从战略高度来认识,将网络博弈作为重大战役来对待。二要强化新兴媒体也是主渠道的观念。互联网等新兴媒体,无论是传播速度、受众范围,还是参与程度、信息容量,都大大超过了传统意义上的主流媒体,只有正确认识新兴媒体的这种主渠道地位,才能有效发挥其应有的作用。三要强化舆论引导力也是战斗力的观念。强有力的舆论引导是部队有效遂行多样化军事任务的重要保证,是军队的重要软实力。切实把充分运用新兴媒体搞好舆论引导作为重要职责来对待,把有效引导新兴媒体作为能力素质来提高,把加强新兴媒体管理使用作为军事行动有机组成部分来筹划,才能发挥好新兴媒体的重要作用,为有效履行我军历史使命提供可靠的舆论支持和力量保证。

《努力提高抢险救灾能力》(邵海军、吴成勇:《努力提高抢险救灾能力》,载《国防报》2011－09－12),该文章从建、训、用3个方面入手,探讨了如何提高民兵预备役部队抢险救灾能力的问题。一是要建立精干高效的联合指挥部。军地双方各职能部门都要安排专人负责,并研究制定相应的配套预案。二是要加强各类抢险救灾技能训练。要针对部队驻地地理特点和可能担负的抢险救灾任务,组织民兵预备役人员进行训练和演练。三是要成建制使用民兵预备役人员。要发挥民兵预备役部队具有就地就近和对当地社情民意、地形地物情况熟的优势,发扬民兵组织“特别能吃苦、特别能战斗”的精神,最终夺取抢险救灾的胜利。

《提高非战争军事行动能力要在融合发展上下功夫》(范智勇:

《提高非战争军事行动能力要在融合发展上下功夫》,载《国防报》2011－04－28),该文章强调预备役部队是遂行非战争军事行动任务的拳头力量,必须着眼“平时服务、急时应急、战时应战”的要求,加大融合发展力度,切实提高遂行非战争军事行动任务的能力。首先,注重从指挥体系上搞好融合。建立军地联合指挥机制,切实增强遂行非战争军事行动任务的指挥效能。其次,注重从预案体系上搞好融合。建立方案对接机制,扎实提高遂行非战争军事行动任务的反应效率。最后,注重从资源利用上进行融合。建立一体化保障机制,努力拓宽遂行非战争军事行动任务的保障渠道。

《完善军地应急处突联指机制》(金川、马绪春:《完善军地应急处突联指机制》,载《国防报》2011－11－10),作者强调为提高应对多种安全威胁、完成多样化军事任务的能力,需努力实现国防动员机制与军队指挥机制、政府应急管理机制的有效衔接。首先,大力推进应急应战一体化建设,统筹构建应急应战动员体制机制;其次,要创新应急动员力量集合方式,构建整体联动的应急力量体系;最后,要加大应急动员资源的整合力度,形成军地共享的应急资源配置格局。

《抢险救灾装备保障体系建设刍议》(肖国明:《抢险救灾装备保障体系建设刍议》,载《国防报》2011－12－01),作者认为加强抢险救灾装备保障体系建设,对保障军队完成多样化军事任务需要具有重大意义。只有军地依法合力抓好抢险救灾装备保障体系建设,才能不断提高应对各种灾害威胁的能力。首先,要准确把握基本原则。一是装备种类对口原则。实现任务与需求相一致,编制和种类相统一,规模和实际相对应。二是装备数量把握适度原则。以满足任务需要为前提。三是装备规模把握精确原则。切实做到数量准、类别齐、项目全、质量优。其次,切实打牢组织基础。必须充分发挥政府的指导调控功能。一要切实加强组织领导。成立军地联合的领导小组,下设工作协调办公室。二要按职责分工抓落实。采取省市县分级筹建、相关部门全力保障、上下协作整体推进的办法推进落实。最后,严把建设质量关。一要全程跟踪督导,着力提高装备建设质量。

对装备器材采购和经费使用过程进行严格监督。二要系统整合资源，实现装备配备融合发展。要整合各行业系统的装备资源，并大力开展发明创造和器材革新活动。

三、学科建设

《关于构建非战争军事行动学科体系的几点思考》（郑守华、娄国才：《关于构建非战争军事行动学科体系的几点思考》，载《军事百科》杂志 2011 年第 4 期），文中专门阐述了非战争军事行动学科体系建设的有关问题。

作者认为，确立非战争军事行动学科体系，对于牵引现实军事斗争需求、推动军队使命任务的完成、拓展军事理论体系、提高履行职能任务的能力、加强国际军事交往等具有十分重要的现实意义。

目前，建立非战争军事行动学科体系已经具备了一定的基础条件。其一，当前学术界对学科知识体系划分的认识比较统一。近年来，一些学术界和职能机构对非战争军事行动进行了比较深入的研究，特别是对非战争军事行动的类型进行了比较科学的划分，虽有一些不同的看法，但多数观点比较接近。其二，有着广泛的非战争军事行动实践基础。在长期的革命战争和国家建设中积极参加各种非战争军事行动，并积累了丰富的实践经验，为非战争行动理论研究提供了丰富的素材。其三，有一批权威的法规和学术专著。其四，有专门的教学、科研和训练机构。近年来，一些主要军事院校都开设了非战争军事行动课程，传授非战争军事行动理论，培养非战争军事行动指挥人才。军事科学院等科研机构都把非战争军事行动作为重要的研究内容，完成了很多高质量的研究课题。不少军区和军兵种训练基地都建非战争军事行动训练场地，甚至还有专门的训练中心或专修室。一些院校、科研机构和训练机构，有比较健全的教学、科研和训练设施，以及图书资料馆，有效地推动了教学、科研和训练的深入进行。其五，有一批从事非战争军事行动的专业人才。目前，解放军专门组建了抗洪抢险应急部队、地震灾害紧急救援队、核生化应急救援队、空中紧急运输服务队、交通应急抢险队、海上应急搜救队、应急机动通信保障队、医疗防疫救援队和国际维和部队等8支队伍。同时,还培养了不少“懂业务、会管理、能指挥、善创新”的非战争军事行动人才。

最后,作者论述了非战争军事行动学科体系主要研究和解决的问题。一是非战争军事行动学科体系与战争行动学科体系的关系问题。建立非战争军事行动学科体系需要回答下面的问题。该学科体系与战争行动学科体系是不是两个相互平等的学科体系?二者之间有哪些联系和区别?战争行动学科的划分、体系结构等规律,能否适应非战争军事行动学科划分和体系构建?战争行动中的一些军事思想、作战指导和军事建设等理论,能否适应对非战争军事行动的指导和非战争军事行动中的建设等问题。二是非战争军事行动理论体系构成。非战争军事行动理论体系,是其各知识单元相互联系、相互制约而构成的理论整体,是全面系统指导非战争军事行动的科学知识。其理论体系是否可由学科理论、基本理论和行动指导理论构成。非战争军事行动学科理论,是否可包括:非战争军事行动学科的研究对象和任务、形成和发展、学科体系的基本理论、主要类型的划分、非战争军事行动学科体系与战争行动学科体系的关系,以及研究方法等理论内容。非战争军事行动的基本理论,是否可包括:非战争军事行动的定义、本质、形成和发展、类型和样式、要素、行动规律等。非战争军事行动指导理论,是否可包括:行动指导规律、行动原则,各行动的主要方法、行动指挥和行动的各种保障等理论。三是非战争军事行动学科体系构成。在非战争军事行动学科体系中,有没有“非战争军事行动学”这样一个顶层学科;在顶层学科中,是否根据知识门类分为:非战争军事行动思想、非战争军事行动指挥、非战争军事行动后勤保障、非战争军事行动装备保障、非战争军事行动政治工作和非战争军事行动建设等类别;在其之下,能否按行动分为:反恐怖行动、反暴乱行动、抢险救灾行动、维护权益行动、安保警戒行动、国际维和行动、国际救援行动等学科,从而形成上下联系紧密的学科体系。

第二节　主要行动类理论成果

一、反恐怖

《全球反恐论——恐怖主义何以发生与应对》(胡联合:《全球反恐论——恐怖主义何以发生与应对》,中国大百科全书出版社 2011 年版),该书分析了恐怖主义的 5 项基本特征:年龄特征、性别婚姻特征、社会背景特征、文化程度特征、心理特征等;讨论了当代世界恐怖主义的 5 大基本类型,即民族主义型恐怖主义、宗教极端型恐怖主义、极右型恐怖主义、极左型恐怖主义、国际间谍型恐怖主义;并对国际恐怖主义在数量变化上、在地区分布上、在活动方式上、在打击目标上、在造成人员伤亡上的 5 个基本特点进行了详细分析;归纳了当前恐怖主义的 14 种理论:内心认知失调理论、模仿与传染理论、传染反转性理论、实力理论、失范理论、亚文化理论、社会标签理论、戏剧及传播理论、媒体助长论、冲突功能论、国际冲突理论的制度缺陷论、文明冲突论和马克思主义等;采取定性与定量的方法,分析了恐怖主义对全球社会的影响,包括当代恐怖主义造成的人员伤亡、直接财产损失、耗费的安全支出、对世界旅游经济的危害、对世界政治的总体影响等;探讨了恐怖主义的未来发展趋势,包括恐怖主义活动方式与手段、组织、打击目标、危害等方面的发展趋势;此外,书中还介绍了全球反恐怖主义的总体措施、人质事件谈判的基本策略与技巧、反劫机及相关国际法措施、新闻传媒的自律措施、反恐怖主义的技术手段等基本措施;最后阐述了中国反恐怖的基本立场和对策。

《全球反恐手册 · 特种部队实用指南》([英国]汤普森:《全球反恐手册 · 特种部队实用指南》,军事谊文出版社 2011 年版),该书回顾了全球恐怖袭击事件的发展轨迹。通过分析,作者认为当前恐怖分子已不再倾向于劫持人质,而是更愿意使用自杀式炸弹的袭击方式。这种号称“伊斯兰智能炸弹”的袭击方式的广泛使用，使防范恐怖袭击难度增加。为了更有效地应对恐怖主义袭击，各国都十分重视培养高素质的反恐尖兵，注重把握特种部队选拔流程和特战队员的技能训练。尤其在特种部队训练课目的设置上，每名特战队员除须掌握包括：狙击、徒手格斗、驾驶、跳伞、监视、通讯、语言等几十种个人作战技能外，还需进行包括巡逻、伏击和反伏击等内容的小组团队战术方面训练。此外，书中还详细介绍了各国的反恐特种部队的组织机制和武器装备等情况。

最后，作者认为在执行任务时，反恐人员要保持灵活的战术，这样他们就可以适应瞬息万变的情况。诚然，每次执行的反恐任务不尽相同，但每种样式的反恐行动，仍有一些基本原则和战术方法可以遵循。因此，熟练掌握包括人质解救、海上反恐作战、重要人物保护、处理大规模杀伤性武器等行动的基本原则和战术对于更好地执行任务是至关重要的。

《反暴乱与反恐行动中的空中力量》（高健、任飞、王晓青编译：《反暴乱与反恐行动中的空中力量》，辽宁大学出版社 2011 年版），该书总结了空中力量从诞生以来为军事行动所作出的突出贡献，并分析了空中力量在现代战争中遇到的困境。引用自第一次世界大战以来空中力量运用战例，剖析了空中力量在常规战争与平叛行动中所起的不同作用。在常规战争中，空中力量的主要发挥威慑、封锁和惩罚 3 种作用。但是在反暴乱和反恐行动中，叛乱分子或恐怖分子没有高价值攻击目标，不具备高机动能力，也不需要庞大的后勤系统，而且他们的行动具有活动范围广、人员行动分散等特点，这都让强大的空中力量失去了用武之地。另外，由于叛乱分子和恐怖分子常常藏身平民之间，空中力量往往不能准确加以区别，因此造成了重大附带伤害。美国、英国和以色列在索马里、越南和黎巴嫩战争中制定了错误的战略，未能在平叛行动中体现“赢得民心”的重要性，导致了战争失败。面对当前伊拉克和阿富汗战场上的困境，美军空军应该积极吸取前人的经验教训，制定适当的战略和军事条令，充分发挥其空运、补给、后勤、兵力投放、伤员撤离和近空支援等能力，同时加强精确打击能力，避免造成不必要的附带伤害，以免让敌人有机会利用媒体宣传手段进行道德和政治攻击。

《恐怖主义·国家安全与反恐战略》(王伟光:《恐怖主义·国家安全与反恐战略》,时事出版社 2011 年版),该书对恐怖主义发生的原因、安全化、基本现实与特征进行概括、分析;通过将恐怖主义威胁与传统国家安全威胁进行对比,阐释了恐怖主义威胁的特征;从战略的角度对恐怖主义威胁的特征进行进一步的解读,分析了不同行为体选择恐怖主义这种手段时,将发挥的作用和代价成本,并分析了这种战略被选择的原因,其发挥作用的机制;讨论、分析了各国现有反恐政策与模式;分析了中国面临的恐怖主义威胁和所进行的反恐工作,并相应给出了一些初步的反恐建议。

《中国政府恐怖主义危机管理问题研究》(刘玉雁:《中国政府恐怖主义危机管理问题研究》,北京师范大学出版社 2011 年版),书中认为,在恐怖主义危机的预防与应急准备阶段,我国的不足之处在于:反恐意识尚需加强、反恐专门机构的反恐协调能力尚需提高、反恐部队的技能尚需提升、反恐预案尚不完备、反恐法律体系滞后于反恐实践、应急资源准备机制不完善。为解决上述问题,我们应当采取提升反恐意识、建立相互协调的反恐组织网络、完善反恐法律体系、健全反恐资源保障体系、完善危险品的管理制度、加强对重要目标的防护、消除可能引发恐怖主义危机事件的社会矛盾的萌芽等措施。在恐怖主义危机的监测与预警阶段,我国的不足之处在于:恐怖主义预警观念淡薄、危机监管不力、预警级别的划分过于宽泛、反恐情报信息缺乏沟通共享、反恐监测和预警水平有待提高等问题。为解决上述问题,我们应当采取完善反恐情报体系建设、完善恐怖主义危机预警级别的划分、加强恐怖主义危机预警信息的沟通、提升科技预警能力、重视对网络恐怖主义的监测和预警、建立社会心理监测和预警机制等措施。在恐怖主义危机的应急处置与救援阶段,我国的不足之处在于:过分倚重政府救援、信息发布与传递不透明、处置部门缺乏统一和协调、缺乏恐怖主义危机现场处置经验等。为解决上述问题，我们应当采取探寻危机产生的根源、视情对相关地区进行管制或局部戒严、迅速开展现场处置和救援工作、全力维护事发地的社会稳定、及时缉拿恐怖分子、适时发布危机信息、动员全社会积极参与等措施。在恐怖主义危机的恢复与重建阶段，我国的不足之处在于：危机事后学习能力不足、对相关人员事后责任追究制度流于形式、对公众心理问题的诊疗缺乏组织和协调、灾后重建过分依赖国家扶持等。为解决上述问题，我们应当采取做好危机后的恢复与重建工作、做好社会心理的救治工作、做好危机的总结和研究工作、建立和完善国家援助机制、建立规范的责任追究机制等措施。

《国际恐怖主义及其防治研究——以国际反恐公约为主要视点》（马长生、贺志军等：《国际恐怖主义及其防治研究——以国际反恐公约为主要视点》，中国政法大学出版社 2011 年版），该书论述了国际恐怖主义的概念，国际恐怖主义的演化与根源，并对包括国际司法合作在内的国际恐怖主义的防治机制进行了概括性的论述；联合国及其专门机构防治国际恐怖主义的法律机制研究；区域性国际组织及中外部分国家防治国际恐怖主义的法律机制研究，分别对欧盟、上海合作组织、美洲国家组织及南盟等区域性国际组织防治国际恐怖主义的法律机制，以及美国、英国、澳大利亚、俄罗斯和中国防治国际恐怖主义的法律机制进行了较为系统的研究。

《“独狼”式恐怖活动将长期困扰欧洲》（张健：《“独狼”式恐怖活动将长期困扰欧洲》，载《法制日报》2011－08－02），文章认为，欧洲近一段时间以来发生的恐怖事件主要呈现出以下 3 个特点。首先，“独狼”式恐怖活动更难被发现和监控。所谓“独狼”，是西方常用的一个反恐术语，指不属于某个恐怖组织，单独行动的恐怖分子。其次，欧洲法律处罚轻，不具威慑效果，导致恐怖袭击事件时有发生。目前，所有欧洲国家都已取消死刑，就是说，不管犯下多严重的罪行，在欧洲都不会被判死刑，这在一定程度上也降低了法律对恐怖分子的震慑作用。第三，欧洲社会存在孕育布雷维克式“独狼”的沃土。

文章认为，欧洲国家在打击伊斯兰恐怖主义的同时，也必须加强本土反恐，但鉴于上述种种原因，本土反恐将比国际反恐更为艰难，“独狼”式恐怖袭击也将在相当长时期内困扰欧洲。

《后拉登时代国际反恐走向何方》（周峰：《后拉登时代国际反恐走向何方——专访军事科学院军事问题专家肖石忠》，载《解放军报》2011－12－24），2011 年 5 月 1 日，“基地”组织领导人本·拉登遭美军突袭身亡，引发国际恐怖主义与反恐怖主义较量的诸多变化。展望未来，后拉登时代的国际反恐形势将呈现出一些新的变化。一是后拉登时代的国际恐怖活动将更加“碎片化”，无序的恐怖活动可能更加频繁。拉登被击毙，一时间将导致“基地”组织各分支各自为政的乱象。二是本土反恐渐成各国重点。近年来，美国本土极端分子频繁发动未遂恐怖袭击，美国本土遭受恐怖袭击的危险急剧上升。奥巴马政府将根据新反恐战略把反恐重点由全球转移至美国本土，首次把美国本土作为反恐的主战场和“反恐工作重点针对的主要地区”。“本土化”恐怖袭击的做法，也引起了各国的普遍重视。随着恐怖主义向欧洲的渗透、蔓延和扩展，欧洲各国也将加大本土反恐力度。三是未来国际反恐面临多重挑战：对恐怖主义的概念和恐怖主义组织的认定标准，国际社会认识不同，分歧严重；西方大国推行霸权主义、单边主义，联合国在国际反恐斗争中的地位和权威下降，缺乏统一的、系统的全球反恐战略；一些西方国家对恐怖主义和组织采取“双重标准”，妨碍甚至破坏国际反恐合作；恐怖主义组织自身所具有的不确定、无法预料性、无疆界、无领土、无标识状态等一系列特点，使国际反恐情报信息的获取难度越来越大，国际反恐斗争难以切实做到有的放矢。

《美国新版〈国家反恐怖战略〉的变与不变》（王晓彬：《美国新版〈国家反恐怖战略〉的变与不变》，载《外国军事学术》2011 年第 8 期），2011 年 6 月 28 日，美国政府公布的新版《国家反恐战略报告》在多方面进行修改和调整的同时，也保持了美国国家安全战略思想和反恐战略的连续性和继承性。美国反恐战略的 4 个变化：反恐主战场由全球转向本土、主要防范对象由境外恐怖势力转向内外恐怖分子并重、反恐行动方式由大规模地面战争转向特种作战模式、反恐手段由依靠硬打击转向软硬复合应对。美国反恐战略的3个不变：反恐终极战略目标没有改变、彻底消灭“基地”组织的反恐任务没有改变、对国际反恐合作的依赖没有改变。

《解读美国新版〈国家反恐战略报告〉》（王振星:《解读美国新版〈国家反恐战略报告〉》，载《外国军事学术》2011年第8期），美国颁布的新版《国家反恐战略报告》是继2003年和2006年发布的第三部国家反恐战略，是对前两部战略的继承与深化。“战略”将对美国“后拉登时代”的反恐行动具有重要的指导意义，将对未来一段时期的美国反恐政策和国际反恐形势产生重大影响。“战略”明确指出，美国反恐主要打击对象是由“基地”组织及其分支、拥护者组成的集团和个人。其中“分支”是指追随“基地”组织的集团。这些分支遍布世界各地，包括中东、东非、西北非、中亚和东南亚地区，接受“基地”组织核心领导层直接或间接领导。此外，美国反恐对象还包括真主党、哈马斯（巴勒斯坦伊斯兰抵抗运动）、哥伦比亚革命武装部队等非“基地”组织的恐怖势力，它严重损害美国外交政策、威胁美国及盟友利益。

“战略”制定了反恐的8项总体目标：一是保护美国人民、国土和国家利益，二是瓦解、削弱和击败“基地”组织及其分支和拥护者，三是阻止恐怖主义分子发展、获取和使用大规模毁伤性武器，四是捣毁恐怖分子庇护所，五是建立持久的反恐伙伴关系和能力，六是削弱“基地”组织、分支和拥护者之间的联系，七是消除“基地”组织的暴力极端主义理念和影响力，八是阻止恐怖主义分子获取赋能手段。

同时，长期的反恐作战实践使美军认识到，单靠抓捕和击毙恐怖分子难以赢得反恐战争的胜利，实现美国的最终目标，必须要消灭恐怖主义思想文化和精神，为此，必须向恐怖分子发动舆论战、心理战和法律战。

《网络恐怖主义的处置机制研究》（刘启刚、刘冲：《网络恐怖主义的处置机制研究》,载《贵州警官职业学院学报》2011 年第 1 期),网络恐怖主义是网络和恐怖主义相结合的产物,是恐怖主义在信息社会背景下的一个新的发展趋向。网络恐怖主义主要表现为网络恐怖破坏战、网络恐怖宣传战、网络恐怖心理战和网络恐怖协作战 4 种类型。网络恐怖主义与传统恐怖主义本质是相同的,但具有更强的智能性、隐蔽性和破坏性。为有效应对网络恐怖主义,要重点做好相关立法、情报收集、技术提升和加强协作等几方面的工作。

二、反暴乱

《旅战斗队阿富汗反暴乱行动的教训》([美]约翰·斯皮泽:《旅战斗队阿富汗反暴乱行动的教训》,载《外国军事学术》2011 年第 8 期),文章是曾任阿富汗第 3 旅战斗队指挥官约翰·斯皮泽(美),对所属杜克特遣部队的反暴乱行动经验的总结。主要有 6 点经验。一是应使阿富汗人民树立信心和坚定信念。阿富汗人民需要树立这样的信心,即他们的未来将会更美好。这样可使阿富汗民众充满希望,进而弱化对暴乱的支持。使当地人民树立信心与坚定信念为工作重心的行动,不同于以赢得民心为工作重心的行动,它强调的是阿富汗人民对其未来和政府的感受。这种工作的要旨是维护好阿富汗政府与人民的关系,而不是与联军的关系。二是应提高阿富汗安全部队的战斗力。旅战斗队应当设立与阿富汗伙伴部队有关的独立工作组,并围绕阿富汗伙伴部队的发展采取相应的行动。各旅战斗队在各自作战地域内,要创造性地培训阿富汗武装警察、边防警察和国防军。实践表明,旅战斗队的确能在加强阿富汗安全部队建设方面,发挥重要作用。三是部队应克制。每个士兵都必须理解克制这一概念。为了确保我们的行动在阿富汗、美国和世界人民心目中的合法性,提高士兵的克制能力,是我们必须通过训练完成的一项重要任务。四是确保行动的协调一致。保持行动的协调一致性,是阿富汗战场所需的一项重要的领导技能。各级指挥官及其参谋人员,尤其是旅战斗队指挥官及其参谋人员,要与不同的政府或非政府的组织、部门打交道，确保行动的协调一致。五是行动要有连续性。旅战斗队与其后任轮换部队之间，保持作战行动的连续性，是极其有益的。为此，我们要重点把握以下几点：一是在何时、何处实施作战行动，把敌人从民众中分离出来；二是提高阿富汗安全部队的战斗力；三是利用《指挥官紧急救济计划》基金，迅速启动经济项目，促进安全行动，创造就业机会，修建公路与学校；四是协助并与阿富汗地方政府合作；五是应注重对战场的巡查。

《身在塔基营：我的反暴乱亲身体验》（[美]瑟姆·费尔：《身在塔基营：我的反暴乱亲身体验》，载美国《军事评论》杂志 2011 年 9～10 月号），作者认为美军在塔基营反暴乱行动取得成功的经验主要有 3 条。一是实施保护和控制，将在押人员中激进分子和温和主义者进行隔离，防止温和主义者被伤害；为有效管理在押人员，减少暴乱事件发生，美军分别采取了单级别审查方式和双级别审查方式。单级别审查系统运用的方法很简单，就是记录在押人员的行为事件和情报报告或其他表现出极端意识形态的迹象，为其打分。在押人员得分越高其级别越高，从而受到监视管理的级别也就越高。但是，该系统的不足在于不能把激进分子领导人和他们的追随者区分开来，把他们都划到了监视管理级别高的人员行列。二是改进审查程序，采用“双级别”系统对在押人员进行审查，把激进分子领导人和其追随者分离开；双级别审查系统针对单级别系统的不足进行了改进，该系统把在押人员的得分分成两类，分别是行为得分和意识形态得分。新等级系统最重要的特色是区分了激进分子领导人和他们的追随者，从而使塔基营的暴力事件的数量和极端主义的影响有了大幅度下降。三是实施强有力的“反应”程序。该程序在暴力事件发生之后使用。反应程序从彻底核查所有卷入暴力事件的在押人员的背景开始。塔斯营管理人员也会和参与暴力事件的在押人员、在押人员证人和伊拉克及美国的看守人员谈话，以了解情况。当发现在押人员的极端主义迹象时，管理人员会立即对极端主义者重新分类，并把他们转移到塔基营里适合的区域关押。

《中东局势乱因何在》(俞存华、王云宪:《中东局势乱因何在》,载《外国军事学术》2011 年第 4 期),2011 年中东地区相继发生了一系列暴乱事件,随后多国政权相继倒台。暴乱的发生受多种因素制约,其中主要有 4 点原因。一是政治僵化是中东国家陷入暴乱的本质性因素。这些国家的政治僵化,普遍缺乏民主,统治者独裁,导致家族势力膨胀,腐败现象严重。在经过长期与政治自由和民主无缘之后,民众普遍希望政治上的改革,这成为该地区政局动荡的一个由头。二是经济状况不佳是中东国家陷入内乱的直接因素。阿拉伯国家均属于发展中国家,经济结构普遍比较单一,石油、天然气、旅游以及农牧业是主要的经济支柱。大多数国家的经济发展水平较低,加之政府管理僵化,人民生活水平较低,导致了暴乱的发生。三是人口发展的结构性矛盾是中东国家内乱的突出因素。据 2008 年人口数据统计,阿拉伯国家人口总数约为 3.4 亿,15 岁以下的青少年人口占到总人口的近一半,人口的快速增长远远超过了其经济发展的缓慢增长,超过了社会发展的承受力,也为社会的动荡埋下了隐患。四是西方大国干涉是中东国家内乱的外在因素。中东地区地理位置的特殊性,使其在历史上就是全球的一个火药桶,各种势力为了争夺这一地区的领导权,而使战火不断。

三、抢险救灾

《紧紧围绕主题主线加强非战争军事行动能力建设》(《紧紧围绕主题主线加强非战争军事行动能力建设》,载《解放军报》2011 -09 -07),文章列举了近年来全军各大单位在抢险救灾方面的有益做法、经验和启示。

沈阳军区关于大力提升扑救森林火灾能力的经验和做法。森林火灾诱因多种,超前预警难;区域集中,机动道路少;蔓延迅速,部队动用急;多火并燃,扑救难度大。森林火灾扑救一般由地方政府统一领导,以森警为主实施,军队处于从属配合地位,主要担负“防、查、扑、打、清、守”6 项任务。为此,在工作指导做到“三个坚持”。一是坚持快速反应，尽早处置。二是坚持集中力量，突出重点。三是坚持科学组织，确保安全。扑救行动中密切关注“三个阶段”。火灾初发直击火头，压制火势；灭火过程中打清并重，遏止复燃；大火被扑灭后严看死守，确保无火、无烟、无味。鉴于扑救森林火灾，组织指挥、协同关系和部队行动十分复杂，还重点建立了兵力动用机制、联合指挥机制、行动协同机制等“三项机制”，实现了党政军联合指挥、军警民一体联动，为夺取扑火救灾胜利奠定了坚实基础。

兰州军区关于快速组织特大山洪泥石流抢险的启示。舟曲特大山洪泥石流灾害发生后，兰州军区紧急出动部队 4462 人、民兵预备役 3525 人、直升机 6 架、车辆机械 456 台快速驰援，最大限度地挽救了受灾群众生命，降低了灾害损失。在这次救灾行动中，主要有 4 点启示：一是泥石流灾害形成的原因复杂多样，大多没有明显征兆，难监测、难预警、难防范，必须健全完善军地联合防灾预警机制，立足未雨绸缪，防患于未然，在泥石流灾害高发地区积极推进地方为主、部队参与、军地一体的泥石流灾害监测预警预防机制建设，努力形成军地信息共享、合力防灾避险的良好局面；二是泥石流灾害的发生前兆性过程极短，事发突然，来势凶猛，威力巨大，受困人员生存的时限短，48 小时后生还概率小，必须快速掌握情况，快速定下决心，快速下达命令，快速机动到位，快速展开救援；三是泥石流灾害破坏性强、灾损严重，必须站在战略高度，全局谋划部署，把讲政治、顾大局放在首位，从维护人民利益和社会稳定和谐的全局出发，筹划组织救援行动，调集各类资源和技术力量，优先使用陆航、舟桥、工兵、防化和医疗等专业救援力量，迅速达成救灾效果；四是泥石流往往发生在沟谷地区，与洪水、滑坡、崩塌相伴而生，形成共生共长的灾害群，给救援工作带来极大困难，必须着眼任务需求，高效组织实施。必须果断科学决策，加强协调控制，高效实施救援；在地方党委政府的统一领导下，联合决策、联合指挥、联合行动、联合保障，形成救援整体合力。

南京军区关于持续抓好抗洪抢险能力建设的做法。随着全球气候条件不断恶化，极端天气增多，防汛形势严峻。军区部队参加抗洪抢险行动的主要做法有以下 4 点。一是坚持大事大抓，靠前指挥；预案为先，机制保证。军区党委把抢险救灾工作列入重要议事日程，成立了由主要领导任组长的处置突发事件领导小组；团以上部队建立处置突发事件应急指挥机构。在军地之间建立属地联合救灾指挥机构，各部队按预案和任务指令编入其中；军区机关与长江、淮河、太湖流域防汛抗旱总指挥部建立了热线联系和定期通报制度，确保救灾准备和行动统一高效。二是坚持建强队伍，注重提升能力。在沿江沿湖建立了 8 支抗洪抢险、防抗台风应急专业队伍和 16 支空中紧急运输、应急机动通信、医疗防疫救援等专业力量，聘请军地 48 名专家成立通信、工程、爆破、水利、医疗等 10 个专家组，初步构建了以民兵预备役力量为基础、以现役部队为主力、以应急专业力量为骨干、以保障力量和专家力量为支援的抗洪抢险力量体系。三是坚持科学用兵，注重高效救灾。每年汛情来临之际，军区都加强预测研判，适时收拢驻训部队，适度调整驻训地域，做好由驻训地直接投入救灾的准备；注重发挥民兵预备役力量距离近、情况熟的优势，第一时间投入抗洪救灾行动；注重把握救灾行动重心，集中使用主力于关键部位、关键时节；充分发挥工兵、舟桥、陆航等部（分）队的专业特长，在急难险重任务中重用“拳头”部队。四是坚持军地一体，注重联合保障。统合军地资源加强指挥信息保障，发挥军地优势加强专业装备保障，心系灾区群众统筹后勤保障。

广州军区科学实施雨雪冰冻救援行动做法。2008 年年初，我国南方地区发生百年一遇的低温雨雪冰冻灾害。灾情来势凶猛，波及范围大；灾害样式罕见，破坏程度大；发生时节特殊，社会影响大；多重效应叠加，应对难度大。广州军区闻灾而动，奋力抗灾。第一，始终用党中央、中央军委和胡主席决策指示号令部队。军区党委先后 4 次召开常委会，专题学习领会胡主席和军委总部的决策指示，把抗冰救灾工作作为最紧迫的政治任务，统一思想认识，紧急筹划部署，迅即展开行动。第二，坚持像组织指挥打仗一样组织指挥抗冰救灾行动。一是超前谋划、预先展开准备。二是科学决策，大规模成建制用兵。军区党委始终抓住主要矛盾和矛盾的主要方面，决定将恢复南北交通作为第一仗，首先集中力量打通京珠高速公路。三是靠前指挥，及时调控战局，各级指挥员始终在一线实时掌握灾情动态，及时调整兵力使用，全时指挥部队行动，确保了上级指示贯彻落实到行动末端。第三，充分发挥部队的中流砥柱作用勇挑重担。一是抓关键，保畅通。部队灵活采取机械压、人工铲、撒食盐等办法，分段包干，疏堵结合，轮番作业，快速恢复了南北交通大动脉。二是抓重点，保稳定。果断采取拦阻、分块、疏导、帮救等方法，在广州火车站等地向返乡旅客和群众免费提供饮食、衣物、卫生等服务，稳定了滞留群众的情绪。三是抓基础，保供电。广大官兵发扬连续作战精神，从破冰保交、维持春运秩序的战场，迅速转入电力抢修大会战，搬运器材、立杆建塔、铺设电缆，为华南电网提前恢复供电、灾区恢复重建作出了贡献。

成都军区关于打赢抗震救灾行动攻坚战的经验。西南地区是我国地震灾害最为严重的地区。仅 2008 年以来，就先后参加四川汶川、西藏当雄、云南盈江以及青海玉树等 13 次地震救援行动。主要体会有 4 点。第一，迅即应急处置，争取救援主动。地震灾害瞬间突发、破坏巨大，必须“快”字当头。一要迅速启动应急指挥。二要想方设法查明灾情。三要就近就快投入重兵。第二，坚持集中指挥，形成救援合力。重特大地震救援参战力量多、持续时间长，对部队行动的统一性、联动性提出了很高要求，必须坚持集中统一指挥，形成联合救灾的总体布势。一要健全指挥体制机制，在组织上“联”。二要统筹整合兵力，在力量上“联”。三要强化指挥协调，在行动上“联”。第三，突出科学救灾，提高救援效率。地震灾害余震不断、险象环生，必须把不惜一切代价的攻坚克难勇气和尊重客观规律的科学精神结合起来。一要以人为本，科学把握任务重心。坚持救人第一，牢牢把握应急救援、安置和重建等阶段性重心开展救援。二要点线面结合，科学拓展救援范围。确保救援不留死角、不出现真空。三要发挥优势，科学组织突击攻坚。抓住制约救灾的“瓶颈”问题，以部队特有的组织力、行动力和突击力打攻坚战，在关键时刻发挥关键作用。四要防范在先，科学消除次生灾害。第四，强化服务保障，同步跟进保持救援能力。广大官兵长时间执行任务，必须把服务保障与部队行动同步筹划、跟进实施。以强有力的政治工作激励官兵斗志，以扎实有效的综合保障确保连续作战，以严格有序的野外管理展示良好形象。

第二炮兵关于有效遂行重大工程抢险任务的经验。2008 年以来，第二炮兵组织部队先后圆满完成抗击南方雨雪冰冻灾害、汶川抗震、西南抗旱、玉树抗震和陇南抗洪等以工程抢险为重点的重大抢险救灾任务。主要做法有 3 点。第一，准确把握重大工程抢险特点规律，发挥优势科学组织部队抢险行动。灾情发生后，综合运用地理信息系统、卫星影像等手段，广泛搜集灾区地形、水文、气象等基本信息，科学判断灾情。按照“就近用兵、量情用兵、集中用兵”的原则，合理调配力量，迅即展开救援。充分发挥在工程勘察、设计、施工上的独特优势，综合运用流量控制、定量破障、围岩监测、地球物理探测等 10 多个学科专业，科学制定排险施工方案，合理组织排险行动。第二，立足构建平战一体专业力量，健全完善重大工程抢险能力体系。健全完善灵敏高效的行动指挥体系，依托联合作战值班系统建立三级应急指挥机构，初步构建了要素齐全、关系顺畅的应急指挥体系。健全完善科学管用的应急预案体系，基本形成“横向到边、纵向到底、军地衔接”的应急预案体系。健全完善精干有效的专业力量体系，优化应急专业力量构成，充实工程抢险咨询专家队伍，架桥修路和水、电、通信等应急专业力量已初具规模。健全完善功能先进的专用装备体系，先后自主研制了交通应急抢险车、电力抢修车、工程指挥信息车等多类性能先进的工程装备，在重大工程抢险中发挥了重要作用。第三，健全完善集约高效的综合保障体系。采取立足自我、军民融合的保障方法，加强大型工程机械和特殊物资器材预置预储，有效提高了军地联合保障非战争军事行动的能力。

《对构建一体化抢险救灾作战指挥体制的思考》（龚图文、王立军:《对构建一体化抢险救灾作战指挥体制的思考》,载《国防科技》2011 年第 3 期),文章认为,构建一体化抢险救灾作战指挥体制应从以下 3 个方面入手。一是确立“两个最优”的构建指导。即:指挥层次要最优,尽量避免指挥机构重叠交叉和指挥力量活动分散;指挥流程要最优,便于信息快速流动和缩短信息流程。打破现行指挥体制束缚,建立基于信息化作战的全新指挥体制。实现指挥结构由基于指挥流程的“树状”结构向基于信息流程规律的“栅格状”结构的转变;指挥机构“四指”(前指、基指、预指、后指)模式向“一指”(一体化指挥控制机构)模式的转变;指挥机构由实体化向虚拟化的转变。二是构建“三级一体”的指挥体系。建立由“一体化联合作战指挥控制机构(联指)、作战单元指挥控制机构、作战模块指挥控制机构”为基础的“三级一体”联合指挥体制。联合指挥机构主要负责全面筹划、决策和协调抢险救灾一体化联合作战行动。作战单元指挥控制机构主要负责筹划、决策和协调某军种具体作战行动。作战模块指挥控制机构主要负责指挥一线作战行动及协同。“三级指挥控制机构”隶属关系明确,职责权限分明,纵横贯通,互为作用,实现了指挥结构的扁平化,指挥层次最优化,确保了信息实效性,避免了指挥机构的重叠交叉和指挥力量、指挥活动的分散割离,便于发挥指挥体制整体效益。三是搭建军民一体的信息共享平台。信息资源共享是抢险救灾一体化联合作战指挥的基础和前提。传统的信息体系力量单薄、机构分散,各级信息实体只负责保障本级,难以满足抢险救灾联合作战指挥对情报信息共享的要求。为此,一要改革信息保障体制。由联合指挥机构对侦察力量统一部署,统一组网,使信息侦测范围覆盖整个灾区,最大限度地发挥信息系统的整体效能。二要建立信息处理中心。运用以计算机为核心的信息处理技术和数据融合技术,集中整理所获信息,统一信息平台,为多级用户提供信息服务。三要建立指挥决策中心。为提高指挥决策的效率,指挥决策必须要由传统的“情况判断—定下决心—作出处置”的程序向“直接享受信息成果—定下决心—作出处置”程序的转变,把决策与信息处理分开,建立精干、轻便、集成的指挥决策中心。

《外军抢险救援新特点》(倪文鑫:《外军抢险救援新特点》,载《解放军报》2011－04－14),2011 年,日本发生强烈地震后,日本自卫队出动 10 万人实施救援,美军派出 2 个航母大队,并从韩国、日本及夏威夷等基地出动大量飞机舰船参与行动。此次联合行动折射出外军抢险救援的一些新特点。一是多维空间掌控信息。此次行动中,日美军十分注重从陆海空乃至太空等多维空间掌控实时信息,不仅监控了次生灾害的发生,也为制订救援计划、调整救援部署、展开救援行动提供了较为准确及时的信息支持。二是首选立体超越投送。地震及其引发的海啸和山体滑坡等灾害,严重影响陆地和海上投送能力。日自卫队直升机、巡逻机和美军航母舰载机由于可以远距离、大范围快速投送人员和物资,成为救灾的主要力量。这种立体投送模式,确保了救灾兵力与物资的及时到位和迅速展开,备受世人关注。三是注重聚合救援力量。此次救援行动中,日美军将行动指挥权集中于日本"紧急灾害对策本部"。同时,日美军还通过指挥协同,将陆、海、空、警、预备役、医疗、卫生等力量和国际救援力量整合在一起,组织救援速度较快,特别是舰船、飞机与陆上力量协同一致,整体联动检测核泄漏,效果比较明显。日美军这种快速构建指挥体系、实施精确指挥协同的做法,是实现救援力量有效聚合的关键。四是突出多元后装保障。日美军平时十分注重满足救援对象各种紧急需求的多元化保障能力建设。如日军将破拆与搜救工具分级配备到连排班,步兵连队平时就有满足不同需求的救灾装备器材;美军赴日救援舰队中,不仅可将航母作为灾民的临时安置所,还配备了医疗救护船、油料供给船、物资供应船等多种保障船只,能同时提供医疗、供给、救援、通信等多样化的保障,大大提高了救援行动的效率。

《美军两次海外救灾行动及其特点》(李波:《美军两次海外救灾行动及其特点》,载《外国军事学术》2011 年第 7 期),文章指出,在印度洋海啸和海地地震两次救灾行动中,美军行动特点体现在 5 个方面。一是反应迅速,指挥机构完善。两次救灾,美军都在第一时间作出反应,并迅速建立了较为完善的指挥机构,不仅对参加救援的美军部队实施统一指挥,还扩展为多国、跨部门的指挥机构,为统一、协调整个国际救援行动作出了贡献。二是加强侦察与灾情评估并全程监控。美军认为只有通过及时准确的灾情评估,才能确定合适数量和专业对口的救援队伍实施有效救援。三是动用精锐,发挥技术装备优势。两次海外救援,美军都动用了航母和大型两栖作战舰只,这些大型作战舰艇在濒海地区救灾中发挥了巨大作用,成为未来救灾主要的平台或基地。四是多方协作,依法施救。美军认为,援助行动应从战略高度统一策划,统一使用国家军事、非军事等多部门或组织的力量,跨部门协调是援助力量部署和使用的有效原则。在救灾部队中,下发了各种指挥官手册,便于指挥官和部队参考掌握。如《海军行动法律手册》、空军《作战法手册》、《地面战法律》,这些手册为依法施救提供了指导。五是注重在行动中树立军队形象。两次救灾行动发生于美军深陷阿富汗、伊拉克两个"战争泥潭"的同时,美军在国际社会形象不佳,美军把救灾行动作为树立自身良好形象的时机,特别重视借机改善形象,极力打造成救世主的形象。

《浅析日本自卫队"3.11"地震救援行动》(李照耀、杨理堃:《浅析日本自卫队"3.11"地震救援行动》,载《外国军事学术》2011 年第 7 期),文章认为,日本自卫队此次救灾行动中表现出反应迅速、机动性强、协同好等特点,但也暴露出应对复合型灾害能力不足和执行非战争军事行动能力欠缺等缺点。日本自卫队的不足启示我们:一是在当今环境恶化、灾害频发的情况下,完成灾难救援等非战争军事行动已成为各国军队的一项主要任务,但除了完备的应急机制,军队平时应加强相关课目训练,注重提高应急能力;二是当前频发的自然灾害易引发"连锁反应",导致一系列次生灾害,军队应注重提高应对复合型灾害的能力,尤其是大规模复合型灾害的能力;三是地震、海啸等灾害往往导致交通、通信严重毁坏,地面人员、装备等很难深入灾区开展救援,直升机在救援行动中发挥着关键作用,应着力发展诸如陆军航空兵等以直升机为主要装备的部队并加强救援演练。当前，军队执行非战争军事行动和非常规作战任务的需求较以前大大增加，这是各国军队面临的新课题、新挑战。因此，除了进行作战训练外，也应重视提升军队执行非战争军事行动的能力，加强抢险救援、处置突发事件等方面的能力。此外，核安全问题日益突出，涉及核事故处理的“三防”训练应成为训练重点。

《印度在社会抗灾中军事救援的借鉴和启示》(管严:《印度在社会抗灾中军事救援的借鉴和启示》，载《外国军事学术》2011 年第 7 期)，印度是世界上飓风、旱灾、洪灾、地震、雪崩和海啸等自然灾害频发的国家之一。印度军队在参与抢险救灾行动方面积累了丰富的经验。一是统一指挥部署，全面制定作战方案。在灾难发生后，印军在第一时间成立负责协调抢险救灾非军事行动的指挥机构。这些指挥机构的迅速成立和有效运作，最大程度地协调了各种救灾资源，合理调配了救灾力量，及时迅速地调动军队参与抢险救灾行动，为抢险救灾工作的圆满完成奠定了坚实的基础。二是加强协同作战，重视发挥空军力量。在历次抢险救灾非军事行动中，印军积极调动三军力量和准军事部队力量，按照三军一体、军地一体、集中统一的原则，重视协同作战。由于灾难的破坏性较大，灾区地形复杂，通往灾区的道路大部分在灾害中被损毁，印军积极发挥空军在运输救援物资、医疗队伍，及运送伤员方面的优势。三是调整战略重点，及时投入灾后重建。除此之外，印军在平时还重视对军队参与抢险救灾行动的军事训练。在训练内容上，印军在有针对性地强化未来作战训练内容的同时，增加了应付国内突发事件、保持局部地区和平以及抢险救灾等方面的内容，使部队具备遂行多种复杂任务的能力。同时，印军加强与外军在灾难救援方面的合作，以共同提高灾难管理能力。印军抢险救灾行动的启示有 3 点。一是加强应急通信建设，确保反应速度。只有建立完善的应急通信设施，才能确保灾区与指挥部之间的通讯联系，确保军队及时掌握信息，正确高效地实施救灾行动。二是强化战略投送能力，以海空投送为主。速度是现代战争中的关键制胜因素。非战争军事行动，特别是灾难救援，更强调了速度的重要性。印军在战略投送方面拥有的较为先进的理念，他们已经逐步将投送重点从陆路运输转移到海空投送为主。三是发挥民兵力量，实现救灾本地化。印军的救灾理念中有一条非常值得重视，即在人力配置上，优先考虑动员准军事力量，如民防、准军事部队、中央警察组织、国民学兵团、侦察部队等来承担灾难管理任务。发挥规模庞大的准军事力量参与抗震救灾，能够实现救灾本地化，快速高效地进行救灾行动。

四、维护权益

《战略边疆与中国和平发展》（陈迎春:《战略边疆与中国和平发展》，载《太平洋学报》2011 年第 3 期），文章认为，改革开放以来，中国经济迅速发展，不断融入国际社会，中国国际影响力不断投射到周边和东亚地区，国家发展和安全利益日益超越周边范围，超出传统的领土、领海、领空范围，并逐渐延伸和拓展到其他地区，形成一个与国家利益分布式发展紧密相关的战略疆域。维护海外利益，保护新边疆，需要包括军事手段在内的综合手段。为此，我们应基于自身实力，坚持地区性和有限性原则；奉行多边主义和合作主义的政策。中国所追求的战略边疆，应该而且能够走上一条与历史上所有强权政治和霸权主义截然不同的道路，即在维护海外合法利益的同时，始终坚持尊重其他相关国家的主权与领土完整，始终坚持尊重其他相关国家的合法权益，把中国的和平发展与国际政治的总体进步结合起来。

《网络电磁空间防御作战能力需求分析》（芮平亮、王芳:《网络电磁空间防御作战能力需求分析》，载《信息指挥系统与技术》2011 年第 2 期），文章以网络电磁空间防御为背景，运用美军联合能力集成开发系统（JCIDS）作战能力需求分析方法，对网络电磁空间防御作战能力需求进行了探索性分析与研究，提出了防护网络电磁空间信息与信息系统，网络电磁空间防御指挥控制，网络电磁空间人员组织、训练与装备，测试与采办信息系统等是网络电磁空间防御的四大任务,对网络电磁空间作战,维护网络电磁权益大有帮助。

《中国国家安全战略须配合“走出去”国策》(《中国国家安全战略须配合“走出去”国策》,载新加坡《联合早报》2011－04－07),文章针对中国国家利益已经遍布海外的现实,就如何在保护海外利益方面进行战略规划的问题进行了探讨。一方面强调中国国家安全的内涵已经大大拓展,必须进行适应维护新的国家安全需求的战略统筹,另一方面,强调中国不能走西方炮舰政策老路,但中国海军军舰进入印度洋是必要的。

《美国七大能力独霸太空》(方瑜、杜科:《美国七大能力独霸太空》,载《知识博览报》2011－06－13),文章介绍了美国正在打造太空快速进入、太空机动、太空态势感知、太空进攻、太空防御、支地作战、对地作战等七大能力,以求独霸太空。一方面反映了太空军事化形势严峻,另一方面也反映了获取和保护太空权益的前沿军事动态。

《中国海外利益管理新视角》(苏长河:《中国海外利益管理新视角》,载《探索与争鸣》2011年第8期),文章探讨了中国海外利益管理问题,深化了对海外利益管理中“不干涉内政、不结盟、不首先使用武力、不附加援助条件”等“四不”原则的认识。怎么处理好维权与干涉、了解别国内政和干涉别国内政、预防性阻止和直接武装干涉、授权干涉行为恰当中止与防止干涉行为扩大、解决国际公害问题与内政的独立性等之间的关系,是摆在国际社会面前的现实和理论问题,中国也不能回避这些问题,需要未雨绸缪。我们绝不能脱离“不干涉内政”原则的大前提,同时继续坚持“不结盟、不首先使用武力、不附加援助条件”的原则,否则别人会怀疑中国在国际社会“不称霸”的信用。但坚持这些刚性“不”的原则,并不是说不作为,“不干涉内政”不意味着不研究别国国情,不了解别国民情;“不使用武力”不意味着忽视国防建设;“不结盟”不意味着不经营伙伴关系;“不附加条件”不意味着对外援助不审计、不监管,不帮助别国自主发展。中国只有在海外利益发展和保护上实践出一条共同发展、互利共生的新路,才会对国际社会作出理论上的贡献。

《建立海外利益保护常态机制》（许凯：《建立海外利益保护常态机制》，载《国际金融报》2011－03－09），文章指出，建立海外利益保护常态机制，首先，要从国家战略层面着力，逐渐改变过于重视国内利益而轻视海外利益的状况，把如何保护海外利益作为重要的课题进行研究，着手制定具有国际性、全局性和预见性的全球战略。其次，把当前应急措施常态化。建议授权相关机构或部门，作为常设机构监控日常动态和突发状况，以做到突发事件发生时能及时应对且有能力应对。再次，要本着公平合理的原则，从程序上完善海外利益的保护。比如类似海外撤侨等突发事件的处置，国家应制定合理明晰的处置程序，便于企业和海外华人华侨及中国公民遵照执行。

《关于中国海外利益保护的战略思考》（唐昊：《关于中国海外利益保护的战略思考》，载《现代国际关系》2011年第6期），文章就如何保护中国海外利益提出了建设性对策。一是加强国际机制建设。着力参与设计和维护一整套国际规则、制度和行为规范，通过全球机制的建立来维护自身海外利益。二是重视国家关系建设。中国若想对海外利益实行更有效、更大范围的保护，联盟体系的支持必不可少。在联盟体系建立的过程中，对战略伙伴的选择至关重要。中国需要从长远战略利益出发，设定交往准则和交往对象的标准，建立对自身有利的利益共同体。三是加强企业能力建设。在一个高度开放的竞争性市场中，企业的实力和能力是海外商业利益拓展的关键。四是加强国家能力建设。中国海外利益的管理能力亟待加强，制定统一的海外利益保护的政府行动框架，如撤离公民的标准，撤离的程序，建立、健全境外投资管理制度等等。五是重视国家形象建设。真正的国家形象建设，不是对外公关，而是保护自己公民的权益、改善政府与公民之间的关系。

《从维基解密看加强我国信息安全体系建设》（颜圣哲：《从维基解密看加强我国信息安全体系建设》，载《信息技术》2011年第5期），文章认为，军队信息安全体系主要由6个分体系构成。一是多级安全制度体系。健全网络安全机构、建立网络防护机制、完善信息保密制度、修改信息安全法律和法规。二是多级管理策略体系。首先要坚持统一领导,形成一个领导管理机构,主管整个信息安全。其次要坚持团结协作,组成行政系统、专家系统和技术支持系统。再次是坚持持久发展,信息技术的发展日新月异,信息安全的任务也需要动态跟踪。三是多级安全技术体系。加强信息安全技术的发展,继续加大科技含量,如防火墙等信息防护技术,在庞大而复杂的信息安全技术中,关键技术特别是核心技术将起到决定作用。四是多级安全人才体系。要大胆启用、重用开拓型军事人才,特别是开拓型军事领导人才,使军队信息化建设不断在开拓中前进、在创新中发展。五是多级教育培训体系。首先要提高军事人才信息安全素质,使军事人才获得应对信息安全战争等方面所应具备的修养与能力。其次要推进教育手段的现代化。再次提供信息安全岗位培养环境。六是多级组织文化体系。技术手段“硬摧毁”所产生的震慑效应是一时的,而文化攻心“软杀伤”所产生的“同化”效应,则是久远的。此外,军队信息安全还需要军队决策者具备开拓创新精神,并需要其他部门密切配合、相互协作,构建起中国军队的信息安全体系,有效维护国家信息安全。

《国家安全战略筹划呼唤维权和维稳相统一》(高倚天:《国家安全战略筹划呼唤维权和维稳相统一》,载《世界知识》2011 年第 16 期),文章认为,处理好维稳与维权的关系,需要有高超的国家安全战略筹划技巧。主要做法有 3 点。第一,要避免走两个极端。一个极端是为了维稳而一味求稳,将维稳理解成在所有方面保持绝对稳定。另一个极端是为了维权而轻言动武。在对军事力量的“用”和“不用”之间,还存在一条“潜在运用”的方式,要通过积极的战略布势、全局的战略平衡,建立起雄厚的战略支撑,迫使对手知难而退,采取这种方式更符合当前安全局势的变化。第二,要注意多方面配合。首先是外交和军事部门的有力配合,加强二者之间的协调。其次是政经手段配合,将经济与安全联系起来,以经济手段来促进安全合作或抑制安全上的冲突,对于侵犯中国权益的国家首先在经济上进行还击,打到其“痛处”。还要注意不同战略方向的相互支持以及军民之间的密切配合。第三,在国际舆论和战略设计方面。在国际舆论上,对外要讲清楚中国“走和平发展道路”的完整含义,但和平发展绝不排除为捍卫自身正当权益而进行自卫反击,中国绝不会以国家利益、国家安全和战略空间为代价换取“和谐周边”与“和谐海洋”。认为中国着力于维稳便在维权上束手无策,或者主动放弃国家权利,是打错了算盘。在战略设计上,必须要依赖国内外诸多因素的复杂平衡与互动,积极寻求更为平衡的安全战略对策,努力获取战略主动权。

《解决南中国海僵局需要新思维》(汪铮:《解决南中国海僵局需要新思维》,载《联合早报》2011－07－14),文章就解决南中国海僵局,提出了4个观点:一是岛礁争夺不是重点,二是油气资源的开采和成本才是重点,三是南沙海域划界不可能有共识,四是和平解决是唯一出路,进而建议各方在虚化主权和淡化岛屿归属的基础上达成阶段性经济协议,使南海成为“友谊之海、合作之海”。该文对中国维护南海权益的战略选择提供了借鉴。

五、安保警戒

《世博会安保任务部队卫勤保障的做法和体会》(冯斌、陈居浩:《世博会安保任务部队卫勤保障的做法和体会》,载《武警医学》2011年第4期),该文章指出,世博会安保任务部队组织卫勤保障准备充分,多法并举有力地保障了会展期间的园区安全和社会稳定。由于世博会期间天气持续高温、雷暴台风多,官兵安保任务重、执勤时间长、体能消耗大,诸多不利因素都对任务部队卫勤保障工作提出了新的要求和挑战。各级卫勤机构紧紧围绕上海世博会安保任务的总体部署和要求,认真研究探索,不断完善方案,强化保障体系,确保勤务顺利安全有效。卫勤保障的主要做法有:一是建立警地联合卫生保障系统,二是发挥部队医院保障的主导作用,三是建强参战支队一线骨干力量。最后,文章还提到了做好卫勤保障工作的几点体会:一是加强任务研究是前提条件,二是完善警地协同是重要环节,三是坚持防治结合是根本方法,四是落实快速救治是关键步骤。

《上海世博会安保活动实践对做好非战争军事行动群众工作思考与启示》(皋军、怀前进:《上海世博会安保活动实践对做好非战争军事行动群众工作思考与启示》,载《中国军队政治工作》2011 年第2 期),文章总结出了上海世博会安保活动实践对做好非战争军事行动群众工作的4 点启示,即:一是做好非战争军事行动群众工作,必须用党中央、中央军委和胡锦涛主席的决策部署来统一思想,在大力弘扬守纪爱民优良传统、树立文明威武之师良好形象上下工夫;二是在尊重和依靠地方党委、政府和人民群众,形成军民同心强大合力上求作为;三是在畅通军地沟通渠道、营造团结和谐环境上见成效;四是在汲取地方丰富政治营养、促进部队全面建设上谋发展。

《把握任务特点激发战斗精神——做好世博安保政治工作的体会》(许联:《把握任务特点激发战斗精神——做好世博安保政治工作的体会》,载《军队政工理论研究》2011 年第 12 期),文章总结了做好世博安保政治工作的体会,并将做好世博安保政治工作形象地比喻为打好 4 张牌,即:世博安保任务标准高、要求严,必须坚持打好"认识牌",在持续强化官兵的政治意识和大局观念上下工夫;世博安保任务跨度长、负荷重,必须坚持打好"心理牌",在常态保持官兵的健康心理和良好情绪上下工夫;世博安保任务矛盾大、困难多,必须坚持打好"情感牌",在不断强化官兵的归属感和认同感上下工夫;世博安保任务荣誉高、责任重,必须坚持打好"奖惩牌",在大力激发官兵的荣辱感和进取心上下工夫。

《紧紧围绕主题主线加强非战争军事行动能力建设》(《紧紧围绕主题主线加强非战争军事行动能力建设》,载《解放军报》2011 - 09 - 07),文中介绍了北京军区组织重大活动安保行动的有益经验。主要有:重大活动安保事关国家工作大局,必须领会意图理解任务,实施正确工作指导;重大活动安保面临多种安全威胁,必须全面防范，构建“大安保”防范体系；重大活动安保各类情况事发突然，必须快速反应有效处置，提高应急行动能力；重大活动安保指挥协调保障复杂，必须军地一体加强融合，完善整体联动机制。

《在北京奥运、国庆60周年庆典、上海世博、广州亚运等重大活动安保中创新理念，完善机制，提升能力和水平千锤百炼铸金盾——大型活动安保推动公安工作迈上新台阶》（苏宁、裴智勇：《在北京奥运、国庆60周年庆典、上海世博、广州亚运等重大活动安保中创新理念，完善机制，提升能力和水平千锤百炼铸金盾——大型活动安保推动公安工作迈上新台阶》，载《人民日报》2011－05－21），该文章对中国几次重大活动的安保工作进行了系统的梳理，认为成功的经验在于3点。一是整合资源，全国一盘棋。北京奥运会、上海世博会、广州亚运会，让世界见证了中国独有的政治和体制优势。正是在这些大型活动安保中，中国警方锤炼和积累了具有中国特色的工作理念和机制。一个覆盖全国、辐射全警、联动有关部门、整合社会资源的警务合作机制基本形成，成为公安机关战斗力增强的新增长点。二是整体防控，科学用警。在开放、动态、多元的信息化社会环境下，公安机关在大型活动安保中整体防控和精确打击相结合，改变了过去那种运动式、驱赶式的整治和目标不明确的打击，效率大大提高。三是服务大局，人性执法。通过理性、平和、文明、规范执法，来提升公安机关应对各种风险和挑战的能力。

《成功在于安保精彩在于组织》（王涛：《成功在于安保精彩在于组织》，载《西安日报》2011－11－22），文中系统地总结了2011年西安世界园艺博览会中安保工作的10条成功经验：一是未雨绸缪早动员，确保“平安世园”；二是建立严密组织机构，明确分工密切配合；三是构建安保“三道防线”，实施全时域防卫；四是领导高度重视，各级齐心协力；五是做好小事成就大事，细节决定成败；六是加班加点顶压力，创造欢快气氛；七是直升机巡逻艇，立体化防控；八是贴身“保镖”，守卫国宝安全；九是指挥部全员上岗，应对超大客流；十是放弃个人事务，秉承奉献精神。

六、国际维和

《2011挑战论坛研讨会[①]总结报告》，此次研讨会的主题涵盖了和平行动的诸多问题，例如：多方位维和行动面临的挑战，联合国维持和平行动特派团领导注意事项及如何合理把握维持和平与建设和平关系，维持和平行动伙伴关系的进展与展望，保护平民以及在挑战论坛里涉及的维和警察面临的机遇和挑战等问题。

研讨会认为，当前的维和行动应当更加注重加强区域组织的行动能力，并与其建立良好的伙伴关系，为维和行动注入新的动力。在关于保护平民的小组讨论中，小组成员指出，在2010挑战论坛报告有关保护平民的相关讨论结果基础上，未来的保护平民工作中需要更加关注资源保障、预防性部署训练和保护平民与保护责任之间的关联等问题，并且需要注重搞好军方、警察和当地力量之间的协调配合。小组讨论认为，面对日益错综复杂的保护平民问题，不能仅局限于维和行动部的有关保护平民的框架机制，要逐步在实践中不断完善，其中包括维和部队提高早期预警和形势判断能力，驻在国建立全方位的保护平民机制。展望2011年繁重的保护平民任务，小组建议保护平民特派团的相关方案计划应与总体机制相呼应，在此基础上，制定更加详尽的实施指南以确保保护平民工作顺利开展。小组讨论强调，保护平民不应限于保护平民的人身安全，更应从人道主义、人

① 联合国维和行动研究权威机构“和平行动的挑战国际论坛”（简称“挑战论坛”），是基于“挑战项目”取得进展的前提下自2006年1月由联合国维和行动主要出兵国（包括安理会五大常任理事国）的非政府的组织、机构和单位共同举办的维和行动研究平台，其主要任务是促进有关维和行动的准备、实施和评估的全球对话，提出针对性改进建议和加强维和国家之间的双边和多边维和行动经验交流和务实合作。为了给维和行动决策者、实践者和学术研究者提供一个鲜活的战略宏观层面的思考和讨论平台，挑战论坛承诺每年举行年会，并发布年度报告。“2011挑战论坛研讨会”由澳大利亚、巴基斯坦和瑞典常驻联合国代表共同主办，于2011年2月15~17日在纽约举行。

权和法律层面来开展工作。

在以维和行动伙伴关系的进展与展望为主题的分组讨论中，主管维和行动部的联合国副秘书长阿兰·勒罗伊强调，当前联合国维和人员数量居高不下，虽然联合国维和行动进入巩固期，但刚果（金）、黎巴嫩、苏丹、海地以及科特迪瓦的复杂形势表明，维和行动面临的挑战有增无减。他指出，没有参与方的系统密切配合和协作理念，维和行动的顺利实施也只能是一纸空谈。南苏丹要求联合国派驻特派团这一情况，对安理会、出兵国与其他利益攸关者的协作程度将会是一个考验。《新视野倡议》自 2009 年 7 月提出以来，一直指引着维和行动部和后勤支援部致力于建立和维持包括秘书处、安理会常任理事国、联合国大会、出兵（资）国和联合国系统之外的其他合作伙伴在内的良好伙伴关系，从而确保更加明确、高效地履行联合国的使命任务。主管后勤支援部的联合国副秘书长苏珊娜·马尔科拉强调，优质高效的后勤支援依赖于不同力量和组织的协调合作。在当前全球经济危机蔓延，联合国维和经费受限的情况下，联合国应灵活应对，努力实现维和行动少投入、多收益的目标。马尔科拉副秘书长还进一步明确了以实现全球伙伴关系为灵魂的 4 项关键原则以及当前后勤支援部 4 项重点工作。

在有关《联合国维持和平行动特派团领导注意事项》的分组讨论中，小组成员重申了“拱顶石理论”中维和行动的核心职能，即创造安全稳定环境、推进政治进程，帮助建立合法有效的管理机构、建立联合国和其他国际力量之间的合作框架。讨论认为，《联合国维持和平行动特派团领导注意事项》可以被作为从事维和工作的新手的指导手册和资深维和人员的参考读本。由于当今维和任务的复杂性和多层属性，小组讨论呼吁维和领导人员的遴选和任用应当坚持更高标准。

在关于《利用驻在国的同意和支持实现维持和平向建设和平的转变》（2011 挑战论坛研讨会:《2011 挑战论坛研讨会总结报告》，纽约，2011 年 2 月 15 ~ 17 日）的分组讨论中，集中分析了当前维和行动特派团在领导层面面临的各种艰巨挑战。讨论认为，联合国维和行动只有获得驻在国的同意支持才能获得成功,并且如果参与维和行动的各方不能同心协力,则必然导致维和行动的效果大打折扣。在分析东帝汶综合团的经验时指出,作为一名成功的联合国维和特派团的领导必须具有创新思维、非凡勇气和善言纳谏等优点,同时还强调维和特派团要与驻在国密切配合,建立相应机制,加强与利益攸关方的对话合作。

最后,在有关未来维和警察面临的机遇和挑战等问题的分组讨论中,代表们深刻分析了维和警察需要面对的5个方面的挑战:一是在对维和警察需求日益增加的形势下,联合国会员国能否派出足量的高素质维和警察将面临考验;二是维和警察承担的任务日趋复杂;三是维和行动任务如何能够吸引更多专业警察力量;四是如何平衡维和警察中的性别比例;五是如何统筹维和有关力量协力打击有组织的犯罪活动。

本次挑战论坛研讨会的成功举行得到与会各方代表的积极支持和参与,也获得联合国及国际维和理论界的高度评价,其涉及的问题及研讨的成果为当年的维和理论研究起到了抛砖引玉的作用,同时也为联合国总部维和决策层提供了有益的启示和对策建议。

《第17届国际维持和平行动训练中心协会年度会议[①]报告》(第17届国际维持和平行动训练中心协会年度会议:《第17届国际维持和平行动训练中心协会年度会议报告》,美国宾夕法尼亚州卡莱尔

① 国际维持和平训练中心协会(IAPTC),1995年由加拿大皮尔逊维持和平中心(PPC)发起,是一个开放式的维和行动研究和训练机构和平台。其职能在于促进参与联合国维和行动的国家更好地了解维和行动的目的和宗旨以及开展所有类型维持和平行动的训练方法。自成立以来,有大约90个来自世界各国不同中心、机构、组织参与该协会,中国的军警两大维和中心也成为了该协会的会员。国际维持和平训练中心协会每年举行年度会议:会议主题围绕维持和平行动的教育和培训展开,并依托该平台为成员国提供相关信息和专业化的理论指导。第17届国际维持和平行动训练中心协会年度会议于2011年11月14日~18日在宾夕法尼亚州卡莱尔维和培训中心举办。

维和培训中心,2011 年 11 月 14 ~18 日),会议的主题——不断变化的维持和平行动:有关教育、培训的挑战、要求和趋势。会议包含了两项分议题:一是挖掘未来维和教育培训的需求;二是探索维和学科领域及研究方法的发展趋势。会议强调,需建立统一的联合国维和行动培训标准,协会的会员国之间要与维和行动的利益攸关方建立良好的伙伴关系,以有效预防维和行动中问题的发生。关于今后维和行动的发展和培养维和人员所面临的挑战,会议认为,为确保维和行动在 2020 年前依然能有效维护世界和平,需要着重考虑 5 点问题:一是武力在维和行动中应扮演什么角色,二是维和行动的内涵不断扩大,三是维和组织之间建立伙伴关系的必要性,四是提升人员及装备质量以弥补维和资源不断减少的问题,五是民事人员在和平行动中作用日益明显。会议指出,在维和行动任务范围日趋扩大的今天,同时在维和经费日益缩减的情况下,只有不断提高维和人员的素质才能才是当务之急。

纽约大学国际合作中心(CIC)年度报告——《2011 全球和平行动年度回顾》(纽约大学国际合作中心:《2011 全球和平行动年度回顾》2012 -02),该报告全面分析了 2011 年联合国在世界范围内新开展的维和行动。指出由于受全球经济危机和维和战地实际情况影响,新的特派团改变了过去大规模、综合型部署的特点,尝试依靠少数或者个别地区出兵国履行监督停火职能,且颇有成效。该报告还通过分析维和行动参与人数的变化,以及维和人员的内部构成比例(包括联合国主导的和非联合国主导的维和行动)的改变,总结并分析了 2011 年联合国维和行动呈现出的特点和趋势,从而为 2012 年联合国和地区组织积极应对冲突、危机和有效开展维和行动提供准确的数据参考和决策依据。

《中国参与联合国维持和平行动的前沿问题研究》(赵磊、高心满:《中国参与联合国维持和平行动的前沿问题研究》,时事出版社 2011 年版),该书涵盖了国内外研究维和行动的权威专家重点研究中国参与联合国维和行动的前沿问题,如联合国维和区域部署、联合国与区域组织的伙伴关系建设、世界主要国家参与维和行动的比较研究，以及中国参与维和行动的国家利益分析、中国警察参与维和行动的案例分析等等。该书分析了冷战前后国际冲突的主要特征，并个案研究了冷战后非洲成为联合国维和重点地区的原因。关于联合国区域组织的伙伴关系建设，该书先回顾了联合国与区域组织伙伴关系建设的发展历程（包含了法律基础和演变历程），通过个案分别研究了联合国与部分世界区域组织的维和实践，指出了以建设伙伴性关系作为联合国与区域组织的合作目标及联合国与区域组织建设伙伴关系所面临的挑战，并阐明了中国关于联合国与区域组织伙伴关系建设的政策立场。关于中国参与联合国维和行动的国家利益分析，该书从中国参与联合国维和行动的类型、地域和要素分析入手，概括出了中国参加联合国维和行动所能实现的国家利益，总结出了中国警察参与维和行动的经验、启示及剖析了相关的行动案例。该书还针对当今美、英等西方大国以提供资金为主要方式来参与维和行动的现象，特别是在提供维和新理念的同时塑造维和模式和维和话语，即不用派遣维和人员就能实现对维和发展的控制与管理的趋势进行了剖析。对此，该书提出中国应积极地应对，并号召中国学者应加紧对复员和重返社会问题、保护的责任问题、和平支援行动问题、安全部门改革问题、强力维和问题、民事贡献问题等维和前沿问题的研究，争取在维和改革进程中贡献中国智慧与捍卫中国利益。

《联合国维和行动改革及各方回应》（《联合国维和行动改革及各方回应》，载《中国党政干部论坛》2011 年第 10 期），文章在对联合国维和行动改革背景分析的基础上，总结了维和行动改革的 3 点主要内容，即：不断完善联合国维和系统，加强“维持和平”与“建设和平”的有机结合以及在坚持原则的基础上进行维和思路、维和方法的创新。作者还阐述和分析了世界大国对于改革的基本立场和观点，并就国际社会对联合国改革的回应进行了剖析。该文章对于把握联合国改革面临的困境和难度，具有一定的参考价值。

《紧紧围绕主题主线加强非战争军事行动能力建设》（《紧紧围

绕主题主线加强非战争军事行动能力建设》，载《解放军报》2011－09－07），文中介绍了济南军区高标准高质量完成国际维和任务的主要经验和好的做法。一是坚持在党委统管中牢牢把握维和行动的正确方向。军区党委始终高度关注维和工作，及时指导部队正确处理军事行动与政治外交的关系、履行国际义务与履行我军职能使命的关系，打好政治军事仗。二是坚持在狠抓建设中提高维和官兵综合素质。注重抓好思想政治建设，强化思想政治教育，大力培育当代革命军人核心价值观，同时，狠抓制度机制建设。三是坚持在把握原则、讲究策略中维护合法权益。军区部队始终坚持维和行动“三原则”，做到符合国际惯例、符合维和行动目的、符合维和部队实际、符合官兵安全需要。四是坚持在破解难题中提高维和行动的质量效益。努力减少指挥层级，建立军区维和工作领导小组与维和部队之间的直接指挥关系，改进指挥控制手段，优化编制结构。五是在完善措施中确保维和部队安全稳定。坚持牢固树立安全发展理念，形成了集侦察预警、指挥管理、多维防护、综合保障于一体的安全防范体系。

七、国际救援

2011 年，国际社会就武装部队参与国际救援的相关问题召开了各类研讨会，举办了一系列的论坛活动，学术界对国际救援行动展开广泛研究。

主要会议有《美军人道主义活动系列研讨会》、《东盟防长扩大会人道主义救援与救灾专家工作组首次会议》、《加拿大—墨西哥人道主义行动和救灾研讨会》、《2012 加勒比海国家安全会议》、《人权和国际人道主义权利科特迪瓦安全部队成员培训研讨会》。这些会议主要分享了各国在人道主义行动和救灾方面的经验做法，就武装力量国际救援行动的原则、程序、组织实施、效率效果、相关保障等问题进行了探讨，对如何加强国际人道主义援助与救灾合作提出了意见与对策。相关理论探讨主要围绕以下几个方面展开。一是武装力量参与国际救援的时机。长期以来,军队一直被视为国际救援行动的最后诉诸手段。《灾难救援中使用外国军事和民防资产指针》(即《奥斯陆指针》)中明确提出:“只有在没有相似的民事资产并且使用军事资产可以满足重要的人道主义需求的情况下,才能请求军事资产作为最后诉诸手段参与救灾。”在 2011 年 11 月举办的东盟防长扩大会议人道主义援助与救灾专家工作组首次会议上,美国代表提出:“军队不是应对人道主义危机的首要力量,只是民事救援机构的辅助力量。”二是信息共享。信息是有效救援的前提,信息共享一直是国际社会研究的重点和建设重点。2011 年 12 月 13 ~ 14 日举办的加勒比海国家安全会议主题即定为“打击跨国有组织犯罪和协助对外人道主义援助和救灾反应地区信息共享”,会上,与会代表着重讨论加强信息共享,提高联合应对重大暴风雨和其他灾害的能力。三是国际救援行动标准操作规程。标准操作规程可以有效提高救援的效率。在 2011 年 1 月召开的西半球事务美洲间对话政策论坛上,美国国防部副部长鲍尔·斯托克顿宣布美国计划创建重大灾害后国际援助协调系统。四是武装力量参与国际救援的任务角色。一般认为,军队不适于参与重建和恢复。目前,外国军队参与国际救援行动主要负责搜救和运输援助物资。由于军队具备反应快速、运载量大等优势,军队能够相对有效地完成上述任务。2011 年 11 月,在东盟防长扩大会议人道主义援助与救灾专家工作组首次会议上,与会代表重申了外国军队参与国际救援行动通常是在灾害发生初期这一基本观点。

2011 年,国内有关报刊也刊登了一些有关国际救援行动的学术文章。以下仅摘取 3 篇有代表性的文章。

《联合国框架下的国际救援行动》(李小鹿、王大智、陈依工:《联合国框架下的国际救援行动》,载《教学研究资料》2011 年第 10 期),该文章介绍了联合国框架下的国际救援行动的原则、国际救援的机构组成、国际救援行动的主要内容以及国际救援的发展等 4 个问题。

第一,国际救援行动的主要原则有4项。一是自救为主原则。地震、风暴等引发的自然灾难具有突发性的特点,救援工作需要紧急展开。受国际惯例、国家间距离的制约影响,以及灾害对机场和港口等交通设施造成的巨大毁坏,使得国际援助难以在应急行动初期阶段到达受灾区域。受灾国及其地方社区在大多数灾害的最早应对中负有首要责任,并可发挥关键作用。二是联合救助原则。面对巨大灾难,尤其是救灾方面能力有限的受灾国,难以作出有效的应急反应,单独应对。为此,受灾国必须有效利用双边、多边合作机制,在联合国人道事务协调厅和受灾国现场协调中心的组织下,从救济、恢复到发展的灾后所有阶段,及时接受各援助国、国际非政府组织及其民间社会团体的救援力量和物资资源等紧急人道主义援助,以期最大程度地降低灾害的影响,提高国际社会联合应对灾害的能力。三是遵守规约原则。各援助国必须秉承纯人道主义的目的,以适当的方式与受灾国政府和民间社会团体进行密切合作,配合人道主义救援行动。同时,国际救援行动的全过程必须严格遵守包括国际人权法在内的国际法规约,坚持所有灾民一律平等,使穷人,特别是妇女和女童平等享用人道主义资源,尤其在医疗救治和生活设施等方面充分尊重女性的特殊需要。四是减少灾害风险原则。联合国框架下的国际救援,除继续加强灾后紧急拯救生命阶段的工作外,应更加重视防灾、备灾及灾后恢复重建工作的战略规划与实施。采取灾害风险综合管理方式,包括共同应对全球气候变化、完善区域合作机制与灾害预警系统、加强灾害风险的联合监测与分析评估、加大对易受灾国家或地区的经济援助和灾后恢复技术指导等,从而将灾害风险的程度降至最低,有效减少灾害可能造成的经济损失和人员伤亡。

第二,国际救援的机构组成。联合国框架下国际救援行动的机构分为协调机构、人员执行机构、人员和技术支持机构。联合国的人道主义救援工作实行人员负责制,为重要的负责人员配备工作队。

第三,国际救援行动的主要内容。联合国框架下国际救援行动主要包括3个方面的内容。一是灾害评估。就是确定因灾害直接或间接造成的毁坏及损失程度，灾后不同阶段的人员、经济与社区基础设施等恢复和重建需求，以及生计、教育、环境等灾害综合治理的必要性。二是救援呼吁与决策。依据灾后需求评估，当灾害造成的影响超出了受灾国家的应对能力，受灾国政府作出国际人道主义援助的呼吁请求后，联合国各救援机构在秘书长的领导下，着眼减轻灾难的不利影响，并满足受灾国中长期恢复和重建的需求，立即开展工作以协调和加强国际救援，帮助国际社会了解受灾国的救援、恢复和重建需求。敦促国际社会，特别是国际金融机构、有关国际组织、捐助国、私营部门和民间社会团体，给受灾国政府提供有效的应急支持和援助。三是救援实施。灾害发生后，首先，受灾国政府、当地社区、民间社会团体及灾民之间即刻实施自救应急行动。其次，红十字会与红新月会国际联合会等国际人道主义组织在受灾国当地的分支力量，依托预置储备的药品、帐篷等救援物资和当地对应组织的援助，提供紧急初始援助。再次，联合国系统的人道主义组织立即启动应急计划，立即部署一支灾害评估和协调工作队，以向受灾国政府和联合国系统提供需求评估方面的专门知识、信息分析和初期救济协调方面的支持和帮助，并部署人道主义国家工作队，在受灾国政府和联合国系统初期应急救援行动中的差异方面发挥应急补位与协调作用。受灾国政府或在受灾国人道主义界与人道主义协调厅帮助下发起紧急呼吁后，联合国人道主义组织在向受灾国从中央应急基金中拨付资金和提供物资援助的同时，由各人道救援机构分类进行组织协调与技术指导，各援助国参与救援的申请在获得受灾国政府批准后，紧急提供资金和物资援助，或派遣相关救援力量抵达受灾国，在联合国灾区现场协调中心的指导下，参与紧急救援阶段和早期恢复重建阶段的国际救援任务。

第四，国际救援的发展。联合国框架下国际救援的发展主要体现在以下 4 个方面。一是反应方式由因灾害而驱动向以需要为主导转变。目前的救援机制能够应对突发性灾难，但缓慢发生的灾害难以触发该机制。因此，为了更公平地满足人道主义需要，必须转向更以需要为基础的脆弱性主导应对方式。二是预警监测手段由单一向综合转变。联合国正在开发一个用于收集和分析实时数据的综合平台,以查明全球灾害的脆弱触发点。该系统将与天气和气候灾害预警系统有效地联系起来。三是加强研究城市化对国际救援行动的影响。联合国秘书长也指出,要加强研究城市化对国际救援行动的影响。海地地震灾害突显了快速城市化对救援的影响,因此,加强研究城市化对国际救援行动的影响对高效地实施救援有重要意义。四是应急救灾与可持续发展有机衔接。联合国非常重视在救援初期就开始进行"早日恢复"的规划和发展战略,强调救援行动要取得成功必须与恢复重建工作同时进行,使受灾国能早日摆脱对国际援助的依赖。

《军队国际救援行动后勤保障特点探析》(陈洁、尤春兰:《军队国际救援行动后勤保障特点探析》,载《后勤指挥学院学报》2011 年第 3 期),该文章分析了我军参加国际救援行动时,其后勤保障的 5 大特点。一是事件突发、行动突然,要求国际救援行动后勤保障预有准备、行动迅速。要制定完善的预案,一旦事件发生,救援部队受领救援任务后,应迅速根据情况修订方案,依据方案边行动、边准备、边保障。二是联系广泛、组织复杂,要求军队国际救援行动后勤保障全面协调、灵活应变。要根据形势变化和任务需求,因地制宜,因情制宜,及时调整,灵活恰当运用多种处置方法手段搞好全方位协调。既要注重上下级后勤之间和战略、战役、战术各层次后勤之间的协调一致,又要注重各军兵种后勤之间的协同配合。还要注重军队后勤与武警后勤、地方公安机关人员和政府工作人员之间的联合与协商,以及与外国救援队之间的合作交流。真正做到后勤保障上下一体、整体联动。三是环境陌生、条件恶劣,要求军队国际救援行动后勤保障专业过硬、能力全面。军队国际救援行动后勤保障供应标准复杂,筹措困难,参与救援行动的部队的规模、人员都有极为严格的限制,使后勤保障业务不可能涵盖后勤的各个业务部门,但保障设备装备种类繁多,物资、通信、运输、卫勤样样不少。这些都要求军队国际救援行动后勤保障人员必须专业素质过硬，能力全面，成为“一专多能”的复合型人才，成为供、救、运、修、管等多方面的能手和高手，保障救援任务的圆满完成。四是远离本土、任务多样，要求军队国际救援行动后勤保障独立自主，救保并行。军队在国际灾害救援行动中，既要参加行动，又要组织保障。不仅要提供医疗、运输、工程、技术和物资救援保障，还要提供资金或其他方面救援活动的保障。这就需要将救援与后勤保障职能融为一体，打造出一支“供”、“救”、“运”、“修”能力全面的后勤队伍，达到救援与保障的整体合一。五是代表国家、面对国际，要求军队国际救援行动后勤保障依法行动、树立形象。就是要在执行国际救援任务过程中，依法开展紧急救援工作，在相关法律法规的框架内实施。同时还要加强军队国际救援行动相关的法律法规建设，进一步通过立法理顺出队程序，根据国际救援需要加强针对性训练与准备，在联合国框架内增强与各国军队及民防部队的合作，提高国际救援成效，树立起负责任的大国形象。

《赴海地国际救援思想政治工作的实践与思考》（赵年辉：《赴海地国际救援思想政治工作的实践与思考》，载《政工研究文摘》2011年第2期），该文章总结了我方医疗救护队赴海地实施国际救援期间，如何抓好思想政治工作的4条经验。一是海地国际救援政治要求高，思想政治工作必须引导官兵自觉讲政治听指挥。海地战略位置重要，震后情况复杂敏感。救援期间各级始终把讲政治、顾大局放在第一位，筹划工作首先从政治上着眼思考，执行任务首先从政治上考虑影响，检查监督首先从政治上严格要求。通过组织收看新闻、浏览网页，把学习贯彻党中央、中央军委和胡主席的决策指示贯穿于完成任务全过程，为开展救援工作提供了根本遵循和科学指南。二是海地国际救援使命任务重，各级把培育战斗精神贯穿始终，着力加强根本职能、优良传统、国际人道主义和革命英雄主义教育，激励队员明知前路有艰险，越是艰险越向前。加强宣传鼓动，救援队伍战斗到哪里，鲜艳的五星红旗就飘扬在哪里，横幅标语就悬挂到哪里，嘹亮的队歌就唱响在哪里。三是海地国际救援世界影响大，思想政治工作必须引导官兵自觉树形象当代表。要搞好相关法律法规、民族宗教政策和文化习俗的学习教育，切实掌握政策规定，提高部队依法执行任务的能力，真正取得法理主动。要严格纪律监督，加大执行纪律检查力度，做到越是任务艰巨复杂，越要用铁的纪律统一步调、统一行动，确保部队一举一动都合理合法、一言一行都遵规守纪。要密切同军内外媒体的合作，强化官兵特别是指挥人员从容应对新闻媒体的素质和能力，确保新闻信息发布适时准确、真实可信、不留漏洞，确保牢牢掌握话语权、占领舆论制高点，为完成多样化任务提供强有力的舆论支持。四是海地国际救援组织指挥难，思想政治工作必须引导党员干部自觉当先锋作奉献。要加强党组织建设，紧紧抓住能力建设和先进性建设这条主线，深化“三个带头”教育和“一学四练”活动，不断提高各级领导干部领导科学发展的能力和组织指挥水平，真正成为官兵可以信赖和依靠的“主心骨”，成为遂行多样化任务的“领头雁”。

八、联合军演

《中国应多和周边搞联合军演》（李大光：《中国应多和周边搞联合军演》，载《环球时报》2011－11－23），文章认为从军事外交和维护周边安全稳定来看，中国应多与周边国家搞联合军演，原因有两条。一是通过与外军特别是周边国家举行联合军演，可以显示中国军事的透明。基于我国周边安全环境的复杂性，我们应多加强与周边国家的联合军演，让对方更多地了解中国军力和安全战略。因为中国军事力量和行动越透明，越容易打消周边的无端猜疑，少受一些别有用心国家的挑拨或借题发挥，种种有关中国军事不透明的无端指责也就不攻自破。二是中国积极与外国联合军演，既能打破某些国家的军事围堵，拓展中国的活动空间，又能起到脱敏剂的作用。联合军演作为和平时期国家关系的军事交往，既是展示“肌肉”、秀实力的表演舞台，也是一种新形势下的软较量。为应对以联合军演为表现形式的“军事牵制”，中国在军事外交上也应积极出击，打破围堵,展开上合、中国与印度尼西亚、中泰、中智等联合演训,用以打破美国蓄意进行的军事围堵。

《联合军事演习立法初探》(孙冬磊:《联合军事演习立法初探》,载《西安政治学院学报》2011 年第 5 期),文章介绍了我军联合军事演习立法涉及的具体法律问题,并探讨了我国联合军事演习立法展望等问题。联合军事演习立法涉及的具体法律问题有 5 个方面。一是对于主权国家的一般性义务。外国人进入一国国境或者在该国定居时,必须遵守该国的法律,这是公认的国际法准则。外国武装部队进入接受方举行联合军事演习,就一般性义务而言,不干涉原则是最基本的原则。二是关于出入境管理问题。参加联合军演的外国军人,入、出演习国家国境和在该国驻留,必须遵守该国的出入境管理法律。尤其是参演人员还携带武器和技术装备,更要实行严格的入出境管理。三是有关保障和提供便利问题。参加联合军演的外军人员,在入境、出境、海关检查、卫生检验检疫、税收等方面,接受方应当提供简化、便利和快捷的服务。允许携带经过事先允许的武器(含弹药)、军事装备和必需的物资,允许携带法律不禁止的个人自用物品和一定数量的外汇,优先办理海关通关手续,免除关税和各类税费等。在接受方境内期间,他们的居住、饮食、卫生、交通等应该得到必要的保障。四是关于损坏赔偿问题。要区分联合军演期间对不同客体造成的损害的处理。包括损害国有财产怎么处理,损害自然人和法人的财产怎么处理,损害第三方的财产怎么处理。要研究损害的责任形式,哪些损害可以“免责”,哪些损害可以部分“免责”,哪些损害可以完全“免责”。还要研究损害赔偿的办理程序。五是关于司法管辖问题。确定司法管辖权,必须遵循国家主权的原则。从该原则出发,国家对于其境内的一切人与物都享有属地优越权,外国人也不例外。参加联合军演的外军及其他有关人员在接受方不享有《维也纳外交关系公约》所赋予的司法管辖豁免。我国联合军事演习立法展望包括 4 个方面:一是立法主体。联合军演过程中主体部分是武装力量的军事化行动,鉴于其军事演习的“军事性”成分重于其国防建设的“行政性”成分，在立法主体上应以中央军委为主体。二是立法程序。要广泛征求意见，充分考虑国情军情，综合考虑我国联合军演的实践和相关国际条约和惯例。三是立法内容。联合军演条例文本内容可以分为总则、分则和附则三个部分。总则部分需要规定我军联合军演的基本指导思想、立法的基本原则等。分则部分需要设专章对联合军演过程中出现的各个问题作详细的规定。附则部分应当明确各大军区、军兵种可以根据本条例制定各自系统内的具体工作细则以及应当明确条例颁布和生效的时间。四是与国际条约和协定以及相关国家的关系。在联合军演立法的过程中必须要考虑国内立法与国际协定如何衔接的问题。

《上海合作组织联合军演支援保障中食品卫生保障的做法》（任立松、杨林、刘小明、唐文俊、王华、高金拽、于海波、祁向丽：《上海合作组织联合军演支援保障中食品卫生保障的做法》，载《解放军预防医学杂志》2011 年第 4 期），该文章总结了上海合作组织联合军演支援保障中食品卫生保障的 3 个特点：一是保障距离远、气候多变，参演官兵身体不适可能性增大；二是换乘换装地区环境复杂，食品卫生工作难度大；三是保障单位多，协调难度大。介绍了 3 个主要做法。一是抓住人员运输点，随时随地做好食品卫生保障。为此要做好宣传，提高官兵防病意识，并深入官兵，加强技术和常识指导，同时开展餐车食品卫生监督工作。二是依据环境特点，开展食品卫生工作。为此须开展外环境的杀消工作，并开展小环境的防蝇工作，同时加强灭鼠工作。三是狠抓食品水质监测，坚决防止病从口入。为此需坚持食品采购必须有食品监测人员在场，食品制作必须有食品卫生监督人员在场，餐饮具消毒必须在食品卫生人员的指导下完成，同时坚持对水质的不间断监测和饮用烧开的水。最后，作者又提出了 3 点体会：一是单位之间的协调是完成好保障任务的基础，二是结合实际保障是完成保障任务的关键，三是充分发挥专业人员的工作积极性是完成好保障任务的保证。

九、反海盗

《亚丁湾及索马里海域反海盗研究》(李发新:《亚丁湾及索马里海域反海盗研究》,海潮出版社 2011 年版),这是中国军队首部研究反海盗的理论专著。该书主要介绍了索马里国家和索马里海盗基本情况、索马里海盗活动现状及其特点;分析了船舶基础知识、船舶防海盗制度与措施;阐述了联合国安理会反海盗决议与有关国际公约、国际组织预防和制止海盗和武装劫船行为的主要举措;论述了索马里海盗问题联络组和信息共享与预防冲突协调组的性质、功能、运行机制和主要成果;分析了国际公约和联合国安理会决议、反海盗面临的法律问题与挑战;介绍了欧盟、中国、美国、日本、俄罗斯、印度等国(组织)反海盗基本观点及措施;深入研究了商船抗击海盗的经典案例。

《外军打击索马里海盗情况与特点分析》(黄家福:《外军打击索马里海盗情况与特点分析》,载《外国军事学术》2011 年第 5 期),文章总结了外军打击索马里海盗的 4 个主要特点:一是以预防和阻止海盗行为为主,但抓捕和打击力度不断增强;二是打击索马里海盗的规模和行动范围逐步扩大;三是国际反海盗合作逐步深入;四是行动中普遍注重舰载直升机的使用。在分析外军打击索马里海盗行动面临的困难与问题上,作者认为主要有以下 4 点:一是海盗行动狡诈,实施打击困难;二是打击索马里海盗的军事力量相对薄弱;三是国际反海盗行动尚未形成合力;四是抓捕海盗后的处理困难。

《反索马里海盗国际军事力量及其合作》(吴玮佳:《反索马里海盗国际军事力量及其合作》,载《外国军事学术》2011 年第 5 期),文章认为国际反海盗军事行动有 5 个特点:一是各国军舰重在护航而不主动出击,二是护航方式从全域伴随护航转向联合护航,三是护航主力由护卫舰、驱逐舰和综合补给舰组成,四是打击海盗行动呈现常态化并向陆上延伸,五是打击海盗任务由海上护航拓展到援助索马里组建军事力量。在论述国际反海盗军事合作需要解决的问题时,作者认为共有 5 大问题:一是联合国的主导问题,二是军事合作机制问题,三是大国作用发挥问题,四是法理依据完善问题,五是促进索马里内部合作问题。

《反海盗国际刑事法动态与我国的对策》(于阜民:《反海盗国际刑事法动态与我国的对策》,载《检察日报》2011-06-17),文中介绍了当前国际对海盗立法的有关情况,同时介绍了中国就这一问题的有关情况。作者认为,以中国的立场和视角,既要关注司法层面的现实问题,又要抓紧立法对策研究,而后者包含适时修改国内法和积极参与国际刑事立法两个方面。权宜之计是依据现行刑法适时审判海盗嫌犯。针对当前国际社会反海盗情势,作者认为,联合国安理会宜倡导修订《国际刑事法院规约》,将现代海盗犯罪纳入其管辖的核心罪行之列,以这种方式实现对海盗犯罪直接审理,同时推动联合国安理会关于设立当代海盗特别法庭的决定的实施,即追求直接审理的两种形式并行并重。

《威慑效果并不十分明显 主动攻击或致恶性循环——反海盗策略孰优孰劣》(裴广江:《威慑效果并不十分明显 主动攻击或致恶性循环——反海盗策略孰优孰劣》,载《人民日报》2011-01-25),文章认为国际社会护航舰只主要采取威慑、吓阻和护航等办法,逮捕海盗并击沉海盗船,但这些办法并没有真正减少海盗活动,这可能会导致海盗更多以人质为盾牌负隅顽抗,形成恶性循环。有些专家认为根除海盗活动的真正办法在于陆上的和平与稳定。

《必须打破国际反海盗行动的分散状态》(林东、李瞰:《必须打破国际反海盗行动的分散状态》,载《中国青年报》2011-03-18),文章认为,由于配备有先进的器材、较大型船只和更快捷的攻击艇,海盗们在海上活动的时间更长,因此目前海盗袭击范围逐渐扩大至印度洋中远海域,波及许多更远的国际航线,将对世界海运造成巨大影响。对付索马里海盗的反弹需要国际社会开展多样化治理,正像打击毒品犯罪不能仅仅打击贩毒环节一样,打击海盗不仅要在海上阻止抢劫,更要在阻止海盗武器来源、破坏其情报系统和洗钱系统上展开行动。另外,对付海盗产业还需要把多样化治理落实到成体系发展上来,对付体系化的海盗要采取体系对抗的方式。与此同时,国际社会应聚焦索马里社会治理,恢复渔业,支持教育,切实改善人民生活,以长期努力改变海盗文化土壤。另外,多国还可以联合建立亚丁湾—印度洋宽大海域预警监视网,扩大护航舰艇的控制范围。

第十一章

主要武器装备运用

2011 年,各国武装力量在遂行非战争军事行动中,主要运用了以下一些武器装备和器材。

第一节 致命武器

致命武器,是指对敌人进行杀伤打击的武器。目前,世界各国在反恐怖、平息武装叛乱等非战争军事行动中都没有专门的致命武器,基本上是从作战武器中选取和进行改造。

一、HK416 卡宾枪

2011 年 5 月 1 日,美军“海豹”第 6 小队在抓捕本·拉登行动中,HK416 卡宾枪发挥了重要作用。HK416 卡宾枪诞生于 2004 年,是专门为美军“三角洲”特种部队研制的,2007 年装备美军“海豹”突击队。该枪口径为 5.56 毫米,采用活塞短行程导气式自动方式,发射速度每分钟 700 ~ 900 发,枪身长 685.8 毫米(缩短枪托)~784.9 毫米(伸展枪托),全重为 3.3 千克。该枪最大的特点是采用了活塞式导气系统,很好地解决了火药燃气和残渣进入枪身内部导致枪支磨损的问题,从而延长了使用寿命,减少了故障发生。试验表明,该枪发射 26000 发子弹后,枪械的任何部件都没有出现任何类型的破损,且精确性几乎不降低。正是由于其卓越的技战术性能,该枪受到各国特种部队的青睐,除美军“三角洲”突击队,“海豹”突击队外,荷兰、土耳其、意大利、波兰、马来西亚等国家的特种部队都装备有 HK416 卡宾枪。

手持 HK416 卡宾枪的美军士兵

二、M24 狙击步枪武器系统

M24 狙击武器系统,包括狙击步枪、M3 望远式瞄准镜和哈里斯 S 型可拆卸两脚架等配件,被美军称为现役狙击之魂。据美国《今日美国报》网站报道,至 2011 年 3 月,美军某陆战营狙击排已经击毙敌人 185 名,其中大多数敌人是由 M24 射杀的。该枪口径为 7.62 毫米,全长 1092 毫米,枪管长 610 毫米,枪重 5.4 千克(不带瞄准镜),有效射程 800 米,初速 805 米/秒(M118 特种弹),786 米/秒(M118LR 远程弹),弹药可选 M118 特种弹或 M118LR 远程弹。该枪采用旋转后拉式枪机,闭锁可靠性好,枪体与枪机配合紧密,因而精度较好,所有金属件表面都是黑色,不反光,和枪托相匹配。枪管为不锈钢制成,可以自由转动定位。配有可卸式两脚架、新式消焰器、消声器及可安装各种瞄准镜和夜视装置的瞄准镜燕昆槽。瞄具为超级 M3 型 10 倍率望远式瞄准镜。1991 年海湾战争中,美军突击队员和特种分队曾使用该枪。为了耐受沙漠恶劣的气候,M24 改用碳纤维与玻璃纤维等材料合成的枪身枪托,可在沙漠地区高温环境中正常使用,并配有新的消焰器、消声器和各种瞄具。目前,M24 被广泛装备于部队,装备到海军陆战队、第 101 空中突击师、82 空降师和空军特别勤务部队。另外还装备到以色列国防军。

M24 狙击步枪武器系统

三、M110 半自动狙击枪系统

据报道称,M110 半自动狙击枪系统是以 M24 狙击枪"终结者"的身份出现的,该枪的主要优点是采用气吹式半自动发射,与使用手动枪机系统的 M24 相比射速更高,可确保狙击手即使在居民密集地区也能精确快速地锁定目标。因此,美军方计划从 2007 年大量装备该枪,替换 M24 狙击枪系统。

M110 半自动狙击枪系统,主要包括 M110 狙击步枪、"刘坡尔德"可调倍率的白光瞄准镜、通用夜视瞄准镜、"哈里斯"可拆卸两脚架、枪箱、携行袋、PAL 弹匣袋、枪口装置、备用的机械瞄具、8 个弹匣(10 发容量和 20 发容量的弹匣各 4 个)、M24O 机枪配用的空包弹助推器、清洁/维护工具、使用手册等,系统共重 35.5 千克。为防止被热成像仪发现,M110 半自动狙击手系统从武器到附件表面均为深土黄色,这种颜色也是美军的制式颜色。

M110 狙击步枪采用气吹式自动方式,半自动发射。全长 1029 毫米(加消声器为 1181 毫米),枪管长 508 毫米,5 条膛线,右旋,导程为 279 毫米,初速 770 米/秒,枪械寿命 10000 发,枪管寿命 6000 ~ 7000 发,空枪重 4.87 千克、使用时重 7.78 千克(含机械瞄具、瞄准镜、两脚架、20 发弹匣及弹药、消声器)。

M110 半自动狙击枪

但 M110 狙击步枪也存在一些不足,M110 狙击步枪的半自动发射系统过于复杂,反不如运动机件更少的 M24 精度高。一些装备了新式步枪的狙击手表示,为了杀伤敌人,他们不得不冒着暴露目标的危险多次射击,有时甚至被迫重新使用更为稳定的 M24 狙击步枪。

四、XM25"手持迫击炮"

XM25 是一种能单兵操作的单兵空爆弹武器系统。据俄罗斯军事工业网站称,2011 年年初,驻阿富汗美军经过实战检测了 2 支 XM25 单兵空爆弹武器,共发射 55 发弹药,并成功摧毁了恐怖分子的 2 挺"卡拉什尼科夫"机枪,作战效果良好。美军计划今后将大量装备该武器。

早在 1994 年,美军便计划升级反恐作战中美军士兵的火力,XM25 项目就是其中一项重要内容。XM25 单兵空爆弹武器系统的口径为 25 毫米,其外壳由复合材料制成,外加 4 个弹夹,总重约 6.4 千克,即使在携带一支步枪的情况下,仍可以携带 XM25。其配备有红外和光学复合瞄准系统,其中还整合了激光测距仪、弹道计算机、罗盘和显示器。该系统可以发射 25 毫米榴弹和空爆弹,可击中墙后、建筑物内或散兵坑内的敌军目标。该武器可通过操作手的预先设定,控制榴弹飞向目标并在空中准确位置引爆,且榴弹不需触发即可引爆。

手持 XM25 的美军士兵

使用 XM25 时，士兵无需调焦、测距，仅需按一下激活激光测距仪的按钮，XM25 的弹道计算机就能测出射击距离，随后得出的测算数据就会自动输入枪膛中的 25 毫米榴弹，其射程达到 700 米。调节 XM25 的射程也很简便，枪身上有两个分别标有“＋”和“－”的按钮，美军士兵仅需一个手指就能轻松设置弹药射程，确保电子引信在最佳时机引爆，杀伤躲藏在隐蔽物（或反斜面）后面的敌人。XM25 单兵空爆弹武器是一种理想的区域作战武器。该武器可为士兵提供精确的火力，使其能够在没有明显附带损伤的情况下消灭潜在威胁的敌人。

五、卫星制导炮弹

据美国《防务技术》周刊披露，2008 年，美军在阿富汗首次使用了卫星制导炮弹。这一年的 2 月 25 日，美陆军驻阿南部坎大哈第 321 野战炮团突然接到火力支援命令，随即派遣 M－777A2 榴弹炮前往科仑加尔山谷作战。炮击行动中，美军士兵发射了代号为“神剑”的 155 毫米卫星制导炮弹，准确炸毁塔利班的地面目标。这种号称“神剑”的炮弹每枚造价约 5 万美元，主要打击软目标、装甲车和加固型掩

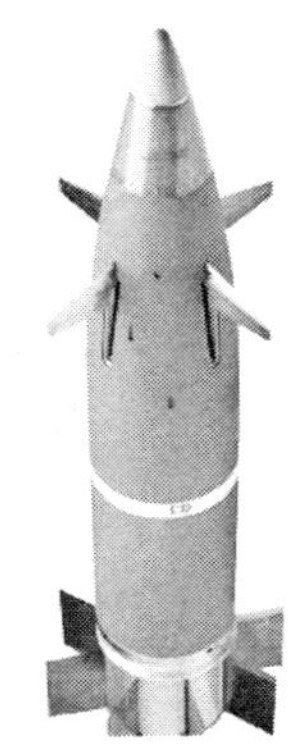

卫星制导炮弹

体。“神剑”卫星制导炮弹，最大射程为 24 千米，误差范围在 10 米之内。2011 年该武器被美军广泛用于阿富汗反恐怖、反叛乱作战中，有效地提升了地面部队远程精确打击能力，为部队及时提供火力支援发挥了积极作用。

六、MQ－1“捕食者”无人机

MQ－1“捕食者”无人机是美军装备的一种中空长航时无人驾驶多用途无人机，主要用于侦察、战场监视、精确打击等任务。截至 2011 年 3 月，美国空军 MQ－1“捕食者”无人机的订购计划圆满完成。该机于 1995 年开始装备部队，截止到 2011 年美国空军共装备有 196 架。

MQ－1“捕食者”无人机长 8.13 米，高 1.83 米，翼展 14.8 米，空重 1350 千克，捕食者最大速度 240 千米/小时，实用升限 7925 米，活动半径 926 千米最大续航时间 40 小时；通常采用常规轮式起飞和软式着陆，紧急情况下也可以用降落伞回收。

MQ－1“捕食者”无人机

一个典型的“捕食者”系统包括 4 架无人机，1 个地面控制系统和 1 个“特洛伊精神 II”数据分送系统。每架“捕食者”能够携带 2 枚“地狱火”反坦克导弹，并可根据任务的不同选择不同的载荷。合成孔径雷达可为“捕食者”提供全天候监视能力，分辨率达到了 0.3 米精度，另外也可以安装激光指示和测距装置、电子对抗装置和运动目标指示器。

七、MQ－9“死神”无人机

MQ－9“死神”无人机是美军在MQ－1“捕食者”基础上研制的，专门执行猎杀任务的无人机。截至2011年，美军已装备53架MQ－9“死神”无人机，并计划未来几年内继续装备276架。

与MQ－1“捕食者”相比，MQ－9“死神”的飞行速度更快，MQ－9“死神”无人机翼展约20米，与A－10攻击机尺寸相当，最大飞行速度460千米/小时，比“捕食者”快2倍，可持续备战飞行15小时，空载时巡航飞行高度达15000米，满载时巡航飞行高度达9000米。此外，它的载弹量也更大，装备6个武器挂架，可搭载2枚GBU－12激光制导炸弹和4枚AGM－114“海尔法”空地导弹。此外，还可携带227千克（500磅）的“联合直接攻击弹药”和113.5千克（250磅）的小直径炸弹。这些GPS制导武器使“死神”无人机在恶劣天气下也可精确打击目标。鉴于MQ－9“死神”无人机出色的技战术性能，美国空军计划从2011年起将陆续由其取代MQ－1“捕食者”，执行对恐怖分子的侦察打击任务。

MQ－9“死神”无人机

据报道，2011年美军曾多次使用MQ－1“捕食者”和MQ－9“死神”无人机，打击巴基斯坦境内的恐怖分子，仅上半年就达30次之多。当年无人机在巴基斯坦境内共发射导弹64枚，尽管比2010年的101枚有所下降，但仍造成了包括平民在内的大量人员伤亡。另外,美军和中情局在非洲和阿拉伯半岛已建立或正在建立4个秘密无人机基地,进一步加大利用无人机反恐的力度。一处设在埃塞俄比亚南部的阿尔巴门奇机场,主要用于打击活跃于东非之角的索马里“青年党”武装;第二处设在印度洋深处的岛国塞舌尔的一个军事基地;第三处设在红海和亚丁湾交汇处的吉布拉;另外,有报道称美国正在阿拉伯半岛某地区修建无人机飞行跑道。

第二节 非致命武器器材

非致命武器亦称非杀伤性武器。该类武器主要是利用声、光、电磁及化学、生物等技术手段,使人员暂时或部分丧失作战能力。

一、激光反海盗武器

2011年,美、英等国在激光反海盗武器研制方面取得了重大突破。8月13日美军宣布,美海军研究局成功测试一种舰载激光“枪”,该武器可发出一束直径为棒球大小的固态高能激光,可命中数千米外船只的引擎,并致使目标起火。实验表明,这种激光既可以阻止小型船只靠近,也可用于抵御海盗袭击。

另据《每日邮报》报道,英国研制出一种激光兵器能使海盗丢掉目标。当海盗袭击时,这种激光武器会发出明亮的绿色聚光束,海盗看到后会处于眼花目眩的状态,失去方向感,并无法发现目标船只。该武器最大射程可达1.6千米,并可打击移动目标。同时,为有效发挥激光武器效能,英国还研发了一种高频雷达,这种雷达能够瞄准在1千米外的小型船只,为激光武器指示目标。遭遇海盗袭击时,激光和雷达将配合使用,首先由雷达负责瞄准逼近船只,当海盗逼近距船只大约400米或者500米远的地方,照射激光并提高能量,迫使海盗丧失方向感。据称,这种激光武器只会暂时使人失明,并不会永久损伤被照射人员的视力。

中国对激光武器的研制也比较重视。目前,已经装备的武器有激光炫目枪。该枪是一种可以暂时使暴力犯罪分子失去抵抗能力的非致命武器,尤其适用于反劫机、解救人质和对付小范围恐怖组织的暴乱等作战任务。该武器的有效作用距离为 50 ~ 150 米,闪光炫目持续时间不少于 20 秒。该武器主要特点是非致命,即仅对人眼造成炫目,使敌人失去反抗能力,过段时间又可恢复正常视力,不会造成永久性失明;发射激光无声无烟,便于隐蔽;以光代弹,无后坐力,瞄向哪里就指向哪里。

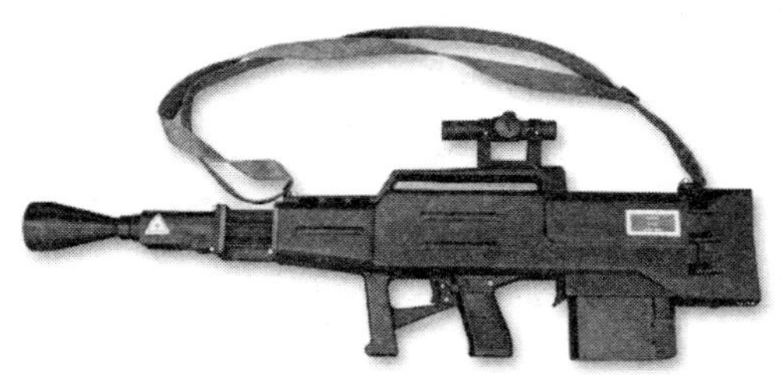

激光炫目枪

二、受控杀伤榴弹发射系统(MLGLS)

美军于 2011 年 4 月声称,计划开发一种 40 毫米“受控杀伤榴弹发射系统”(MLGLS)。该系统是一种 40 毫米非致命武器系统,采用电子火控和弹药点火器,能够根据武器与目标之间的距离自动调节攻击弹药的杀伤动能,在极近距离到较远距离内产生非致命杀伤效果,既可作为独立武器使用,还可作为枪挂武器安装在突击步枪下方。5 月,美军又推出了其改进型,名为“激怒者”(Fury)的新型武器系统。该系统采用模块化结构,是一种杀伤威力可控的高强度多管武器系统,具有致命和非致命两种模式,根据不同用户的需求,对发射管管数、口径,以及所有设备和炮架控制系统进行配置。“激怒者”系统可以安装在无人和有人地面车辆上,其非致命火力提高了对骚乱人群的控制能力。

三、韩国反海盗综合系统

韩国三星重工2011年2月23日表示，该公司已研发出一套反海盗综合系统，既可以识别海盗船，又能有效击退海盗。该系统主要包括：新型雷达、“要塞型船舱通道”、“海盗击退装置”。该系统装备了一种新型雷达，该雷达具备高清晰的夜视跟踪监视功能，可以掌握10千米以内船只的距离、速度和移动方向等信息，并通过分析航海信息来识别海盗船。在确定遭到海盗船跟踪时，该系统会发出警报，同时会利用目标跟踪技术追踪海盗船；如遭到袭击，船员借助反海盗系统的成像功能，在驾驶舱内遥控甲板上射程70米的高压水枪击退企图登船的海盗。同时，韩国2008年研发的“要塞型船舱通道”也可以发挥保障船员安全的作用，它是将外部通道设于船舱内部的新型船舱构造，可迅速切断船舱和驾驶舱之间的通道，能够提前阻断海盗攻击。

四、印度远程声波反海盗武器

印度海军为在索马里海域的护航舰艇和新近服役的国产隐形护卫舰配备“远程声波发射器”。该装置对准目标时，根据任务海域的不同，自动将警告翻译成10多种语言发送警告广播。如果对方拒绝表明身份，可用该装置发出150分贝以上的高频声波，根据攻击距离和声波强度的不同，受攻击的目标会感觉如同突然遭受重击，甚至头痛、休克、丧失听力，从而失去战斗力，但不会导致人员丧生。由于该声波武器在发射时会像聚光灯般产生一束范围极为狭窄的声波，军舰和周围其他人员不会受到影响。印度并非是装备声波武器的第一个国家。美国海军在2000年“科尔”号驱逐舰遭到袭击后就开始研制和装备这类声波武器，目前在亚丁湾护航的西方军舰上也有类似装备。

五、爆震弹

利用爆炸时产生的强烈声、光效应，使有生目标暂时性致盲、致晕。

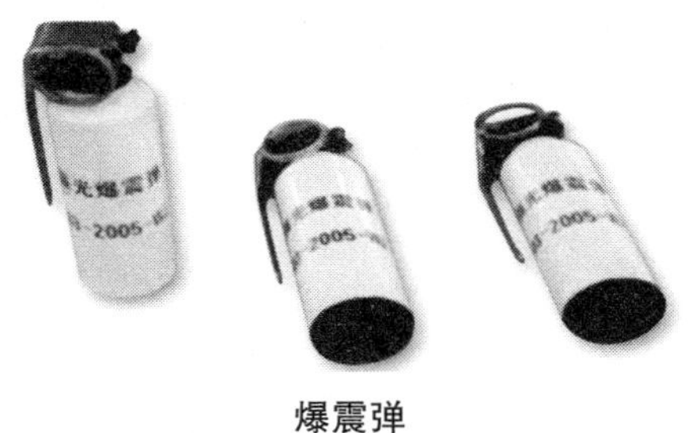

爆震弹

六、遥控阻车钉

由遥控器和车钉箱组成，可事先布设在道路旁，当遭遇车辆冲卡闯关时，可遥控弹出阻车钉拦阻车辆。

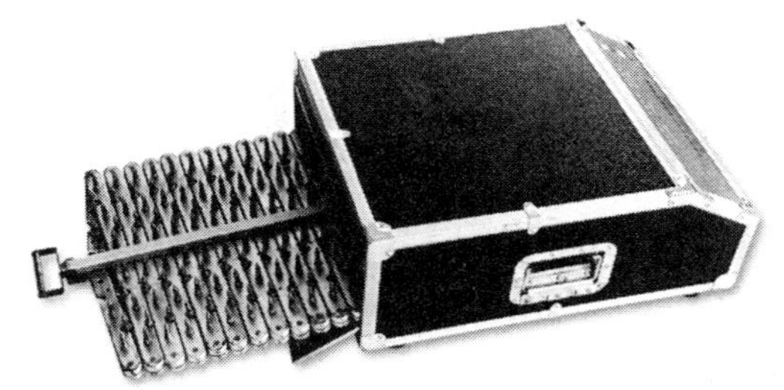

遥控阻车钉

第三节　侦察装备器材

一、RQ－4“全球鹰”无人侦察机

RQ－4“全球鹰”是一种高空长航时无人侦察机，在历次的反恐怖作战中都发挥了重要作用。据报道，在2011年美军抓捕拉登行动中，两架RQ－4“全球鹰”无人机便担负侦察警戒任务，一方面，提供作战地域的情报信息，另一方面，对巴基斯坦军方保持高度警戒，为美军行动提供了有力保障。另外，除担任侦察任务外，美军还拓展了

RQ－4“全球鹰”职能，在行动中将它作为通信卫星的替代品使用，为突击队员们提供互相之间的双向、实时语音与视频通信，保障了任务的顺利实施。

RQ－4“全球鹰”无人侦察机

“全球鹰”是目前世界上最为先进的无人侦察机之一，可以提供高质量的实时图像，可对大面积区域进行监视，工作高度在1800米以上，每天监视范围可达137320平方米，最大速度635千米/小时，续航时间大于42小时，实用升限20500千米，航程达26761千米，也是目前航程最远的无人机，能够对重点目标进行全天候监控。与“捕食者”不同的是，“全球鹰”具有很强的情报处理能力，该机在获得图像的同时，就可以自动完成对图像内容的分类（包括识别各种飞机、导弹、坦克的型号）并及时将情报传递给地面部队，不必像“捕食者”那样将情报传回地面站进行处理，这样就提高了情报处理的效率，降低了对地面站的依赖程度。

二、RQ－170“坎大哈野兽”隐形无人侦察机

RQ－170“坎大哈野兽”，又被称做“哨兵”无人机，是美军最新研制的隐形无人机，隶属于空中作战司令部位于克里奇空军基地的第432联队。该机主要职能是为前线战斗部队提供战术级侦察及监控支援。在美军抓捕拉登的军事行动中，RQ－170侦察机全程参与

了对这一区域实施监控,并为奥巴马及其高级国家安全顾问提供了连续的视频信号。RQ－170 同时也监控了巴基斯坦军队的无线电广播,以预警巴军对此次军事行动的反应。该机形似鳐鱼,可在 15 千米以上高空全天候作战,能够躲避雷达,它的起飞重量 3856 千克。RQ－170 配备有电光/红外传感器,机身腹部的整流罩上还安装有主动电子扫描阵列(AESA)雷达。机翼之上的两个整流罩装备数据链,机身腹部和机翼下方的整流罩可安装模块化负载,从而允许无人机实施武装打击并执行电子战任务。

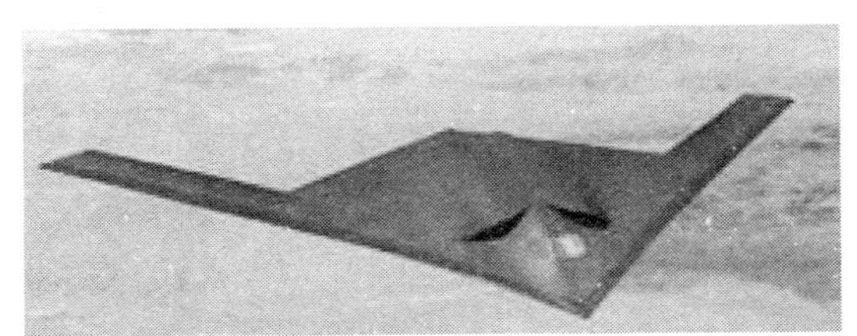

RQ－170“坎大哈野兽”

但 RQ－170 在操控方面存在不足,很容易被敌方控制而被捕获。如 2011 年 12 月 4 日,伊朗称,其防空部队击落一架入侵伊朗东部边境空域执行侦察任务的美国 RQ－170 型无人侦察机,飞机轻微受损。事后据美军分析称,该机很可能是被伊朗电子信号干扰,失去控制后降落在伊朗境内的。

三、“火力发现者”武器定位雷达

据美国《西部防务》2011 年 6 月 9 日报道:泰勒斯—雷声系统公司今日宣布,先进的“火力发现者”雷达已经部署在战场,支持和保护美国及盟军部队。公司对 AN/TPQ－37“火力发现者”雷达的可靠性与维护性的改进,使该武器定位雷达的服役期得以延长,降低了寿命周期维护成本。计划在 7 月部署于阿富汗。

泰勒斯—雷声系统公司联合托比哈那陆军仓库对 AN/TPQ－37“火力发现者”雷达进行了现代化改进,包括增加了一个新的模块,改进了空气制冷发射机,增加了新的操作控制方舱,并为美国陆军的所有 AN/TPQ－37“火力发现者”雷达系统安装了新的通用雷达处理器。“火力发现者”雷达可精确探测和定位敌军火炮、迫击炮和火箭炮的发射位置。该雷达能预测弹着点并向友军部队发送数据，提前制定有效的隐蔽策略。全球范围内共有 18 个国家总共部署了大约 400 套“火力发现者”雷达。

“火力发现者”武器定位雷达

四、军犬

2011 年，军犬越来越多地开始参与执行非战争军事行动。据报道，在美国“海豹”突击队击毙本·拉登的行动中，击毙本·拉登的任务就是由 79 名突击队员和一条军犬共同完成的。美军对军犬十分重视，将军犬视为装备的一部分，并在每一条军犬耳朵里都文有编号。在执行任务时，军犬和其他人类队员一样需全副武装，通常配备有红外线夜视仪、高尖端防弹衣等。

除用于突击任务外，美军主要使用军犬探测简易爆炸装置。此类军犬又称为嗅弹犬。目前，美军使用的嗅弹犬品种主要有德国牧羊犬、比利时玛利诺犬和拉布拉多犬。与各种雷达探测装备经常出现误报情况相比，军犬的探测结果更为可靠，并且工作效率较高。据报道，一只在阿富汗服役的拉布拉多犬曾在 1 年的时间内发现了至少 20 个炸弹或炸药藏匿地点，探测到将近 900 千克炸药。据称，美军在阿富汗使用嗅弹犬近千只，但由于恐怖分子设置的简易爆炸装置有增无减，美军前线士兵仍希望再增派更多的嗅弹犬，以便让这些嗅弹犬在执行探测简易爆炸装置、炸药、炸弹制造工厂、各种军火库任务的行动中发挥更大的作用。

阿富汗美军坎大哈基地内，嗅弹犬准备检查行李

除美国外，其他国家也十分重视军犬在执行非战争军事任务中的作用。据报道，印度"印藏边境警察部队"正在训练一支可以深入恐怖分子巢穴安放炸弹的军犬部队。这些军犬能听懂英语和印地语指令，并能识别人的肢体语言。它们可嘴衔炸弹潜入恐怖分子的巢穴，把遥控炸弹放在指定地点，炸死恐怖分子。此外，军犬还能嘴衔隐蔽摄像头潜入敌巢，执行秘密拍摄监视任务。这些战犬除了能完成上述任务外，还能在敌人遭到攻击后从敌人身上叼取武器装备以及在发动攻击前被用来执行侦察任务，并通过叫声次数判明恐怖分子的人数。

五、SEEK Ⅱ电子安全识别装置

美军在击毙拉登的行动中，使用了名为SEEK Ⅱ的电子安全识别装置，这种装置可以扫描虹膜，提取指纹，进行面部识别，并在几秒钟内将信息输入联邦调查局数据库。这种装置在"海豹"突击队确认拉登身份时起到了决定性作用。

六、太赫兹成像数字摄像机

美国新泽西科技大学的一位名叫约翰弗德里希的物理学教授及其研究小组于2011年发明了一台采用太赫兹成像系统的数字摄像机，它用数量有限的THz探测器产生具有大量像素的THz图像，能够透过包装盒、波纹纸板、墙壁、衣服、鞋子、书包等物体发现可疑物质，从而可以对藏有爆炸物或其他危险物品的人员进行实时监控。

太赫兹成像技术被认为是反恐终极防御手段,目前这项工作已获得了美国国土安全部及国防部的支持。

七、无人核探测仪器系统

福岛第一核电站核事故调查行动中,由于现场放射性物质泄漏,危险系数很高,为了安全探测现场情况,自卫队使用了空中无人机系统和地面无人仪器系统两种无人仪器系统。空中无人机系统主要用于核电站外部受灾情况调查,使用了美国产 RQ-4 型"全球鹰"、gMAV(gasoline Micro Air Veh icle)以及日本产小型空中无人机;地面无人系统主要用于核电站内部受灾情况调查,使用了"Packbot"和"Talon"的地面无人探测机器系统以及日本"Quince"地面无人乘载设备(UGV:Unmanned Ground Vehicle)。"全球鹰"是美军战略无人侦察机,具有航行时间长的特点,可携带电子光学、红外探测仪进行长时间侦察。gMAV 是美陆军为探测爆炸物开发的无人机,2007年列装,重约 7.5 千克,搭载电子光学及红外探测仪,可进行长时间低空盘旋,在核电站上空拍摄了大量更为清晰的图像。

八、微光夜视仪

用于夜暗条件下对目标进行观察、侦察和监视。

微光夜视仪

九、红外热成像仪

用于对目标进行全天候、全时域观察、识别、跟踪和分析。

红外热成像仪

第四节　通信装备器材

2011 年,各国军事力量用于非战争军事行动中的通信器材种类繁多,其中较为先进的器材主要有以下几种。

一、铱星电话 9505A

铱星电话 9505A 是铱系统最新的、用户最多的车载、手持两用手机终端。其主要工作频率:16161626.5MHz,L-波段;速率:2.4Kbit/s;耗电:平均 0.57W;待机时间:24~38 小时。铱系统最大的优势是其良好的覆盖性能,可达到全球覆盖,基本能做到使用手机的任何人在任何时间、任何地方,可以以任何方式与任何人进行通信,可为地球上任何位置的用户提供带有密码安全特性的移动电话业务。低轨卫星系统的低时延给铱系统提供了良好的通信质量。该电话在灾难救护、海事救援中发挥了重要的作用。

二、美军第二代电台

美军“陆地勇士”计划采用雷声公司生产的第二代小而轻(Microlight)电台 M-2G。该电台频率范围 420~450MHz,质量不到 500 克,可以别在士兵的腰带上。它输出功率 1W,由两块锂电池供电,供电时间 24 小时,其波形包括窄带调频、正交频域多路复用器和增强定位与报告系统等类型。其中,增强定位报告系统波形能在 5 千米的范围内,为电台提供 0.5Mbit/s 的点到点处理能力。

三、美军矛头电台

矛头是美军单兵调频电台。该电台连同电池质量仅为 550 克,它融合了软件无线电的设计理念,可以通过编程来满足不同用户的需要。它的出现,赋予了单兵之间进行保密通信的能力。它有 4W、2W、100mW 3 种功率可选,天线有 0.5 米和 1 米两种。矛头有 2320 个信道以及单信道和跳频模式,工作在 30 ~ 88MHz 频段,软件可编程。矛头采用智能电量管理技术,电池最长供电时间为 8 小时,具有免提功能,麦克风可植入卡夫拉头盔中。它甚至有 3 种外壳颜色可供选择,工作温度为 -20℃ ~ +60℃,总寿命为 5200 小时。

四、SpearNet 班组电台

美军开发的 SpearNet 班组电台是专为满足当今下车士兵对软件无线电需求的低成本小波形系数电台,其工作频段 2.40 ~ 2.48GHz,重 312 克,采用保密扩频通信技术;具有 6Mbit/s,瞬时数据速率和多跳能力,利用能改变数据数率和编码的自适应传输协议来适应各种链路条件;支持 1.5Mbit/s 语音、数据和视频的吞吐量;点对点的通信距离为 2 千米,演示的最大通信距离为 6 千米,比采用 802.11 无线 LAN 技术实现的距离大 2 倍,还可通过 SpearNet 的 Meshnet 特别自组网功能自动进一步扩展覆盖范围。其他特性还包括全双工通信、内置 GPS 等。

五、微光网络电台

微光网络电台被称为是功能最强的便携式软件定义士兵电台,工作于 UHF 频段,重 487 克,体积 579cm^3,输出功率 1W;波形包含有增强型定位报告系(EPLRS)波形、窄带和正交频分复用(OFDM)调制的波形;在市区工作时,如果没有 GPS 信号,微光可利用其组网波形提供用户位置数据。其语音系统可用于免提操作,而且电台能为用户提供音频信号用于方向和距离的导航。如果将战术互联网的干线系统 EPLRS 和美陆军 FBCB2 作战管理系统结合起来,将使微光在 5 千米点对点范围内实现 0.5Mbit/s 的数据吞吐量。美军陆军已经为"陆地勇士"士兵现代化计划采购微光网络电台。陆军打算通过"陆地勇士"计划为士兵提供现代化通信和导航系统。

第五节　工程装备器材

2011 年,日本受地震和海啸影响,很多桥梁遭到破坏,陆上自卫队迅速使用其配备的各类工程装备器材,保障运送灾民和救援物资的任务顺利完成。

一、81 式自行架柱桥车

81 式自行架柱桥车全长约 9.7 米,宽 2.9 米,高 3.4 米,重 22.4 吨,可架桥长度为 60 米、宽 3.8 米,高 4 米,载重量 40 吨。在救灾中,日本自卫队在宫城县东松岛市的户仓桥附近、宫城县南三陆町的横津桥附近,架设了两座 81 式自行架柱桥,作为应急桥梁使用。

日本 81 式自行架柱桥车

二、92 式浮桥

92 式浮桥长约 104 米,宽为 4 米,载重约 60 吨。该装备仅在日本陆上自卫队各方面队直属的设施团配备,共5支部队配备。地震中,位于东松岛市的宫户岛与陆地之间的松岛桥受到破坏,自卫队在此架设了92式浮桥,从陆地将桥梁修复所需器材运至对面的宫户岛,恢复了宫户岛与陆地之间的交通。

日本92式浮桥

第六节　防护装备器材

一、美军防地雷反伏击车

美军防地雷反伏击车(简称MRAP),是一种能防止简易爆炸装置袭击和武装人员设伏的装甲车辆。该车自装备部队以来,凭借其优异的防护性能挽救了许多美军士兵的生命。

防地雷反伏击装甲车是多种型号车辆的总称。主要包含3个级别:

一级防地雷反伏击车,又名"防地雷多用途车"(MRUV),主要用于巷战,共有4种型号:4×4型RG-31和RG-33防雷车,美国生产的4×4型"美洲豹"(Cougar)战术装甲车,美国生产的4×4型装甲警戒车(ASV)。

二级防地雷反伏击车,又名"多用途爆炸物快速处理车"(JER-RV),与"防地雷多用途车"相比,它具备更强的装甲防护能力,因此常用于工兵爆破作业等多项用途。其型号有:南非的RG-33L型、MaxxPro、以色列"葛兰"型和美国的"阿尔法"型。

三级防地雷反伏击车主要的任务是用来排雷车，目前只装备了一种型号“野牛”。

目前为美军生产防地雷反伏击车的公司主要有：航星国际公司主要生产型号：MaxxPro（一级 MRAP/二级 MRAP）；部队防卫公司生产型号：“美洲狮”4×4（一级 MRAP），“美洲狮”6×6（二级 MRAP），“野牛”（三级 MRAP）；BAE 系统公司生产型号：RG－33（一级 MRAP），RG－33L（二级 MRAP），“鳄鱼”（一级 MRAP/二级 MRAP）；通用动力公司生产型号：RG－31（一级 MRAP），RG－31E（二级 MRAP）。

RG－33L 防地雷反伏击车

美军的防地雷反伏击车的特点。

结构方面，车头和底盘改自军用越野卡车，使用现成的越野卡车发动机，驾驶室的布置也与普通军用卡车完全相同；绝大多数采用防弹玻璃车窗且无装甲防护板，无火控系统和夜战能力（有极少数型号例外），只在车顶上装一个比较简单的机枪炮塔；兵舱有几分像步兵战车，却多开有传统步兵战车（无论履带式还是轮式）没有的车窗和侧窗；这些车辆的防护虽然对于穿甲弹和破甲武器来说颇为脆弱，却能有效地抵御地雷和各种爆炸物，以及子弹和炮弹破片对车内乘员的杀伤。

防护方面，所有型号的防地雷反伏击车，车体均采用防爆炸、抗

美军防地雷反伏击车

冲击设计,具有厚实的装甲和良好的防弹外形,可以有效抵抗大威力枪弹。如,7.62×54毫米大威力步机弹以及炮弹破片。为了抵御大威力"路边炸弹"攻击和反坦克火箭筒的攻击,防地雷反伏击车可以加装几乎覆盖车体的附加装甲和格栅装甲。为了抵御地雷和大威力"路边炸弹",所有防地雷反伏击车的车底防护也得到了加强并采用了"V"形结构设计。这种"V"形结构的好处是,当遭遇简易爆炸装置袭击时,爆炸产生的冲击波和碎片能通过车底的V型导流板向车身两侧分流,使车辆的受损程度降至最低,从而起到保护车辆的作用。

根据实验测算,MRAP能够有效抵御2米外23千克TNT炸药的侧向爆炸,4轮中的任一车轮都能够抵御大约14千克TNT炸药的爆炸,而车体底部能抵御7千克TNT炸药的爆炸。MRAP的标配硬壳式装甲车体,还能够抵御7.62毫米步枪子弹的射击,如果通过附加装甲,可抵御12.7毫米穿甲弹的射击。与"悍马"车相比,MRAP的防护能力要强5倍,能将简易爆炸装置造成的伤亡减少约2/3。特别是在车底的防护上,MRAP基本能躲过各种常规简易爆炸装置的袭击。而从战场实际使用情况来看,投入到战场使用的MRAP,已经抵御了多次炸弹攻击,挽救了许多美军士兵的生命,因此有人把这种MRAP称为战场上的救命车。

火力方面,各型MRUV和JERRV的车体顶部都可以安装包括

12.7 毫米 M2 大口径机枪、7.62 毫米 M60 通用机枪和 40 毫米自动榴弹发射器在内的各种武器。在伊拉克执行任务时,驻伊美军更多地在车体顶部再加装一个由防弹钢板和防弹玻璃构成的半封闭射击/观察室,在射击/观察室的武器架上安装这些武器。另外,所有型号的防地雷反伏击车上都装有多种信号干扰装置,用来干扰反美武装对遥控爆炸装置的控制。

二、对抗简易爆炸装置系列装备

此外,为对付在伊拉克和阿富汗大规模使用的简易爆炸装置,美国开发了一系列的新技术(干扰器和机器人)、新战术(诸如预测性分析之类的)和新设备(车辆装甲和士兵防弹衣更加精良),成效显著。美军最新一项技术是数据搜集系统,在高速计算机的支持下,这种系统可对数千个传感器发出的信息进行连续监控,对可能装有简易爆炸装置的地点作出预测。另据美国连线杂志网站 2011 年 11 月 11 日报道,陆军准备装备一批最新款防炸弹武器——彩弹枪,当走在街上巡逻的士兵发现远处可疑物品时,只需用彩弹枪扫一梭子,装填在彩弹中的材料便可使爆炸物凸显出来。可以说,简易爆炸装备的使用推动了新型保护装备的研制工作。

搜爆服

MK5 排爆服

中国在应对简易爆炸装置方面也取得了一定成果,现已研发和装备了一些搜爆服、排爆服和排爆机器人等装备。搜爆服，排爆人员搜排爆炸物时使用，能够对人体进行最大范围和最有效的防护，最大限度地避免爆炸碎片对人体的伤害。

排爆服，用于排爆人员排除爆炸物时使用，能够对人体进行最大范围和最有效的防护，防护范围广、防护级别高。

三、反狙击探测装置

英国为驻阿富汗的英国军人配备了一种高科技狙击手探测装置，只需看一眼“手表”，就能确定塔利班狙击手的位置。这种单兵佩戴式声学定位系统把佩戴在肩膀上的、手掌大小的监听装备与军人腕部的手表式显示器相连，可显示狙击手所在的方向、距离和高度。声学探测器的重量仅 6.4 盎司，通过冲击波和枪口压力波来确定开枪地点。单兵佩戴式声学定位系统主要用于步行巡逻军人，因为英国各基地的车辆已经拥有被称为回飞镖的枪声探测系统。

四、化学防护车

化学防护车

日本地震救援中使用的化学防护车长 6.1 米、宽 2.5 米、高 2.4 米，重 14.1 吨，最高时速 95 千米，乘员 4 人，是以 92 式指挥通信车为基础改造而成的，装备在陆上自卫队的化学教导队及中央特种武器防护队。车体前部有一部由 4 块中型粒子遮蔽板拼接成的遮蔽装置。车体后部有一部爪状操纵装置,可采集土壤样本,再通过车体内的检测仪进行检测。爪状装置旁边有一部圆筒状装置,用于采取现场的空气样本。车体顶部安装有测定风向的探测仪,以探测现场风向及有害气体流动的方向。在福岛第一核电站事故现场,中央特种武器防护队队员使用该型车对土壤和空气中的放射性物质进行了检测,并对参与救援的自卫队员以及周边避难的居民提供了洗消沾染作业。

五、日本 74 式坦克

日本 74 式坦克长 9.41 米、宽 3.18 米、高 2.25 米,重约 38 吨,最高时速 53 千米,乘员 4 人,是继 61 式坦克之后的第二代日本国产坦克。随着 10 式坦克的大批量生产列装,74 式坦克开始逐渐退役。但由于其具备放射线防护能力,因此是核事故处理现场重要的交通工具。

74 式坦克

六、救援消防车

在为福岛第一核电站反应堆注水冷却作业中,救援消防车发挥了重要作用。救援消防车长 8.16 米、宽 2.49 米、高 3.35 米,重 8.9 吨,水箱容量 1900 升,药剂箱容量 120 升,最大射程约 40 米。

救援消防车

第七节　救护救援装备器材

一、治疗长凳

治疗长凳是一种便携式救援装备，采用特殊材料制成，经久耐用，具备皮艇的功能，可以漂浮于水面之上而不下沉。另外，它可以打包成一个背包，使用时可将背包打开变成一个治疗长凳，背包中还可装一条毯子和医疗工具箱。因此，救灾人员可以很方便地携带这种重要的救灾装置快速出现于救灾现场。

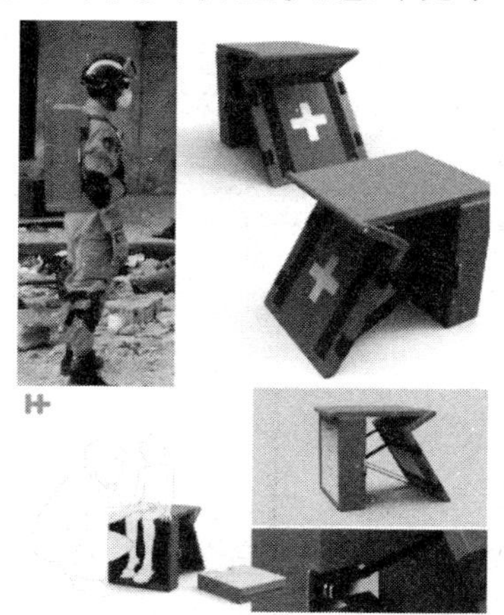

治疗长凳

“救援必需品运输者”灾难响应车

二、“救援必需品运输者”灾难响应车

一只蚂蚁可以搬动超过自己体重10～50倍的物体，以极快的速度行走相当长的距离，“救援必需品运输者”灾难响应车就是受这一现象的启发而设计的。这种车辆可以根据不同的地形，任意调节速度，还可以将自身的小型乘客舱随意升高以提高货物的运载能力。利用这种灾难响应车，救援人员可以轻松抵达最偏远的灾难现场。

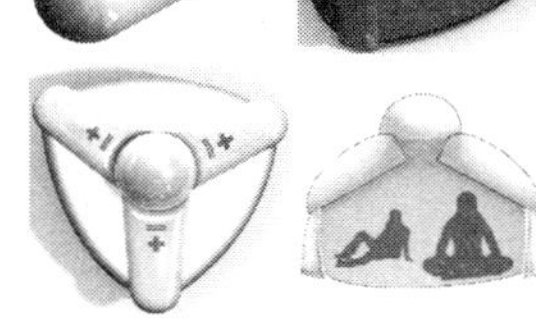

便携式救灾舱

三、便携式救灾舱

该救灾舱外观酷似卵状，轻便、灵巧，采用尼龙材料制作而成，具备防破裂外壳，可以防水、防风。它拥有两层支架，当被空投到灾难现场时，它可以迅速伸展成一个三脚架形状，并将内部空间最大化。

四、全地形移动医疗补给车

这种表面上看起来非常简易的手推车具备折叠或伸展功能，可以变成一个工作站或板凳，即使在崎岖不平的地面上，它也可以正常工作。这种补给车能够帮助医生运送重要医疗用品到灾区，伤员可以临时坐到上面接受治疗。这种现场临时诊所可以让紧急事件响应者更高效地工作。

全地形移动医疗补给车

五、救援机器人 GSR

GSR 灾难救援机器人有些像《变形金刚》中的角色，高大、灵活，在电脑的操控下，可以在危险的环境中遂行多种救援任务，从而减少救援人员的伤亡。2011 年日本福岛核电站灾难发生后，由于巨大的核辐射危害，人类无法正常开展必要的救援工作，而 GSR 灾难救援机器人具备不怕核辐射等特长，因此可替代人类进入核电站，进行各种检验工作。这样，不仅能够提高现场抢救的效果，而且能够避免救援人员遭受核辐射，可谓一举两得。

救援机器人 GSR

六、救援机器人 RoboCue

救援机器人 RoboCue

该机器人可以在灾难发生现场，尤其是爆炸现场定位和安全搜索受害者。在应对自然灾害时，这种机器人也能发挥巨大作用。RoboCue配有超声波传感器和红外摄像机，能够准确定位受困对象，还能将伤员轻柔地放到救护车上，以转移到安全地带。图中是机器人RoboCue正在履行可控式的救护工作。另外，它还随身携带有氧气瓶，可在救援过程中给伤者提供氧气。

七、蛇形机器人

该机器人可承担搜索工作。蛇形机器人长度约8米，依靠装有动力装置的尼龙绳索进行驱动，虽然移动速度并不快（5厘米/每秒），但它能钻进狭小的角落，攀爬20度的斜坡，挤过狭窄的缝隙，还能利用摄像机构成的“眼睛”传回影像，以便救援者了解受灾区域的内部情形。蛇形机器人曾在佛罗里达的一次停车场坍塌事故中帮助救援队实施营救，经受了可控和现实灾难的双重检验。

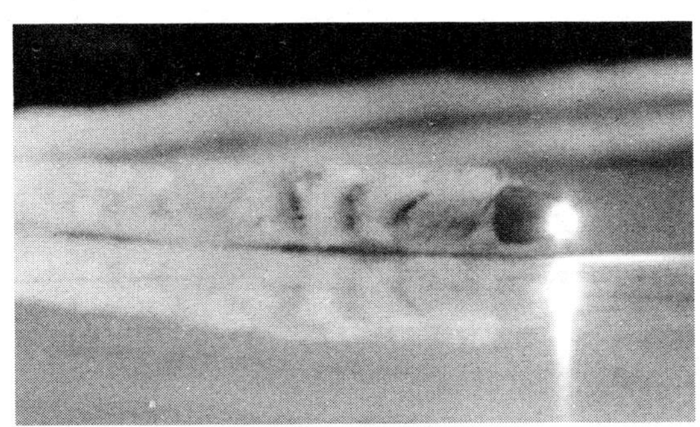

蛇形机器人

八、机器人安全履带车

机器人安全履带车像一个装有履带的长方形盒子，其内部壳体足以承受一个重达110千克的伤员。它不仅配有红外摄像机，具有一定的搜索功能，而且还装备了用于检测伤者血流的仪器，拥有它，就等于拥有了安全系数极高的遥控式担架，利用它可将伤员转移到安全地带。

机器人安全履带车

九、体感救援机器人

体感救援机器人利用集所有图像传感之大成的 Kinect 技术作为主传感器，装备有全息照相、视频摇滚以及外科设备，可以传输完整的 3D 景深图像资料。在地震救援中，这种特殊的机器人具备较强的搜索功能，它能够获得人眼所不及之处的救援资料，可有效帮助营救人员寻找受害者，让救援工作进行得更加顺利。

体感救援机器人

十、人形 BEAR 医疗机器人

BEAR(Battlefield Extraction - Assist Robot)是医疗机器领域中

最为人形化的机器人之一。它能够替代救援人员在危险的灾害现场活动,利用腿部的两个独立踏板,BEAR 能够完成各种特殊动作,它还能依靠膝盖、臀部或足部的运动来改变身体高度。

人形 BEAR 医疗机器人

十一、中国地震救援机器人

中国在 2011 年研制成功多款地震搜救机器人。包括空中搜索探测机器人、废墟洞穴可变形搜救机器人、废墟表面搜救机器人、智能机械手爪等系列机器人,已进入示范应用阶段,主要是进行低空侦察灾情、搜索幸存人员、输送生命给养、投放救灾物资、喷撒防疫药品、拾取重要物品等多项地震搜救功能的操作实验。预计在“十二五”期间,将作为地震应急搜救装备投入实际使用。特别是其中一款小飞机机器人,有望率先在地震救援中使用。在这几款地震救援机器人中,由中科院沈阳自动化研究所牵头研发的小飞机机器人是唯一一款可以在天上飞的机器人。这款机器人学名为旋翼飞行机器人,翼展 3 米左右,机身长 3 米左右。最快飞行速度可达 70 千米/小时左右,在进行超低空飞行时,最低离地面高度仅为 10 米,可根据山势等地形变化调整飞行高度和速度,使用 93 号汽油即可。它可进行大范围宏观灾情信息调查,可将方圆几十千米内的灾情信息在第一时间反馈给救援部门,为决策者进行支持。

中国地震救援机器人

十二、可折叠硬纸板避难所

灾后，为灾民提供临时住所是救援工作的一项重要任务，可折叠硬纸板避难所的出现，为完成这一任务提供了重要基础。可折叠硬纸板避难所构造简易，搭建方便，其造型与帐篷类似，可为灾民或救援人员提供临时休息的场所。然而，硬纸板不能够防水、防火，强度也不高，因此，利用硬纸板搭建的避难所，只能是应急性的。

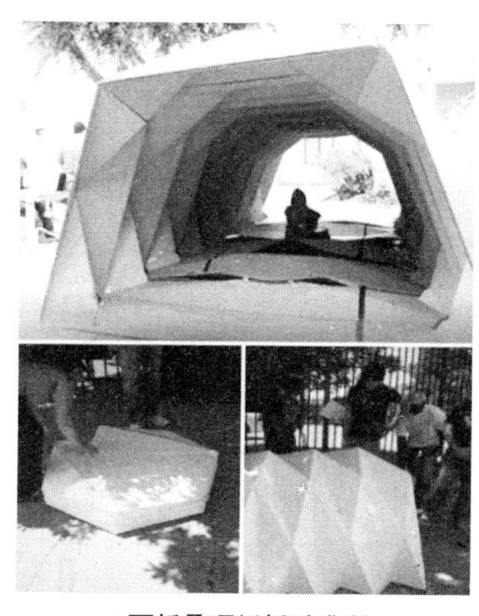

可折叠硬纸板避难所

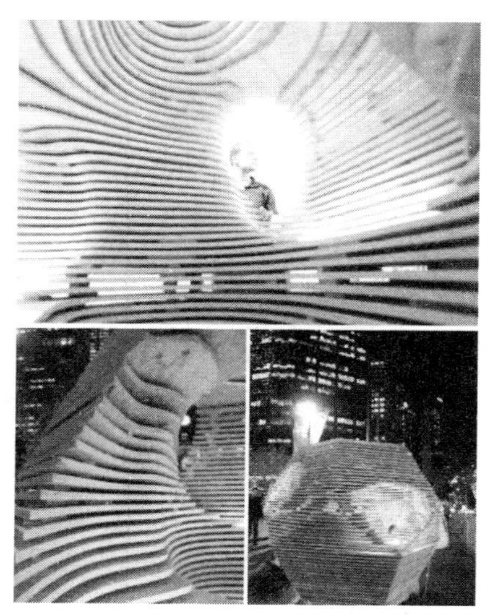

数码折叠紧急避难所

十三、数码折叠紧急避难所

数码折叠紧急避难所是一种高科技装备，搭建方便、空间较大、功能齐全是其突出特点。它内部可以有数个小单元，每个小单元可以住 2 名成年人和 1 名儿童，包括睡觉、饮食和阅读空间。更为重要的是，在夜间，避难所还能够提供一盏 LED 灯为居者照明。在救援过程中，数码折叠紧急避难所可以通过船舶运输，也可以由直升机空降后自动组装，还可以利用当地的胶合板现场建造。

十四、自给自足移动应急单元

自给自足移动应急单元

救灾过程中，对于救援人员来说，最大的挑战之一就是缺水和现场电源，EDV－01 自给自足移动应急单元可以解决这个难题。该装置每天可以从空气中收集 20 公升的饮用水，这足够 2 个成年人使用。屋顶的太阳能系统和燃料电池为整个应急单元提供电力。更为难得的是，这个不锈钢集装箱根本不需要现场组装。1 个液压泵可以升高墙壁，形成两层结构。4 个液压支柱可以保证整个应急单元在崎岖的地面上也能够保持平衡稳定。

十五、响应住房系统

响应住房系统

“响应住房系统”快速响应避难所由名为“Exos”的独立预制起居单元紧密地组装在一起，每个单元可供 4 人居住。“响应住房系统”可组装成互相连通的空间，每个单元造价大约为 5000 美元，比其他类似的灾后临时避难所造价要小得多。在不用时,4 张床可以折叠起来靠在墙上。在内部,有 4 个发电机供电的插座。20 个“Exos”单元组合在一起可形成一辆半拖车,货运列车可以运输 1940 个“Exos”单元,这些单元足以为 7760 人提供住宿。

十六、灾后寄生避难所

如果自然灾难袭击了一个人口密集的城市,如巴西圣保罗市,这里是美洲人口最密集的城市,那么标准的应急避难所或许无法发挥作用。灾后寄生避难所是由 Mike Reyes 提出的一种创新设计,这种方案实际上是在现有的超高层建筑物上悬挂新的临时住宿空间。可以通过直升机将临时住宿单元送到摩天大楼上,在大楼内部的幸存者的帮助下,再将这些单元钩在窗户的内部,利用摩天大楼外墙的支撑力保证安全。每个单元有 4 张床,有天窗、窗户、水过滤装置和太阳能电池。此外,它还可以拥有户外阳台以便于与相邻的单元相连。

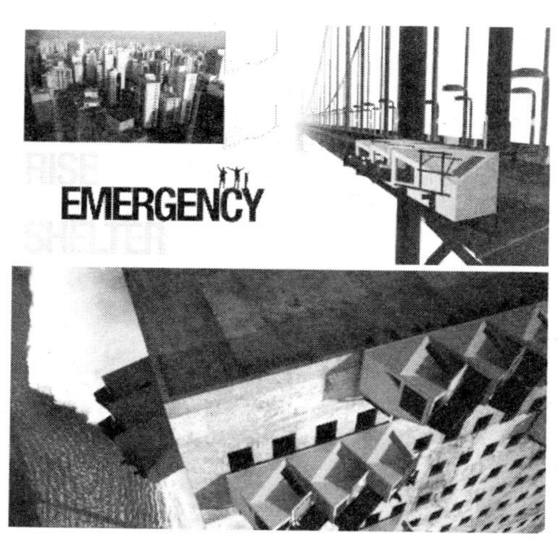

灾后寄生避难所

十七、不规则结构预制生态村

这个紧急避难所思想由 Shradha Bhandari 提出,并设计出一种不规则的结构，可以随周边任何地形特点而进行自我调节，可以搭建于树林间或崎岖的地面上，具有极高的通用性、可持续性和自给自足能力。包括许多预制构件，如用于采光和通风的出口、倾斜的太阳能屋顶还可以收集雨水，雨水会顺着沟槽流向地下。

不规则结构预制生态村

第八节　运输装备器材

一、隐形直升机

2011 年 5 月 2 日，美军在袭击本·拉登行动中首次使用了隐形运载直升机。据报道称，该直升机是在黑鹰直升机的基础上改良而成，整个机身喷涂了银色的隐身材料，确保飞行中躲过巴基斯坦防空雷达的探测；同时尾部加设螺旋桨片，能降低飞行和着陆的过程中发出的噪音，满足特种部队秘密渗入的行动要求。据本·拉登住宅附近的居民说，这些美军直升机当天凌晨1时飞临住宅正上方之前，他们完全没有听到直升机发出声音，表明该直升机具有良好的隐形和隐声功能。除隐身能力外，该直升机另一大特点是能够进行空中加油。据报道，该直升机从阿富汗境内一处特战部队基地起飞，抵达巴基斯坦阿伯塔巴德市执行任务后又返回基地，如不进行空中加油将是不可能胜任的。然而这种未经试验的直升机，仍存在一定的技术问题，需要进一步改进。据称，其中一架隐形直升机在着陆过程中就是因发动机故障而意外坠毁。

二、新型“鱼鹰”首次参战

2011年10月20日，美国国防部公布驻阿美军最新轮换计划，其中新型MV－22“鱼鹰”多用途飞机将首次亮相阿富汗战场。

美国国防部称将从2012年春天开始实施最新的轮换计划，涉及兵力达11000人。而“鱼鹰”多用途飞机中队将派往阿富汗，以支持美军在阿南部打击塔利班的军事行动。

“鱼鹰”飞机

与普通的直升机不同，“鱼鹰”旋转翼飞机兼具垂直起降、空中悬停和高速巡航飞行能力，其飞行速度、高度和经济效益都大大超过了现代直升机。美军称这种飞机将改变其作战方式，是军事技术的一项“革命性成果”。但在MV－22“鱼鹰”飞机研制发展的20多年中，技术困难层出不穷，试飞时机毁人亡的事故接连发生，各种非议更是不绝于耳，许多国家先后放弃了研制。但其最终还是冲破重重阻碍，得到了美国海军陆战队的充分认可，成为美国海军陆战队的“未来之星”。

三、美军“大狗”运输机器人

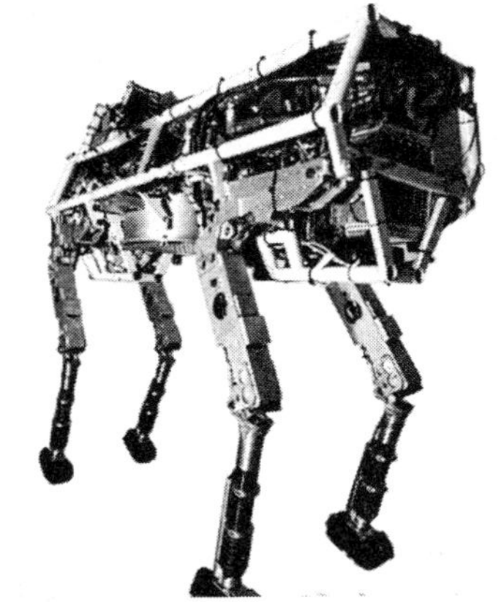

美军“大狗”运输机器人

据俄罗斯《纽带》网报道，2011 年美国军方已决定向阿富汗派遣一种名为“大狗”的机器人。美国媒体称，美军正在阿富汗测试这种具有高机动能力的机器人。“大狗”长 1 米，高 70 厘米，重量为 75 千克，体型与真正的大型犬相当，四条铁腿完全模仿动物的四肢设计，内部安装有减震装置。“大狗”能够在交通不便的地区运送弹药、食物和其他物品，行进速度可达 7 千米/小时，能够攀越 35 度的斜坡。既可自行沿着预先设定的简单路线行进，也可以进行远程控制。

四、美军无人吉普车

2011 年无人吉普车也出现在了阿富汗战场。名为小分队任务支援系统的自动吉普车，执行的主要任务是，为官兵运送物资并测试自主机器人会给军队带来何种好处。这些吉普车由洛克希德—马丁公司设计和制造，长 11 英尺，载重量 0.5 吨，最远运送距离 125 英里。该系统传感器使该车能通过追踪士兵的数字 3D 图表或全球定位系统来自主控制。这种车辆也可能通过遥控装置操纵并在需要的时候手动驾驶。

五、日本“大隅”级运输舰及 LCAC 登陆艇

日本地震海啸发生后，为了及时有效地展开救援行动，日军动用

了"大隅"级运输舰及 LCAC 登陆艇，有力地保障了救援工作的顺利实施。

"大隅"级运输舰长 178 米、宽 25.8 米、深 17 米、吃水深 6.0 米，排水量 8900 吨，速度 22 节，乘员 430 人。日本共有 3 艘"大隅"级运输舰，分别是"大隅"号、"下北"号、"国东"号，配属在海上自卫队吴基地的第 1 运输队。

"大隅"级运输舰

LACA 登陆艇长 26.8 米、宽 14.3 米、吃水深 1.0 米，速度 50 节，乘员 5 人，最大可容纳坦克 1 辆或卡车 10 辆或人员 240 人。"大隅"级运输舰可搭乘 1 ~2 艘 LAC 登陆艇。

UH－60J/K 直升机

六、日本 UH－60J/K 直升机

除海军外日本空军也派出 UH－60J/K 直升机执行输送任务。

UH－60J/K 直升机长 19.76 米、宽 16.36 米、高 5.13 米，主翼直径 16.36 米，重 10 吨，最大时速 274 千米，巡航时速 245 千米，续航距离 410 千米，最大上升高度 3938 米。

另外，"十和田"号补给舰、"摩周"型补给舰、"能登"号运输舰等支援舰艇，近半数的驱逐舰，以及 MH－53E 直升机和 P－3C、US－1A、US－2 等固定翼飞机在情报搜集、人员物资运输方面表现抢眼。

七、日本 CH－47J/JA 直升机

日本 CH－47J/JA 直升机长 30.18 米，高 5.69 米，宽 16.26 米，主翼直径 18.3 米，引擎 T55－k－712×2，重 1.22 吨，最大时速 285 千米，续航距离 1037 千米，最大上升高度 2713 米，乘员为 58 人，运送能力达 10 吨，是航空自卫队运输人员和物资的主力装备，同时在处理福岛第一核电站核泄漏事故中，也动用了 CH－47J/JA 进行注水作业。

CH－47J/JA 直升机

其他如 KC－767、C－1、C－130H 等运输机是物资运输的中坚力量，U－125A 救援搜索机、RF－4E/EJ 侦察机等也发挥了重要作用。

后　记

《世界非战争军事行动年鉴(2012)》,是一部反映2011年世界主要国家武装力量组织实施非战争军事行动的工具书,是军事科学院的计划性课题。该课题以军事科学院非战争军事行动研究中心为主,组成了由总参谋部三部、北京军区、南京军区、石家庄陆军指挥学院、南京陆军指挥学院、空军指挥学院、南京国际关系学院、海军陆战学院、乌鲁木齐民族干部学院、信息化保障基地、武警警种学院和军事科学院作战理论和条令研究部、军队建设研究部、世界军事研究部、研究生部,以及中国现代国际关系研究院等单位的部分专家学者参加的联合课题组共同完成。课题组围绕框架设计、行动种类和主体内容的选取,以及撰写方法等问题,多次研讨和征求意见;在内容撰写中,主编人员与各章主要撰写人员反复交流,数次修改完善,不少章节十易其稿。初稿完成后,课题组集中部分人员用较长时间进行统稿,并征求总部有关职能部门和院内外专家意见,不断修改完善。

值此年鉴付梓之际,我们衷心感谢军事科学院首长、机关,以及作战理论和条令研究张世平部长、蒋亚民副部长等领导的悉心指导和关心,张世平部长还在百忙之中为年鉴作序。感谢军事科学院科研指导部学术调研部张庆春部长、综合计划部何仁学部长、作战理论和条令研究部杨志远研究员、原军事学术杂志社社长朱奎玉和中国社会科学院研究生院张玉英编辑等为提高年鉴质量提出了很多很好的意见。感谢总参谋部作战部应急办胡钢锋大校、刘洪昌上校,北京军区某部邵亨少将、某部张海青少将,军事科学院作战理论和条令研究部孙乃祥研究员、世界军事研究部樊高月研究员等参加课题评审,并给予充分肯定和具体指导。同时，书稿中还使用了大量书籍、报刊和互联网中的一些资料，在此一并表示感谢。

由于受业务水平和时间所限，书中难免存在纰漏和不足之处，恳请军内外专家学者和广大读者批评指教，以便在以后的年鉴编写中不断提高质量。

作　者

二〇一二年九月